LA VÉNERIE

DE JACQUES DU FOUILLOUX

PRÉCÉDÉE D'UNE

NOTICE BIOGRAPHIQUE SUR L'AUTEUR

PAR M. PRESSAC

ET D'UNE

BIBLIOGRAPHIE DES ÉDITIONS DE « LA VÉNERIE »

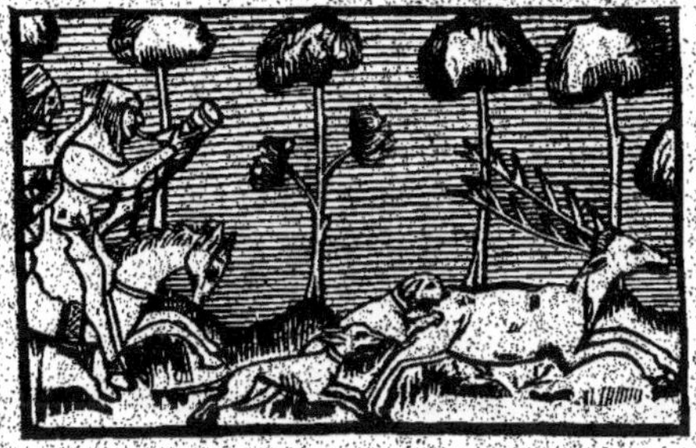

PARIS
ÉMILE NOURRY, ÉDITEUR
LIBRAIRIE CYNÉGÉTIQUE
62, RUE DES ÉCOLES, 62

M DCCCC XXVIII

LES MAITRES DE LA VÉNERIE

III

LA VÉNERIE

DE

J. DU FOUILLOUX

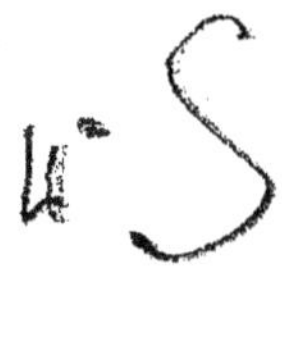

LA

VÉNERIE

DE JACQUES DU FOUILLOUX

PRÉCÉDÉE D'UNE

NOTICE BIOGRAPHIQUE SUR L'AUTEUR

PAR M. PRESSAC

ET D'UNE

BIBLIOGRAPHIE DES ÉDITIONS DE « LA VÉNERIE »

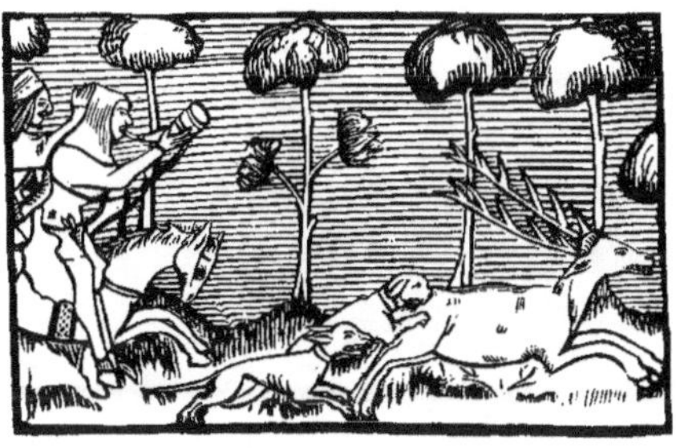

PARIS
ÉMILE NOURRY, ÉDITEUR
LIBRAIRIE CYNÉGÉTIQUE
62, RUE DES ÉCOLES, 62

M DCCCC XXVIII

NOTICE

SUR

JACQUES DU FOUILLOUX

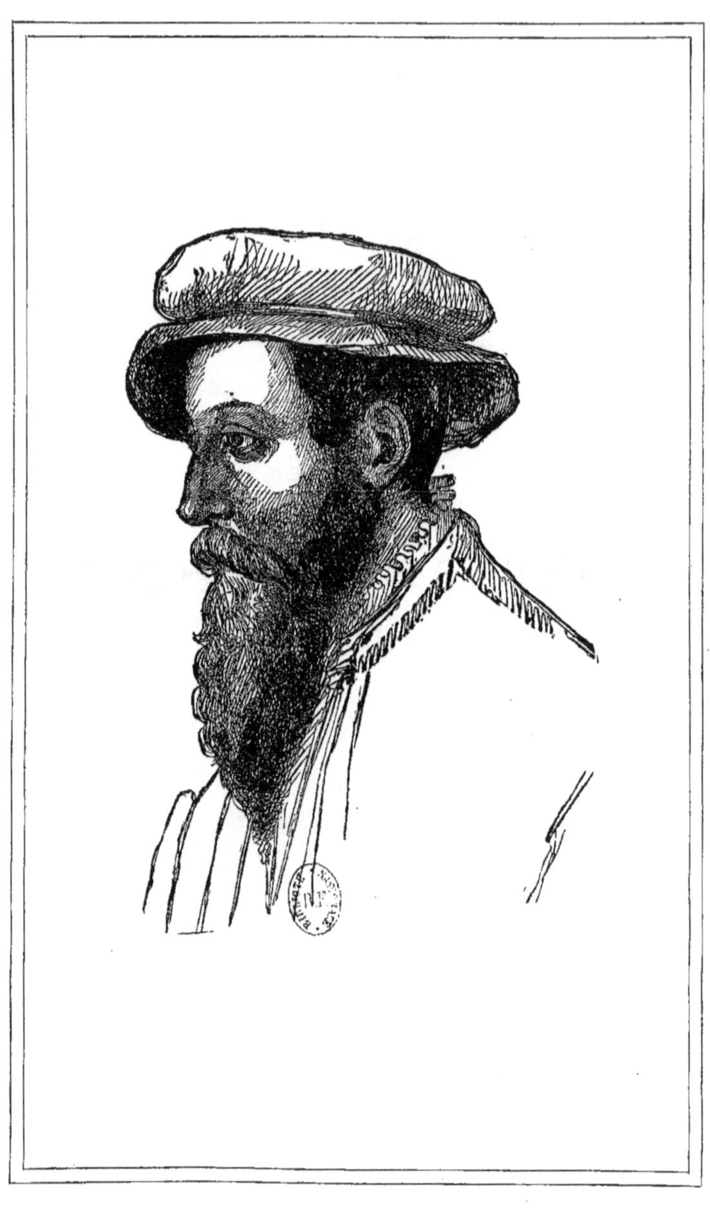

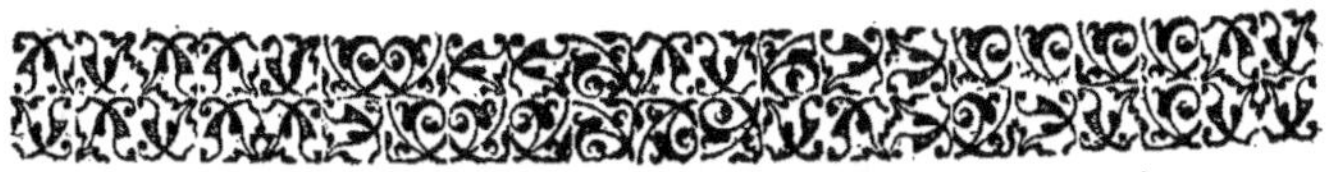

NOTICE

SUR

JACQUES DU FOUILLOUX

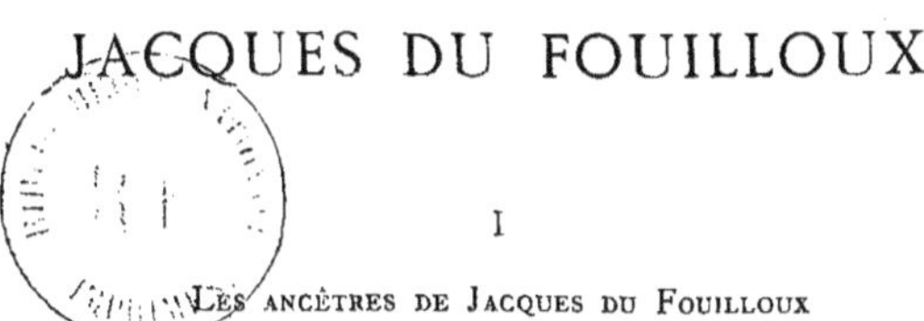

I

Les ancêtres de Jacques du Fouilloux

Jusqu'ici on n'a rien su et l'on n'a rien écrit sur les ancêtres de Jacques du Fouilloux. Sur sa personne, on ne sait que fort peu de chose, et la bibliographie du livre auquel il doit sa célébrité n'a jamais été faite d'une manière complète et satisfaisante.

Nos recherches ont pour but de jeter quelques lumières sur ces trois sujets différents.

Les chartes et autres documents manuscrits, ainsi que les ouvrages imprimés que nous avons pu consulter, ne nous fournissent pas le moyen de donner, sans lacunes, la généalogie du célèbre veneur auquel nous consacrons cette notice. Cependant tout ce que nous allons en dire sera appuyé sur des preuves authentiques.

I. Le premier du nom de du Fouilloux qui se soit présenté à nous est *Simon de Folloso* qui, vers 1380, vend à Guillaume et à Michel Eschardi plusieurs fiefs relevant de la seigneurie de Parthenay (1).

II. En 1323, un *Guillaume de Fouilloux*, châtelain de Thouars, paraît comme témoin dans un testament d'Alix de Chandenier, femme de Regnauld de Maules (2).

Dix ans plus tard (1333), le même Guillaume, sans nul doute, intervient encore, en qualité de témoin, le mardi avant la Saint-Cyprien, dans une

(1) Voir *Catalogue des archives de Joursenvault*, nº 2542, original, en latin.

(2) Voir *Collection de chartes et documents manuscrits recueillis par dom Fonteneau et conservés à la bibliothèque de Poitiers*, t. XXXVIII, p. 51.

transaction à laquelle étaient présents avec lui l'abbé de Charroux (1), Jousselin de Lezay (2), Bertrand de la Tour, valet, Pierre de Châtellaillon et autres.

On trouve mentionnés dans les Archives de la Chambre des Comptes de la province d'Anjou (3) plusieurs seigneurs du nom de Fouilloux.

III. Le premier de tous est *Simon de Fouilloux* (*sic*), possesseur de l'hébergement de *la Grimaudière* (4) et de ses appartenances, qu'il tenait de Mirebeau, et pour lequel il fit hommage le 18 mai 1376 (5).

IV. Son fils, *Guillaume du Fouilloux* (*sic*), chargé par lui de procuration, fait également hommage, pour le même lieu de *la Grimaudière*, le 21 mars 1387 (6).

Le manuscrit connu à Poitiers sous le nom du *Grand Gauthier des finances* (7) rapporte (fol. 167 v°) un hommage lige rendu au château de Niort, le 15 novembre 1404, par un *Guillaume du Fouilloux*, *escuyer*, comme seigneur de Mairé (8), à cause de Prunelle Poterelle, sa femme. Ce doit être le même que le précédent.

Le 9 août 1405, on le rencontre de nouveau rendant un autre hommage à Mirebeau pour *la Grimaudière* (9).

Nous ne voulons pas affirmer, quoique cela paraisse extrêmement probable, que la *Jehanne du Fouilloux*, veuve de Jean de Liniers, qui, le 11 décembre 1387, faisait aveu comme tutrice de ses enfants de la seigneurerie de la Mesleraye (10), au château de Parthenay (11), était ou sœur ou tante de ce

(1) Charroux, célèbre abbaye, au diocèse de Poitiers. L'abbé dont il est question ici devait être Pierre IV, trente-deuxième abbé. Voir, sur cette abbaye, la notice qu'en a donnée M. de Chergé, dans *Mémoires de la Société des Antiquaires de l'Ouest* (1835), t. I, p. 223.

(2) Lezay, bourg de l'arrondissement de Melle (Deux-Sèvres).

(3) Ces archives, auxquelles nous donnons le nom d'Archives de la Chambre des comptes de la province d'Anjou, font partie de la section domaniale des Archives du royaume.

(4) La Grimaudière, paroisse de Notre-Dame-d'Or, près de Mirebeau.

(5) Archives de la Chambre des comptes d'Anjou, Aveux terriers, 117e, feuillet 82 v°.

(6) *Ibid.*

(7) Ce manuscrit est conservé aux archives de la préfecture de Poitiers; il contient les hommages et aveux rendus pendant une période de dix à quinze ans à Jean, duc de Berry, comte de Poitou.

(8) Mairé, bourg à deux lieues au sud de Niort.

(9) Archives de la Chambre des comptes d'Anjou, *ibid.*

(10) *La Mesleraye*, alors humble et ignoré manoir; plus tard *La Meilleraye*, somptueuse demeure qui devint le chef-lieu de la duché-pairie du célèbre maréchal de la Meilleraye, aujourd'hui majestueuses et pittoresques ruines. Elles sont à une lieue au sud de celles plus modestes du Fouilloux.

(11) *Inventaire des titres de la maison de Liniers*, t. LXXXIV de *D. Font.*

Guillaume. Sa tutelle lui suscita des démêlés avec la famille de son mari, car elle plaidait en 1389, comme ayant le bail de ses enfants, contre Amaury de Ligners et Jehan de Bruers, en cas *de nouveauté et d'excès, pour le lieu de la Murinière et certains biens meubles estants audit lieu* et pour plusieurs sommes d'argent (1).

V. Un *Jehan du Fouilloux, escuier*, probablement fils du précédent, tenait de Mirebeau, en 1437, *l'ostel de Lorgière, sis à la Grimaudière*. Il fit aveu, pour cet *ostel de Lorgière*, le 16 septembre de cette même année (2).

On ne peut douter que le *Jehan du Fouilloux* qu'on trouve en 1451 faisant aveu, à foi et hommage lige, au vicomte de Thouars, pour son *houstel de Sauziers*, ne soit encore le même (3).

Nous ne savons s'il faut distinguer de ce *Jehan du Fouilloux* (ce qui n'est guère probable) le Jean qui possédait la seigneurerie du Chillou (4), et qui avait épousé, suivant l'*Histoire généalogique de la maison de France* du *P. Anselme* (5), Marguerite Bessonneau, fille de Jean Bessonneau et de Jeanne Ponhaut, pour lesquels il fonda un service annuel en l'église de Parthenay en 1460.

Serait-ce son fils, ou bien lui encore, qui, le 3 juin 1463, rendait hommage au seigneur de Mirebeau pour cet *ostel de Lorgière, sis à la Grimaudière*, que nous voyons reparaître pour la cinquième fois, toujours dans la même famille, depuis 1376 (6)?

VI. Le *Guillaume, seigneur du Fouilloux*, qui avait aussi lui pour femme une *Bessonneau* appelée *Marie*, dont il eut une fille qu'il donna en mariage, le 15 juillet 1457, à Jean de Melun, fils puîné de Jean de Melun, quatrième du nom, devait être frère de celui qui précède (7).

Ce qu'il y a de certain, c'est que l'*houstel de Sauziers*, au moins en partie, était passé entre les mains de la femme de Jean de Melun, soit par dot, soit par héritage, puisque, le 20 juin 1462, son mari en fait aveu, à cause d'elle, au vicomte de Thouars (8).

Elle était déjà veuve en 1467. Nous l'apprenons d'une procuration qu'elle

(1) Archives du royaume, *Plaids civils*, t. VII, p. 300 et 301 v°.
(2) Archives du royaume, *Plaids civils*, pièce 165.
(3) *D. Fonteneau*, t. XXXIX, p. 298.
(4) Le Chillou, bourg de l'arrondissement de Parthenay (Deux-Sèvres).
(5) T. VIII, p. 151.
(6) Archives de la Chambre des comptes d'Anjou, pièce 165.
(7) *Hist. généal. de la Maison de France*, t. V, p. 245.
(8) *D. Font.*, t. XXXIX, p. 398.

donna le 15 février de cette année, pour faire un nouvel hommage de Sauziers au vicomte de Thouars (1).

Dans cette procuration, son mari défunt est qualifié de noble homme Jehan de Melun, jadis écuyer d'écurie du roi, seigneur du Mesnil, de Courteri et de Sauziers en partie. Elle épousa en secondes noces Briant Bonnet, seigneur de la Chapelle-Bertrand (2). Elle n'existait plus en 1483 (3).

VII. Le dernier des du Fouilloux que nous font connaître les Archives de la Chambre des comptes d'Anjou (pièce 164) s'appelait *Loys*. Il tenait également de Mirebeau, comme ses ancêtres, *l'ostel de l'Orgiers*, ainsi qu'on le voit par l'aveu qu'il en fit à son suzerain, le 28 mai 1469.

Il y a lieu de croire que *Loys* était le fils de *Guillaume du Fouilloux* et de *Marie Bessonneau*, et qu'il ne fait qu'un avec *Louis du Fouilloux*, écuyer, seigneur dudit lieu, marié à Jeanne de la Rochefoucault, fille de Guillaume, seigneur de Nouans et de Melleran (4).

De ce mariage naquit une fille, nommée Guillemette, qu'épousa Antoine Meynart, écuyer, seigneur de la Cornetière, en la paroisse d'Apvrillé (5). Leur contrat de mariage fut passé au Fouilloux, le 8 octobre 1482, par un des notaires « en la court du scel establi aux contracts à Parthenay. En la faveur de ce mariage, le dit du Fouilloux et sa dite femme donnent pour tous droits successifs, tant paterneaux que materneaux, aus dits futurs époux, à cause d'elle (*Guillemette*)... cinquante livres de rente et 600 liv. tournois le jour des épousailles... et ledit Anthoine Meynart... pour le douaire de sa future épouse... l'hostel de Lavergne-Cornet, ses appartenances et dépendances, au cas qu'il vienne à mourir avant sa femme (6)... ».

Le mari de *Guillemette du Fouilloux* ne vivait plus le 13 mai 1492; à cette date elle souscrivait un accord fait entre elle, agissant comme tutrice de ses enfants, mineurs, et Jacques Maynart, écuyer, son beau-frère, au sujet des biens de la succession de Tristan Maynart et de Mathurine Prévost, père et mère de son mari (7).

VIII. L'*Histoire généalogique de la Maison de France* (8) nous apprend

(1) *D. Font.*, t. XXXIX, p. 368.

(2) La Chapelle-Bertrand, paroisse de l'arrondissement de Parthenay.

(3) *Hist. généal. de la Maison de France*, t. V, p. 245.

(4) *Hist. généal. de la Maison de France*, t. IV, p. 449-450. Nouans et Melleran, dans l'arrondissement de Melle (Deux-Sèvres).

(5) Apvrillé, Avrillé, aujourd'hui chef-lieu de canton du département de la Vendée.

(6) *D. Font.*, t. XXXIX, p. 545.

(7) *Ibid.*, p. 619.

(8) T. IV, p. 426.

que Guillemette ne fut pas le seul fruit de l'union de *Louis du Fouilloux* avec *Jeanne de la Rochefoucault :* elle eut un frère, nommé *Antoine*, que nous trouvons faisant hommage le 13 février 1511, au nom de sa mère, de la terre de Chastenet, à François, premier comte de la Rochefoucault.

Une transaction de 1487, confirmée en 1506 par un partage (1), avait fait passer cette terre de Chastenet, relevant de la baronnie de la Rochefoucault, aux mains de l'épouse de *Louis du Fouilloux*, au noble gentilhomme que l'on voit figurer en qualité d'homme d'armes sur le rôle de l'arrrière-ban convoqué en Poitou, par ordre du roi, par M. de Beaumont, sénéchal de la province, le 26 novembre 1491 (2).

Il avait cessé de vivre en 1507 (3).

Serait-il le *Louis du Fouilloux*, écuyer du roi René, auquel ce prince, en sa qualité de lieutenant général du roi de France ès pays d'Anjou, confia la charge, par une commission du 13 septembre 1468, de faire sortir de cette province des gens de guerre qui y vivaient en désordre (4)? Cela pourrait être, mais rien ne nous permet de l'affirmer. Il se pourrait, au contraire, que le du Fouilloux dont il s'agit ici fût un seigneur de la maison de Brée, qui aurait porté le nom de du Fouilloux à cause de la seigneurerie du Fouilloux, proche de Laval, appartenant à cette famille, ou bien quelque autre seigneur du lieu du Fouilloux, situé à deux lieues d'Angers.

Nous ne savons non plus par quel lien rattacher à notre famille du Fouilloux le *Charles Oudet, seigneur du Foilloux* (*sic*), écuyer, l'un des témoins présents à la donation universelle faite, le 3 avril 1494, par dame Françoise de la Rochefoucault à François, son neveu et cousin (5).

Nous sommes tout aussi empêché pour placer au rang qui lui conviendrait une *Françoise du Fouilloux*, épouse de Guillaume Bigot, écuyer, seigneur de Dillay, la Gillardie et de Brion, que nous avons trouvée mentionnée dans une *Généalogie de la maison de Bigot en Poitou*, conservée au t. LXXXII de D. Fonteneau, et faite en 1645 par René Bigot, de cette famille. Ce que nous savons, c'est qu'en 1525 elle et son époux étaient morts, puisque à cette date Louis et Jehan Bigot, leurs enfants, partageaient leurs successions. On pourrait supposer qu'elle était sœur de *Guillemette* et d'*Anthoine du Fouilloux;* elle serait en ce cas tante de *Jacques*.

(1) *Hist. généal. de la Maison de France*, t. IV, p. 449 et 450.

(2) Voir p. 59 des *Roolles des bans et arrière-bans de la province de Poictou, Xaintonge et Angoumois.* Poitiers, Jean Fleuriau, 1667, in-4°; livre fort rare et précieux pour les familles nobles de ces trois provinces.

(3) *Hist. généal. de la Maison de France*, t. IV, p. 450.

(4) *Ibid.*, t. I, p. 231.

(5) *Recueil de dom Housseau*, n° 6875, à la Bibliothèque nationale.

Une plainte des religieux de l'abbaye de Fontaine-le-Conte (1), portée à la sénéchaussée de Poitiers contre les *seigneurs de Montreuil-Bonnin* (2) *et du Fouilloux* qui, avec une suite nombreuse, avaient poursuivi un sanglier dans les bois de l'abbaye et y avaient commis des dégâts considérables en tendant leurs toiles dans ces bois, nous fait retrouver *Anthoine du Fouilloux* fils de Louis et de Jeanne de la Rochefoucault.

Cette plainte est de l'année 1514. Nous la reproduisons presque en entier, pensant qu'on ne la trouvera pas hors de propos dans une notice consacrée à un homme qui s'est rendu célèbre par la composition d'un ouvrage de vénerie (3).

(1) *Arch. du département de la Vienne.* Fontaine-le-Comte, à deux lieues sud-ouest de Poitiers.

(2) Montreuil-Bonnin, à quatre lieues à l'ouest de Poitiers. Le Fouilloux est à environ la même distance de Montreuil-Bonnin.

(3) « Aujourd'huy par devant nous, en la court de céans, est présenté maistre Jacques Beaulin, lequel en nom et comme procureur suffisamment fondé des religieux, abbé et convent de Nostre-Dame de la Fontaine-le-Comte, près Poitiers, a faict et formé complaincte en cas de saisine et de nouvelleté à l'encontre de Raoul Vernon, escuier, et tous autres de Monstreuil-Bonnin, et Anthoine, seigneur du Foulloux, et tous autres qui opposer vouldroient encontre. Disant lesdicts religieux, abbé et convent, ses maistres, que ladicte abbaye de Nostre-Dame de la Fontaine-le-Comte est une belle, notable et ancienne abbaye et de fondacion royal, et que tant à cause dicelle fondacion que anciennes augmentations faictes par plusieurs rois et comtes de Poictou, ilz ont plusieurs beaux droits, privilèges, prérogatives et prééminences mesme tous droitz deppendans de jurisdiccion haulte, moienne et basse, laquelle ilz ont par toute leur terre de ladicte abbaye de la Fontaine-le-Comte, et au dedans dicelle terre et par tous leurs boys ilz ont tout droit de chasse et guerre à cor et cry à toutes manières de bestes à poel et à plume, et droit de povoir suyvre les bestes par eulx ou leurs hommes et subiectz levées en leurdicte terre et boys, jusques au port des Piles d'un cousté, et d'autre jusques à la ville et chasteau de Lezignen. En possession et saisine lesdicts religieux, abbé et convent complaignans à cause de ladicte terre, seigneurerie et jurisdiction de la Fontaine-le-Comte, et desdicts droits, privilèges, prééminences et droit de chasse à cor et à cry, à toutes manières de bestes saulvages à poel et a plume. En possession et saisine lesdicts complaignans de povoir chasser par toute leur terre de boys et tailhis à tout cordage, rezeaulx et filetz. En possession saisine que les bestes par eulx ou leurs hommes et subjects prinses en leurdicte terre, boys, seigneurerie et jurisdiction ou en icelle levées et poursuivies et prinses ailleurs hors leurdicte terre et jurisdiction, les appliquer à leur profit et utilité, et autrement en faire et disposer à leur plaisir et volunté. En possession et saisine de garder, contredire et empescher que les dessuds. Vernon, Foulloux ne autres quelconques nayent en leurd. terre, boys, seigneurerie, justice et jurisdiction de la Fontaine-le-Comte aucun droit de chasser que veoir, que cognoistre, ne dy faire aucuns exploitz contraires et préjudiciables aux droitz desd. complaignans. Et si faut lavoient, de leur réparer, corriger, amender et remestre incontinent et sans delay au premier estat et deu par justice et autrement deueuent. Et desd. droitz possessions, et saisines et autres pertinentes et... à

Elle servira d'ailleurs à montrer que c'est, en un point au moins, avec vérité que notre auteur a dit dans le poème de son adolescence, en parlant de ses ancêtres :

... Voluntiers nostre généalogie
Les filles ayme, armes et vénerie.

Cette pièce, fort curieuse en elle-même, serait pour nous d'une importance majeure, si nous ne pouvions, par d'autres documents, montrer que cet *Anthoine du Fouilloux*, qui y est nommé, doit être le père de notre veneur fameux. Il devient inutile de nous arrêter à en faire ressortir les preuves, au surplus fort évidentes. Il vaut mieux produire de suite les autres titres que nous possédons.

Nous lisons à la page 27 d'un *Tableau généalogique et historique de la maison de Taveau*, fait en 1785, et conservé au t. LXXXVII des *Recueils* de Dom Fonteneau, qu'en 1515 environ *Guérine Taveau*, fille de Mathurin Taveau, chevalier, baron de Morthemer, et de Renée Sanglier, se maria avec *noble et puissant seigneur Anthoine du Fouilloux*, chevalier, seigneur du Fouilloux et du Chilloux (1).

Dans le même *Tableau généalogique*, p. 28, nous voyons encore le *noble et puissant messire Anthoine du Fouilloux* recevoir, le 19 janvier 1519, de sa femme *Guérine Taveau*, procuration pour partager, en son nom, avec nobles et puissants barons Morthemer et avec Sébastienne Taveau, femme de René de la Rochefaton, ses frères et sœur, les biens de feu Mathurin Taveau et de Renée Sanglier, leurs père et mère. C'est donc de ce partage qu'elle recueillit la terre de Bouillé, que nous trouverons tout à l'heure dans la famille du Fouilloux.

la manière présente ont lesd. complaignant et leurs prédécesseurs, en présence desd. Vernon, Foulloux et tous autres qui lont voulu veoir et sçavoir joy, et usé par I, II, III, IV, V, X, XX, XXX, XL, X, LX, cent ans et plus et par tel et si long temps qu'il n'est mémoire du contraire ne du commencement que que soit par temps vallable et suffisant... mais ce nonobstant, et lesd. complaignans estant en leurs droits, possessions et saisines, lesd. Raoul Vernon, du Fouilloux et autres plusieurs leurs alliez et complices à grant nombre de gens depuis an et jour en ça se sont transportez en lad. terre, boys et jurisdiction de la Fontaine-le-Comte apartenant auxd. complaignans, embastonnés de plusieurs bastons nuisibles et de guerre à cor et à cry, avec cordages et autres choses servans à chasse, et mesmement en ung tailhis appellé le Marreau de la Potart, en et au dedans lad. terre et jurisdiction de la Fontaine-le-Comte et en icelle pour faire leurs thantes et droisser leur cordage; lesd. exploicteurs cepperent grand quantité dud. boys à travers dud. Marreau pour tendre leurd. cordage et illecques prindrent lesd. exploicteurs et chasseurs un grand sanglier... Donné et faict en la court ordinaire de la sénéchaussée de Poictou, tenue à Poitiers le ... jour de l'an mil cinq cens et quatorze. »

(1) Guérine Taveau était le quatrième enfant de Mathurin Taveau. Ses aînés se nommaient René, Pierre et Sébastienne.

II

La vie et la descendance de Jacques du Fouilloux

L'épouse d'Antoine du Fouilloux, Guérine Taveau, laissa à son mari deux enfants, *Jeanne*, que nous verrons plus tard mariée à Hardy Cathus, et *Jacques*, l'auteur de *La Vénerie*.

Guérine mourut en couches le 31 mars 1521. Ce funeste événement se trouve consigné dans un registre des comptes de la terre de Benet pour l'année 1521. En voici les termes :

« Item le rachapt de la terre et seigneurerie de Bouillé, advenu par le trépas de Guérine Taveau, dame dudict lieu de Bouillé, femme de messire Anthoine du Fouilloux, chevalier, laquelle alla de vie à trépas le xxxie jour de mars de ladicte année. » En marge est écrit : « morte en couches ».

L'enfant qui, en naissant, donna la mort à sa mère, doit être *Jacques du Fouilloux*. Ce qui nous le fait croire, c'est cet important passage du précieux *Journal de Guillaume et de Michel Le Riche :* « Le vendredi précédent (5 août 1580), Jacques du Fouilloux, escuyer, sieur dudict lieu, y décéda agé de cinquante-huit à soixante ans (1). » Du Fouilloux naquit donc au plus tôt vers le mois d'août 1520, ou au plus tard, à la même époque, en 1522. Inutile de discuter cette dernière date; sa mère, alors, était déjà morte. Pour admettre la première, il faudrait supposer que l'épouse d'Anthoine du Fouilloux, accouchée de Jacques dans le courant du mois d'août, aurait encore donné, sept mois après environ, un autre enfant à son mari : ce qui n'est pas dans l'ordre naturel; à moins que, pour trancher cette difficulté, on ne veuille dire que les couches qui occasionnèrent la mort étaient prématurées. Ce serait une assertion fort hasardée et dénuée, pour nous du reste, de toute apparence de preuves; tandis que la date du 13 mars 1521 concorde parfaitement avec les paroles de Michel Le Riche, *décéda âgé de cinquante-huit à soixante ans*. Ainsi, au 5 août 1580, Jacques était entre ces deux âges, né le 31 mars 1521, il avait le jour de sa mort cinquante-neuf ans quatre mois quatre jours. Le témoignage de Michel Le Riche, partout si exact et si bien informé de tout ce qui se passait autour de lui, ne saurait être ici récusé : il habitait Saint-

(1) *Journal de Guillaume et de Michel Le Riche,* avocats du roi, à Saint-Maixent (1534-1586), contenant pour le Poitou et pour les provinces voisines des détails inconnus et curieux sur les troubles survenus à l'occasion de la gabelle, sur le commencement du protestantisme et les guerres de religion..., publié pour la première fois par A.-D. de la Fontenelle de Vaudoré. *Saint-Maixant,* Reversé, 1846, in-8°, p. 330.

Maixent, à quatre lieues environ du Fouilloux, et il connaissait personnellement, sans aucun doute, celui dont il enregistrait la mort. Il ne savait pas au juste le jour de sa naissance, mais il était bien certain qu'il était alors entre les deux âges de cinquante-huit à soixante ans, et cela était bien vrai. Pour annihiler son autorité, il ne faudrait rien moins que la production d'un document d'une incontestable authenticité.

Ainsi se trouvent fixées désormais les incertitudes qui ont régné jusqu'ici sur l'époque de la naissance de notre célèbre Poitevin. Tout ce qu'en ont dit ceux qui nous ont précédé n'était que pure hypothèse. Mais, en avançant qu'il naquit dans cette contrée du Poitou appelée Gastine, dont Parthenay était la capitale, c'était une assertion beaucoup plus plausible, qui n'avait toutefois d'autre fondement que ce que l'auteur raconte de lui-même dans ces premiers vers du poème de son *Adolescence :*

> Pendant le temps que le noble François
> Faisoit ployer la France soubz ses loix,
> Tendre orfenin sortant de la tetine,
> Transporté fuz dehors de ma Gastine.

Si, en face de ce passage, on place cette autre mention du registre des comptes de Benet :

« Fondation d'une rente de 15 livres tournois faite à l'église de Bouillé par Antoine du Fouilloux, pour messes qui devront êtres dites à l'intention de Guérine Taveau, sa femme, *qui a sa sépulture en ladite église.* 16 mai 1521. »

Et qu'avec cela il soit vrai (ce que nous croyons toujours) que Jacques soit l'enfant qui causa la mort de sa mère, on serait tenté de croire que c'est à Bouillé qu'il naquit.

Cependant, de ce que les restes mortels de l'infortunée mère de Jacques furent ensevelis dans l'église de Bouillé, faut-il en conclure et affirmer que c'est à Bouillé qu'elle mourut? Ne pourrait-on pas supposer tout aussi bien, et avec autant de raison, que Guérine Taveau avait voulu reposer dans l'église de ce lieu, à côté de quelques-uns de ses ancêtres maternels, anciens seigneurs de Bouillé, qui gisaient là probablement dans la même enceinte (1)? Et l'époux, qui faisait en faveur de sa femme la pieuse fondation

(1) En 1390, Bouillé appartenait à Morice de Launay, chevalier, à cause de Jehanne de Jaunay, sa femme. — En 1437, il était passé à Arthus Bonnet, chevalier, qui le tenait de sa femme, Catherine Odart ou Oudart, laquelle en avait hérité cette même année de Jehan Odart, écuyer, son père. Catherine était veuve d'Arthus Bonnet en 1477; elle mourut en 1480, laissant Bouillé à sa fille Jehanne Bonnet, femme de Joachim Sanglier, écuyer, sieur de Boisragier. — En 1488, Jehanne Bonnet étant

que nous venons de lire, n'aurait-il pas pu, de son propre mouvement, avoir la religieuse attention de faire transporter son corps sous les voûtes du temple où l'on devait prier d'une manière toute spéciale pour son salut éternel. Depuis le jour de sa mort jusqu'à celui où fut faite la fondation d'Anthoine du Fouilloux, il s'était écoulé un mois et demi, dix fois le temps nécessaire pour opérer le transport de la défunte du Fouilloux à Bouillé. Les deux endroits ne sont pas à plus de treize ou quatorze lieues l'un de l'autre.

Après cela, laquelle des deux opinions sur le lieu de la naissance de Jacques du Fouilloux convient-il d'adopter? Quant à nous, nous avouerons que rien ne nous autorise à préférer plutôt l'une que l'autre. Devant les documents fournis par le registre de Benet, les seuls auxquels il nous a été donné de recourir, le doute ne cesse pas d'être permis.

Dans ce registre de Benet, si précieux pour nous, et que deux fois déjà nous avons invoqué, se trouve relaté un aveu de la terre de Bouillé rendu au seigneur de « Benet, le 10 mai 1521, par Anthoine du Fouilloux, tant en son nom, comme ayant don de sa femme, que comme loyal administrateur de Jacques du Fouilloux, son fils, *moindre d'ans* (1) ». Ce qui prouve que Guérine Taveau avait fait à son mari quelque avantage sur la seigneurie de Bouillé, qui lui appartenait.

Quelque grands qu'aient été les regrets que dut éprouver Anthoine du Fouilloux de la perte de sa jeune épouse, ils ne furent point éternels; car quelques années après il était remarié, à ce que nous voyons dans le *Dictionnaire historique et généalogique des familles de l'ancien Poitou* (2), avec Marie de Nuchèze. L'époque de ses secondes noces ne nous est pas connue; mais nous n'hésitons point à croire qu'elles eurent lieu cinq ans après la mort de Guérine Taveau; nous fondant pour cela sur ce que raconte Jacques du Fouilloux au début de son poème que, *sortant de la tétine*, suivant sa naïve expression, il fut transporté hors de sa Gâtine, en un lieu appelé Linières, où il demeura quinze ans et qu'il abandonna à l'âge de vingt. Il avait donc cinq ans

morte, la terre devint la propriété de sa fille, Régine ou Renée Sanglier, mère de Guérine Taveau (*Extrait de divers titres originaux du cabinet de M. Fillon*). Bouillé relevait de la seigneurerie de Benet, ainsi qu'en témoigne l'aveu qu'on va lire tout à l'heure. Les deux endroits sont à environ une lieue et demie l'un de l'autre, et très près de la grande route de Niort à Fontenay, sur la gauche. Bouillé est à moins de trois lieues de cette dernière ville.

(1) Ces extraits du *Registre de Benet* nous ont été communiqués par M. Fillon, qui les a copiés sur le manuscrit retrouvé par lui dans les archives du greffe de Fontenay. L'original de l'aveu du 10 mai fait partie de sa collection, si riche déjà en documents historiques manuscrits sur le Bas-Poitou.

(2) T. I, p. 544, col. 2, article de Jean Cathus.

à peu près lorsqu'il sortit de la maison paternelle. Il la quitta pour passer sous la tutelle de René de la Rochefoucault, son oncle à la mode de Bretagne (1). C'est ce que prouve sans réplique la commission que Jacques obtint, le 12 mars 1540, pour faire rendre compte à Marguerite de Liniers, veuve de René de la Rochefoucault, de la gestion de la tutelle que son mari avait administrée (2).

Il ne nous paraît pas du tout improbable de supposer que ce fut ce second mariage du père qui occasionna l'éloignement du fils. On sait quelles difficultés, en semblables circonstances, surgissent le plus souvent dans les familles, et combien il est difficile de mettre d'accord les intérêts opposés qui se trouvent alors en présence. Quoi qu'il en soit, que ç'ait été par le consentement bénévole du père, ou bien par l'intervention de la famille, il est un fait bien acquis, c'est que le fils, à l'âge de cinq ans, quitta la maison de son père, qu'il alla à Liniers, séjour de René de la Rochefoucault, sous la tutelle de qui il fut placé, et qu'il demeura là quinze ans.

Ces longues années que du Fouilloux passa à Liniers, et qu'il appelle avec quelque amertume un long temps de servitude (3), ne furent cependant pas

(1) On se rappelle que *Louis du Fouilloux* épousa *Jeanne de la Rochefoucault*, fille de *Guillaume*, seigneur de Nouans, de Courpontrain, de Melleran, etc... desquels naquit *Anthoine du Fouilloux*, père de *Jacques*. Le même Guillaume de la Rochefoucault eut pour quatrième enfant un autre Guillaume qui fut seigneur de Bayers, lequel eut pour fils René, seigneur de Bayers, qui épousa Marguerite de Liniers, dame de Neuilly-le-Noble. Par conséquent, René de la Rochefoucault et *Anthoine du Fouilloux* étaient cousins germains (voir le Père Anselme, t. IV, *Généal. des la Rochefoucault*).

(2) Commission pour Jacques du Fouilloux, chevalier, fils de feu Anthoine, seigneur du Fouilloux, pour faire rendre compte à Marguerite de Lignières, veuve de René de la Rochefoucault, de la tutelle dudit du Fouilloux, que ledit René avait administrée (voir le *Tableau généalogique et chronol. de la maison de Taveau*, p. 27, dans le tome LXXXVII de *D. Fonteneau*).

On a remarqué ces mots : que ledit René avait administrée. En effet, il y avait déjà plus de onze ans que René de la Rochefoucault ne vivait plus; il était mort le 5 ou le 6 décembre 1529, car on trouve dans le Père Anselme, t. IV, p. 451, qu'il fit, le 5 décembre de cette année, son testament par lequel il élut sa sépulture dans l'église de Bayers*, et qu'il était mort le 7 du même mois, jour où sa veuve fit faire son inventaire. Marguerite de Liniers était remariée en 1543 avec Eustache de Moussy, seigneur de Boismorand. Elle avait épousé son premier mari le 24 juillet 1516. Cette date est au moins celle du contrat de mariage, *Hist. généal. de la Maison de France*, t. IV, p. 452.

(3) *L'Adolescence*, vers 7.

* Bayers, dans le département de la Charente, arrondissement de Ruffec, sur la rive droite de la Charente, à une lieue et demie de Verteuil, cette autre ancienne seigneurie de l'illustre maison de la Rochefoucault.

un temps perdu pour lui. L'oisiveté, d'ailleurs, ne devait guère convenir à son caractère ; il évitait, dit-il, sans cesse la paresse (1). Aussi doit-on croire que ce fut pendant cette période de sa vie qu'il acquit l'instruction dont son livre témoigne.

Toutefois, l'étude des lettres ne l'absorbait pas tellement qu'il ne trouvât le moyen, pour adoucir son esclavage, de se livrer au goût héréditaire qui, dès lors, se développait en lui. Il menait de front l'étude et la chasse et exerçait sa jeunesse à un art dont il devait devenir l'un des maîtres les plus distingués. Admirablement placé pour cela, Liniers, il nous l'a dit, était

... Un pays de bois et de rochers,
Lieu bien hanté de cerfz et de sangliers (2).

Ce vieux castel de Liniers est encore debout, tel qu'il était au temps où notre jeune veneur faisait la guerre aux hôtes des bois de la contrée. Il est situé non loin de Thouars (département des Deux-Sèvres), à deux lieues et demie à l'ouest de la commune des Moutiers, tout proche d'une petite forêt appelée le Parc-Challon, et un peu au-dessus du grand étang de Juigné. Aujourd'hui l'aspect général des lieux n'est plus, sans doute, ce qu'il était il y a trois siècles : bien des bois, bien des terres incultes ont disparu devant les efforts de l'agriculture; mais les cerfs et les sangliers n'ont pas complètement abandonné ces cantons. Naguère encore les sangliers y abondaient, à ce que nous a raconté un ancien lieutenant de louveterie, M. de la Raye, qui a beaucoup chassé dans ce pays.

Le genre de vie que menait là du Fouilloux n'avait rien de bien dur; mais il n'était probablement pas entièrement son maître : sa tutelle lui pesait. Aussi, à vingt ans (3), il lui prit fantaisie de s'émanciper, de vivre à sa guise; son père, d'ailleurs, n'existait plus alors; il avait enterré sa première femme; la seconde l'enterra, et elle se remaria avec Jean Cathus, seigneur des Granges, qui servit comme homme d'armes au ban de la noblesse de Poitou en 1533 (4). Elle ne laissa pas d'enfants de son premier mari.

Voilà donc qu'un certain jour, de grand matin, notre jeune chasseur, impatient du joug, prend son limier, pend à sa ceinture une bouteille pleine,

(1) *L'Adolescence*, vers 9.
(2) *Ibid.*, vers 5 et 6.
(3) *Ibid.*, vers 17 et 18.
(4) *Dictionnaire historique et généalogique des familles de l'ancien Poitou*, t. I, p. 544.

apparemment de l'un de ces bons vins d'Arbois, de Beauce, de Chaloce ou de Grave qu'il prisait fort (1), et s'échappe en secret,

N'oubliant rien, sinon à dire à Dieu (2).

Il tourne vers sa *chère Gastine* et, cheminant à travers *foretz et bocages*, il y arrive bientôt, non pourtant sans se laisser emporter à la poursuite d'un cerf qu'il trouve sur sa route (3).

Souverain maître désormais de sa personne, il put s'abandonner à ses penchants en toute liberté.

Il quitta peu, dès lors, nous le pensons, cette contrée, le berceau de ses aïeux. Ne s'écrie-t-il pas, dans l'enthousiasme des plaisirs qu'il y goûte et dans la pensée, sans doute aussi, de ceux qu'il se promet pour l'avenir :

Chère Gastine! avant la mort me donne
Le coup du dart, qu'ingrat je t'abandonne (4).

Sa Gastine... c'était pour lui un pays magnifique, auquel rien ne manquait de ce qui pouvait contenter ses désirs. Il y passait gaîment son temps entre les jouissances de la chasse et les voluptés condamnables d'amours illégitimes. C'est ce qu'il appelait *vivre au boys comme un très bon ermite*. Aucune vie au monde ne lui paraissait plus *benedicte*.

L'un de ses passe-temps libertins faillit pourtant un jour lui coûter cher.

Ce jour-là, comme il considérait, probablement d'un œil peu chaste, et du milieu d'un buisson où il se tenait caché, une troupe de jeunes bergers et bergères qui prenaient aux champs leurs ébats, dansant et folâtrant ensemble, il arriva qu'un loup ravit une brebis aux troupeaux mal gardés. Bergers alors de jeter des cris perçants, si perçants que lui-même (du Fouilloux et non le loup) en fut effrayé et se mit à fuir. Il s'était accoutré d'un vêtement de peau de loup, ce qui lui vint assez mal à propos vraiment, car

Voicy venir mastins de toutes partz (5),

qui, le prenant pour la bête, se jettent sur lui et le houspillent à qui mieux mieux. En un clin d'œil l'habit fut en lambeaux : chacun tirait à soi, emportait son lopin. Ce n'était rien; mais les dents des terribles mâtins, un peu longues

(1) Voir chapitre xxxv de *La Vénerie*.
(2) Vers 22 du poème de *L'Adolescence*.
(3) *Ibid.*, vers 26 et suiv.
(4) *Ibid.*, vers 212 et 213.
(5) *L'Adolescence*, vers 250.

apparemment, pénétraient plus avant. Le malencontreux galant fut mis en piteux état; les chiens, à ce qu'il conte, lui arrachèrent mainte aiguillette de l'échine, ce qui lui causait faire piteuse mine. On le conçoit sans peine. Aux cris non moins piteux qu'il poussait, accourut à son secours celle de ces bergères pour laquelle il soupirait. De sa quenouille et de la voix elle fit tant, qu'elle parvint à l'arracher aux griffes des mâtins. Épris déjà pour la nymphe des eaux de la Viette (1), cette rivière de renom,

> Qui en Gastine ha sur toutes le nom,
> Où font séjour les serenes facondes (2),

il ne se pouvait pas qu'en cette occasion, il ne sentît redoubler sa flamme. Il jura fidélité constante à la sensible jeune fille. On promit de se revoir, et la sirène, qui déjà s'était efforcée de lui témoigner, en son mélodieux langage (3), combien elle compatissait à sa mésaventure, laissa tomber de ses lèvres, en s'éloignant, un tendre adieu :

> E da bon ser, adé vous dy (4).

Cette perle de Gâtine, de cette heureuse contrée dont notre amoureux, dans son patriotique enthousiasme, disait :

> Noble pays, qui sur toute la France
> Avez produit des filles d'excellence (5)
> . . . .
> Plus plaisant et resiouyes que merles (6);

cette belle enfin, *au cœur doux et humain*, toucha profondément celui de notre jouvenceau, et leurs amours, s'il faut l'en croire durèrent *mainte année et maint jour* (7).

(1) La Viette est une petite rivière qui prend sa source entre Saint-Pardoux et la Bœssière, en Gâtine. Elle passe non loin du manoir du Fouilloux et se jette dans le Thouet à Parthenay-le-Vieux (Deux-Sèvres).

(2) *L'Adolescence*, vers 187 et 188.

(3)
> ... Y sceu priqueu marrié
> De vostre enneu, et gronde fascherie
> Igle-vouz-ant-pardingue foit grand mau,
> Que fuiant morts les chiens qui sont ytau.
> So vous plaiset ne venir chez mon pere,
> Y vou donray do vin à bonne chere.

(4) *L'Adolescence*, vers 230.

(5) *Ibid.*, vers 193 et 194.

(6) *Ibid.*, vers 446.

(7) Toutes les expressions soulignées que nous employons sont, de même que les vers, empruntées au poème de *L'Adolescence*.

Soit pourtant que la facilité de ces amours champêtres eût fini par en amoindrir pour lui les charmes, soit pour tout autre motif, à trente-trois ans il songea à former des liens plus honorables et épousa, vers la fin du mois d'août ou dans les quatre ou cinq premiers jours de septembre de l'année 1554, Jeanne Berthelot, fille de René Berthelot, écuyer, lieutenant criminel, juge et magistrat en Poitou, et de Jeanne Dausseure. Jeanne reçut en dot de ses père et mère 10,250 livres et la dîme du lieu du Petit-Fouilloux (1), autrement des Tuteaux ou d'Auzay.

Cette circonstance capitale de la vie de du Fouilloux nous a été dévoilée par la quittance qu'il donna de cette somme de 10,250 livres, qui lui fut comptée le 6 septembre 1554, en son *hôtel noble du Fouilloux*, ainsi que le porte cette quittance (2), dans laquelle est relatée la date de son contrat de mariage, lequel avait été passé le 20 du mois précédent. Conséquemment, la célébration de son mariage eut lieu entre ces deux dates, comme nous venons de le dire. Ce qui, sans doute, occasionna cette union, c'est la parenté qui existait déjà entre sa femme et sa sœur, nièce par alliance de René Berthelot (3).

La fille de celui-ci, avant son mariage, avait troublé, bien sûr fort innocemment, la cervelle à un jeune poète qui étudiait alors à Poitiers la jurisprudence, et les beaux yeux des prudes *dames et damoiselles* de la cité, qu'il ne cessait d'assaillir de ses *mignardises* et de ses *Estrénes* rimées. La future épouse de Jacques du Fouilloux en reçut deux pour sa part (4). Les *paupières*

(1) Le Petit-Fouilloux dépend encore aujourd'hui de la terre du Fouilloux. On voit que c'est par le mariage de notre gentilhomme poitevin que ce domaine fut annexé aux siens.

(2) Nous avons eu sous les yeux cette pièce, qui fait partie de la *Collection de M. Fillon*.

(3) Titre de la *Collection de M. Fillon*.

(4) On les trouve dans les *Diverses poésies de J. de la Péruse*, p. 62. Voici les titres de la première édition : *La Médée, tragédie, et autres diverses poésies, par feu J. de la Péruse*. A Poictiers, par les de Marnefz et Bouchetz frères, 1556. — La seconde s'intitule : *Diverses poésies de feu de J. de la Péruse*, ibid., s. d., in-4°, 4 ff. prélim. et 56 pag. pour la première partie, et 120 pour la seconde. — Les exemplaires qui ne portent point de date sur le premier titre ne constituent point une édition différente. Ils sont, à cette seule exception près, semblables en tout à ceux qui ont la date. Cette édition est fort rare et fort recherchée aujourd'hui. — Les autres éditions de notre poète sont un peu moins rares. Elles sont au nombre de quatre : 1° *Œuvres de Jean de la Péruse, avec quelques autres diverses poésies de Cl. Binet*. Paris, Nicolas Bonfons, 1573, in-16 ou petit in-12, suivant le *Manuel* qui l'indique comme un volume peu commun; 2° Paris, Nic. Bonfons, 1576, avec le titre : *La Médée*, etc...; 3° Lyon, Ben. Rigaud, 1577, in-16, avec le titre : *Œuvres de Jean de la Péruse;* 4° Rouen, Raphaël du Petit-Val, in-12, avec le titre : *La Mé-*

dorées de Jeanne avaient laissé passer les *flèches acérées* qui avaient transpercé de part en part le cœur de J. de la Péruse. Il souffrait affreusement; mais le *ris*, la *mine sucrée* de la belle Berthelot changèrent *en joie* le *deuil* qu'il *avoit receu de l'œil*. Cet œil, comme on voit, avait une terrible puissance. Ce n'était rien, pourtant, au prix des sourcils et du front; le poète l'a dit :

Jane des sourcis jumeaux
Nics de cent cupidoneaus
Et ton front plein que j'adore
Me blessent plus fort encore.

La suite du passage précédemment cité (p. 12) du *Journal* de Le Riche va nous apprendre que Jeanne Berthelot mourut avant son époux. Après avoir noté la mort de du Fouilloux, le fidèle annaliste ajoute : « C'étoit un homme droit en ses promesses et de bon naturel, qui oncques ne voulut faire tort à autrui, sauf qu'il a toujours aimé ses plaisirs d'avec les filles dont il en a débauché, par ses blandices, plusieurs qu'il a toutefois dotées, et leur a fait du bien, et à ses bastards; et ne laissoit de s'accoster d'elles, encore qu'il fut marié avec une demoiselle de Poitiers, laquelle étoit fort honnête et discrète. Il eut d'elle un fils seul qui fut page de M. du Lude, et décéda après le décès de sa mère et auparavant le père qui survécut la mère. Il avoit composé un livre de la chasse (1). »

Il y a dans ces quelques lignes toute une biographie et de précieux renseignements qui, au besoin, auraient pu suppléer en partie à l'acte sur lequel a été établie la preuve du mariage de notre gentilhomme poitevin.

Le Riche ne dit point comment mourut le fils de Jeanne Berthelot. On rencontre dans son livre, sous l'année 1573 (p. 125), un autre passage dans lequel il enregistre la mort, devant la Rochelle, d'un capitaine Fouilloux (2) qui

dée... — La Médée a été imprimée seule deux fois : 1° à *Rouen*, du Petit-Val, 1613, petit in-12; 2° encore à *Rouen* (s. d.), in-12.

(1) *Journal de Guillaume et de Michel Le Riche*, p. 331.

(2) « Ledit jour (vendredi 16 janvier) arriva en cette ville (Saint-Maixent) Naudin, l'un des proviseurs du camp qui me dit que, mercredi dernier, il y eut quelque escarmouche donnée au-devant de la Rochelle, et que, dans une sortie, les Rochellois firent prisonnier le capitaine de la Salle, et que le capitaine Fouilloux fut tué d'un coup d'arquebuse et d'un coup de pertuisanne. »

L'auteur de l'*Histoire de la ville de la Rochelle* n'est pas ici d'accord avec l'avocat du roi de Saint-Maixent; il rapporte, d'après Amos Barbot, au 13 décembre précédent cette escarmouche dans laquelle *La Salle* et *Fouilloux* auraient *été faits prisonniers* seulement. Amos Barbot a écrit trente ans au moins après le siège de la Rochelle et raconte des faits qui s'étaient passés dans son enfance. Il est donc plus sûr de s'en rapporter sur ce point à Le Riche.

pourrait être, il est vrai, l'ancien page du comte du Lude. Que ce jeune homme fût, à cette époque, à la tête d'une compagnie, il n'y aurait rien d'extraordinaire; il pouvait alors avoir dix-huit ans; mais il nous semblerait bien étonnant que Le Riche, mentionnant le décès prématuré de l'unique fils de du Fouilloux, n'eût pas, en cet endroit, rappelé, lui bon catholique et royaliste dévoué, la mort, qu'il devait regarder comme glorieuse, du fils de celui auquel il consacrait dans son Journal les lignes que nous venons de lire.

Le père dut éprouver de vifs regrets de la perte de ce seul héritier direct de sa fortune et de son nom. La solitude se faisait autour de lui : sa femme et son fils l'avaient précédé dans la tombe. Il y avait aussi vu descendre l'une de ses bâtardes qu'il avait mariée à un bâtard de Sourdis, auquel elle laissa une fille (1).

Avertissements éloquents qui lui rappelaient bien haut que pour lui aussi le moment suprême arriverait! Il ne le croyait probablement pas aussi proche. Les lois de la nature, en effet, pouvaient lui faire espérer encore de longs jours. On se souvient qu'il mourut le 5 août 1580, avant d'avoir atteint la soixantième année de son âge. Au portrait que Le Riche nous a laissé de lui, on reconnaît un homme doué de nobles et aimables qualités, sur lesquelles de coupables faiblesses ont jeté quelques ombres. Nous n'avons rien trouvé qui puisse servir à les dissiper; bien loin de là, témoignages contemporains, traditions locales, et plus d'un passage de son livre confirment pleinement les paroles de l'avocat du roi de Saint-Maixent et nous montrent le joyeux gentilhomme fort peu soucieux de transgresser les VIe et IXe commandements de Dieu, croyant sans doute qu'en paradis, à tous veneurs, place était assurée à côté de saint Hubert et de saint Eustache, leurs patrons (2).

Guillaume Bouchet, dans la troisième de ses *Serées*, rapporte une bur-

(1) « Jeudi (14 mai 1579), Catherine Jau, veuve du fils aîné de Me François Bureau, de Parthenay, sieur de l'Ageon, et fille de Catherine Fradin et de feu Jau de Niort, sieur de Beauregard, fut épousée en l'église paroissiale de Saint-Saturnin de cette ville (Saint-Maixent) avec le bâtard des Sourdys, qui, auparavant, avoit esté marié avec l'une des bastardes du sieur du Fouilloux, dont il a une fille » (*Journal de Michel Le Riche*, p. 310).

On trouve dans la collection de *D. Fonteneau* (t. XL, p. 704) un long extrait d'un testament de René d'Escoubleau, écuyer, seigneur de Sourdis, de Courteri et de la Chapelle-Bertrand, en date du 30 octobre 1573, par lequel René d'Escourbeau nomme Jacques du Fouilloux l'un de ses exécuteurs testamentaires, ce qui montre que, indépendamment du mariage ci-dessus, ou peut-être même à cause de ce mariage, il existait des relations d'amitié entre les deux gentilshommes, dont les terres, du reste, étaient voisines.

(2) *La Vénerie*, ch. v.

lesque aventure dont il ne nomme point le héros, lequel serait toutefois le jovial veneur, s'il faut s'en rapporter au *Moyen de parvenir*, où se trouve enchâssée, avec quelques variantes cependant, la même aventure mise sur le compte du seigneur du Fouilloux.

Celui-ci, mécontent de sa femme, sans doute parce qu'elle ne poussait pas la vertu jusqu'à demeurer muette devant les multiples infractions de son époux aux lois conjugales, ne trouva rien de mieux pour faire taire ses crieries, comme dit Bouchet, que de l'enfermer dans un berceau, et de la bercer à outrance, pensant que, de même que les petits enfants, lasse de ce manège, elle finirait par s'apaiser en s'endormant.

Il fit donc faire « un grand berceau à Croutelles (1), non sans admiration, encore qu'il ne fût pas si grand que celuy de Pantagruel. Le berceau étant faict, il convie ses deux voisins (2) à souper. Ils n'eurent achevé le souper que ceste femme commença, à l'accoutumée, de tempester et crier. Ils la prennent comme ils avoient projetté, et la lient en ce berceau, non pas sans difficulté; tant plus elle crioit, tant plus ils la berçoyent; tant plus ils la berçoyent, tant plus elle crioit : au lieu qu'ils pensoyent l'endormir, elle se mit tant à crier qu'elle n'en pouvoit plus et, estant toute esloürdie, s'apaisa. Ils y procédèrent si bien que de là en avant elle n'osoit plus crier, parquoy il ne falloit plus bercer pour la faire taire, ou pour l'endormir, car incontinent qu'elle crioit son mary avoit ses gens aussi prests que le seigneur de Basché avoit messire Oudard, Loire le Marié, sa femme, et Trudon le Tabourineur, au son de la campanelle, toutes les fois qu'il vouloit bailler des nopces de Basché à messieurs les chiquaneurs qui le venoyent citer et adjourner. Mais c'estoit le bon, car si une des voisines de ceste diablesse de femme venoit au secours, ils la mettoyent au mesme berceau, les berçans jusqu'à ce qu'elles ne criassent plus : qui estoit bien difficile, à ce qu'eux-mêmes m'en ont dit (3) ».

Cette anecdote est-elle vraie, et regarde-t-elle l'époux de Jeanne Berthelot? Il n'est point nommé, c'est incontestable, et il ne pouvait pas l'être, quatre ans seulement après sa mort, par l'auteur des *Serées*, qui avait été son ami et l'un des éditeurs de la *Vénerie*, et que de plus il avait appelé quelque part (nous verrons où plus loin) « gentilhomme autant accord et accomply,

(1) Village à deux lieues de Poitiers, célèbre autrefois par ses quenouilles et ses fuseaux, et aussi par ses *finesses cousues de fil blanc.*

(2) Ils avaient le secret de la conspiration, dont ils avaient aidé à ourdir la trame.

(3) *Serées de Guillaume Bouchet, juge et consul des marchands à Poictiers*, livre Ier. Imprimé à Paris, pour les Bouchets à Poictiers, 1585, in-8°.

qu'il s'en trouve en nostre France ». Elle n'est pas plus incroyable, avec ce que nous savons déjà de notre du Fouilloux, que beaucoup d'autres histoires racontées par Guillaume Bouchet et qui pourtant sont vraies. Mais si l'on n'imprimait pas le nom de ce mari si discourtois, on devait se le dire tout haut; c'est pourquoi l'auteur du *Moyen de parvenir*, qui n'était pas, d'ailleurs, tenu à la même réserve que Bouchet, a pu, après plusieurs années passées, accoler à son récit le nom de Du Fouilloux. Vraie ou non, cette histoire témoignerait toujours de la réputation solidement assise et méritée de celui qui, à ce qu'on rapporte, avait cinquante enfants, tant « légitimes que bastards, dont il fist une compaignie qu'il mena au roy lorsqu'il fist son entrée à Poictiers ».

Une note conservée à la Bibliothèque nationale, section généalogique (1), est le seul garant, hâtons-nous de le dire, que nous ayons de ce fait, inexact au moins en un point, car nous savons que le pudibond veneur n'eut qu'un fils légitime. Quant aux bâtards, on a pu lui en prêter quelques-uns; mais on ne prête qu'aux riches.

Le nom de notre gentilhomme se trouve mêlé à une autre anecdote du *Moyen de parvenir*, et cette fois nul doute qu'il ne s'agisse du seigneur des manoirs du Fouilloux et de Bouillé. Voici à quelle occasion :

Un certain Monsieur de Latour, ministre en Poitou, ayant oublié par trop la gravité de ses fonctions, sa conduite déréglée lui attira de sévères admonitions de messieurs du consistoire. Il n'en tint compte et persévéra tant et si bien en ses déportements que le synode, averti, déposa le ministre libertin. Sa mésaventure ne porta pas tort qu'à sa réputation; sa bourse s'en sentit. Force fut donc à lui de pourvoir par ailleurs. Il se fit marchant, et courut les foires. Un jour qu'il était venu à celle de Fontenay, muni de quantité de marchandises, parmi lesquelles il y avait grand nombre de lanternes, passe au-devant de lui une troupe joyeuse de gentilshommes du pays. Le trouvant de bonne façon pour un lanternier, ils se prirent à le regarder. Ils crurent le reconnaître pour le ministre déposé. « Alors approchant, le Fouilloux lui demanda : « Mon maître, mon ami, n'êtes-vous point parent de ce « ministre qui fut déposé à l'autre synode? » Adonques, sans s'émouvoir, il dit : « C'est moi qui suis celui que vous dites. Et pourquoi et comment est-il « avenu qu'aujourd'hui vous êtes marchand de lanternes? Ho! ho! dit-il, et « pourquoi non? Je vous les ai autrefois prêchées, maintenant je vous les « vends (2). »

(1) Cette note nous a été communiquée par M. Fillon, lettre du 17 août 1848.
(2) *Le Moyen de parvenir*, chap. intitulé : *Le Résultat.*

Cette foire de Fontenay avait lieu comme aujourd'hui encore, à la Saint-Jean, et c'était le rendez-vous de toute la noblesse du bas Poitou, qui s'y réunissait autant pour jouer et mener une vie joyeuse que pour faire emplette de chevaux, d'armes et d'autres choses utiles à ses besoins. La coutume s'en est perpétuée, dit-on, jusqu'à nos jours (1). Certes, du Fouilloux, qui venait souvent à son château de Bouillé, s'il n'y séjournait même pas un certain temps de l'année, n'était pas homme à laisser passer l'occasion qui lui était offerte tous les ans, à une faible distance de chez lui, de se divertir et de gausser en nombreuse compagnie, et nous sommes bien sûr qu'il ne manqua jamais aucune des foires de Fontenay. Ce ne devait pas être le dernier venu, ni le moins plaisant convive de cette bande réjouie et quelque peu libertine de gentilshommes, au milieu desquels il nous paraît dominer de toute la hauteur que donnent l'esprit et le savoir. Comme, le verre à la main, il devait rendre raison aux plus hardis d'entre eux (2) ! Quels propos fortement épicés devaient s'échapper de ses lèvres intarissables ! Sans qu'on nous les ait transmis et sans avoir écouté aux portes, on pourrait les redire; mais nous n'avons plus, pour supporter le haut goût des paroles de ces hommes du XVe siècle, leur palais si fortement trempé, et les faibles tympans de nos oreilles courraient risque de se briser à leur choc violent.

Laissons là pour un instant le jovial veneur banqueter à son aise avec ses amis, disciples trop bien appris de M. François, qui avait commencé dans cette ville de Fontenay à donner ses premières leçons de pantagruélisme. Personne n'ignore que Rabelais, dès sa première jeunesse, aussitôt qu'il eut l'âge requis pour faire son noviciat, entra au couvent des Frères Mineurs de Fontenay-le-Comte, en Poitou, et qu'il y passa plusieurs années, au grand scandale de la cité et de ses frères, qui, finissant par se lasser de son libertinage et de son impiété, lui administrèrent une correction manuelle justement méritée, et le mirent *in pace.*

L'historien de Fontenay (3) veut que les quinze années de séjour qu'il fit dans cette ville aient été pour elle « la véritable source de sa gloire » et que « l'impulsion donnée » par « ce grand homme » ait produit promptement des fruits remarquables dans la personne des hommes distingués qui illustrèrent à cette époque la cité, source des beaux esprits : *Fontenacum felicium ingeniorum scaturigo.* Nous ne voudrions pas nier cette influence du grand abs-

(1) Voir *Recherches hist. et archéol. sur Fontenay*, t. I, p. 120.
(2) On verra plus loin les raisons de notre opinion sur ce point.
(3) *Recherches hist. et archéol. sur Fontenay*, t. I, p. 107.

tracteur de quintessence; elle peut n'être pas dénuée de fondement. Mais si l'on accepte cette action de son talent et de sa science sur les esprits, ne serait-il pas permis de croire que celle des autres qualités dont était si éminemment doué Me Alcofibras n'a pas été non plus sans effet sur les Fontenaisiens de ce temps? M. Fillon nous dira ce qu'il en pense dans son second volume. Pour nous, nous apercevons qu'en allant plus loin nous nous éloignerions trop de notre sujet; nous y revenons donc en rappelant que J. du Fouilloux ne laissa point d'héritier direct. Quoiqu'il eût doté de son vivant les filles qu'il avait débauchées par ses blandices, et fait du bien à ses bâtards, il laissa néanmoins une fortune assez considérable dont hérita Marie Cathus, fille de Jehanne, sa sœur, morte avant lui. L'année avant sa mort, le 19 octobre 1579, par un acte passé au Fouilloux, il avait déjà donné à sa nièce la terre de Bouillé en échange de celle de Chatenay, située en la paroisse de Saint-Amand, et de quelques autres objets de moindre valeur, à la condition toutefois de garder, sa vie durant, la jouissance de Bouillé (1).

On doit se souvenir que cette terre de Chatenay était passée de la maison de la Rochefoucault en la possession des Du Fouilloux par le mariage de Jeanne de la Rochefoucault avec Louis du Fouilloux, grand-père de Jacques. Elle était arrivée à Marie Cathus de la succession de sa mère, Jeanne du Fouilloux. Il paraît que l'acte d'échange de cette terre pour Bouillé, entre Marie Cathus et son oncle, donnait quelques appréhensions aux parties et pouvait être attaqué par des tiers. Aussi, avant de le clore, Marie Cathus en fit montrer le projet à un avocat, qui écrivit au bas :

« Veu le projet de contrat cy-dessus, le conseil soubzsigné est d'adviz que le contrat est en bonne forme, et vallable, car, encores que la dicte Cathus soyt héritière du cousté paternel du dict seigneur du Fouilloux, il n'est pas illicite de contracter avec luy, pourveu qu'il n'y ait point de fraude. — Délibéré à Poictiers, le 20 octobre 1579 (2). *Signé :* É. Pasquier. »

Ces lignes sont de l'illustre Étienne Pasquier, que les Grands Jours qui se tenaient alors à Poitiers avaient amené dans cette ville. Il avait pris soin de mettre son honneur à l'abri sous ces mots : *Pourveu qu'il n'y ait point de fraude;* mais il se trouva un autre avocat (il a oublié de nous laisser son nom) que ce léger scrupule n'arrêta point et qui, par une consultation jointe à l'acte,

(1) Cet acte d'échange et celui de prise en possession du château de Bouillé par l'époux de Marie Cathus font partie de la collection de M. Fillon.

(2) On voit que cette date est postérieure d'un jour à celle du contrat, et que, par conséquent, il avait été dressé d'avance ou qu'il fut antidaté.

énuméra tous les moyens de frauder les héritiers du côté maternel. Or, celui qui se trouvait ainsi lésé était Louis de la Rochefoucault, seigneur de Bayers, de la Bergerie, etc... Il revendiqua les droits qu'il avait sur la seigneurie de Chatenay, dans laquelle le fit rentrer une sentence du 30 janvier 1580, lorsque déjà, le 16 novembre précédent, Du Fouilloux l'avait vendue, moins d'un mois après l'acte d'échange (1). Il semble de tout cela que l'oncle et la nièce, en songeant à leurs intérêts, avaient un peu oublié ceux de la justice.

Cette nièce unique de du Fouilloux avait eu pour premier mari le célèbre lieutenant général de Poitiers Jean de la Haye (2), et, à l'époque de la mort de son oncle, elle était remariée à Gabriel de la Rye, chevalier de l'ordre du roi, capitaine de cinquante hommes d'armes, conseiller et chambellan du duc d'Alençon, etc. (3).

Ce second mari fut tué à la journée de Saint-Yrieix-le-Perche, au mois de mai 1593 (4).

Elle avait eu du premier une fille seule, Urbaine ou Urbane, qui hérita du Fouilloux et de Bouillé, etc...

(1) *Histoire généal. de la Maison de France*, t. IV, p. 453.

(2) Voir sur cet homme singulier, qu'une ambition démesurée perdit, la Notice biographique que M. Ch. de Chergé lui a consacrée dans les *Mémoires de la Société des Antiquaires de l'Ouest*, année 1841. — Consulter également le *Journal de Guillaume et de Michel Le Riche*, où se trouvent plusieurs faits de la vie de La Haye, que M. de Chergé n'avait pu connaître à l'époque où il publia sa notice. Marie était la seconde femme de J. de la Haye. Il avait épousé en premières noces Anne de la Brosse, veuve d'Émery Girard, de l'antique maison de la Roussière-Girard, à laquelle il dut sa première élévation.

(3) Voir l'acte d'échange de Bouillé (*Collect. de M. Fillon*) et le *Dictionnaire des familles de l'ancien Poitou*, art. Cathus, n° VI.

(4) Voici ce qu'on lit dans les manuscrits de Robert du Dorat, t. XLV de *D. Fonteneau*, p. 641 :

De la terre et seigneurerie de la Côte-de-Mézières, en la basse Marche.

« Cette place appartenoit en mes jeunes années à Gabriel de la Rie, gouverneur et lieutenant général de la haute et basse Marche, qui fut seigneur de la Côte-de-Mézières, lequel avoit épousé Marie Cathus, fille de Hardi Cathus, seigneur des Granges des Linaux-Jousseaume, des Coquinières, la Grimaudière, le Plessis, Vautebis et la Grange-Monjalière, capitaine de Talmond, et de *Marie de Nuchesse*, fille de Louis Cathus, seigneur de Lassi en la vicomté de Paris, capitaine de Talmond, laquelle étoit veuve de Jean de la Haye, seigneur de la Haye et de Jarzé, lieutenant général en la sénéchaussée de Poitou, à Poitiers, dont issit une fille unique, qui fut Urbaine de la Haye, héritière des Granges, de Jarzé et du Fouilloux, qui épousa Pierre de Laulnay, seigneur, baron d'Onglée-Heraut, Bouliers et du Fresne-d'Authon... Après le décès de Gabriel de la Rye, seigneur de la Côte-de-Mazières, arrivé en la journée de Saint-Yrieix-le-Perche, au mois de mai de l'an 1595, cette seigneurerie tomba en la lignée de François Pastoureau, sieur de la Rochette, etc... »

En épousant Marie Cathus, Jean de la Haye était devenu le neveu de notre célèbre veneur, ce qui explique comment, à la nouvelle de la mort de Charles IX, le lieutenant général de Poitou, croyant les circonstances favorables à l'accomplissement de ses desseins ténébreux, fit choix du château de Bouillé pour le lieu de la conférence secrète qu'il voulut avoir en cette occasion avec quelques chefs catholiques de la ville de Fontenay, auprès desquels il employa toutes les ressources d'un esprit fin et délié, rompu depuis longtemps à l'intrigue, pour les engager à mettre bas les armes et à abandonner la cause qu'ils défendaient. Le seigneur de Bouillé aurait-il aidé l'astucieux mari de sa nièce à ourdir ses trames iniques? Cela pourrait être; sa parenté avec lui le plaçait dans une position où il devait, plus facilement que tout autre, subir l'influence fascinatrice de ce caméléon politique. Quoi qu'il en soit, on ne peut rien affirmer. On ignorait même jusqu'à présent le lieu où se tint cette conférence, dont cependant P. Brisson (1) a laissé un récit fort détaillé. Tout ce qu'on savait d'après le chroniqueur, c'est qu'elle eut lieu dans les premiers jours de juillet 1574, dans une maison peu éloignée de Fontenay (2).

Au nombre des enfants naturels du seigneur du Fouilloux et de Bouillé il y en eut un qu'il affectionna, il faut le croire, d'une manière toute particulière, car non content de lui laisser porter son nom de son vivant, il lui légua, en témoignage de sa tendresse paternelle, une petite part de sa succession.

I. Il s'appelait *François*. Sa mère était *Jeanne Limousin* (de Bouillé), de laquelle Jacques du Fouilloux eut plusieurs autres enfants. Il prenait le titre de sieur de la Plante-Mougon (3), du nom du lieu que son père lui avait laissé en héritage. Marie Cathus le nomma, le 12 octobre 1583, greffier de la seigneurie de Bouillé. Il mourut en 1598 ou 1599.

II. Il eut pour fils *Jean du Fouilloux*, écuyer, que nous voyons figurer comme témoin (13 juillet 1593), dans un acte de prise de possession, par Me Jacques Babinet, clerc tonsuré du diocèse de Maillezais, de la chapelle de Saint-Pardoux, paroisse de Saint-Étienne-des-Loges, près de Fontenay. Il

(1) Voir *Histoire et vray Discours des guerres civiles ès pays de Poictou...*, depuis l'année 1574 jusqu'à l'édit de pacification de l'année 1576, p. 270 de la réimpression faite par M. de la Fontenelle, dans les *Chroniques fontenaisiennes*. Fontenay-le-Comte, 1841, in-8o.

(2) C'est aux communications bienveillantes de M. Fillon que nous devons cette indication curieuse, que lui-même a recueillie des titres manuscrits qu'il possède sur la seigneurie de Bouillé.

(3) La Plante-Mougon est située dans la paroisse de Bouillé.

avait été attaché au service de M. de la Roussière, de l'antique maison Girard de la Roussière (1), qui, à cette époque, était puissante en Poitou. Il était mort avant 1610.

III. Il avait épousé *Catherine Aubert*, dont il eut deux enfants, *Bonaventure* et *Jeanne* (2).

A la suite de *Jean*, cité également par le *Dictionnaire des familles du Poitou* d'après le même acte de prise de possession de la chapelle de Saint-Pardoux, on trouve *Jacques du Fouilloux*, écuyer, seigneur du Fouilloux et du Chilloux, marié à *Louise Foucher*, lesquels laissèrent un fils aussi nommé *Jacques, écuyer, seigneur du Fouilloux et du Chilloux*, qui épousa le 9 novembre 1619 Antoinette Le Vaillant, fille de Louis, écuyer, seigneur des Fourneaux, et d'Esther de Thais.

Privé des documents que l'auteur du *Dictionnaire* a eus sans doute à sa disposition, et que malheureusement il n'indique point, il est difficile de déterminer le point d'où part cette ligne parallèle à la filiation que nous venons d'établir sur titres authentiques. Nous ne voyons pas d'autre moyen que de supposer, ce qui paraît extrêmement probable, que Jacques, époux de *Louise Foucher*, est un fils, et même fils aîné, de *François*, pour qu'il ait dû prendre, avec quelque raison, le titre de seigneur du Fouilloux, ce qui est déjà fort extraordinaire, puisque cette terre était encore possédée en 1619, date du mariage du second *Jacques*, par Urbaine de la Haye, héritière, vers 1608, de sa mère, Marie Cathus (3). Il y a là un nuage dont nous ne pouvons percer l'obscurité.

Un *Étienne du Fouilloux*, tapissier à Poitiers en 1734, était peut-être de la descendance de *François* ou de quelque autre bâtard de son père. Il paraît dans un procès dont les pièces sont aux archives de la préfecture de Poitiers.

Le du Fouilloux dont parle Tallemant des Réaux dans une note de ses *Historiettes*, à l'article du duc de Guise, ne saurait être de la famille du nôtre, puisqu'il le fait venir de Saintonge. Pour celui que Lallement (4) nous rap-

(1) La Roussière est à environ deux lieues de Fontenay, et fort voisine de Saint-Étienne-des-Loges.

(2) Tout ce que nous venons de rapporter sur François du Fouilloux et ses descendants est extrait de pièces originales de la *Collection de M. Fillon*, qui a réuni, en un beau volume gr. in-fol., toutes celles relatives à la famille du Fouilloux et à la seigneurie de Bouillé.

(3) Voir *Dictionnaire des familles du Poitou*, art. *Cathus*, nº VI, et la précédente note des manuscrits de Robert du Dorat.

(4) *Bibliothèque hist. et crit. des Théreuticographes*, p. CVII.

porte avoir figuré dans un ballet de Cassandre, à la cour de Louis XIV, il y aurait moins d'improbabilité à ce qu'il fût un dernier rejeton de la branche bâtarde. Quoi qu'il en soit, cette lignée de celui auquel nous consacrons ces pages est aujourd'hui tout à fait éteinte.

De son côté, le noble manoir du Fouilloux n'est plus qu'une grande et pittoresque ruine. Il est situé dans cette partie du Poitou appelée Gâtine et dépend de la paroisse de Saint-Martin-du-Fouilloux (1), de l'arrondissement de Parthenay (Deux-Sèvres), à deux lieues au sud de cette ville et à dix de Poitiers. Au moment de la Révolution, délaissé déjà par ses propriétaires (2) et en partie déjà démoli, il fut vendu nationalement avec les vastes domaines qui en dépendaient.

Nous avons vu ses restes délabrés que dépeignait si bien, il y a peu de jours (3), un aimable et spirituel conteur, M. de Longuemar, dont la plume est un crayon; nous sommes monté à la chambre de l'ancien maître de ces lieux, chétive demeure maintenant d'un pauvre bûcheron. Dans les autres bâtiments qui sont encore debout, deux ou trois familles de paysans misérables ont établi leur logis. Vers le haut de la vaste cour est encore, sous sa voûte séculaire, la fontaine dont l'onde, aujourd'hui déshonorée par d'immondes pourceaux, désaltérait jadis, en traversant leur chenin (4), les

Nobles fils de Souillard, chien de très-grand renom (5),

du fameux *Miraud* qui fut au *grand roy François*, de *Maigret* ou de *Marteau*, ou d'*Hoyse la Bonne-Lyce* (6).

Dans cette cour où retentissaient à chaque instant, il y a trois siècles, les aboiements d'une meute nombreuse, les cris des piqueurs et des valets de chiens, les hennissements de fiers chevaux, on n'entend plus que les bêlements de maigres brebis, les sourds grognements d'une troupe de porcs, le braiment d'un âne affamé et les sifflements aigus d'un pâtre en guenilles. Il n'est

(1) Dans la Notice de l'édit. Lebossé, à Angers, on a dit *Saint-Florent-du-Fouilloux :* c'est une grave erreur.

(2) Le Fouilloux, à cette époque, appartenait à la famille de Boisragon, à laquelle il était passé, nous ne savons comment, vers le milieu du xviie siècle. C'est elle qui commença la démolition. Les poutres de la grande salle furent transportées à la Picotière, domaine qui dépendait du Fouilloux, et où elles servirent à des constructions nouvelles.

(3) *Souvenirs d'une excursion sur les bords du Thoué*, par M. Le Touzé de Longuemar, dans le feuilleton du *Journal de la Vienne* (no du 15 juillet 1852).

(4) Voir l'estampe du chapitre xii de *La Vénerie.*

(5) *La Vénerie*, chap. v.

(6) *Ibid.*, chap. ii.

plus là, le chasseur infatigable qui donnait la vie à ces vallées si solitaires, à ces coteaux dépouillés de leurs sombres futaies, chères aux cerfs et aux veneurs. De son temps déjà on les attaquait sans pitié, ce qui lui faisait dire avec juste raison : « Je voy que les veneurs qui viendront après nous n'auront pas grand peine à cercher les cerfz aux fustayes (1). » Il n'est plus là, c'est vrai ; les échos des environs ne sont plus réjouis par les sons éclatants de la puissante trompe du Nemrod de la Gâtine (2), c'est vrai encore; mais ils ne sont pas demeurés ingrats; ils ont conservé son souvenir; ils répondent tous au nom du Fouilloux. Écoutez les habitants des villages voisins, jeunes ou vieux, il n'en est pas un qui n'ait son histoire à vous raconter sur Monsieur du Fouilloux. C'est ainsi qu'ils désignent, fort respectueusement, toujours leur ancien seigneur.

Vous leur entendrez dire que *Monsieur du Fouilloux*, étant à la cour du roi de France, écrivit à son fermier du Grand-Fouilloux (nous racontons textuellement) de lui acheter un bœuf noir et un bœuf blanc et que, à tel jour et à telle heure, il eût à labourer avec eux sur le terrier (3) du Grand-Fouilloux. Ce même jour, ayant entraîné le roi à la promenade, car il vivait très familièrement avec lui, il se tourne tout à coup de son côté : « Sire, vous ne voyez pas ce que j'aperçois là-bas, là-bas, bien loin? — Non. — Mon fermier qui laboure sur le terrier du Fouilloux avec un bœuf blanc et un bœuf noir. » On fut à l'enquête, et le fait se trouva vrai. De nombreux témoins l'attestèrent, car ce jour-là était justement celui du marché à Parthenay, et l'on passait sur le terrier pour venir à la ville.

Une autre fois *Monsieur du Fouilloux* trouva, toujours sur le terrier, un nid d'alouettes avec quatre œufs que la mère couvait. Il part bien vite pour Paris et va trouver Sa Majesté; et comme il se promenait encore avec Elle, il s'arrête un moment et regarde, puis prenant le roi par la main : « Voyez donc, sire, sur le terrier du Fouilloux cette alouette qui couve quatre œufs dans son nid. » Le roi de se récrier, bien qu'il eût éprouvé combien perçante était la vue

(1) Chap. xxxiii de *La Vénerie*.

(2) Voir chap. xli de *La Vénerie*, les plaintes qu'exhale l'auteur sur ce que, de son temps déjà, si peu de seigneurs savaient bien sonner de la trompe.

(3) Ce qu'on appelle dans le pays le terrier du Fouilloux est le point le plus élevé de cette chaîne de collines dont les nombreux anneaux s'étendent sur toute la Gâtine. De son sommet, à 272 mètres au-dessus du niveau de l'Océan, on aperçoit, assure-t-on, les côtes de ce même Océan, à vingt-cinq lieues de là, quand le temps est sans nuage et dégagé de brouillards, et la toiture du palais de Poitiers. Ce qu'il y a de certain, c'est qu'on y jouit de la vue d'un immense et enchanteur panorama.

de son rusé compère. De deux bœufs à une alouette la différence était aussi par trop forte. Le roi paria, et il paria gros, mais il perdit, et il était ruiné, s'il n'eût été le roi.

Et ces histoires, et d'autres encore, vous sont débitées fort sérieusement et du ton le plus convaincu du monde. Nous en passerons, nous ne redirons point, par exemple, celle d'un sien rusé paysan qui, accusé par des jaloux de faire de grands abattis parmi les lièvres du maître, lui en fit un jour manger un au naturel, bouilli dans la marmite, peau et chair. Cette fois, il avait trouvé plus fin que lui, le soupçonneux seigneur. Il se retira ; bien persuadé qu'un si mauvais cuisinier ne pouvait être un habile chasseur.

Malgré notre promesse d'en finir avec ces histoires, nous sommes tenté pourtant d'en rapporter encore une. Qu'on prenne patience pour cette fois, ce sera bien la dernière. Nous l'avons ouïe, à un quart d'heure de distance du Fouilloux, de la bouche d'un vert vieillard qui comptait quatre-vingt-quatre printemps. Il la tenait lorsqu'il n'en avait encore vu que quinze, de son grand-père, mort à quatre-vingt-seize ans, lequel l'avait apprise de son père, décédé dans l'âge le plus avancé. — « Oh ! oh ! Monsieur du Fouilloux, nous dit le vieillard que nous interrogions, c'était un homme fort subtil, qui savait beaucoup de secrets. Aussi on se méfiait de lui. Voyez ce qui lui en arriva » :

Un jour, étant à la chasse, il fit rencontre d'une jolie bergère à laquelle il donna une belle pomme rouge. Au lieu de la manger, la jeune fille la garda et la remit le soir à sa maîtresse. Celle-ci, au nom de du Fouilloux, soupçonnant quelque sortilège, la jette à une grande et vilaine truie qui se trouvait là. La vieille gaupe (1), ayant dévoré le fruit, est subitement agitée d'une frénésie inimaginable. Elle s'élance d'un bond hors de la maison ; elle court, elle court... vers le manoir du Fouilloux. Point d'obstacle qui l'arrête : elle franchit les barrières, enfonce les portes du logis, en deux sauts elle est en haut de l'escalier ; elle se jette dans la chambre du maître, la voilà sur son lit, et des pieds et du groin elle secoue, elle tourne et elle retourne le malavisé donneur de philtres. Il se débat en vain, il pousse des cris perçants : c'était un vacarme diabolique. Mais personne ne venait ; pas un des gens n'osait enfreindre la défense qui leur avait été faite de se lever, quelque bruit qu'ils entendissent. Au redoublement de ses cris pleins d'effroi, on s'aventure pourtant

(1) *Gaupe* est en patois poitevin le nom qu'on donne à une vieille truie qui a mis bas plusieurs fois et qui ne peut plus servir. On appelle les autres : *truies gornières*, et leurs portées : *gornées*, et l'on dit : *la truie a gorné*, pour dire : *la truie a mis bas*.

à pénétrer dans l'enceinte interdite. La scélérate bête, il paraît, tint bon, et ce ne fut pas sans combat qu'on parvint à l'assommer.

Depuis lors, assure-t-on, il n'est aucune de ces blondes et fraîches jeunes filles de Gâtine qui ait osé mordre dans la plus petite pomme revêtant la moindre apparence de couleur rouge.

Téméraires galants, apprenez, si déjà l'expérience ne vous a servi de maître, apprenez de messire du Fouilloux que votre métier n'est pas sans danger. Souvenez-vous de ce qu'il nous en a raconté lui-même.

Que vous en semble, lecteur plus ou moins bénévole, des paysans de Gâtine? En fait de satire mordante, le grand Jacques Boileau ne serait auprès d'eux qu'un petit garçon, et Monsieur Barbier et Monsieur Barthélemy, gens d'esprit méchants s'il en fût, pourraient venir à leur école. Nous ne voyons que Me François, qui, au fait, n'était pas leur voisin de trop loin, qu'on puisse leur comparer.

A Bouillé, cette autre seigneurie de notre Poitevin, on ne retrouve pas souvenirs semblables à ceux que nous venons de recueillir. Le grivois chasseur n'a pas laissé sur ce sol de traces aussi profondes que sur celui de sa chère Gâtine. On y possède, cependant, dans quantité d'actes passés à différents temps en cet endroit (1), des marques infaillibles, sinon d'un séjour prolongé, au moins de passages fréquents. Et Jeanne Limousin? ...

Dans le château était une chambre que, longtemps après la mort de l'ancien maître, on désignait encore par son nom. Un inventaire fait en 1604 (2) nous a transmis une curieuse énumération de l'ameublement qu'elle contenait. « ... Et sommes entrés, y est-il dit, dans la chambre du Fouilloux, au haut de l'escalier, où avons trouvé une armure et harnois d'homme d'armes, un chalit en bois de nouher, une table aussi en bois de nouher, un baheuf en bois façon d'ébène, un autre baheuf couvert de cuir de Hollande doré, un fauteuil en point façon de Lemozin, huict chèzes en bois de nouher; au-dessus de la cheminée, une glace façon de Venise, deux chandelers d'argent, une boëte en cuivre doré; à costé une arquebuze et deux pistolets; un coffre de cuir à cloucs dorés, et autour de la chambre des tapisseries de chasses

(1) *Collection de M. Fillon.* — Quelques-uns de ces actes portent la signature du seigneur de Bouillé. Celle que nous reproduisons page 6 de l'ouvrage (*voir plus loin*) est tirée d'un acte du 7 juin 1561, dans lequel Jacques du Fouilloux intervient comme *pleige* et *caution* de certains droits prétendus par Me Louis Bodin dans la succession de Nicolas Rousseau.

(2) *Inventaire du château de Bouillé*, fait en 1604. — L'original est au greffe de Fontenay.

façon de Lemozin, et un tableau en un cadre doré que le dict sieur (*le valet qui faisait faire l'inventaire au nom des maîtres*) nous a dict estre le portrait de M[ssre] Jacques du Fouilloux, autrefois seigneur de Bouillé. »

Malheureusement, le château de Bouillé a été reconstruit et la chambre n'existe plus (1). Où sont allés les objets qu'elle renfermait : cette armure, cette arquebuse, ces tapisseries de Lemozin, et le plus curieux de tous, le tableau au cadre doré? Là où vont toutes choses d'ici-bas; ou bien si quelques-uns ont échappé à la loi commune de destruction, dépouillés de l'origine qui ferait leur gloire et quintuplerait leur valeur, ils reposent obscurément au milieu d'un musée ou dans une modeste collection d'antiquaire.

Si la perte de ce portrait de l'auteur de *La Vénerie* était de nature à nous causer quelque regret, la rencontre de celui qu'a récemment découvert M. Fillon nous consolerait au moins en partie. Ce nouveau portrait est un dessin original de Clouet dit Janet, célèbre portraitiste du xvie siècle; il est aux trois crayons, traité dans la manière fine et si vraie de l'auteur (2).

Cette heureuse découverte confirme ce qui avait été avancé dans la *Bibliothèque historique de la France* (t. IV, p. 187, Appendice), à savoir que du Fouilloux est représenté sous ses propres traits dans la gravure qui, en tête de *La Vénerie*, montre l'auteur offrant son livre au roi. En effet, des deux côtés, la ressemblance est parfaite; seulement le célèbre chasseur est un peu plus jeune dans le portrait appartenant à M. Fillon.

Suivant le *Dictionnaire des familles du Poitou* (3), qui doit ce renseignement à M. Fillon : « La famille du Fouilloux portait palé d'argent et de sable de six pièces, à la fasce d'azur brochant sur le tout. » Ces armoiries ont été retrouvées par M. Fillon sur l'escalier du château des Granges-Cathus, où elles se trouvent plusieurs fois reproduites.

III

Le maître veneur et l'écrivain

Ce n'est pas par sa vie, dont nous venons de rapporter tout ce que nous savons, que Jacques du Fouilloux est arrivé jusqu'à nous escorté d'une célé-

(1) « Le château de Bouillé est situé dans un fond, près des marais qui séparent la terre ferme de l'île de Maillezais; c'est un gros pavillon flanqué de deux trous et entouré par des fossés pleins d'eau. Il a servi de défense dans le temps des guerres civiles » (note empruntée à la *Collection... de D. Fonteneau*, t. XLI).

(2) Lettres de M. Fillon du 31 janvier 1851 et du 12 août 1852.

(3) T. II, p. 122.

brité qui a traversé bientôt trois siècles sans périr. Le joyeux gentilhomme voulut demeurer toujours à l'unisson de sa généalogie et se montrer le premier des veneurs, tant à détourner, lancer et assaillir la bête, qu'à boire, manger, rire, faire grand'chère, etc... (1). S'il n'eût eu que sa vie à présenter à la postérité, elle l'eût promptement mis de côté; mais il vint à elle son ouvrage à la main, et elle l'accueillit. C'est le livre qui a inspiré le désir de connaître l'homme. Nous en avons fini de celui-ci, passons à celui-là. Nous tâcherons de renfermer ce que nous voulons en dire dans des bornes restreintes. L'ouvrage est là, chacun peut l'ouvrir et le juger à sa guise.

Le manoir que du Fouilloux habitait était situé dans une contrée couverte de forêts où abondait le gibier de toute sorte, au milieu d'une province où, de tout temps, les gentilshommes se sont livrés avec ardeur au plaisir de la chasse.

Il sut profiter d'une si heureuse position. Il était à même de voir beaucoup : il examinait beaucoup et bien; il mit en pratique ses préceptes avant de se décider à les écrire, comme il le déclare dans sa dédicace. Voilà ce qui a valu à son livre, joint à son rare talent d'exposition, la renommée dont il jouit et que proclament assez haut ses nombreuses éditions et les traductions qui en ont été faites, et surtout l'insigne honneur d'avoir été pour l'illustre Buffon et l'exact Daubenton une autorité sur laquelle ils n'ont pas dédaigné de s'appuyer (2).

Du Fouilloux ne s'était pas contenté d'observer; l'expérience ne fut pas son seul guide. Son livre témoigne qu'il avait lu les ouvrages de ceux qui le précédèrent dans la carrière où il s'est distingué. Pline devait être son auteur favori, car il le cite en plusieurs endroits.

L'ouvrage du veneur poitevin est le plus connu, le plus célèbre et, sans contredit, le plus recherché des livres sur la chasse. Si les naturalistes ont trouvé les observations de l'auteur dignes d'être recueillies, on s'imagine bien que ceux qui ont traité le même sujet après lui n'ont pas dédaigné d'en faire leur profit. Tous, à l'exception de Salnove, en ont fait le plus grand cas, et encore dans les reproches que celui-ci lui a adressés (3) il y avait évidemment plus d'envie d'établir la vogue de son ouvrage, aux dépens de son prédécesseur et compatriote, que d'amour de la vérité; car tous ne sont pas éga-

(1) *La Vénerie*, chap. XXXV.

(2) Voir *Buffon*, notamment aux chapitres du lièvre et du blaireau. En lisant dans le même auteur la description du cerf, il est impossible de ne pas voir qu'il s'y est inspiré de ce qu'en avait dit du Fouilloux.

(3) Voir *La Vénerie royale* du sieur de Salnove, édition de 1665, in-4°, p. 11, 42, 94, 102, 11, 198, 222, 239, 244, 248.

lement fondés, et ils devaient être imputés bien plus aux préjugés et aux croyances du siècle de l'auteur qu'à lui-même.

Quant aux autres écrivains thèreutiques, ils ont parlé de son œuvre avec admiration et comme d'un livre dont il fallait écouter et suivre les enseignements.

René de Maricourt, qui a composé en 1627 un *Traité et abrégé de la chasse du lièvre et du chevreuil*, s'est exprimé sur son compte en ces termes remarquables : « Je suis d'advis que le chasseur et le veneur ne soit jamais sans le livre du sieur de Fouilloux, lequel est très-bien faict, et est le grammairien des veneurs et chasseurs; et en a escrit curieusement et avec éloquence; joinct aussi qu'il est facétieux et récréatif; hormis qu'il ne le faut imiter en ses trop grandes desbauches (1). »

Voilà, certes, un magnifique et complet éloge.

L'auteur d'un autre ouvrage de vénerie, messire Jean de Ligniville, « un brave, aimable et docte gentilhomme », comme l'appelle, avec justice, l'obligeant, l'aimable, le docte M. Paulin Paris (2), ne demeure guère au-dessous des louanges que l'on vient d'entendre, quand, après avoir traité de diverses chasses, il arrive à celle du chevreuil, et constate que du Fouilloux n'en a rien dit, ce qu'il regrette fort, car, ajoute-t-il : « Je croy qu'ayant parlé si pertinemment de l'art du connoisseur en sa *Vénerie*, que s'il avoit escript de la chasse du chevreuil, il auroit dict des merveilles sur la cognoissance des chevreuils (3). »

Le pieux Ligniville, qui dédiait au Dieu du ciel ses meutes et véneries, n'avait garde de ne pas accompagner cet éloge du prudent correctif dont René de Maricourt avait fait suivre le sien. Aussi recommande-t-il avec sagesse à ses jeunes adeptes de ne pas copier, en leur façon de vivre, les licencieux écarts du maître.

La Curne de Sainte-Palaye, à son tour, tout en blâmant rudement les indécences contenues dans certaines pages du livre, n'a pas laissé de lui rendre justice et d'en faire ressortir les particularités qui lui ont paru les plus intéressantes (4).

(1) Voir *Les Manuscrits françois de la bibliothèque du Roi*, par A. Paulin. Paris, t. V, p. 223, et le ms. 7099 de cette bibliothèque, fonds de Versailles, anc. nº 6, p. 25.

(2) Voir p. 259 du t. V des *Manuscrits françois de la bibliothèque du Roi*.

(3) Voir *Les meuttes et véneries de haut et puissant seigneur messire Jean de Ligniville, chevalier, comte de Bey*. Introduction et notes par Ernest Jullien et Henri Gallice. Paris, D. Morgand, 1892, petit in-4º, t. II, p. 329.

(4) Voir t. II, p. 256 et suiv. des *Mémoires sur l'ancienne chevalerie*, par La

Avant ce dernier, Lallemant (1) avait apprécié le mérite de l'œuvre en critique un peu sévère, il est vrai, mais néanmoins très favorable. « Les préceptes de l'auteur, dit-il, ont un caractère de vérité qui doit satisfaire tout lecteur attentif. » Il y trouve plus de liaison que dans les ouvrages antérieurs. « Du Fouilloux, poursuit-il, s'écarte cependant quelquefois de son but principal et donne dans des digressions des hors-d'œuvre que l'érudition ne peut remplacer : il retourne encore trop souvent sur ses pas... Mais on ne peut assez le louer d'avoir préparé de riches matériaux à ceux qui ont écrit depuis lui sur la chasse. Ses observations sur les différentes espèces de chiens de chasse, sur la manière de les élever, de les nourrir et de les dresser, la cure de leurs maladies, les devoirs des valets de chien et du piqueur méritent particulièrement d'être lus. La chasse au cerf occupe une très grande partie de l'ouvrage : l'auteur en dit trop et n'en dit pas encore assez. Les chasses au sanglier, au lièvre, au renard et au tesson ou blaireau supposent beaucoup d'expérience dans celui qui les décrit, et font regretter qu'il ne se soit pas étendu davantage ».

Et de nos jours, le bonhomme Monteil, le piquant et original auteur de l'*Histoire des Français des divers états*, n'a rien trouvé de mieux, à travers ses innombrables recherches, pour nous donner un tableau fidèle de la chasse au XVIe siècle, que de copier, à sa manière, ce qu'en a écrit l'illustre veneur (2).

Le mérite de *La Vénerie*, considérée au point de vue de l'art, nous paraît suffisamment constaté par les éloges que lui ont donnés les auteurs que nous venons de citer; nous n'ajouterons donc pas sur ce point ce qu'en ont dit, par-ci par-là, d'autres écrivains, d'ailleurs moins compétents; ce serait sans utilité, et partant sans intérêt.

Nous préférons consacrer encore quelques pages rapides à l'examen des qualités littéraires de l'œuvre. A cet autre point de vue nous ne trouvons pas le livre moins digne d'éloges.

Quand on l'a lu, il nous semble qu'on peut louer hardiment le naturel et

Curne de Sainte-Palaye, *avec une introduction et des notes historiques*, par Ch. Nodier. Paris, Delongchamps, 1829, 2 vol. in-8°.

(1) Voir l'article *Jacques du Fouilloux*, p. CVII de la *Biblioth. histor. et crit. des Théreuticographes*, 1re partie de l'*École de la chasse aux chiens courants*, par M. Le Verrier de la Conterie... Rouen, Nicolas et Richard Lallemant, M DCC LXIII, in-8°.

(2) Voir *Le Chasseur des Cévennes*, dans Alexis Monteil, *Histoire des Français des divers états*, ou *Histoire de France aux cinq derniers siècles*, 3e édition. Paris, 1847, gr. in-8°, t. III, p. 25.

la simplicité du style. Les idées de l'auteur s'échappent de sa plume avec facilité et viennent se ranger sans emphase sur le papier. Ce n'est pas un petit mérite. Du Fouilloux était demeuré bon Français, en dépit des Grecs et des Romains de la Pléiade qui n'avaient pu pousser leurs conquêtes jusqu'au fond de la Gâtine de Poitou. Il expose, à notre sens, avec plus d'ordre et de précision que ne paraît lui en accorder Lallemant, et quand il décrit une chasse il vous entraîne à sa suite. « Il vous donne presque l'envie de courir sur ses brisées », comme on l'a dit fort spirituellement (1). « Joinct aussy qu'il est facétieux et récréatif », pour nous servir des expressions de messire René de Maricourt. En effet, rien n'est plus comique que la peinture qu'il fait du seigneur partant pour la chasse des « regnardz et taissons ». Il le place dans une petite charrette, étendu sur un matelas de peaux gonflé de vent. « Toutes les cheuilles et paux de la charrette doibvent estre garnis de flacons et bouteilles et doibt avoir au bout de la charrette un coffre de boys plein de cocqs d'Inde froidz, jambons, langues de bœuf et autres bon harnois de gueule. Puis viennent les divers instruments pour bescher : tarières, pietes, *coupant fait en façon de piete*, besche, racle, « tenailles pour arracher et tirer les taissons des pertuys, des paelles de fer et de bois, des sacz pour mettre les taissons vifz dedans, une paelle ou autre vaisseau pour faire boire les petis chiens ». Si c'est en hiver, « il pourra faire porter son petit pavillon et faire du feu dedans pour se chauffer ». Il devra se munir de « demye douzaine de mantes (couvertures de lit) pour ietter contre terre afin d'escouter l'abboy des bassetz, s'il n'aime mieux, toutefois, le lict plein de vent ». Six vigoureux paysans destinés à ouvrir la tranchée précèdent le char, six chiens de terre au moins l'escortent. Ce n'est pas tout, il faut encore et c'est, après la petite charrette, le premier article dont il doit se pourvoir, le bon seigneur, il faut avec lui, dans le même véhicule, « la fillette âgée de quinze à dix-sept ans, laquelle lui frottera la tête par les chemins ». A ce trait on reconnaît l'écrivain dissolu qu'on doit se garder d'imiter en ses trop grandes débauches. « Et faut que le seigneur marche en bataille de ceste façon, équippé de tous les ferrementz cy-dessus mentionnez, afin d'aller donner l'assaut aux gros taissons et vulpins en leur fort, et rompre leurs chassemates, plocu, paraspetz, et les avoir par mine et contre-mine, jusques au centre de la terre, pour en avoir les peaux à faire des carquans pour les arbalestriers de Gascongne (2). »

(1) *De la Vénerie, par Jacques du Fouilloux*, dans le *Mémorial de Rouen*, à l'occasion de l'édition d'Angers, et reproduit dans le *Bulletin du bibliophile*, 7e série (ann. 1845-1846), p. 65.

(2) *La Vénerie*, chap. LXII.

Ces courtes citations, bien qu'insuffisantes pour faire apprécier complètement le style de notre auteur, doivent en donner néanmoins une idée. On trouvera peut-être, de même que Lallemant (1), qu'il ne ressemble pas plus au nôtre que nos habits ne ressemblent à ceux de son époque; mais il n'en possède pas moins les qualités que nous lui avons attribuées. Il est gracieusement taillé dans de bonnes proportions, et il demeurera l'un des modèles de son temps. Ainsi le jugea fort bien, au commencement du XVIIe siècle, un excellent lexicographe (2), qui n'a pas hésité à puiser dans *La Vénerie*, comme à une source classique, une quantité de vocables et de locutions (3). Enfin, le nom de du Fouilloux était tellement identifié avec l'idée de vénerie, offrait tellement à l'esprit la réunion des qualités d'un bon veneur, que *parler le langage de la chasse* se disait : *parler Fouilloux*, expression que nous avons retrouvée dans le *Dictionnaire allemand et français des deux nations* (verbo *Weidmoennisch*), édition de Strasbourg, 1812.

D'accord nous dira quelqu'un, la prose de du Fouilloux a du naturel, de la simplicité, elle est facile, coulante, etc... Mais sa poésie (4)?

L'auteur du petit poème de l'*Adolescence* n'est pas un poète du premier rang; nous ne voulons pas l'asseoir au sommet du Pinde, non. Il y tient cependant une place honorable. Ses vers nous paraissent doués, à un degré inférieur peut-être, des mêmes qualités que sa prose.

Appelons-les en témoignage. Ceux que nous citons, nous les choisissons,

(1) *Biblioth. des Théreuticographes*, loc. cit.

(2) « *Le Grand Dictionnaire François-Latin*, augmenté outre infinies dictions françoises des mots de Marine, Vénerie et Faulconnerie. Des mots Latins oubliez èz impressions precedentes : de plusieurs Recherches, Antiquitez, Prouerbes et Sentences Prouerbiales. — Item, en ceste dernière édition d'un nombre infini de phrases et façons de parler, cueillies ès escrits des plus approuvez Autheurs, tant Historiens et Poètes que des anciens Romans... Avec un abrégé de la prononciation et Grammaire Françoise très vtile et necessaire aux Nations estrangeres, dont est faicte plus ample mention en la preface aux Lecteurs. — Recueilli des obseruations de plusieurs hommes doctes : entre autre de M. Nicod... » Paris, Nicolas Buon, M DC XIV. Énorme in-4° sans pagination, signat. A.-Bbbbiiii (cahiers de 8 feuillets); plus 16 ff. prélim.

L'importance et la rareté de ce dictionnaire, fort recherché aujourd'hui, nous a engagé à en donner le titre à peu près en entier, malgré sa longueur. C'est une édition du célèbre Dictionnaire de *Nicod*, de nouveau augmenté par *M. Guillaume Poille*.

(3) Voir, entre autres mots : *Ameuter*, *Andouille*, *Armes*, *Asseoir*, *Commun*, *Couples*, *Défenses*, *Hourvaris*, *Viander*, *Voyé*.

(4) Dreux du Radier l'estime sans mérite. Voir la *Bibliothèque historique et critique du Poitou contenant les Vies des Savans de cette province*... Paris, M DCC LIV, 5 vol. in-12.

non pas comme les plus favorables à notre cause, mais parce qu'ils ont l'avantage de présenter une description des plus curieuses de tout ce qui formait l'attirail de toilette d'une merveilleuse du temps. On y verra que les belles d'aujourd'hui ne sont pas plus fécondes en riches inventions pour faire valoir leurs attraits ou s'en procurer d'emprunt, que celles d'autrefois.

Voici donc : c'est le portrait de la bergère qui, soudain, avait blessé de l'aiguillon d'aimer notre veneur, en ses jeunes ans. Chez elle, rien n'était faux : la nature et non l'art faisait tous les frais d'entretien de sa beauté :

Car point n'avoit de fart ne de ciuette
. . . .
Point de touretz n'avoyt à son sommeil
Fors seulement la clarté du soleil :
Elle n'estoyt point chèrement enfermée,
Ains aux fureurs des ventz abandonnée.
Point elle n'avoit ambre, musc, ne odeurs,
Sa douce haleine lui servoit de senteurs.

Point ne portoit fleur, beniouyn, gnacelle,
Oncques parfums ell' ne porta sur elle :
Mais elle alloit, quand le temps estoit gay,
Entre les fleurs et rousées de may.
Point ne portoit gans de chamois, mitaines,
Ains en tout temps ha descouuert ses venes.
Ne portoit point de calçons ne patins,
L'esgail lauoit ses piedz tous les matins.

Point ne trompoit le monde en ses cheueux,
Mais les siens vraiz lui tomboyent sur les yeux.
Pour se coeffer ne luy faut point d'empoys,
De mirouër, ne de teste de bois :
Nauoyt carquans, velours, ne chapperons,
Qu'un couuvre-chef tout plié à grillons :
Ni busc encor' de soye violette,
Qu'un godillon (1) de simple laine verte.

Elle n'avoit au lieu de faux manchons
Qu'un linge blanc, sur ses petis braz blondz,
Ni iazerans (2), anneaux, ne braceletz,
Sur son gent corps, ...
D'eau de mouron, de febve, de saline
Ne se fardoit, fors de claire eau vive :
Eau de gougourde a elle point ne touche,
Pour adoucir son visage et sa bouche.

(1) Cotillon.

(2) Petite chaine d'or que les femmes du peuple en Poitou portent encore en collier.

Point ne portoit de ce liege femelle
Pour amoindrir son seing et sa mamelle.
Vasquine nulle ou autre peliçon
Ell' ne portoit, ce n'estoit sa façon ?
Point ne prenoit vin blanc pour se baigner,
Ne drogue encor' pour son corps alléger :
Mais s'en alloyt esbattre sur l'herbette
Dedans les prez au long de la Viette.

Indépendamment des 368 vers du poème de l'*Adolescence*, du Fouilloux en a semé encore quelques-uns dans divers endroits de *La Vénerie.* A la fin du chapitre XXI, le *Blason du Veneur* est tout entier en vers :

Je suis veneur, qui me leue matin,
Prens ma bouteille, et l'emplis de bon vin,
Beuuant deux coups en toute diligence,
Pour cheminer en plus grande asseurance.

Au chapitre XXXVI ce sont des vers qu'il met dans la bouche du veneur faisant son rapport devant le roi.

Nous avons dit et sur l'homme et sur son œuvre ce que nous pensions. Tel est notre jugement. S'il est infirmé, nous ne nous fâcherons point : c'est que, apparemment, nous aurons mal vu, mal senti.

Avant d'aborder la bibliographie de l'œuvre de du Fouilloux, il faut nous arrêter un peu pour divulguer ce qui, jusqu'ici, n'a été dit par personne ; à savoir que, non content d'avoir écrit un ouvrage classique sur la vénerie, il avait encore composé un traité de fauconnerie, bien qu'il paraisse avoir fait assez peu de cas de cette science, sur laquelle il s'exprime dans le *Blason du Veneur* en ces termes dédaigneux :

... Ne déplaise aux fauconniers vereurs
Leur estat n'est approchant des veneurs.

On ne peut pourtant en douter, en face des lignes suivantes que nous empruntons au *Recueil de tous les oyseaux de proye, qui servent à la Vollerie et Fauconnerie,* de Guillaume Bouchet :

« Monsieur du Fouilloux, gentilhomme autant accord et accomply qu'il s'en trouve en nostre France, auquel toute la postérité seroit redevable s'il nous vouloit mettre en lumières la Fauconnerie (comme il a fait heureusement sa Vénerie), dict par un petit fragment que j'ai en veu, qui servira d'échantillon pour le reste, que les faucons, laniers et autres oiseaux qui hantent les costes de France et principalement nostre Guyenne viennent de deux pays; les uns des pays froids, comme de la Russie, de la Prusse, de Norovargue et autres pays circonvoisins, qui se coignoissent aux pennaches, aux pieds et à la teste. »

Cette Fauconnerie n'a point été imprimée et nous n'en connaissons point de manuscrit. L'ouvrage est sans doute perdu sans retour, et nous ne pouvons nous empêcher d'unir nos regrets à ceux de Guillaume Bouchet sur la perte de ce fleuron arraché à la couronne de l'inimitable veneur.

Du chasseur passionné, du gentilhomme amoureux du plaisir qui regardait « que la meilleure science que nous pouuons apprendre (après la crainte de Dieu) est de se tenir ioyeux, vsant d'honnestes exercices ; entre lesquelz il n'en avoit trouvé aucun plus louable que l'art de vénerie (1) », de cet homme singulier qui, après tout, fut un homme remarquable et l'une des célébrités du Poitou dont le nom a été porté le plus loin, il ne reste qu'un portrait et un livre, base unique mais solide, sur laquelle est assise une renommée qui n'est pas près de finir.

(1) Voir dans *La Vénerie* la dédicace au roi. Pour cette citation, comme pour toutes celles que nous avons faites, nous nous sommes servi de l'édition de Poitiers 1568.

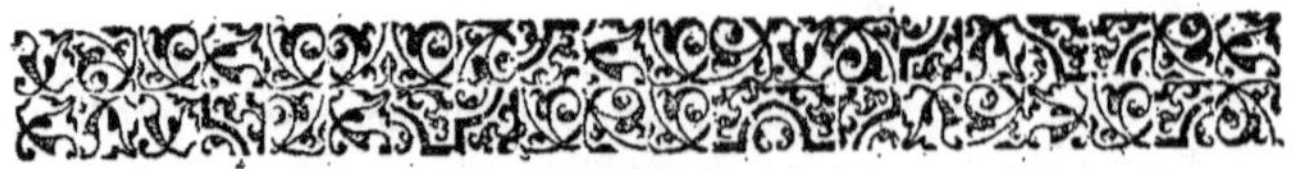

BIBLIOGRAPHIE

DE

« LA VÉNERIE » DE JACQUES DU FOUILLOUX

§ 1. — Éditions françaises.

I. — La Vénerie de Jacques du Fouilloux, escuyer, seigneur dudit lieu, pays de Gastine en Poitou, dédiée au Roy Tres chrestien Charles, neufiesme de ce nom. Plusieurs réceptes et remedes pour guerir les chiens de diverses maladies. Plus l'*Adolescence* de l'autheur. Avec privilège du Roy. *A Poitiers, par les de Marnefz et Bouchetz frères, 1561, ou s. d.*, petit in-f°, front. et 56 figures sur bois.

4 ff. prél. n. ch., et 214 p. ch. (32 lignes à la page), plus 1 f. n. ch. qui contient la *Complainte du Cerf, à Monsieur du Fouilloux, par Guillaume Bouchet.* — Un extrait du privilège donné à Orléans le 23 décembre 1560 occupe le verso du feuillet de titre. — Le recto du second feuillet est occupé par une figure représentant l'auteur agenouillé et en costume de chasse offrant son livre à Charles IX, entouré de plusieurs seigneurs et de hallebardiers. Au-dessous de cette gravure commence la dédicace. Les figures, au nombre de 56, non compris celle du frontispice que nous venons de décrire, sont intercalées dans le texte, qui est en lettres italiques.

Dans cette édition, les tons de chasse ont été imprimés séparément sur des bandes de papier rapportées à l'endroit convenable. Une autre particularité mérite d'être signalée : le roi, dans la gravure de dédicace, est aussi grand que ses courtisans, ce qui ne convient nullement à Charles IX, âgé de dix ans en 1561. On peut en conclure que l'ouvrage, dont le privilège est du 23 décembre 1560, avait été composé pour être dédié à François II, mort le 5 décembre 1560, et que c'est sa mort qui détermina l'auteur à le dédier à Charles IX, sans pour cela changer la gravure qui était déjà faite à l'intention de François II.

Première édition, d'une extrême rareté. Il existe deux sortes d'exemplaires, les uns datés de 1561 et les autres sans date; ils ne présentent pas d'autre différence.

Un exemplaire sur peau de vélin a figuré à la vente Pichon, où il ne fut adjugé que 3,000 francs; un autre exemplaire — ou peut-être le même — avec les figures miniaturées, a été en vente pendant la guerre dans une grande librairie parisienne.

II. — La Vénerie de Jacques du Fouilloux, gentil-homme, seigneur dudit lieu, pays de Gastine en Poitou. Dédiée au Roy Tres chrestien Charles, neufiesme de ce nom, avec plusieurs Receptes et Remèdes pour guérir les chiens de diverses maladies. Plus l'*Adolescence* de l'autheur. Avec privilège du Roy. *A Poitiers, par les de Marnefs et Baschetz* (sic) *frères*, 1562, in-4°, figures sur bois.

4 ff. prél. n. ch., et 294 pp. ch. (27 lignes à la page), caractères italiques, à l'exception de la *Complainte du Cerf* qui est en caractères romains.

Édition également fort rare.

On rencontre des exemplaires de cette édition dans lesquels le 2 du millésime a été remplacé par un 4 fait à la plume. Cette falsification de la date — qui a induit Kreysig en erreur — est vraisemblablement une spéculation des éditeurs, qui auraient ainsi essayé de renouveler leur édition. Le baron Pichon (Notice de l'édition d'Angers) a vu deux exemplaires ainsi postdatés ; nous en connaissons un troisième et il en existe probablement d'autres.

III. — La Vénerie de Jacques du Fouilloux, gentil-homme, seigneur dudit lieu, pays de Gastine en Poitou. Dédiée au Roy Tres-Chrestien Charles, neufiesme de ce nom. Avec plusieurs receptes et remèdes pour guérir les chiens des diverses maladies. Plus l'*Adolescence* de l'autheur. Avec privilège du Roy. *A Poitiers, par les de Marnefz et Bouchetz frères*, s. d. (1566 ou 1567), in-4°, figures sur bois.

4 ff. n. ch. (titre, 1 pour la dédicace avec privilège au verso, 2 pour la table), 295 pp., 57 figures sur bois dans le texte.

Cette troisième édition est imprimée en caractères italiques, sauf la dédicace, la table et la *Complainte du Cerf*, qui sont en caractères romains. — Nous croyons, avec M. Pressac, qu'il faut la dater de 1566 ou 1567, car, dans la dédicace de l'édition de 1567 de la « Fauconnerie, de Franchières » les éditeurs commencent l'épître dédicatoire par ces mots : *Après avoir imprimé ces jours passés un traité de Venerie...* Il est clair qu'ils ne peuvent parler de l'édition de 1562 ; par conséquent, il ne peut s'agir que de cette édition sans date.

Édition presque aussi rare que les deux premières. Quelques exemplaires en reliure ancienne sont suivis de la *Fauconnerie* de Franchières, publiée à Poitiers par les mêmes éditeurs en 1567. Cependant, les deux ouvrages se vendaient séparément ; ce n'est qu'à partir de l'édition de Paris, 1585, que l'ouvrage de du Fouilloux est toujours suivi soit de la *Fauconnerie* de Franchières et autres, soit du *Miroir de Fauconnerie*, de Harmont.

IV. — La Vénerie de Jacques du Fouilloux, gentilhomme, seigneur dudit lieu, pays de Gastine en Poitou. Dédiée au Roy Tres-Chrestien Charles, neufiesme de ce nom. Avec plusieurs receptes et remèdes pour guérir les chiens de diverses maladies. Plus l'*Adolescence* de l'autheur. Avec privilège du Roy. *A Poitiers, par les Marnefz et Bouchetz frères*, 1568, in-4°, figures sur bois.

4 ff. prél. n. ch. pour le titre, la dédicace, l'extrait du privilège et la table des

chapitres, et 295 pp. ch. signées A à T par 8 feuillets, sauf T qui en a 4 (27 lignes à la page), caractères romains.

L'*Adolescence* (pages 273 à 290) est en caractères italiques.

Les grandes lettres initiales ornées de chaque chapitre sont les mêmes que celles qui se trouvent dans la *Fauconnerie* de Franchières, imprimée l'année précédente par les Marnefz et Bouchetz frères.

Cette édition, fort rare aussi, est la plus jolie de toutes, tant à cause de la beauté de son caractère que par la netteté de son impression. A ces avantages, elle joint celui d'avoir été faite dans le pays et du vivant de l'auteur, ce qui doit faire supposer qu'il en a revu les épreuves et est une garantie pour la fidélité du texte et de l'orthographe primitive, modifiée dans les éditions de Paris. Elle doit donc être particulièrement recherchée, étant l'édition originale définitive.

On la trouve parfois reliée avec l'édition de Franchières de 1567; mais les deux ouvrages sont indépendants.

V. — La Vénerie de Jacques du Fouilloux, gentilhomme, seigneur dudit lieu, au païs de Gastine en Poictou. Avec plusieurs receptes et remèdes pour guarir les chiens de diverses maladies, et interpretations des mots, vocables et dictions de vénerie. Plus l'Art de chasser aux bestes privées et sauvages extrait du livre du Roy Phoebus. *A Paris, pour Gaillot du Pré, libraire juré, rue Saint-Jacques, à l'enseigne de la Galère d'or*, 1573, in-4°, figures sur bois.

4 ff. prél. n. ch. pour le titre et la table des chapitres; 140 ff. ch.; 4 ff. n. ch. pour le « Recueil des mots et vocables ». Cette édition, en lettres rondes, est fort bien exécutée et rare. C'est la première où l'on ait inséré l'extrait du livre de Gaston Phoebus.

Au verso du titre se trouve la gravure qui représente du Fouilloux offrant son livre au roi. — On trouve, après les 4 feuillets préliminaires, un second titre qui ne diffère du premier qu'en ce qu'il contient de moins les mots : *et interpretations... Phoebus*. Le verso de ce titre est blanc dans certains exemplaires, dans d'autres on y voit le portrait de du Fouilloux. Le recto du 2e feuillet contient la dédicace (celle des éditions précédentes) et le verso le portrait de Charles IX.

Les figures de cette édition de Gaillot du Pré, et des autres éditeurs qui l'ont suivie, représentent fidèlement, dans leur ensemble, chacun des sujets des éditions des Marnefz. D'imperceptibles différences dans des détails sans importance n'empêchent pas de voir que le libraire parisien a fait copier pour son livre les gravures des premiers éditeurs.

VI. — La Vénerie et Fauconnerie de Jacques du Fouilloux, Jean de Franchières et autres divers autheurs. Reveues, corrigées et augmentées de chasses non encore par cy-devant imprimées. Par I. D. S,, gentilhomme P. *A Paris, pour Félix Le Mangnier, rue Neufve Nostre-Dame, à l'image Saint-Jean-Baptiste...*, 1585. Avec privilège du Roy. 2 parties en un vol. in-4°, figures sur bois.

Ce volume est divisé en deux parties qui ont chacune un titre particulier et une pagination différente.

La Vénerie : 8 ff. prél. n. ch. pour le titre, la dédicace, l'épître aux lecteurs, le privilège et la table ; 125 ff. ch. pour *La Vénerie* et les divers traités ajoutés à cette édition, 1 f. blanc, et 4 ff. pour le « Recueil des mots... en l'art de vénerie ».

La Fauconnerie de Jean de Franchières, grand prieur d'Aquitaine, avec tous les autres autheurs qui se sont peu trouver traictans de ce subiect de nouveau reveue, corrigée et augmentée, outre les précédentes impressions. *A Paris, pour Félix Le Mangnier*, 1585, avec privilège du Roy : 4 ff. prél. n. ch.; 127 ff. ch. pour le texte, signat. A à II iij ; 5 ff. n. ch. pour la table générale. — Figures d'oiseaux dans le texte.

Pour qu'un exemplaire soit complet, il faut donc qu'on y trouve les deux ouvrages réunis. Cette édition de *La Vénerie* contient en plus de la précédente *La Chasse du loup*, de *Jean de Clamorgan; La Chasse du conil*, extraite de *La Maison rustique*, de *Charles Estienne* et *Jean Liébaut*, et *Les Remèdes très-utiles et nécessaires pour la maladie des chiens* sont extraits et traduits de *Tre libri degli uccelli da rapina de Carcano*. A l'avenir, toutes les éditions contiendront ces augmentations. On trouve des exemplaires avec le nom d'Abel L'Angelier, au lieu de celui de Félix Le Mangnier; ils n'offrent pas d'autre différence.

Le style de du Fouilloux a été légèrement changé dans quelques passages de cette édition. Toutes les éditions qui ont suivi ont été faites sur celle-ci, et reproduisant par conséquent les altérations de style. Cette circonstance assurera toujours la préférence des bibliophiles aux éditions de Poitiers qui, faites dans le pays de l'auteur, et probablement sous ses yeux, ont le mérite de donner l'ouvrage dans sa pureté primitive.

Moins rare que les éditions de Poitiers et que celle même de Gaillot du Pré, elle est cependant fort recherchée, à cause de l'avantage des augmentations qu'elle renferme, et parce que le tirage des gravures est meilleur que celui des éditions postérieures. Les lettres initiales J. D. S., gentilhomme P. qu'on lit au titre de cette édition, signifient Jean de Sansicquet, gentilhomme Poitevin. Jean de Sansicquet, seigneur de Denans et d'Escoué, était ami et parent de J. du Fouilloux.

La Fauconnerie de Franchières paraît ici pour la troisième fois. La première édition, publiée à Paris par Pierre Sergent, s. d. (vers 1535), in-4°, caractères gothiques, est un livre d'une très grande rareté. La seconde parut à Poitiers, en 1567, augmentée des *Fauconneries* de Guillaume Tardif et d'Artelouche de Alagona, et du *Recueil des oiseaux de proie* [de Guillaume Bouchet]. Toutes les éditions suivantes de du Fouilloux, jusqu'en 1628, seront suivies de ces divers traités de fauconnerie. A partir de 1634, ils seront remplacés par le *Miroir de Fauconnerie* de Pierre Harmont.

VII. — La Vénerie de Jacques du Fouilloux, seigneur dudit lieu, gentilhomme du pays de Gastine en Poictou, par luy jadis dediée au Très-Chrestien Roy Charles neufiesme, et de nouveau reveue et augmentée outre les précédentes impressions. *A Paris, chez Abel L'Angelier, au premier pillier de la Grand'Salle du Palais*, 1601, 2 parties en un vol. in-4°, figures sur bois.

La Vénerie : 4 ff. prél. n. ch. pour le titre (en rouge et noir), la dédicace et la table ; 124 ff. ch. pour le texte, et 4 ff. n. ch. pour le « Recueil des mots de vénerie ».

La Fauconnerie de Jean Franchières, grand prieur d'Aquitaine, avec tous les autres autheurs qui se sont peu trouver traictans de ce subject. De nouveau reveue, corrigée et augmentée outre les précédentes impressions. *Paris, Abel L'Angelier, au premier pillier de la Grand'Salle du Palais*, 1602 : 4 ff. prél. n. ch. pour le titre (en rouge et noir), le privilège, la dédicace et la table; 127 ff. n. ch. pour le texte, et 5 ff. n. ch. pour la table générale.

Cette différence de date pour les deux ouvrages est une singularité qui se reproduit dans toutes les éditions qui suivent, excepté dans celles de 1621 et de 1628. Et ce qui prouve qu'il n'y a rien là d'anormal, c'est que les exemplaires, même de première reliure, n'en sont pas exempts.

VIII. — La Vénerie de Jacques du Fouilloux... *Paris*, 1604, in-4°.

M. Pressac cite cette édition d'après Kreypsig, mais avoue ne point la connaître. Le bibliographe allemand s'est vraisemblablement trompé. La *Fauconnerie* de Franchières, de même date, s'y trouverait également jointe.

IX. — La Vénerie de Jacques du Fouilloux..., *Paris*, *L'Angelier*, 1605, in-4°.

Édition citée par le baron Pichon dans la Notice de l'édition d'Angers. M. Pressac ne l'a jamais vue, et nous n'en avons pas connaissance. Elle pourrait bien n'avoir jamais existé.

X. — La Vénerie de Jacques du Fouilloux, seigneur dudit lieu, gentilhomme du pays de Gastine en Poictou, par luy jadis dédiée au Très-Chrestien Roy Charles neufiesme, et de nouveau reveue et augmentée outre les précédentes impressions. *A Paris, chez Abel L'Angelier*, 1606, 2 parties en un vol. in-4°, figures sur bois.

La Vénerie : 4 ff. n. ch. pour le titre imprimé en rouge et noir, la dédicace et la table; 124 ff. ch. de texte, et 9 ff. n. ch. pour la fin de l'ouvrage et le « Recueil des mots de vénerie ». Vignette sur le titre et 71 figures sur bois dans le texte, dont 14 pour *La Chasse du loup.*

La Fauconnerie de Jean de Franchières, grand prieur d'Aquitaine, avec tous les autres autheurs qui se sont peu trouver, traictans de ce subject. *Paris, Abel L'Angelier*, 1607. 4 ff. n. ch. pour le titre imprimé en rouge et noir, l'avertissement et la table; 127 ff. ch.; 5 ff. n. ch. pour la table générale. Vignette sur le titre et 30 figures d'oiseaux dans le texte.

Cette édition est fort bien exécutée; c'est la plus jolie de celles publiées au XVIIe siècle; elle présente la particularité, ainsi que l'a fait remarquer le premier le baron Pichon, de contenir *La Chasse du loup* de *Clamorgan* avec les figures qui se voient dans les éditions séparées de cet ouvrage, avec quelques légères variantes cependant.

XI. — La Vénerie de Jacques du Fouilloux... *Paris*, 1607, in-4°.

Citée par Kreysig, auteur souvent inexact. Nous n'avons pas d'autres preuves de son existence, et sommes convaincus qu'elle n'existe pas.

XII. La Vénerie de Jacques du Fouilloux... *Paris, veuve Abel L'Angelier*, 1613, in-4°.

M. Pressac croit cette édition la plus rare de toutes celles qui sont sorties de chez L'Angelier; nous ne l'avons jamais rencontrée, et nous doutons fort de son existence! L'exemplaire qui figurait à la vente du baron Taylor (qui fut adjugé 10 francs!) serait le seul connu. Il s'agit vraisemblablement d'une faute d'impression dans la date.

XIII. — La Vénerie de Jacques du Fouilloux, de nouveau reveue et augmentée outre les précédentes impressions. *Paris, chez la veufve Abel L'Angelier*, 1614, 2 parties en un vol. in-4°, figures sur bois.

La Vénerie : 4 ff. prél. n. ch. pour le titre, la dédicace et la table des chapitres; 124 ff. ch. pour le texte; 4 ff. n. ch. pour le « Recueil des mots de vénerie ».

La Fauconnerie de Jean de Franchières... De nouveau reveüe, corrigée et augmentée outres les précédentes impressions. *Paris, veufve Abel L'Angelier*, 1618, in-4°, figures sur bois : 4 ff. prél. n. ch. pour le titre, l'avis au lecteur et la table des chapitres; 127 ff. ch. pour le texte; 5 ff. n. ch. pour la table générale.

XIV. — La Vénerie de Jacques du Fouilloux... Paris, 1618, in-4°.

Citée avec la date seulement et le nom de la ville, par Brunet dans le *Manuel*, et par le baron Pichon dans la Notice de l'édition d'Angers.

Nous sommes convaincus que cette édition n'existe pas plus que celles de 1604, 1605, 1607 et 1613; le baron Pichon, Pressac, Souhart et Paul Petit ne les ont jamais vues et nous ne les avons pas rencontrées davantage depuis plus de vingt ans que nous nous intéressons à la bibliographie des livres sur la chasse.

Il est d'ailleurs à remarquer que les éditions de du Fouilloux mettaient toujours de trois à huit ans pour s'écouler.

XV. — La Vénerie de Jacques du Fouilloux. De nouveau reveue et augmentée outre les précédentes impressions. *Paris, en la boutique de L'Angelier, chez Claude Cramoisy*, 1621, 2 parties en un vol. in-4°, figures sur bois.

La Vénerie : 4 ff. n. ch. pour le titre, la dédicace et la table; 124 ff. ch.; 4 ff. n. ch. pour le « Recueil des mots de vénerie ».

La Fauconnerie de Jean de Franchières... *Paris, en la boutique de L'Angelier, chez Claude Cramoisy*, 1621, in-4° : 4 ff. n. ch. pour le titre, l'avis aux lecteurs et la table des chapitres; 127 ff. ch. de texte; 5 ff. n. ch. pour la table générale. Vignette sur le titre et 30 figures d'oiseaux dans le texte.

XVI. — La Vénerie de Jacques du Fouilloux, seigneur dudit lieu, gentilhomme du pays de Gastine en Poictou. Dédiée au Roy. Et de nouveau reveue et augmentée outre les précédentes impressions. *Paris, en la boutique de L'Angelier, chez Claude Cramoisy*, 1624, 2 parties en un vol. in-4°, figures sur bois.

La Vénerie : 4 ff. n. ch. pour le titre, la dédicace et la table des chapitres;

124 ff. ch. pour le texte; 4 ff. n. ch. pour le « Recueil des mots de vénerie ». Vignette sur le titre et 57 figures sur bois dans le texte.

La Fauconnerie, datée de 1621 (voir plus haut, nº XV).

XVII. — La Vénerie de Jacques du Fouilloux. *Paris*, *Sébastien* (*ou Claude*) *Cramoisy*, 1628, 2 parties en un vol. in-4º, figures sur bois.

La Vénerie : 4 ff. n. ch. pour le titre, la dédicace et la table; 124 ff. ch.; 4 ff. n. ch. pour le « Recueil des mots de vénerie ».

La Fauconnerie de Jean de Franchières, grand prieur d'Acquitaine, avec tous les autres autheurs qui se sont peu trouver traictans de ce sujet. Paris, Sébastien (ou Claude) Cramoisy, 1628 : 4 ff. n. ch. pour le titre, l'avis aux lecteurs et la table des chapitres; 127 ff. ch.; 5 ff. n. ch. pour la table générale. Vignette sur le titre et 30 figures d'oiseaux dans le texte.

Il existe des exemplaires avec le nom et l'adresse de CLAUDE CRAMOISY (voir ci-dessus, nº XV). Il est fort probable que ce n'est qu'une seule et même édition faite en commun par les deux frères Cramoisy. — Ce n'est pas, d'ailleurs, la seule fois que Claude fit imprimer un livre en société avec son frère.

Cette édition, d'une assez médiocre exécution, est la dernière à laquelle on trouve jointe la *Fauconnerie* de Franchières.

XVIII. — La Vénerie de Jacques du Fouilloux, seigneur dudit lieu, gentilhomme du pays de Gastine en Poitou. Dédiée au Roy. De nouveau reveue, et augmentée du Miroir de Fauconnerie. *A Paris*, *chez Pierre Billaine*, *rue Sainct-Jacques*, *à la Bonne-Foy devant Saint-Yves*, 1634, 2 parties en un vol. in-4º, figures sur bois.

La Vénerie : 4 ff. n. ch. pour le titre (en rouge et noir), la dédicace et la table; 124 ff. ch. pour le texte, et 4 ff. n. ch. pour le « Recueil des mots de vénerie ».

Le Miroir de la Fauconnerie, où se verra l'instruction pour choisir, nourrir et traicter, dresser et faire voler toutes sortes d'oyseaux et les muër et essimer, cognoistre les maladies et accidents qui leur arrivent et les remèdes pour les guérir. Dédié à Monseigneur le duc de Luynes, par Pierre Harmont, dit Mercure, fauconnier de la chambre. *A Paris, chez Pierre Billaine*, 1634, in-4º : 38 pp. y compris le titre, 7 gravures sur bois dans le texte et une sur le titre.

Cette édition est la première où l'on ait remplacé la *Fauconnerie* de Franchières par le *Miroir de Fauconnerie* de Pierre Harmont. On trouve ce dernier ouvrage avec la date de 1634 ou celle de 1635. Cette différence est sans importance, car ces deux éditions de 1634 et de 1635 sont calquées l'une sur l'autre.

Le *Miroir de Fauconnerie* paraît ici pour la troisième fois. La première édition, *Paris*, *Claude Percheron*, 1620, in-8º, est un petit livre fort rare; la seconde, *Paris*, *Cardin Besongne*, 1635, ne l'est guère moins.

XIX. — La Vénerie de Jacques du Fouilloux, seigneur dudit lieu, gentilhomme du pays de Gastine, en Poictou, dédiée au Roy. De nouveau reveue et augmentée du Miroir de Fauconnerie. *Paris*, *Pierre Billaine*, 1635, 2 parties en un vol. in-4º, figures sur bois.

La Vénerie : 4 ff. n. ch. pour le titre, la dédicace et la table; 124 ff. ch. pour le texte; 4 ff. n. ch. pour le « Recueil des mots de vénerie ».

Le Miroir de Fauconnerie : 38 pp. y compris le titre ; 7 gravures sur bois et une sur le titre.

De même que dans l'édition précédente l'ouvrage de Harmont porte quelquefois la date de 1634 et d'autres fois celle de 1635.

XX. — La Vénerie de Jacques du Fouilloux. De nouveau reveue et augmentée du Miroir de Fauconnerie. *Paris, Pierre David*, 1640, in-4°, figures sur bois.

La Vénerie : 4 ff. n. ch. pour le titre, la dédicace et la table ; 124 ff. ch. pour le texte ; 4 ff. n. ch. pour le *Dictionnaire* des termes de vénerie.

Le Miroir de Fauconnerie : 38 p. y compris le titre ; 7 gravures sur bois et une sur le titre.

XXI. — La Vénerie de Jacques du Fouilloux, seigneur du pays de Gastine en Poictou. Dédié au Roy. De nouveau reveue et augmentée du Miroir de Fauconnerie. *Rouen, Clément Malassis*, 1650, in-4°, figures sur bois.

La Vénerie : 4 ff. n. ch. pour le titre, la dédicace et la table des chapitres ; 124 ff. ch. pour le texte ; 4 ff. n. ch. pour le « Recueil des mots ».

Le Miroir de Fauconnerie : 38 p., y compris le titre ; 7 gravures sur bois et une sur le titre.

Cette édition est certainement la moins belle de toutes. Le papier et l'impression laissent beaucoup à désirer.

Nous avons eu entre les mains un exemplaire de *La Vénerie*, édition de Rouen, daté de M DC LXV. Il ne s'agit certainement pas d'une nouvelle édition, mais simplement d'un rajeunissement du titre de cette édition : l'encre du chiffre XV est légèrement différente de celle du reste de la date, et on aperçoit très nettement sous le X le point final de la première date : M DC L.

XXII. — La Vénerie de Jacques du Fouilloux, gentilhomme, seigneur dudit lieu, pays de Gastine en Poitou. Dédiée au roy Tres-Chretien Charles, neufiesme de ce nom. Avec plusieurs receptes et remèdes pour guérir les chiens de diverses maladies. Plus l'*Adolescence* de l'autheur. Avec privilège du Roy. *A Poitiers, par les de Marnefz et Bouchetz frères, 1568. Réimprimé à Bayreuth, par Frédéric Elie Dietzel, imprimeur de la Cour de la Chancellerie et du Colège Chretien-Ernestin, 1754*, in-4°, figures sur cuivre.

2 ff. prél. n. ch. pour le titre, la dédicace et le privilege ; 223 p. ch. pour le texte, et 4 pp. n. ch. pour la table. Illustré de 56 figures gravées sur cuivre dans le texte, y compris le fleuron du titre.

Édition rarissime, autant et peut-être plus que les premières, dont on ne connaît que fort peu d'exemplaires ; elle a été faite aux frais de l'électeur de Bavière, pour le service de sa vénerie. C'est une réimpression fidèle, quant au texte, de l'édition de Poitiers, 1568. Les figures gravées sur cuivre par Köppel, Meyer, etc..., sont en général fort bien exécutées. Elles représentent les mêmes sujets que les gravures françaises, mais les personnages sont habillés à la mode du XVIIIe siècle.

« Bien imprimée et sur beau papier, dit le baron Pichon, elle doit être recherchée à cause de ses figures. Le texte, d'ailleurs, a été conservé dans toute sa pureté. On ne peut attribuer qu'à un prince amateur éclairé de la chasse cette édition dispendieuse donnée dans une petite ville au pied des montagnes de Bohême, quand, dans la patrie même de l'auteur, les anciennes ne valaient pas six francs. Cet hommage rendu à la mémoire de notre du Fouilloux, près de 200 ans après sa mort, n'est pas celui qui l'honore le moins. »

XXIII. — La Vénerie de Jacques du Fouilloux, précédée de quelques notes biographiques et d'une notice bibliographique. *Angers*, *Charles Lebossé*, 1844, gr. in-8°, figures sur bois, couv. imp.

15 pp. prél. pour le faux titre, le titre et la notice; un nouveau titre reproduisant celui de l'édition de 1585; 3 ff. n. ch. pour la dédicace et l'avis des libraires; 125 ff. ch., et 9 ff. n. ch. pour le « Recueil des mots » et la table.

Cette édition, bien exécutée, a été calquée sur l'édition de Le Mangnier, 1585. Elle a été tirée à un grand nombre d'exemplaires et se trouve assez fréquemment.

Il existe des exemplaires sur papier de couleur.

La notice bio-bibliographique qui est en tête de cette édition est due au baron J. Pichon.

XXIV. — La Vénerie de Jacques du Fouilloux, seigneur dudit lieu, gentilhomme du Pays de Gastine en Poictou, dédiée au Roy. De nouveau reveue, augmentée de la Méthode pour dresser et faire voler les oyseaux, par M. de Boissoudan. Précédée de la biographie de Jacques du Fouilloux, par M. Pressac. *A Niort*, *chez Robin et Favre*, 1864, in-4°, figures sur bois, couverture illustrée d'une vignette.

4 ff. n. ch. pour le faux titre, un portrait de du Fouilloux gravé sur bois d'après un dessin attribué à Clouet, le titre et l'avertissement des éditeurs; 59 pp. ch. pour les « Recherches sur la vie et les ancêtres de Jacques du Fouilloux, gentilhomme poitevin, auteur d'un traité célèbre de vénerie, suivies de la Bibliographie raisonnée de cet ouvrage, par M. Pressac »; 7 pp. n. ch. pour la dédicace, l'avis des libraires, la table de *La Vénerie* et la table de l'ouvrage de Boissoudan; 93 ff. ch. pour le texte de du Fouilloux; 29 pp. ch. pour le texte de Boissoudan (y compris un titre spécial pour ce dernier ouvrage).

Cette édition a été faite sur celle de 1635; les éditeurs ont estimé que le texte de cette édition est plus intelligible pour la majeure partie des lecteurs. Les bois sont les mêmes que ceux de l'édition de Lebossé.

Elle a été tirée à 670 exemplaires : 1 à 25 sur papier de Hollande (100 fr.); 26 à 75 sur papier vergé à bras (50 fr.); 76 à 85 sur pap. vélin à bras (40 fr.); 86 à 87 sur pap. à bras, vélin fort (80 fr.); 88 à 95 sur pap. glacé, pâte vergée, quatre couleurs (100 fr.); 96 à 111 sur pap. de couleur non satiné (50 fr.); 112 à 121 sur pap. méc. glacé, vergé dans la pâte (40 fr.). Le reste non numéroté sur papier méc. vélin.

XXV. — La Vénerie de Jacques du Fouilloux, Seigneur dudit lieu, gentilhomme du pays de Gastine en Poictou, suivie : 1° des Chasses au loup du duc de Beaufort en Poitou ; de l'Opinion des vieux chasseurs de France sur les chiens anglais ; d'une Étude sur les sociétés de chasseurs en Poitou : la Morelle et Rallye-Vendée ; 4° d'une Notice sur les chasses à courre amodiées dans les forêts domaniales de l'ancien Poitou ; 5° de la Biographie de J. du Fouilloux. *Niort*, *L. Favre*, 1888, in-4°, couverture illustrée d'une vignette.

4 ff. pr. n. ch. pour le faux titre, le titre, 1 f. portant au recto « La Vénerie », la dédicace et l'avis des libraires ; XII pp. ch. pour la biographie, et III ff. ch.

Il existe des exemplaires sur papier de Hollande.

§ 2. — Éditions allemandes.

XXVI. — Neuw Jag und Weydwerck Buch, das ist ein grundtliche beschreibung vom anfang der Jagten, auch vom Jaeger, seinem horn und stim, hunden, wie dien zu allerley Wildpret abzurichten, zu pfneischen, und von der wut und andern zufaellen zu bewahren. Item von der hirsch, schweins etc... Item vom adelichen Weidwerck der falcknerey... Desgleichen vom fisch, Krebs, Otter... allen Fürsten, Grauen, herrn, adelspersonen und andern hohes und nidriges stands, so diese adeliche ubung dess Jag und weidwercks lieb haben, zu sondernlust und gefallen durch raht und hilff etlicher dess weydwercks erfahrne personen auss allen hiebevon aussgegangenen Frantzoeisischen, Italianischen und Teutschen Jagbüchern, in diese ordnung zusammen gebracht. Auch durchauss mit schoenen figuren gezieret, dergleichen zuvor nie aussgangen. Mit Roem Kays. Majest. Freyheit nicht nachzudrucken. (Ici une grande figure gravée sur bois.) *Gedruckt zu Franckfurt am Mayn, bey Johan. Feyerabendt in verlegung Sigmundt Feyerabendts*, M. D. LXXXII. 2 parties en un vol. in-f°, figures sur bois.

4 ff. pr. n. ch. ; 103 ff. ch. plus un blanc pour la première partie. La deuxième partie a un titre spécial, elle contient 74 ff. en tout y compris le titre et un dernier f. blanc.

Première traduction allemande de du Fouilloux ; la seconde partie, consacrée à la fauconnerie, est suivie d'un traité de la pêche.

Jean Feyerabendt, l'imprimeur de l'ouvrage, était le frère de l'auteur, Sigismond Feyerabendt. Ce beau livre renferme un très grand nombre de superbes figures gravées sur bois, signées des monogrammes J. A. (Jost Amann), C. M. (Christophe Maurer), L. F. (Ludwig Frig), M. B., H. S. — Ces figures, dont la plupart sont répétées plusieurs fois, sont ici en premier tirage. Ce n'est pas précisément une traduction, mais une adaptation de du Fouilloux complétée et augmentée par des extraits de tous les anciens auteurs cynégétiques français, italiens et allemands.

XXVII. — New Jager buch, Jacoben von Fouilloux, einer furnemen adelsperson inn Franckreich ausz Gastine in Poitou. Darinn grundtlich beschriben und zu, finden vom Jaeger der jagten anfang des jaegers horn... erst frisch von newem ausz dem frantzoesischen in gut weidmannisch teutsch allen Jaegern und weidmannen zu gutem verteutscht und vertirt. Mit. Rom. Key. May. Freyheit auff zehen jahr. *Getruckt zu Strassburg durch Bernhart Jobin*, anno 1590, 2 parties en un vol. in-f°, figures sur bois.

La Vénerie : 6 ff. n. ch. pour le titre en rouge et noir, la dédicace et des sonnets; 92 ff. ch.; 54 gravures sur bois dans le texte, portant les monogrammes de Tobias Stimmer et Christophe Maurer.

La Chasse du loup : 2 ff. n. ch. pour le titre avec vignette et la dédicace; 20 ff. ch.; 15 gravures sur bois dans le texte.

Cette traduction allemande de *La Vénerie* est suivie de *La Chasse du loup* de *Clamorgan.* — Les figures qui ornent *La Chasse du loup* sont les mêmes qui accompagnent cet opuscule dans l'édition de *La Maison rustique* de Bernard Jobin en l'an 1580.

Livre d'une remarquable exécution, comme du reste la plus grande partie de ceux sortis des presses de Bernard Jobin.

XXVIII. — New Jager buch. *A Dessau,* 1720, 2 parties en un vol. in-fol.

Cette édition n'est citée que par l'inexact Kreysig.

XIX. — New Jager buch : Jacoben von Fouilloux, einer furnehmen Adelsperson in Franckreich ausz Gastine in Poitou. Darinn grundtlich beschriben und zu finden vom jäger, der jagten anfang, des jägers horn... erst frisch von newem ausz dem Französischen in gut weidmannisch teutsch allen Jägern und Weidmannen zu gutem verteutscht und vertirt. *Dessau, Gedruckt in der hoch. fürstl. Privileg. Hoff-Druckerey, s. d.* (1726 et non 1626), 2 parties en un vol. in-f°, figures sur bois.

C'est la reproduction textuelle, faite par les ordres du duc d'Anhalt-Dessau, de l'édition de Bernard Jobin, 1590. Le second feuillet donne la date de cette réimpression : Dessau, 1726, et non 1727, comme l'avance Kreysig.

M. Paul Petit, dans ses *Quelques Additions* à Souhart (Louviers, 1888), indique sommairement, et sans commentaires, une édition de Francfort, 1661-1669, et une autre de Prague, 1699.

§ 3. — Éditions italiennes.

XXX. — La Caccia di Giacomo di Foglioso scudiero e signore di esso luogo, paese di Gastina in Poitù. Con molte ricette e rimedij per risanare cani da diverse malatie. Tradotta di lingua francese da Cesare Parona. *In Milano, Appresso Antonio Comi,* M DC XV, in-8°, figures sur bois.

4 ff. n. ch.; 338 pp. ch.; 3 ff. n. ch. pour la table. Nombreuses gravures sur bois dans le texte, plusieurs fois répétées.

Cette traduction italienne est dédiée à Hercule de Visconti, dont les armes sont gravées sur le titre.

On trouve assez souvent des exemplaires avec la date de 1617, mais ils ne constituent nullement une édition différente : c'est la même dont le millésime a été falsifié. Huzard avait fait cette remarque qu'il consigna de sa main sur la garde d'un exemplaire qui se trouvait à sa vente, et qui fut acquis pour la bibliothèque de Poitiers, où il se trouve aujourd'hui. Nous transcrivons cette note importante :

« J'ai vu, dit Huzard, un exemplaire de cette même édition sur la date duquel on a poussé un X et deux II, en sorte qu'on peut y lire également M DC XV, M DC XVII et M DC XIII.

« J'en ai vu un autre dont le titre avait été réimprimé sous la première date, sans autre changement que la vignette qui, au lieu d'être le serpent des Visconti, était un pigeon sous un arbre. C'était un exemplaire incomplet auquel il manquait l'épître dédicatoire et la pièce de vers qui la suit.

« L'exemplaire avec la date surchargée fournira de nouvelles éditions imaginaires à quelques bibliographes. »

C'est ce qui est arrivé, et ce qui ne devrait plus avoir lieu. (Voir Catalogue de la biblioth. de M. Torelli, de Bologne. Paris, Techener, 1849, où se trouve, nº 67, un exemplaire avec la date de 1622. — Dans le Catal. des livres de M. Pont-Laville, Paris, 1850, il y en a un autre, nº 373, avec la date de 1617.)

Il ne faut pas croire que cette édition italienne reproduise toutes les figures de l'ouvrage français; on s'est contenté de copier, en les réduisant un peu, celles qui représentent les différentes espèces de chiens, celles des sangliers, du lievre, du renard et du blaireau; enfin on y a joint un cerf. Quelques-unes des gravures sont répétées jusqu'à quatre ou cinq fois, de sorte que le nombre des figures est en tout de 40.

LA

VÉNERIE

DE JACQUES DU FOUILLOUX

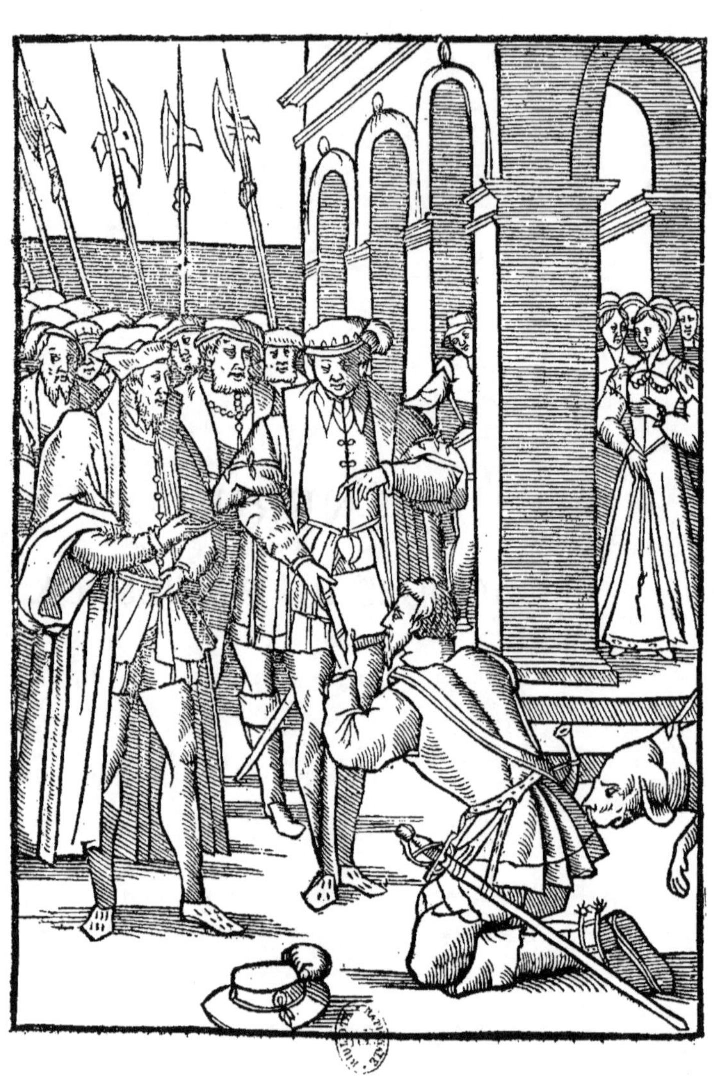

LA
VÉNERIE
DE IAQUES DV FOVILLOVX

et autres diuers autheurs.

Reuuë, corrigee et augmentee de chasses non encores par cy deuant imprimees.

Par I. D. S. Gentil-homme P.

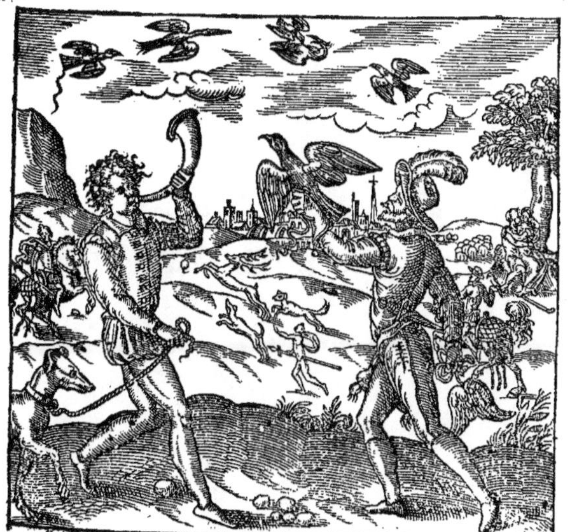

A PARIS,

Pour Abel l'ANGELLIER, au premier pillier de la grand Salle du Palais

M. D. L. XXXV.

AVEC PRIVILEGE DV ROY.

A TRES-HAVT, TRES-PVISSANT, TRES-EXCELLENT, ET TRES-MAGNANIME, CHARLES

tres-Chreſtien Roy de France, neufieſme du nom.

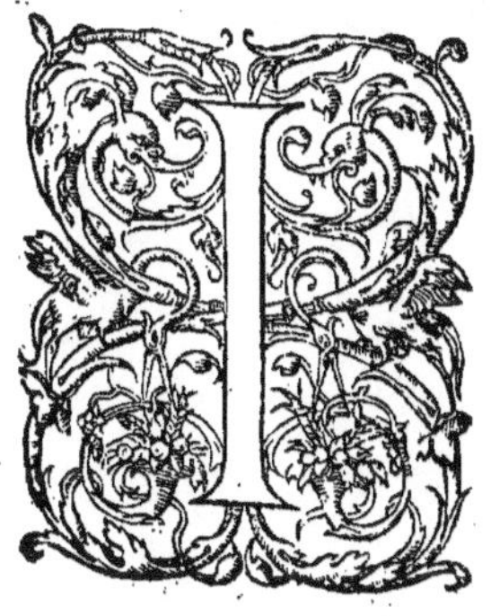

L eſt certain et notoire à chacun, Sire, que de tout temps les hommes ſe ſont adonnez à pluſieurs hautes et occultes ſciences, les vns à la philoſophie, pour contenter leurs eſprits, les autres aux arts méchaniques, pour acquerir des richeſſes. Les inuentions deſquels ont en tant de manieres eſté eſparſes, que de les deſduire et nombrer par le menu, ſeroit quaſi choſe impoſſible. De façon qu'apres auoir le tout bien examiné et conſideré, en fin ie me ſuis arreſté, à ce qu'a dit ce grand et ſage Roy Salomon : que toutes choſes qui ſont ſouz le Soleil, ne ſont que friuole vanité : d'autant qu'il n'y a ſcience, ny art, qui puiſſe allonger la vie, plus que ne le permet le cours de nature. Pour ce m'a-il ſemblé, Sire, que la meilleure ſcience que nous pouuons apprendre (apres la crainte de Dieu) eſt de nous tenir et entretenir ioyeux, en vſant d'honneſtes exercices : entre leſquels ie n'ay trouué aucun plus noble et plus recommandable, que l'art de la Venerie. Et d'autant qu'en iceluy dés ma ieuneſſe ie me ſuis inceſſamment exercé ; en celà ſelon ma petite puiſſance ſuyuant le trac de mes prédéceſſeurs : ie n'ay voulu eſtre accuſe à bon droit de negligence et pareſſe, à faute de rediger par eſcrit ce que l'experience a peu iuſques à preſent m'en auoir appris.

Et combien que ie n'ignore, que plusieurs bons et vertueux Gentils-hommes suyuent vostre court, qui mieux que moy s'en pourroient acquiter : toutesfois i'ay eu tant de confiance en l'humanité et clemence de vostre souueraine Maiesté ; que ie n'ay eu ne honte ne crainte de vous presenter ce mien tel quel labeur : esperant que le verriez de bon œil, et receuriez de bon cœur comme partant de la main de

Celuy qui est vostre tres-humble esclaue,
et tres-obeissant seruiteur et subiect,

Dufouilloux

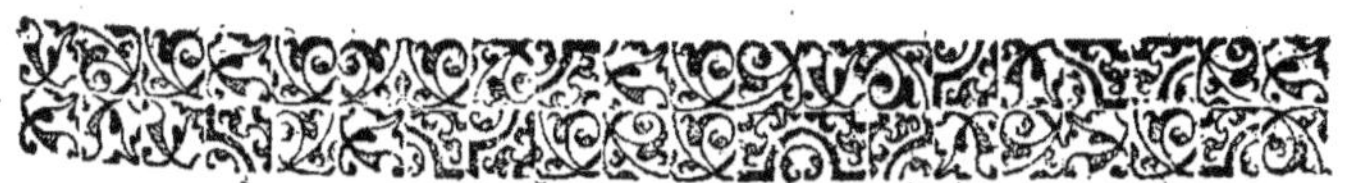

LES LIBRAIRES A TOVS FRANÇOIS AMATEVRS DE L'EXERCICE DE LA CHASSE.

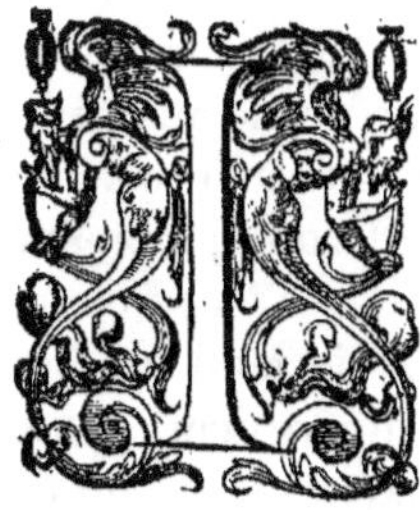

Acqves du Fouilloux, Gentilhomme Poiteuin, ayant employé la meilleure part de ſon ieune aage au plaiſir et noble exercice de la chaſſe, ſur le declin d'iceluy, voulut faire participans de l'adreſſe et de l'art de bien chaſſer, et prendre tous animaux boſqueresques et sauuages, à courſe ou à force, ou par ſubtilité, à tous gentils et nobles eſprits de ce Royaume : participans (di-ie) par ſon eſcriture, c'eſt à dire, par vn liure de la Venerie qu'il en a composé, et qu'il mit en lumiere il y a environ vingt ans, apres l'auoir preſenté au defunct d'heureuſe memoire, Charles, Roy de France, neufieſme du nom, Prince genereux et magnanime, amateur du deduit et exercice de la Venerie, autant ou plus que Prince ou Monarque, qui oncques ait veſcu deuant luy : Lequel véritablement print plaiſir à la lecture de ce liure : et depuis luy pluſieurs Seigneurs, Gentils-hommes, et autres perſonnes de tous eſtats, ſ'en ſont preualus et ſeruis, pour ſe faciliter les moiens, non de bien chaſſer ſeulement, mais auſſi de bien et dextrement arreſter, et prendre tous animaux par eux chaſſez et ſuiuis, à chiens, et à courſe. Auſſi a-til ia eſté imprimé par trois ou quatres diuerſes fois : mais pource que le ſieur du Fouilloux en ſon liure n'auoit traité, que de la chaſſe du Cerf et du Sanglier premierement et principalement, y faiſant comme en paſſant quelque addition de certains briefs diſcours des chaſſes du Lieure, du Renard, et du Teſſon, et de quelques remedes aux maladies qui iournellement suruiennent aux Chiens, premiers et plus neceſſaires inſtrumens du plaiſir de la Venerie : le dernier des Libraires, qui l'auoit fait mettre ſur la preſſe, y auoit fait ajouter le traité de la chaſſe, cy deuant publié ſoubs le nom du Roy Phebus, pour d'autant vous ſolager et delecter, c'eſt à ſçauoir, des chaſſes de pluſieurs beſtes ſauuages y compriſes, dont le Sieur du Fouilloux n'auoit point fait de mention : comme, du Rangier, du Daim, du Bouc ſauuage, du Cheureuil, de l'Ours, du Loutre, du Connin, du Loup. Laquelle addition nous auons encore bien voulu continuer en ceſte noſtre derniere édition : et outre icelle augmenter d'auantage et enrichir ce liure (apres l'auoir fait reuoir et amender) d'vn bel et ample traité de la chaſſe du Loup (qui eſt l'vne des plus belles et bonnes de toutes les chaſſes) : d'vn autre petit diſcours de la chaſſe du Connin : et encores de pluſieurs bons et beaux remedes pour guarir les Chiens de diuers maux et accidens, autres que ceux du Sieur du Fouilloux, et cy-deuant non imprimez. Enquoy nous auons bonne volonté emploié et frais et peine, pour vous gratifier et accommoder, de tant que noſtre petit pouuoir peut porter : Et de meſme, continuerons cy apres en la publication et edition de maints autres liures, dont nous vous penſerons pouuoir retirer proufit et plaiſir. A Dieu.

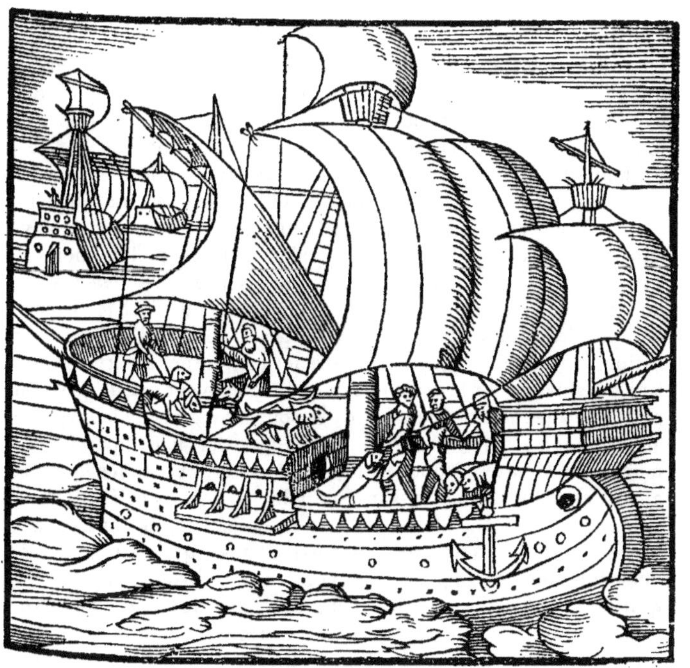

DE LA RACE ET ANTIQVITE DES *Chiens courans, et qui premierement les amena en France.*

Chapitre I.

I'AY voulu diligemment regarder tant au dire des anciens que modernes, d'où eſt venüe la premiere race des Chiens courans en France, et n'ay trouué Chronique ou Hiſtoire qui en parle de plus long temps qu'vne que i'ay veüe en Bretagne, faite par vn nommé *Ioannes Monumetenſis :* laquelle traicte qu'apres la piteuſe et eſpouuentable deſtruction de Troye la grande, Æneas arriua en Italie auec ſon fils Aſcanius, lequel fut Roy des Latins, et engendra vn fils nommé Siluius, duquel deſcendit Brutus, qui aymait fort la chaſſe.

Or aduint que ſon pere et luy eſtans vn iour en vne foreſt courant vn

Cerf, furent ſurprins de la nuict : et voyans le Cerf deuant eux forcé des Chiens, allerent à luy pour le tuer. La fortune aduint telle à Brutus (comme Dieu le voulut) qu'ainſi qu'il penſoit aller tuer le Cerf, il tua ſon père Syluius, qui cauſa le peuple à ſ'eſleuer et mutiner contre luy, penſant qu'il l'euſt faict par vne malice et cupidité de regner, et pour auoir le gouuernement du Royaume : tellement que pour euader leur grande fureur et indignation, Brutus fut contraint ſ'en aller du pays, et entreprint le voyage de Grece, pour aller deliurer quelque nombre de Troyens ſes compagnons et alliez qui eſtoyent encores detenus captifs du temps de la deſtruction de Troye : laquelle choſe il fit à force d'armes. Or apres les auoir deliurez, il aſſembla grand nombre d'hommes d'icelle nation Troyenne : auſquels il fit faire ſerment de ne retourner iamais en leur pays, tant pour le deſhonneur qu'ils y auoyent receu, que pour la perte irrecuperable de leurs biens, et pour les regrets de leurs parens et amis qui eſtoient morts ès cruelles batailles. Alors il fit appareiller grand nombre de Nauires, eſquelles il ſ'embarqua luy et tous ſes hommes, et amena auec luy grande quantité de Chiens courans et Leuriers. Puis nauigea tant qu'il paſſa le deſtroit de Gilbathar, entrant en la mer Oceane et vint deſcendre aux Iſles Armoriques, que pour le iourd'huy nous nommons Bretaigne, à cauſe de ſon nom Brutus, laquelle il conquit ſans réſiſtance, et en fut paiſible l'eſpace de quatre ans. Auquel temps vn de ſes Capitaines, nommé Corineus, edifia la ville de Cornoüaille. Bien toſt apres que ils ſe furent accommodez et habituez audit pays, Brutus et ſon fils Turnus, qui auoient comme dit eſtt, amené grand nombre de Chiens courans, ſ'en allerent chaſſer en de grandes Foreſts, qui contenoyent de longueur depuis Tiſſauge iuſques aupres de Poictiers, dont vne partie du pays ſe nomme pour le iourd'huy la Gaſtine.

Or en celuy temps regnoit en Poictou et Aquitaine, vn Roy nommé Groſſarius Pictus, qui faiſoit ſa continuelle reſidence à Poictiers, lequel un iour entres les autres, fut aduerty que les Troyens faiſoient grand' exercice en l'eſtat de Venerie, et qu'ils chaſſoyent ordinairement en ſes Foreſts auec telle race de Chiens que depuis qu'ils auoyent trouué vn Cerf ilz ne l'abandonnoyent jamais qu'il ne fut mort. Ce Roy Groſſarius, ayant ouy telles nouuelles fut courroucé et faché, tellement qu'il delibera de leur faire la guerre, et aſſembla toutes ſes forces. Les Troyens aduertis de telle aſſemblée, marchèrent le long de la riuiere de Loire, auecq'toute leur puiſſance, et ſe rencontrerent au lieu où pour le iourd'huy eſt ſituée la ville de Tours et là ils ſe donnerent la bataille, en laquelle fut tué Turnus fils aiſné de Brutus et en mémoire de luy fut edifiée la ville, et du nom de Turnus fut nommée Tours.

I'ay bien voulu raconter cette hiftoire, pour donner à entendre qu'il y a longtemps que les Chiens courans font en vfage en la Bretaigne et croy certainement qu'iceux Troyens ont efté les premiers qui en ont amené la race en ce pays : car ie ne trouue point hiftoire qui en face mention de plus haute cognoiffance que celle-là. Et eft vne chofe affeurée que la plus grand'part des races des chiens courans qui font en France et autres païs circonuoyfins, eft fortie du païs de Bretaigne exceptez les Chiens blancs : la race defquels ie penfe eftre venue de Barbarie, pour m'en eftre enquis (moy eftant quelquefois à la Rochelle), à plufieurs Pilotes de Mer, et entr'autres à vn vieil homme nommé Alfonce, qui auroit efté par plufieurs fois à la cour d'vn Roy de Barbarie nommé le Domcherib, lequel faifoit grand meftier de chaffe, et principalement de prendre le Rangier à force : et me comptoit que tous les Chiens de fa Venerie eftoyent blancs, et que tous les Chiens de ce pays-là l'eftoyent auffi. Et certes ie croy qu'à la vérité les Chiens blancs font venus des regions chaudes, d'autant qu'ils ne laiffent à courir pour quelque chaleur qu'il face : ce que les autres chiens ne font pas. Phebus f'accorde à cette opinion, difant qu'il a efté en Mauritanie, autrement dicte Barbarie, où il a veu prendre le Rangier à force par des Chiens qu'il nomment Baux : lefquels ne laiffent à courir pour la chaleur qui puiffe faire. Dont mon opinion eft, que la race des Chiens blancs eftt sortie de ces Chiens Baux de Barbarie, dont Phebus entend parler. Ie ne mettray autre chofe des antiquitez, mais ie vous efcriray cy après du naturel et complexion tant des Chiens blancs, chauues, gris, que noirs : lesquels font les plus commodes pour les Princes et Gentilfhommes.

DV NATVREL ET COMPLEXION DES Chiens blancs dicts Baux et ſurnommez Greffiers.

Chapitre II.

LES Chiens blancs ont eſté mis en auant en France par defunct Monſieur le grant Seneſchal de Normandie : et auparavant eſtoyent en peu d'eſtime, principalement entre les Gentils-hommes : d'autant qu'ils ne ſont pas communs à courir toutes beſtes, mais seulement le Cerſ. Le premier de la race auoit nom Souillard, lequel fut donné par vn pauvre Gentil-homme au feu Roy Loys : qui n'en fit pas grand compte d'autant qu'il aymoit ſur tout les chiens gris,

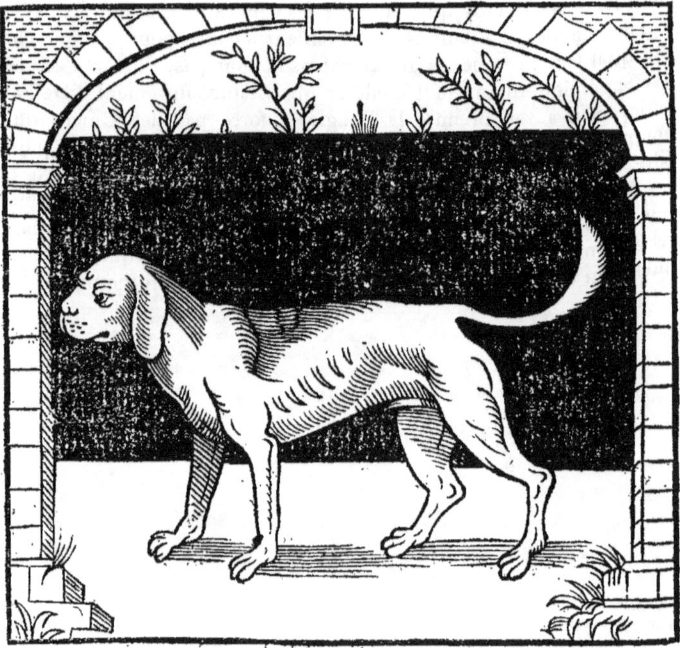

deſquels eſtoit toute ſa meute et ne faiſoit cas d'autres Chiens, ſi ce n'eſtoit pour faire Limiers. Le Seneſchal Gaſton, eſtant préſent auec le

Gentil-homme qui auoit offert le Chien, cognoiſſant bien que le Roy n'aymoit point ce Chien, le ſupplia de lui donner, *pour en faire préſent à la plus ſage Dame de ſon Royaume, et le Roy lui demanda qui elle eſtoit : c'eſt, dit-il, Anne de Bourbon, voſtre fille. Ie vous reprens, reſpond le Roy, ſur ce point de l'auoir nommée la plus ſage : mais dittes, moins folle que les autres, car de ſage femme n'y en a point au monde.* Lors le Roy donna ce Chien au Seneſchal Gaſton, qui ne le mena gueres loin qu'il ne lui fuſt demandé : car Monſieur le grand Seneſchal de Normandie l'importuna tant : qu'il fut contraint de lui donner. Puis Monſieur le grant Seneſchal le bailla en garde à vn Veneur, nommé Iacques le Bresf : et deſlors on commença à luy faire couurir des Lyces, et en faire race. L'année après, Madame Anne de Bourbon, laquelle aymoit fort la Venerie, ayant entendu de la bonté et beauté de ce Chien, enuoya vne Lyce, nommée Baude, qui fut couuerte et emplie de ce Chien par deux ou trois fois, dont en ſortit quinze ou ſeize Chiens, et entr'autres ſix d'excellence, ainſi nommez *Cleraut*, *Ioubar*, *Miraud*, *Meigret*, *Marteau*, *et Hoyſe la bonne Lyce.* Depuis la race ſ'eſt touſiours augmentée, comme eſt à préſent : combien qu'au commencement les Chiens de cette race n'eſtoyent pas ſi forts comme ils ſont pour le iourd'huy : car le grand Roy François les a renforcez par vn Chien nommé *Miraud*, qui eſtoit fauue, lequel Monſieur l'Amiral d'Annebauld luy auoit donné. Et encores depuis la Royne d'Eſcoſſe donna au Roy vn Chien blanc, nommé *Barraud*, duquel Marconnoy, Lieutenant de la Venerie, a tiré de la race : dont les Chiens ſont bons par excellence : et beaucoup plus forts que n'ont eſté tous les autres. Et à la verité, tels Chiens ſont dediez pour les Rois, deſquels ils ſe doiuent ſeruir, d'autant qu'ils ſont beaux chaſſeurs, requerans, forcenans, et de haut nez : qu'ils ne laiſſent pour chaleurs qui puiſſe eſtre à chaſſer, ſans ſe rompre à la foule des piqueurs, n'y au bruit et cry des hommes qui ſont continuellement auec les Princes : et gardent mieux le change que nulle des autres eſpeces de Chiens, et ſont de meilleure creance : toutes fois ils veulent eſtre accompagnez de Piqueurs, et craignent un peu l'eau, principalement en hyuer, quand le temps se porte froid.

Ie ne veux oublier à donner à entendre leſquels Chiens de ceſte race ſe trouuent les meilleurs, parce qu'en vne laictée, il ne ſ'en trouue pas la moytié de bons. Il faut ſçauoir que ceux qui ſont naiſſant tous d'vne pièce, comme ceux qui ſont tous blancs, ſont les meilleurs : et pareillemnnt ceux qui ſont marquetez de rouge : les autres qui ſont marquetez de noir, et de gris ſalle, tirant ſur le bureau, ſont de peu de valeur dont y en a aucuns ſubiets à avoir les pieds gras et tendres. Aucuneſſois nature beſongne de telle ſorte, qu'elle en fait ſortir de tous noirs : ce qui ne ſe fait pas ſouuent, mais quand il aduient, ils ſe trouuent fort bons. Et faut noter que les Chiens de ceſte race ne ſont en leur bonté qu'ils n'ayent enuiron trois ans, et ſont ſubiets à courir au beſtail priué.

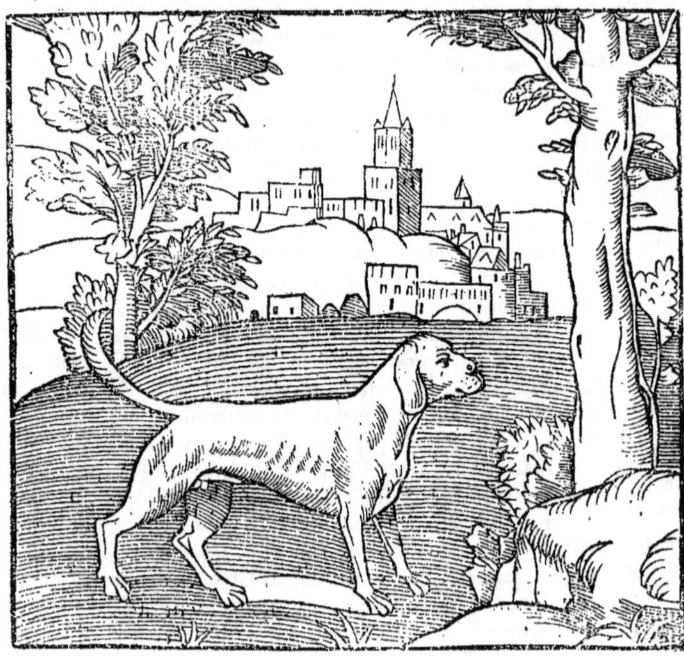

DES CHIENS FAVVES ET DE LEVR naturel.

Chapitre III.

IE n'ay leu autre choſe de l'antiquité des Chiens fauues, ſinon que i'ay trouué dans vn viel liure eſcrit à la main, fait par vn Veneur, qui faiſoit mention d'vn Seigneur Breton, nommé Huet de Nantes, que l'Autheur d'iceluy liure eſtimoit fort l'estat de Venerie : lequel donnoit entre autres tel blaſon aux Chiens de la meute dudit Seigneur.

Tes chiens fauues, Huet, *par les Foreſts*
Prenent à force Cheureulx, Biches, et Cerfs :

Toy par Fuſtayes emporte ſur tous pris
De bien parler aux Chiens en plaiſans cris.

Auſſi i'ay veu dans vne Chronique, en la ville de Lambale, vn chapitre, qui fait mention qu'vn Seigneur dudit lieu, auec vne meute de Chiens fauues et rouges, lança vn Cerf en vne Foreſt en la Comté de Poinctieure, et le chaſſa et pourchaſſa l'eſpace de quatre iours : tellement que le dernier iour il l'alla prendre près la ville de Paris. Et eſt à preſumer que les Chiens fauues ſont les anciens Chiens des Ducs et Seigneurs de Bretaigne : deſquels Monſieur l'Admiral d'Annebauld, et ſes predeceſſeurs ont touſiours gardé de la race : laquelle fut premierement commune au temps du grand Roy François, pere des Veneurs. Ces Chiens fauues ſont de grand cueur, d'entreprinſe, et de haut nez, gardans bien le change : et ſont preſque de la complexion des blancs, excepté, qu'ils n'endurent pas ſi bien les chaleurs, ne la foule des piqueurs : mais ils ſont plus viſtes, communs, et plus ardants. Et ſi d'auenture il aduient qu'vne beſte ſe forpaiſe par les campagnes, ils ne la cuydent pas abandonner. Leur complexion eſt forte, car ils ne craignent ne les eaux, ne le froid, et courent ſeurement, et de grande hardieſſe. Ils ſont beaux chaſſeurs, aymans communement le Cerf ſur toutes autres beſtes, et ſont plus opiniaſtres et mal aiſez à dreſſer que les blancs, et de plus grand peine et trauail. Les meilleurs qui ſortent de la race de ces Chiens fauues, ſont ceux qui ont le poil plus vif, tirant ſur le rouge, et qui ont vne tache blanche au front, ou au col, pareillement ceux qui ſont tous fauues : mais ceux qui tirent ſur le iaune, eſtans marquetez de gris ou de noir, ne valent gueres. Ceux qui ſont retrouſſez, et herigottez, ſont bons à faire des Limiers. Et y en a quelques vns ayant la queuë eſpiee, qui ſe trouuent bons et viſtes. Et parce qu'aujourd'huy les Princes ont fait meſler les races des Chiens ſauues enſemble, ils en ſont beaucoup plus forts, et meilleurs à courir le Cerf, qui eſt le vray moyen pour donner plaiſir aux Roys, et aux Princes : mais pour les Gentils-hommes, tels Chiens ne ſont pas communs, par ce qu'ils ne veulent faire qu'vn meſtier, et qu'ils ne ſont cas des Lieures, ne d'autres menues beſtes : et auſſi qu'ils ſont ſubiets à courir au beſtail priué.

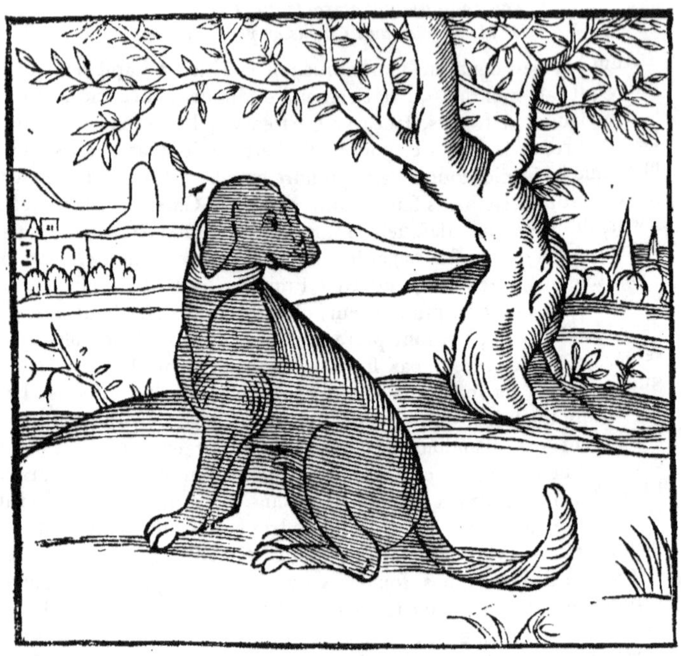

DE LA COMPLEXION ET NATVRE des Chiens gris. Chap. IIII.

OZ Chiens gris ſont ceux deſquels ſe ſeruoyent anciennement les Roys de France, et les Ducs d'Alençon. Ils ſont Chiens communs, parce que ils ſçauent faire pluſieurs meſtiers, à ceſte cauſe ils ſont commodes pour Gentils-hommes : car leur naturel et complexion eſt telle, qu'ils courent toutes les beſtes qu'on leur voudra faire chaſſer. Les meilleurs de toute la race, ſont ceux qui ſont gris ſur l'eſchine, eſtans quatrouillez de rouge,et les iambes de meſme poil, comme de la couleur de la iambe d'vn Lieure. Il en ſort aucunesfois quelques-vns, qui ont le poil au-deſſus de l'eſchine d'vn gris tirant ſur le noir, et les iambes canelees et ondees de rouge et de noir : leſquels ſe trouuent bons par excellence. Et combien que les Chiens gris il n'en ſoit gueres de mauvais, ſi eſt-ce que les trop gris argentez, ayans les iambes fauues, tirans ſur le blanc, ne ſont pas ſi viſtes ne ſi vigoureux que les autres. Les Princes n'en peuuent tirer du plaiſir pour beaucoup de raiſons, dont l'vne eſt parce qu'ils craignent grandement la foule des piqueurs, et le bruit : d'autant qu'ils ſont Chiens ardans et de grand cueur, qui ſe mettent hors d'haleine au cry et bruit des hommes : auſſi qu'ils craignent les chaleurs et n'aiment pas vne beſte qui ruze et tournoie : mais ſi elle tire pays, il eſt impoſſible de voir courir de plus viſtes et meilleurs Chiens : combien qu'ils soient opiniaſtres, de mauuaiſes creances, et ſuiects à prendre le change, à cauſe de l'ardeur et folie qu'ils ont et des grands cernes qu'ils prennent en leur defaut. Et ſur tout veulent cognoiſtre leur maiſtre et principalement ſa voix, et ſa trompe, et feront pour luy quelque choſe plus que pour tous les autres. Ils ont vne malice entr'eux qu'ils cognoiſſent bien à la voix de leurs compagnons ſ'ils ſont ſeurs ou non, car ſ'ils ſont menteurs, ils n'iront pas volontiers à eux. Ils ſont Chiens de grand'peine, ne craignans le froid, ne les eaux : et ſ'ils ſentent vne beſte mal menee, et qu'elle ſe laiſſe approcher vne fois, ils ne l'abandonneront iamais qu'elle ne ſoit morte. Ceux qui en veulent tirer du plaiſir, il faut qu'ils facent en ceſte ſorte.

Au partir du deſcouple, ils les doibuent piquer le plus froidement qu'ils pourront, auec peu de bruit, à cauſe qu'ils ſont ardans, et outrepaſſent les routes ou voyes de la beſte qu'ils courent : à ceſte cauſe, les piqueurs ne doiuent approcher d'eux qu'ils ne les voyent tirer pays, ni au defaut pareillement : et ſe faut donner garde de les croiſer, de peur qu'ils ne retournent ſur eux, et ainſi ſ'en tirera du plaiſir.

DES CHIENS NOIRS ANCIENS DE l'Abbaye Sainct Hubert, en Ardenne. Chap. V.

LES Chiens que nous appelons de Sainct Hubert doiuent eſtre communement tous noirs : touteſfois on en a tant meſlé leur race, qu'il en vient auiourd'huy de tous poils. Ce ſont les Chiens dont les Abbez de Sainct Hubert ont touſiours gardé de la race, en l'honneur et memoire du ſainct qui eſtoit veneur auec ſainct Euſtache, dont eſt à coniecturer que les bons Veneurs les enſuyuront en Paradis auec la grace de Dieu. Pour reuenir au premier propos, ceſte race de Chiens a eſté ſemée par le pays de Haynault, Lorraine, Flandres, et Bourgongne. Ils ſont puissans de corsage : toutessois ils ont les iambes basses et courtes : aussi ne sont-ils pas vistes combien qu'ils soient de haut nez, chassans de for-

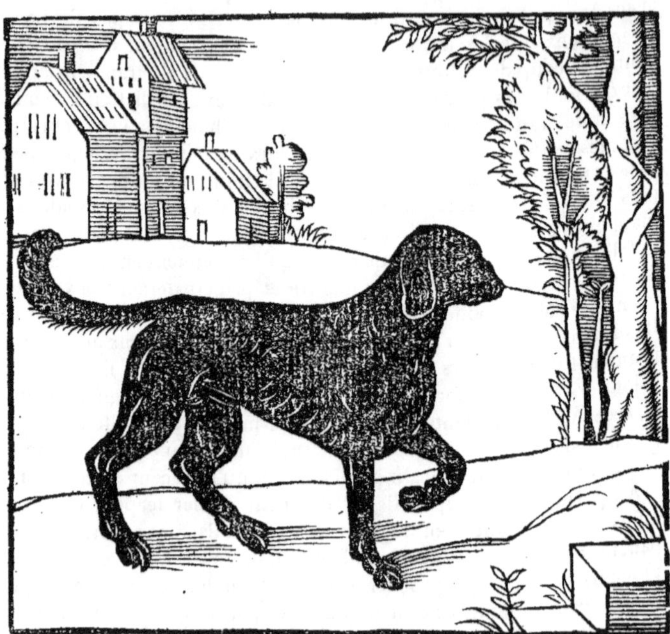

longe, ne craignans les eaux ne les froidures, et desirent plus les bestes puantes, comme Sangliers, Regnards, et leurs semblables, ou autres : parce qu'ils ne se sentent pas le cueur ne la vistesse pour courir, et prendre les bestes legieres. Les Limiers en sortent bons, principalement pour le noir : mais pour en faire race pour couurir, ie n'en fais pas grand cas : toutessois i'ay trouué vn liure qu'vn Veneur adressait à vn Prince de Lorraine qui aimoit fort la chasse, où il y auait vn blason qu'iceluy Veneur donnoit à son Limier nommé Souillard, qui estait blanc :

De sainct Hubert sortit mon premier nom,
Fils de Souillard, Chien de tres grand renom.

Dont est à presumer qu'il en sort quelques vns blancs, mais ils ne sont de la race des Gressiers que nous auons pour le iourd'huy.

LES SIGNES PAR LESQVELS ON PEVT cognoiſtre vn bon et beau Chien. Chap. VI.

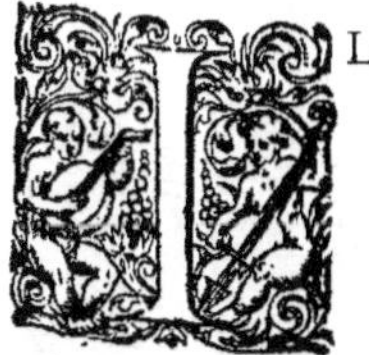

L faut qu'vn Chien pour eſtre beau et bon, ayt les ſignes qui ſ'enſuyuent. Premièrement ie commenceray à la teſte, laquelle doit eſtre de moyenne groſſeur, et eſt plus à eſtimer quand elle eſt longue que camuſe. Les nazeaux doiuent eſtre gros et ouuerts, les oreilles larges et de moyenne eſpeſſeur, les reins courbez, le rable gros, les hanches auſſi groſſes et larges : la cuiſſe trouſſee, et le iarret droit bien herpé, la queüe groſſe pres des reins, et le reſte greſle iuſques au bout : le poil de deſſous le ventre rude, la iambe groſſe, la partie du pied ſeche, et en forme de celle d'vn Regnard, les ongles gros. Et deuez entendre qu'on ne voit gueres de Chiens retrouſſez, ayans le derriere plus haut que le deuant, eſtre viſtes, le maſle doit eſtre court et courbé, et la Lyce longue. Or pour vous declarer la ſignification des ſignes, il eſt à sçauoir, que les nazeaux ouuerts ſignifient le Chien de haut nez. Les reins courbez, et le iarret droit, ſignifient la viſteſſe. La queüe groſſe pres des reins, longue et deſliee au bout, ſignifie bonne force aux reins, et que le Chien eſt de longue halene. Le poil rude au deſſous du ventre denote qu'il eſt penible, ne craignant point les eaux ne le froid. La iambe groſſe, le pié de Regnard, et les ongles gros, demonſtrent qu'il n'a point le pié gras, et qu'il eſt fort ſur les membres pour courir longuement ſans ſ'agrauer.

COMME ON DOIT ESLIRE VNE BELLE LYCE pour porter Chiens, et le moyen de la faire entrer en chaleur. Auſſi les ſignes ſous leſquels elle doit eſtre couuerte pour porter Chiens maſles, qui ne ſoyent ſubiets à maladie. Chap. VII.

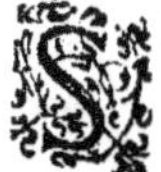

I vous voulez auoir de beaux Chiens, il faut auoir vne belle Lyce, qui ſoit de bonne race, forte et bien proportionnée de ſes membres, ayans les coſtez et les flancs grans et larges, laquelle pourrez faire venir en chaleur en ceſte maniere. Prenez deux teſtes d'aulx, et vn demy couillon d'vne beſte qui ſe nomme *Castor*, auec du ius de creſſon alenois, et vne douxaine de mouches cantharides, et faites bouillir le tout enſemble en vn pot tenant vne pinte, auec de la chair de mouton, et en faittes boire par deux ou trois fois en potage à la Lyce, elle ne faudra iamais de venir en chaleur. Et autant, en peut on faire au Chien pour le rechauffer. Puis quand vous verrez que la Lyce ſera chaude, attendez le plein decours de

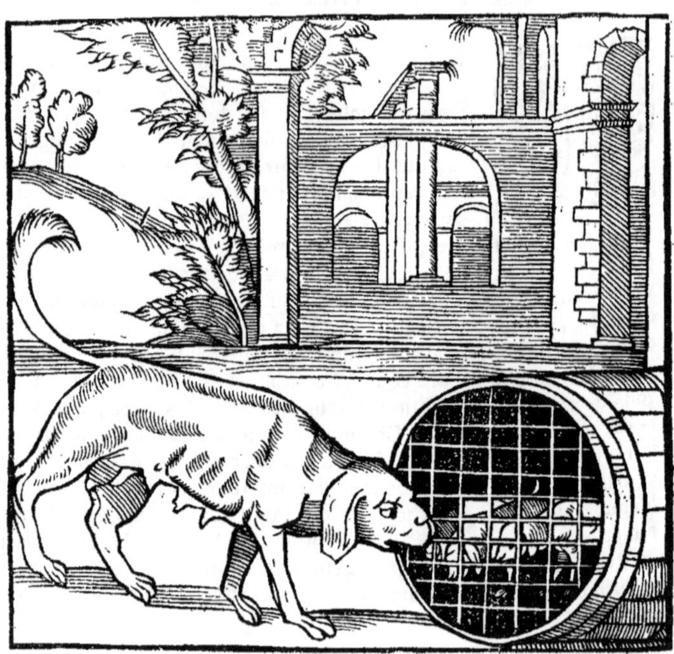

la Lune à paſſer, pour la faire couurir : et la faittes emplir soubz les signes de *Gemini* et *Aquarius*, car les Chiens qui naiſtront en ce'temps ne ſeront ſi ſubiets à la rage, et en viendra plus de maſles que de femelles. Auſſi on dit qu'il y a vne Eſtoille nommee *Acture*, et que ſi les Chiens naiſſent ſoubz le regne d'icelle, qu'ils ſeront forts ſubiects à la rage. Pareillement faut entendre pluſieurs ſecrets, dont le premier eſt : Que de quelque Chien qu'vne Lyce ſera couuerte, la premiere fois qu'elle ſera en chaleur, et de ſa premiere portee, ſoit de Maſtin, Leurier ou Chien courant, en toutes les autres portees qu'elle aura apres, il ſ'en trouuera touſiours quelqu'vn qui reſemblera le premier Chien qui l'aura couuerte : qui eſt la cauſe qu'on doibt bien regarder à la premiere fois qu'elle viendra en chaleur, de la faire couurir à quelque beau Chien de bonne race : car en toutes les autres laictees qu'elle portera, il y en aura toufiours quelques-vns qui tiendrons de la premiere. Et par ce qu'auiourd'huy on ne fait cas des premieres laictees des Chiennes, veu qu'on pense que les Chiens qui en fortent font fubiects à la rage et viennent volontiers foibles et menuz, fi eft ce qu'il ne faut pas laiffer à faire courir la Lyce à quelque beau Chien courant et de bonne race : car fi elle eftoit maftinee, les autres laictees en tiendroyent : autrement fi la laiffez refroidir fans la faire couurir, elle deuiendra ethique, et à grand'peine fe pourra remettre ni engraiffer. L'autre fecret eft, Que fi voulez auoir des Chiens legiers et ardans, il faut faire couurir la Lyce à vn ieune Chien : parce que fi c'eftoit d'vn vieil Chien, ils deuiendroient plus pefans, et moins rebaudiz. Et deuez entendre qu'il ne faut iamais faire refroidir vne Lyce en l'eau car elle luy glace le fang dedans les venes et arteres, qui eft caufe qu'elle deuient gouteufe, ou bien qu'elle a des trenchees dedans le ventre, et autres infinies maladies qui f'en ensuyuent.

Quand les Lyces font pleines, et qu'elles commancent à aualler leur ventre, on ne les doibt pas mener à la chaffe pour beaucoup de raifons, dont l'vne eftt parce que les efforts qu'elles font, corrompent et gardent de profiter les petits Chiens qui font dedans leur ventre : auffi qu'en fautant les hayes, et paffant par les bois, il ne faut qu'vn heurt pour les faire aduorter, dont f'en enfuyuroient plufieurs autres fortunes qui me feroyent prolixes à reciter. Donques on les doibt feulement laiffer aller par la cour et maifon fans eftre renfermees dedans le Chenin, d'autant qu'elles font ennuyeufes et degouftees, et leur faut faire du potage vne fois le iour pour le moins.

Plus fi voulez faire chaftrer ou fener vne Lyce, fe doibt eftre au parauant qu'elle ayt iamais porté Chiens : et en la fenant, il ne luy faut ofter toutes les racines, car il eft bien difficile qu'en les arrachant on ne luy face tort aux reins, et qu'on ne luy acourfiffe fa vifteffe : mais quand les racines demeurent, elle en eft plus vigoureufe et hardie, et en endure mieux la peine. Auffi on fe doibt bien donner garde de la faire fener quand elle eft en chaleur, car alors elle feroit en grand danger d'en mourir : mais quinze iours apres qu'elle fera hors de chaleur, et lors que les petis Chiens fe commanceront à former dans fon corps, elle eft bonne à sener.

DES SAISONS ESQVELLES LES PETITS Chiens doiuent naiſtre, et comme on les doibt gouuerner. Chap. VIII.

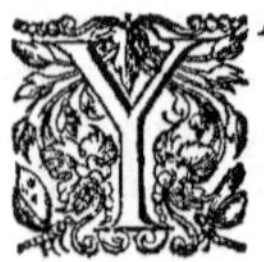

A certaines ſaiſons eſquelles les petits Chiens ſont malaiſez a ſauuer et eſchapper, principalement quand ils naiſſent ſur la fin d'Octobre, à cauſe de l'hyuer et froidures qui commancent à regner, et que les laictages et autres choſes pour les nourrir ſont deffailliz : et par tant il eſt bien difficile quand ils naiſſent en telle ſaiſon, de les pouuoir eſchapper, d'autant que l'hyuer les a ſurprins auant qu'ils ayent force de reſiſter au froid : et encores qu'ils eſchappent, ils demeureront petits et foibles. L'autre ſaiſon facheuſe pour les eſchapper et auier, eſt en Iuillet et Aouſt, à cauſe des vehementes chaleurs et des Mouches, Puces, et autres vermetz qui les tourmentent. Et pource, la droicte ſaiſon en laquelle ils doibuent naistre, eſt en Mars, Auril et May, que le temps eſt temperé, et que les chaleurs ne ſont trop vehementes : auſſi que c'eſt la droicte naiſſance que nature a donnee à tous animaux, comme à Vaches, Chieures, Brebis, et leurs ſemblables : par-ce qu'on trouue en ce temps leur norriture. Et veu que les Chiens naiſſent en toutes ſaiſons, et que pluſieurs ſe delaictent à en tirer de la race, et les nourrir en quelque ſaiſon qu'ils viennent, i'ai bien voulu ſelon ma fantaſie donner l'intelligence et moyen de les pouuoir eſchapper. Premierement, ſ'ils naiſſent en hyuer il faut prendre vn muy ou vne pippe bien ſeiche, et la deſſoncer par vn bout, puis mettre de la paille dedans, et coucher le muy ou pippe en quelque lieu où on face ordinairement bon feu : puis mettre le bout deſſoncé deuers la cheminee, à fin qu'ils ayent la chaleur du feu. Et faut bien nourrir la mere de bons potages faits de la chair de Beuf ou Mouton. Or quand les petis Chiens commanceront vn peu à manger, il leur faudra accouſtumer le potage ſans le ſaller, à cauſe que le ſel les deſſeche et fait venir galeux, à quoy ils ſont ſubiects quand ils naiſſent l'hyuer. Il faut mettre en leur potage force ſauge, et autres herbes chauldes. Et ſi d'auenture on veoyoit que le poil leur tombaſt, il les faudroit frotter d'huile de noix, et de miel meſlez enſemble, en les tenant dedans leur pippe ou muy le plus nettement qu'on pourra, et changeant leur paille tous les iours. Et quand on verra qu'ils commanceront à aller, faut auoir vn ret fait de gros filets, laſſé à maille de preſſe, et en foncer auec vn cercle le bout de la pipe ou muy, ainſi qu'on fonce vn tabourin de Suyſſe, à fin de les garder de ſortir, parce que les autres Chiens les mordroyent, ou seroyent marchez ou rompuz des hommes : et faut faire la pippe ou muy en ſorte qu'on l'ouuvre quand on voudra. Quant aux autres Chiens qui naiſſent l'eſté, ils doibuent eſtre mis en quelque lïeu frais où les autres Chiens n'aillent point, et doibt on mettre deſſoubz eux quelques claïes ou ais, auec de la paille par deſſus qu'il faut changer ſouuent, de peur que la fraiſcheur ou humidité de la terre leur face nuyſance. Ils doibuent eſtre en lieu obſcur, pour euiter que les mouches ne les tormentent : et faut auſſi qu'ils ſoyent frottez deux fois la ſepmaine pour le moins, d'huile de noix, meſlee et battue auec du ſaffran en poudre : car ceſt oingt fait mourir toute eſpèce de vers, et reconforte le cuyr et les nerſs des Chiens, et garde que les mouches et punaiſes ne lès tormentent. Aucunes-fois il en faut frotter la Lyce, et meſler parmy du ius de Berne, ou Creſſon ſauvage, de peur qu'elle porte des puces à ſes petis, ſans oublier à la faire nourrir de bons potages comme dit eſt. Quand les petis Chiens auront quinze iours, il les faut eſuerer, et huit iours apres leur coupper vn neud de la queüe, en la forme et maniere que ie declareray cy-apres au traitté des receptes. Puis quand ils commanceront à voir et à manger, il leur faut donner de bon laict pur tout chaud, ſoit de Vache, de Chieure, ou de Brebis. Et notez qu'il ne les faut mettre au village qu'ils n'ayent deux mois, pour beaucoup de raiſons : dont l'vne eſt, qu'ils ont touſiours la tetine de la mere, et que d'autant qu'ils la tettent longuement, ils tiennent plus de ſa complexion et nature : ce qu'on peut veoir par expérience : car quand vne Lyce a de petis Chiens, faittes en nourrir la moytié à vne maſtine, vous trouuerez qu'ils ne ſeront iamais ſi bons que ceux que la mere aurra nourris. L'autre raiſon eſt, que ſi vous les ſeparez d'enſemble plus toſt que deux mois, ils ſeront froidureux, et leur ſera eſtrange de la mere qui les eſchauffoit.

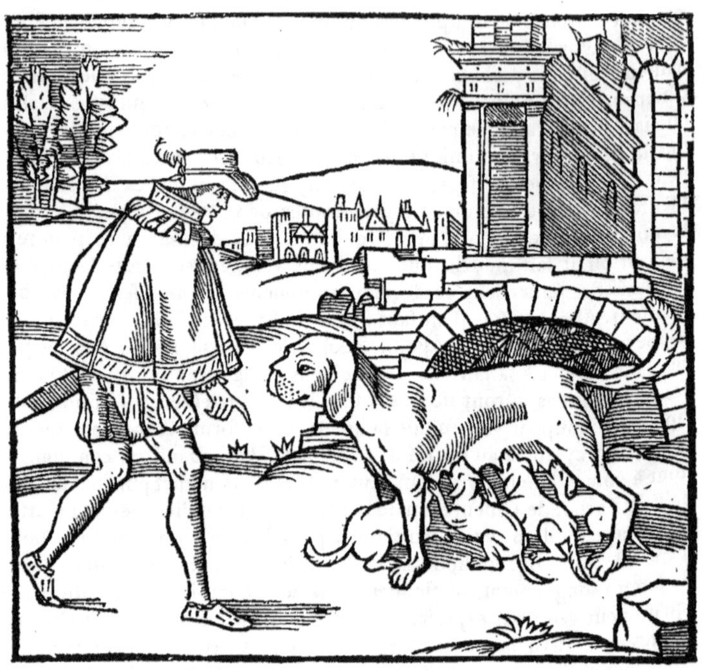

LES SIGNES QV'ON DOIT REGARDER

ſi les petis Chiens ſont bons, ou non.

Chapitre IX.

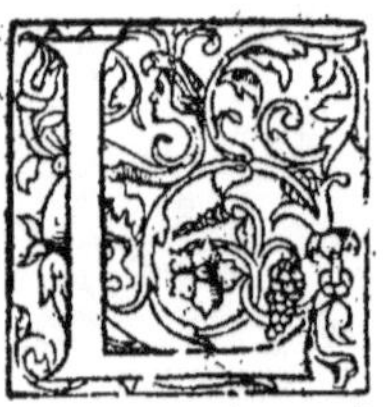

LES anciens ont voulu dire qu'on cognoiſt les meilleurs Chiens aux tetines des meres, et que ceux qui tétent le plus pres du cueur, ſont les meilleurs et plus vigoureux, à cauſe du ſang qui en ceſt endroit eſt plus vif et delicat. Les autres ont dit le cognoiſtre deſſous la gorge à vn ſing qu'ils ont, où il y a des poils qui ſont comme de porceaux : et que ſ'il y a nomper, c'eſt ſigne de bonté : et que ſ'il y a per, c'eſt mauuais ſigne. D'autres ont voulu regarder aux iambes de derriere, aux erigoteutes, que ſ'il n'en y a point, c'eſt bon ſigne, et ſ'il y en a vne, que c'eſt auſſi bon ſigne : mais ſ'il y en auait deux, ſeroit mauuais figne. Il en y a auffi qui ont voulu regarder dedans la gueule, penfans que ceux qui ont le palais noir, fuffent bons, mais ceux qui l'auroient rouge, ne valuffent gueres : et f'ils ont les nazeaux ouuerts, c'eft figne qu'ils feront de haut nez. Si l'on confidere le refte du corps, il n'y a pas grand iugement qu'ils n'ayent trois ou quatre mois. Toutesfois ie prens ceux qui ont les aureilles longues, larges, et efpeffes, et le poil de deffoubs le ventre gros et rude, pour les meilleurs : lefquels fignes i'ay efprouué et trouué veritables. Or par ce que i'ay parlé cy deffus de cefte matiere, ie n'en diray autre chofe.

QVE LON DOIT NOVRRIR LES PETIS

Chiens aux villages, et non aux boucheries.

Chapitre X.

VAND les petis Chiens auront efté nourris deux mois foubs la mere, et qu'on verra qu'ils mangeront bien, il les faut enuoyer aux villages en quelque beau lieu qui foit pres des eaux, et loing de garennes : par ce que f'ils auoyent fouffrette d'eaux, quand ils viendroient en leur force ils pourroyent eftre fubiets à la rage, à caufe de leur fang qui feroit fec et ardant, où l'eau les nourrit et humectifie. Auffi f'ils eftoient pres des garennes, ils fe pourroient rompre et effiler apres les Connils. On les doit nourrir aux champs de laictages, de pain, et de toutes fortes de potages. Et faut entendre que la nourriture des villages leur eft beaucoup meilleure que celle des boucheries : d'autant qu'ils ne font point enfermez, et qu'ils fortent quand ils veulent pour aller paiftre, et apprendre le train de la chaffe : auffi qu'ils accouftument le froid, la pluye et tout mauuais temps, n'eftans fubiets à courir au beftail priué, car ils font nourris parmy eux ordinairement. Au contraire, f'ils eftoient nourriz aux boucheries, le fang et la chair qu'ils mangeroient leur efchauferoit le corps tellement,que quand ils feroient grans, et qu'on les feroit courir deux ou trois fois par temps de pluye, et ils fe morfondoyent, ils ne faudront iamais à deuenir galleux, et feront fubiets à la rage et à courir au beftial priué, à caufe qu'ils en mangent le fang ordinairement aux boucheries, et n'apprennent à quefter n'à chaffer en forte quelconque. Brief, ie ne vy iamais Chien faire bonne fin, eftant nourry aux boucheries, et principalement pour chaffer le Lieure.

6

EN QVEL TEMPS ON DOIT RETIRER

Les Chiens des nourrices, et quel pain et carnages ils doiuent manger. Chap. XI.

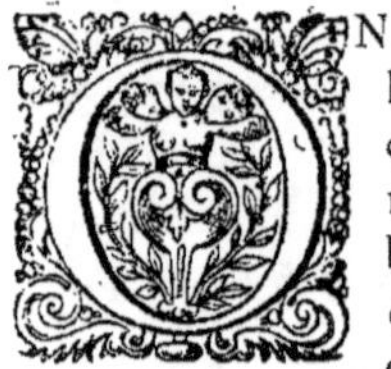

N doit retirer les Chiens des nourrices à dix mois, et les faire nourrir au Chenin tous enſemble, à fin qu'ils ſe cognoiſſent, et entendent. Il y a bien difference de voir vne meute de Chiens nourris enſemblement, et d'vn aage et de Chiens amaſſez : par ceque ceux qui ſont nourris enſemble ſ'entendent, et ameutent mieux que ne font pas les Chiens amaſſez. Apres qu'auiez retiré les Chiens au Chenin, il leur faut pendre des billots de bois au col pour leur apprendre à aller en couple. Le pain qu'on leur doit donner doit eſtre tiers froment, tiers orge, ou baillarge, et tiers ſeigle : d'autant qu'ainſi mixtionné, ils les entretient frais et gras, et les garentit de plusieurs maladies. Que ſ'il n'y auoit que de la ſeigle, elle les feroit trop vuyder : ſ'il n'y auoit que du froment, il leur retiendroit trop le ventre qui leur cauſeroit des maladies : et par ainſi faut meſler et mixtionner l'vn auec l'autre. On leur doit donner des carnages au temps d'hyuer, principalement à ceux qui ſont maigres et courent le Cerf : mais à ceux qui courent le Lieure on ne leur en doit point donner pour beaucoup de raiſons : car ſi on leur en donne, ils ſ'acharneront aux groſſes beſtes, et ne feront cas des Lieures qui ſe mettent communement parmy le beſtial priué pour ſe deffaire des Chiens, et lors pourroyent laiſſer aller le Lieure pour courir apres le beſtial priué. Mais les Chiens qui courent le Cerf ne le feroient, à cauſe que le Cerf eſt de plus grand vent et ſentiment que le Lieure : auſſi que ſa chair leur eſt plus friande et delicate que nulle autre. Les meilleurs carnages qu'on leur pourroit donner, et qui les remettroyent le plus, ſont de cheuaux, aſnes, et mulets. Quant aux bœufs, vaches, et leurs ſemblables, la chair leur eſt de plus aigre ſubſtance. Vous ne deuez iamais donner carnage aux Chiens qu'il ne ſoit eſcorché, à fin qu'ils n'ayent pas la cognoiſſance de la beſte, ne de ſon poil. Ie louë grandement les potages faits de chair de brebis, de chieures, et de teſte de bœuf pour les Chiens maigres qui courent le Lieure : et faut meſler aucuneſfois parmy ces potages quelque peu de ſouffre pour les eſchauffer. I'en d'euiſeray plus amplement au traitté des receptes.

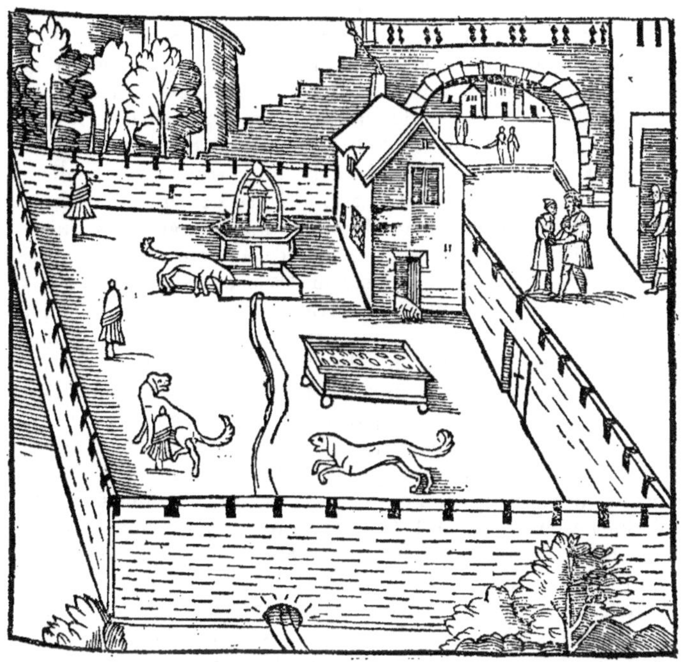

COMME DOIT ESTRE SITVE' ET

accommodé le chenin des Chiens. Chap. XII.

E Chenin doit eftre fitué en quelque lieu bien oriente, où il y ait vne grande court bien applanie ayant quatre vingts pas en quarré, felon la commodité et puiffance du Seigneur. Mais d'autant qu'elle eft fpacieufe et grande, elle en eft meilleure pour les Chiens : parce qu'ils veulent auoir du plaifir pour f'efbatre et vuyder. Par le milieu du Chenin y doit auoir vn ruiffeau d'eau viue, ou vne fontaine, prés laquelle faut mettre vn beau grand tymbre de pierre pour receuoir le cours de la fource qui aura vn pied et demy de haut, à fin que les Chiens y boiuent plus à leur ayfe et faut qu'iceluy tymbre foit percé par vn bout, à fin de faire euacuer l'eau, et qu'on le nettoye quand on voudra. Sur le hault de la court, doit eftre bafty le logis des Chiens, auquel faut qu'il y ait deux chambres, dont l'vne fera plus fpacieufe que l'autre, et en icelle doit auoir vne cheminée grande et large pour y faire du feu quand meftier fera. Les portes et feneftres d'icelle chambre doiuent eftre fituées entre le foleil leuant et le mydi. La chambre doit eftre efleuee de trois pieds plus haut que le plan de la terre, et y faut faire deux cois, à fin que l'vrine et immondicité des Chiens fe puiffent vuyder. Les murailles doiuent eftre bien blanchies, et les planchers bien collez, de peur que les aragnees, pulces, punaifes, et leurs femblables f'y engendrent et nourriffent. Les feneftres doiuent eftre bien vitrees de peur que les mouches y entrent. Il leur faut toufiours laiffer quelque petite porte ou huyffet, à fin qu'ils f'aillent vuyder et efbatre quand ils voudront. Puis faut auoir en la chambre de petits chalits qui foient efleuez de terre d'vn bon pied, et que fouz chacun des pieds du chaflit y ait vn petit rouleau ou boule pour les mener la par où on voudra, à fin de pouuoir nettoyer deffouz : et auffi quand ils viendront de la chaffe, et qu'il eft queftion de les faire chauffer et feicher, on les puiffe rouler et approcher du feu. Et fi faut qu'iceux chaflits foient foncez de clies, ou bien d'ais percez, à fin que f'ils piffaient, l'vrine f'ecoulaft à terre. Il faut vne autre chambre pour retirer le valet de Chiens, à fin de referrer fes trompes, couples, et autres chofes requifes à fon art.

Ie n'ay voulu parler des chambres fumptueufes que les Princes font faire pour les Chiens, efquelles il y a des poiles, eftuues et autres magnificences : parce que cela m'a femblé leur eftre plus nuifible que profitable : car f'ils ont acouftumé telles chaleurs, eftans traittez fi delicatement, et qu'on les meine en quelque lieu où ils foient mal logez, ou bien f'ils courent par temps de pluye, ils feront fuiets à fe morfondre, et à deuenir galeux. Parquoy i'ay bien voulu dire, qu'alors qu'ils viennent de la chaffe, et qu'ils font moüillez, il fuffit seullement qu'ils foient bien chauffez et couchez feichement, fans leur accouftumer tant de magnificence. Et parce qu'aucuneffois on n'a pas commodité d'auoir fontaines ou ruiffeaux, il eft requis faire de petits baillots de bois, ou bien quelque timbre pour mettre leur eau. Il fe faut bien donner garde de leur donner à boire en aucun vaiffeau d'airain ou de cuiure : par ce que ces deux efpeces de metaux font veneneufes de leur nature, et font tourner et empunaifir foudainement l'eau, qui leur feroit grandement contraire. Il eft auffi neceffaire d'auoir de petits baquets de bois pour mettre leur pain, qui doit eftre rompu et decoupé par petits loppins dedans, parce que les Chiens font aucuneffois defgoutez et malades : auffi qu'il y a certaines heures qu'ils ne veulent manger : qui eft la caufe que les baquets ne doiuent eſtre ſans pain, comme nous auons mis au pourtrait cy deſſus.

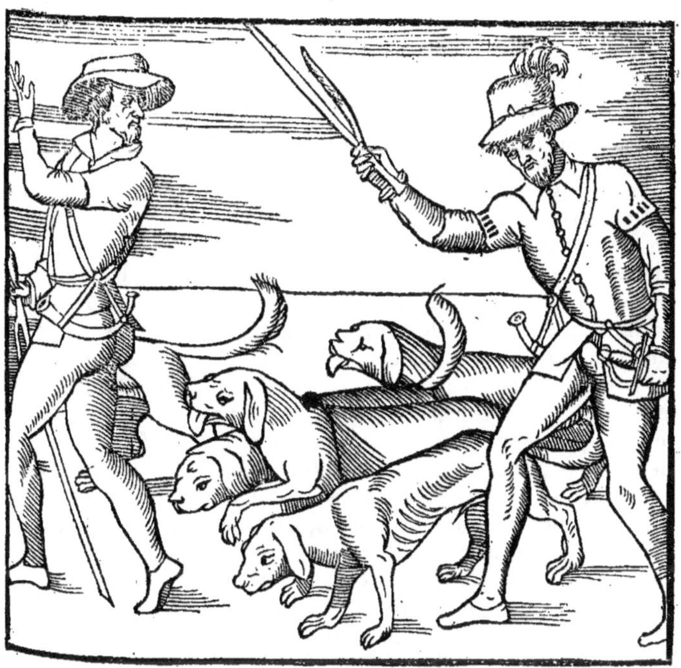

DV VALET DES CHIENS, ET COMME il doit penſer, gouuerner et dreſſer les Chiens.

Chap. XIII.

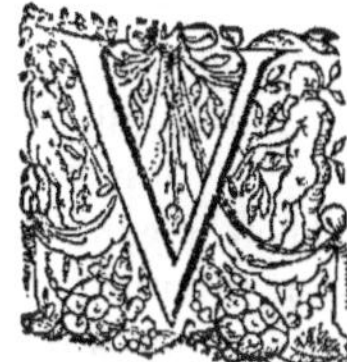

VN bon valet de Chiens doit eſtre gracieux, fort courtois, et doux, aymant les Chiens de nature : et faut qu'il ait bon pied, et bon vent, tant pour entoner ſa trompe que ſa bouteille. La première choſe doit faire apres eſtre leué, eſt d'aller voir ſes Chiens, les nettoyer et accouſtrer, comme l'eſtat le requiert.

Apres les auoir nettoyez, il doit prendre ſa trompe et ſonner quatre ou cinq mots de greſle, à fin de les reſiouir et appeller à luy : et quand il les verra tous autour de luy, faut qu'il les couple, et en les couplant qu'il ſe prenne bien garde de ne coupler les Chiens maſles enſemble de peur qu'ils ne ſe battent. Et ſ'il y a des ieunes Chiens, il les faut coupler auec les vieilles Lyces, pour les apprendre à ſuiure. Quand ils ſeront tous bien couplez, il faut que le valet de Chiens empliſſe deux grandes gibbecieres ou pochettes toutes pleines d'oiſſelets, et autres friandiſes, comme Sardines, Ralles de pied de cheuaux fricaſſez, roſties à la graiſſe, et autres ſemblables, puis doit mettre tout par petits loppins dedans les gibbecieres, et prendre vne a ſon col, et bailler l'autre a vn de ſes compagnons. Cela fait, doit prendre deux bouchons de paille nette, et les mettre à ſa ceincture auec vne eſpoucette pour bouchonner et eſpoucetter ſes Chiens quand ils feront aux champs. Les autres valets de Chiens ou aydes qui seront auec luy, en doiuent faire autant. Apres, il faut qu'ils prennent chacun vne belle houſſine en la main, et que l'vn deux ſe mette deuant qui appellera les Chiens apres luy, l'autre ſe mette derriere, qui les touchera : et ſ'il en y a deux autres ils ſe mettront aux deux coſtez, et ainſi ſ'en doiuent aller tous quatre pourmener les Chiens par les bleds verds, et par les prairies, tant pour les faire paiſtre, que pour leur apprendre à croire, les faiſant paſſer à trauers les troupeaux de brebis, et autres beſtial priué, à fin de les y accouſtumer, et faire cognoiſtre. Que ſ'il y auait quelque Chien mal complexionné qui leur voulut courre ſus, il le faudrait coupler auec vn Mouton ou Belier, et auec la houſſine le feſſer et battre longuement, en criant et menaſſant, à fin qu'vne autrefois il entende la voix de ceux qui les menaceront. Auſſi faut paſſer les Chiens par les Garennes, et ſ'ils branlent aux connils, les menacer et chaſtier : parce que les ieunes Chiens, de leur nature, les ayment volontiers. Apres les auoir ainſi pourmenez, et que le soleil commencera à hauſſer, ils ſ'en doiuent aller en quelque beau pré, et appeller tous leurs Chiens autour d'eux, et prendre leurs bouchons et eſpoucettes pour les bouchonner et eſpoucetter le plus doucement qu'ils pourront : car aucuneſſois les Chiens qui courent par les fors ſe piquent, et prennent des eſpines : ou bien ont quelques dartres ou gales : là ou les valets de Chiens ayans la main rude, en les bouchonnant, les pourroient eſcorcher, et faire pluſtoſt mal que bien : et auſſi que le Chien courant ne veut pas perdre ſon poil et bourre : d'autant qu'il eſt inceſſamment par les bois, là ou l'eſgail, l'eau, et autres froidures tombent ſur luy. A ceſte cause doit ſuffire de bouchonner les Chiens courans trois fois la ſepmaine : mais quant aux Leuriers, ie ne dy pas qu'il ne les faille bouchonner tous les iours. Apres toutes ces choses faites, il faut que les valets de Chiens leur apprennent à entendres les *forhuz*, tant de la trompe que de la bouche en cette maniere.

Premierement, il faut que l'un deux prenne vne des gibbecieres pleine de friandises, et qu'il ſ'en aille à vn iect d'Arbaleſte ou plus loing, ſelon que les Chiens ſeront ieunes et dreſſez : car ſ'ils eſtoyent ieunes, n'ayans iamais eſté dreſſez, il faudroit faire le *forhu* plus pres, et ne les deſcoupler point, à fin que les vieux les emmenaſſent et trainaſſent au *forhu*. Mais ſ'ils ſont commancez à eſtre dreſſez, on doibt aller plus loing, et les deſcoupler : et alors que le valet de Chiens ſera à deux bons iects d'Arbaleſte loing de ſes Chiens (leſquels faut que ſes compaignons tiennent hardez) il doibt commancer à forhuer, et ſonner de la trompe, cryant, *Ty a Hillaut pour le Cerf : et Valecy aller pour le Lieure :* et ne doibt ceſſer de ſonner et forhuer, que ſes Chiens ne soyent arriuez à luy. Quand ſes compagnons l'entendront forhuer, il faut qu'ils deſcouplent leurs Chiens, en criant : *Eſcoute à luy*, *tyrez*, *tyrez*. Puis quand ils ſeront arriuez au forhu, le valet de Chiens doit prendre ſa gibbeciere, et leur ietter toutes les friandises parmy eux, en leur criant et les reſiouyſſant, comme l'art le requiert. Alors qu'il verra qu'ils auront presque acheué de manger, il doit faire ſigne à ſes compaignons qu'ils forhuent : leſquels n'auront bougé du lieu où ils ont deſcouplé leurs Chiens, qui auront l'autre gibbecerie pleine de friandiſes, leſquels commanceront de leur coſté à forhuer, et ſonner de la trompe, pour faire venir les Chiens à eux. Celuy qui aura fait le premier forhu, les doit menacer, et frapper auec vne houſſine, en criant, *Eſcoute à luy*, ou, *Tirez à luy*. Et quand les Chiens ſeront arriuez à eux, ils leurs doibuent donner les friandiſes, comme a fait l'autre. Puis apres les coupler bien doucement, par-ce que ſi on rudoyoit vne fois vn ieune Chien au couple, vne autre fois on ne le cuideroit pas reprendre. Quand ils ſeront couplez, il les faut emmener au Chenin, et leur donner à manger, et ſi faut laiſſer du pain couppé dedans leur baquet, pour ceux qui ſeront deſgoutez. On doit changer leur paille deux ou trois fois la ſepmaine, pour le moins : et entortiller des bouchons en de petis baſtons, et les ficher en terre pour les faire piſſer. C'eſt vne choſe certaine, que ſi vous frottez vn bouchon ou autre choſe de Galbanum, tous les Chiens ne faudront iamais à venir piſſer contre. Et ſi d'auenture il n'y auoit dedans le Chenin ruiſſeau ou fontaine, il faut mettre leur eau dedans de la pierre, ou dedans du bois, comme i'ay dit cy-deuant : laquelle faut changer et refraiſchir tous les iours deux fois. Auſſi par les grandes chaleurs, les Chiens ſe chargent ſouuentes-fois de pouls, pulces, et d'autres vermines et ſalletez : et pour y remedier, il les faut lauer vne fois la ſepmaine en vn bain fait auec des herbes, comme ſ'enſuyt.

Premierement, faut auoir vne grande poiſle tenant dix ſeaux d'eau, puis prendre dix bonnes ioinctees d'vne herbe nomme *Berne* ou *Creſ-*

ſon ſauvage : et autant de feuilles de *Lapace*, et de *Mariolaine ſauuage*, de *Sauge*, *Romarin* et *Ruë*, et faire fort bouillir le tout enſemble, iettant parmy, deux meſures de ſel. Puis quand tout aura bien bouilly enſemble, et que les herbes ſeront bien conſommees, il les faut oſter de deſſus le feu, et les laiſſer refroidir iuſques à ce que l'eau ſoit tiede : puis lauer les Chiens et bouchonner auec le bouchon, ou bien les baigner les vns apres les autres. Et doiuent eſtre faittes toutes ces choſes au temps des grandes chaleurs, trois fois le moys pour le moins. Et auſſi aucunes-fois quand on ramene les Chiens des villages, ils craignent les eaux, et n'ont pas la hardieſſe de ſe mettre dedans. A cette cauſe le valet de Chiens doit regarder et eſlire les iours qu'il fera chauld, eſquels enuiron l'heure de Midy doit coupler tous ſes Chiens, et les mener ſur le bord de quelque riuiere ou eſtang, et ſe deſpouiller tout nud, en les prenant l'vn apres l'autre : puis les porter bien auant pour les apprendre à nager, et accouſtumer l'eau. Ayant fait cela deux ou trois fois, il cognoiſtra que ſes Chiens ne craindront plus les eaux, et qu'ils ne feront plus de difficulté de paſſer et nager les riuieres et eſtangs. Voilà comme les bons valets de Chiens les doibuent traiter et gouuerner : car en faiſant toutes ces choſes ſuſdites, il eſt impoſſible que leurs Chiens ne ſoyent bien penſez et dreſſez. Auſſi bien ſouuent les Chiens courent par temps de pluyes, de verglatz, et autre mauuais temps : ou bien font des efforts à courre, et à nager les riuieres. Quand telles choſes arriuent, le valet de Chiens leur doit faire vn beau grand feu pour les chauffer et ſecher. Et quand ils ſeront ſecz, il leur doit frotter et bouchonner le ventre, pour ſaire tomber la terre et fange qu'ils pourroyent auoir : car ſ'ils couchoyent mouillez, ils ſeroyent en danger d'eux morfondre et deuenir galeux. Souuentesfois en courrant par les campaignes et rochers, ils ſ'aggrauent et eſcorchent les piedz. Et pour les penſer et guarir, il faut premierement leur lauer les piedz auec de l'eau et ſel. Après faut auoir des œufz, et en prendre ſeulement les moyeux, et les battre fort auec du vin-aigre et auec du ius d'vne herbe qui croiſt ſur les rochers, qu'on nomme *Pilozele*. Puis faut prendre de la *geme*, ou *poix*, et la mettre en poudre, et la meſler auec deux fois autant de ſuye. Et apres mettre voſtre dite poudre parmy les œufz le ius des herbes ſuſdictes, faiſant le tout chauffer enſemble, en le mouuant ſouuent : et ſe faut bien donner garde qu'il ne chauffe trop, parce que l'humidité ſe conſommeroit, et les œufz ſe cuyroient, qui gaſteroit le tout : mais ſuffira ſeulement de le chauffer iuſques à ce qu'il ſoit vn peu plus que tiede : et de ce leur en frotterez au ſoir les pieds, et les enuelopperez auec du linge. Ie n'en mettray autre choſe pour cette heure, eſperant en parler plus amplement ſur la fin, au traité des Receptes.

COMME LON DOIT DRESSER LES ieunes Chiens pour courre le Cerf : et des curees qu'on leur doit faire. Chap. XIIII.

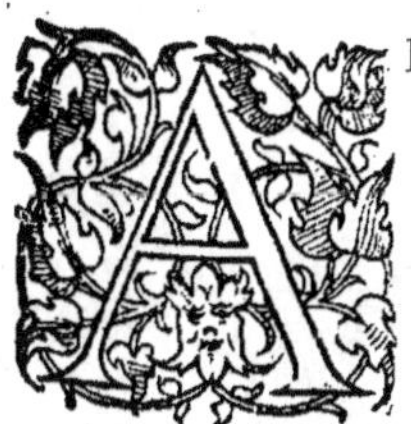

PRES que les valets auront apprins à leurs Chiens à croire et à entendre le fohru, et le fon de la trompe, les piqueurs voyans leurs Chiens en affez bonne force de reins, et aagez de feize ou dix huit mois, doyuent alors commancer à les dreffer, et ne les mener que vne fois a fepmaine pour le plus aux champs, de peur de les faire effiler : par ce que Chiens courans ne font du tout renforcez, ne affeurez fur leurs membres qu'ils n'ayent deux ans pour le moins. Et faut auant toute chofe que quiconque voudra prendre le Cerf à force, entende trois fecrets : Le premier eft, qu'on ne doit iamais faire courir vne Biche aux Chiens, ne leur en donner curee, parce qu'il y a difference du fentiment de la Biche à celuy du Cerf, comme pouuez voir par experience, que les Chiens-courans demeflent fouuentefois l'vn d'auec l'autre, et font de telle nature, que la premiere befte qu'on leur fait courir, et qu'ils y prennent plaifir, fi on leur en fait curee, il leur en fouuient toufiours : et par là pouuez cognoiftre, que fi vous leur faites curees des Biches, ils les defireront pluftoft que les Cerfs. Le fecond fecret eft, qu'on ne doit point dreffer les ieunes Chiens dedans les toiles : parce qu'vn Cerf ne fait que tournoyer, ne fe pouuant efloigner d'eux qui le voyent à toutes heures : et fi on les fait courir apres hors de la toile, et qu'vn Cerf dreffaft, fe forloignant vn peu d'eux, ils l'abandonneroient incontinent : et qui plus eft ils fe gaftent encores à la toile en autre maniere : car fi vn Cerf y tournoye deux ou trois tours, ils prenent auffi toft le contre-pied que le droit, fe rompans et mettans hors d'haleine, fans apprendre à quefter ny à chaffer, ne faifans que leuer la tefte pour voir le Cerf. Le tiers fecret eft, de ne dreffer les Chiens, ne faire courir au matin f'il eft poffible, parce que fi on leur accouftume l'efgail, et qu'ils viennent à courir fur le haut du iour, ayant fenty la chaleur du Soleil, ils ne voudront plus chaffer. Mais autrement vous les pourez dreffer, et donner curee en cette maniere.

Premierement vous deuez regarder quand les Cerfs feront en leur grande venaifon, parce qu'ils ne ruzent, et ne f'efloignent pas tant qu'ils feroyent en Auril et May, qu'ils n'en font point chargez, et ne courent pas fi longuement. Alors pourrez choifir vne foreft, là où les relays feront bien iuſtes et à propos : puis mettre tous voz ieunes Chiens enſemble auec quatre ou cinq des vieux pour les dreſſer. En apres les faut

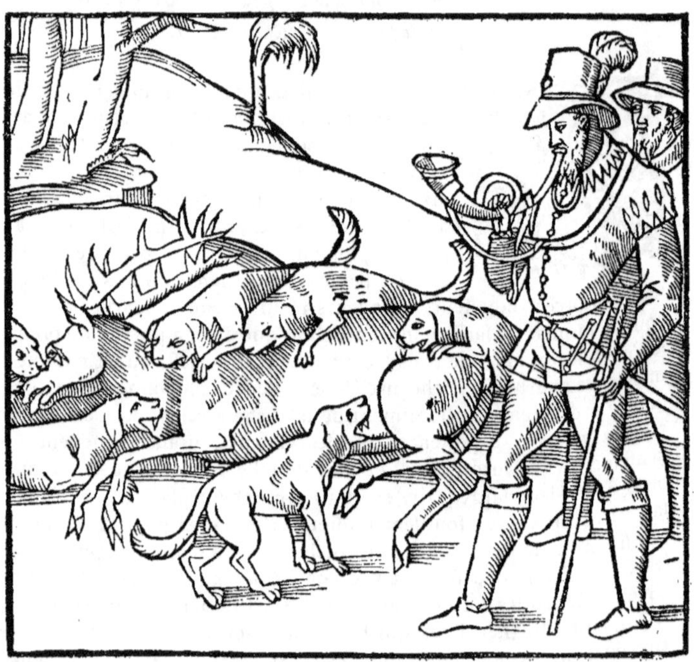

mener au plus loingrain et dernier relais, et faire chaſſer le Cerf iuſques là où ils ſeront, à quelque bonne meute de Chiens, qui le gardent bien de repoſer par les chemins, à fin qu'alors qu'il ſera arriué à eux, qu'il ſoit las et mal mené. A l'heure faudra deſcoupler les vieux Chiens les premiers : et quand ils auront dreſſé les routes ou voyes du Cerf, eſtans bien ameutez, faut deſcoupler tous les ieunes Chiens, et les ameuter à eux : là où faut qu'il y ayt trois bons piqueurs pour le moins, à fin que ſ'il y auoit quelque Chien qui vouluſt demeurer derriere, ſ'opiniaſtrer et amuſer, de le bien batre et faire aller aux autres. Et deuez entendre, qu'en quelque lieu où l'on tue le Cerf, on luy doit deſpouiller le col, et leur en faire la curee ſur le champ tout chaudement; parce qu'elle leur eſt beaucoup meilleure, plus friande et profitable chaude, que froide.

Vous leur pouuez donner curee en autre maniere. Prenez vn Cerf aux rets ou pieces, et luy fendez vn des pieds de deuant depuis l'entre-deux des ongles iufques à la ioincture des os, ou bien luy couppez vn des ongles tout entier, puis le demeflerez de la piece ou rets, et le laifferez aller. Vn quart d'heure apres, ferez amener tous vos ieunes Chiens, lefquels ferez harder, puis ferez mettre les Limiers fur les routes du Cerf, lefquelles ferez fuyvre auec les ieunes Chiens. Apres l'auoir fuiuy la longueur d'vn iet d'arbalefte, vous pourrez forhuer et fonner pour Chiens. Cela fait, pourrez defcoupler les ieunes Chiens des vieux, à fin que les vieux les conduifent : et faut qu'il y ait de bons piqueurs à la queuë pour les faire chaffer et requefter.

Vous leur pouuez encores donner curee en autre maniere. Il faut auoir quatre ou fix valets, lefquels foyent gracieux, et allans bien à pied, car autrement ils leur feroyent plus de tort que de profit : et leur pourrez donner à mener à chacun quatre ieunes Chiens en vne leffe. Et apres que le Cerf fera donné aux Chiens, f'en doiuent aller toufiours le petit pas fans les tourmenter au deuant de la meute. Puis quand ils verront que le Cerf aura couru deux bonnes heures, et qu'il fera mal mené, il pourront lafcher les ieunes Chiens, mais fe doiuent bien garder de les defcoupler quand ils verront le Cerf aux abbois, et principalement quand il a la tefte dure : car en cette fureur il les pourroit tuer. Ma fantaifie eft telle, qu'on doit premierement dreffer les Chiens pour le Lieure : car c'eft leur droit commancement, parce qu'ils apprennent toutes rufes et hour-uariz, pareillement à croire, à venir à tous forhuz : et fi f'affinent le nez en accouftumant les chemins et campaignes. En apres, quand on les veut dreffer pour le Cerf, ils abandonnent aifément le Lieure : pour autant que la chair de Cerf eft plus friande, et auffi qu'il a plus grand vent et fentiment que n'a pas le Lieure. Il faut icy entendre que tous Chiens veulent cognoiftre les piqueurs qui les fuyvent : et pource il eft requis quand les valets de Chiens leur donneront à manger, et qu'on leur fera la curee, que les piqueurs f'y trouuent pour leur faire chere, et parler à eux, à fin qu'ils les cognoiffent et entendent.

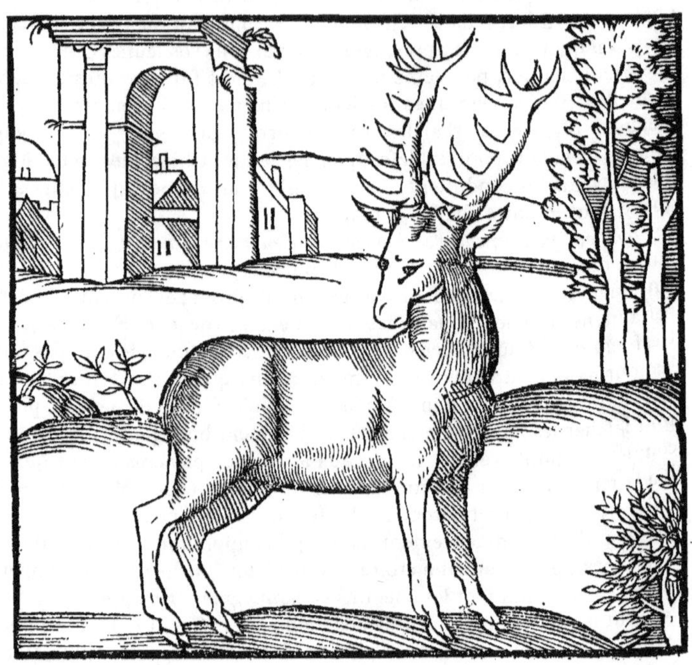

LA CHASSE DV CERF.

Ie ſuis le Cerf, à cauſe de ma teſte,
Par les Grecs fuz Ceratum *ſurnommé,*
En beauté i'excede toute beſte,
Dont à bon droict, ils m'ont ainſi nommé
Pour le plaiſir des Roys ie ſuis donné.
De iour en iour les Veneurs me pourchaſſent
Par les Foreſts. Ie ſuis abandonné
A tous les Chiens, qui ſans ceſſe me chaſſent.
Si du docte Phebus auez commancement
De Venerie, icy traduitte groſſement,
Ie me ſuis voulu mettre en toute diligence,
Vous en pouuoir donner parfaite intelligence.

DE LA VERTV ET PROPRIETE du Cerf. Chap. XV.

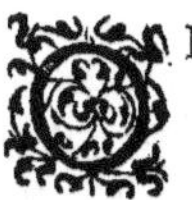N trouue vn os dedans le cueur du Cerf, lequel est grandement profitable contre le tremblement de cueur, principalement aux femmes groſſes.

Autre vertu.

Prenet le vit d'vn Cerf, puis le faites tremper en du vin aigre l'eſpace de vingt et quatre heures : et le faites ſecher, puis apres le mettez en poudre, et en faites boire le poix d'vn eſcu auec de l'eau de Plantain à quelque homme ou femme ayant le flux de ſang, incontinent ſeront guaris.

Autre vertu.

Prenez la teſte d'vn Cerf, à l'heure qu'elle eſt demie reuenue et en ſang, et la decoupez par petis loppins, et les mettez dedans vne grande fiole ou matras de verre. Apres prendrez le ius d'vne herbe nommee *Croiſette*, et le ius d'vne autre herbe nommee *Poivre d'Eſpagne*, autrement appelé *Caſſis*. Puis vous mettrez le ius de toutes ces herbes, là où ſera la teſte du Cerf decoupee en petis loppins, et lutrez et fermerez bien votre fiole ou matras par deſſus, laiſſant repoſer toutes ces drogues enſemble l'eſpace de deux iours. Celà fait, les ferez toutes diſtiler en vn alambic de verre. L'eau qui en ſortira, ſera merueilleusement bonne contre tous venins, tant de morſures de ſerpens, que contre poiſons.

Autre vertu.

La corne du Cerf bruſlee et miſe en poudre, fait mourir les vers dedans le corps et dehors, et ſi chaſſe les ſerpens de leurs foſſes et cauernes. La preſure et caillon d'vn ieune Cerf tué dedans le ventre de la Biche, eſt fort bonne à la morſure des ſerpens.

Autre vertu.

La moelle et le ſuif du Cerf ſont fort bons contre les gouttes venues de froides cauſes, en les faiſant fondre : et de ce en frotter les lieux où ſont les douleurs.

Plus le Cerf nous a fait cognoiſtre l'herbe du *Dictame*, lequel ſe ſentant bleſſé de quelque fer ou ſagette, ſ'en va manger de ladite herbe, qui luy fait ſortir le fer du corps, receuant tout incontinant guariſon.

DV NATVREL ET SVBTILITE des Cerfs. Chap. XVI.

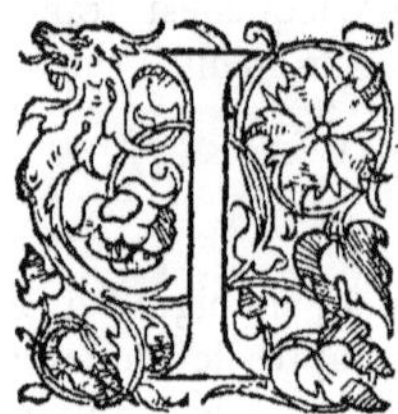

SIDORE, dit le Cerf eſtre le vray contraire du ſerpent : et que quand il eſt vieux, decrepit et malade, qu'il ſ'en va aux foſſes et cauernes des ſerpens, puis auec les narines ſouffle et pouſſe ſon haleine dedans, en ſorte que par la vertu et force d'icelle il contraint le ſerpent de ſortir dehors : lequel eſtant ſorty, il le tue auec le pié, puis le mange et deuore. Apres il ſ'en va boire : lors le venin ſ'eſpand par tous les conduits de ſon corps. Quand il ſent le venin, il ſe met à courir pour ſ'eſchauffer. Bien toſt apres il commance à ſe vuider et purger, tellement qu'il ne luy demeure rien dedans le corps, ſortant par tous les conduits que nature luy a donnez : et par ce moyen ſe renouuelle et ſe guariſt, faiſant mutation de poil.

Quand les Cerfs paſſent la Mer, ou les grandes riuieres pour aller en quelques Iſles ou foreſts au Rut, ils ſe mettent en grand nombre, et cognoiſſent entr'eux le plus fort et meilleur nageur, lequel ils font aller deuant : puis celuy qui va apres appuye ſa teſte ſur le doz du premier, et le tiers ſur le dos du ſecond, et conſéquemment font tous ainſi, iusques au dernier, à fin de ſe ſoulager l'vn l'aufre : et quand le premier eſt las, vn autre ſe met en ſa place. Pline dit qu'ils peuuent nager trente lieuës de Mer, et qu'il l'a veu par experience en l'Iſle de *Cypre*, de laquelle ils vont communement en vn autre Iſle, nommes *Cilice*, entre leſquelles y a diſtance de trente lieuës de Mer. Et auſſi dit, qu'ils ont le vent et ſentiment du Rut et des foreſts d'vne Iſle à l'autre. A la vérité i'en ay veu en des foreſts ſur la coſte de la Mer, eſtans chaſſez et forcez des Chiens, qui ſe iettoyent dedans la Mer, où les peſcheurs les tuoyent à dix lieuës de la terre.

Le Cerf ſ'eſmerueille et eſpouuante quand il oyt ſifler en paume, ou hucher : et par experience le pourrez cognoiſtre : car ſi vous voyez vn Cerf courir de iour deuant vous, et qu'il ſoit en pays deſcouvert, huchez apres luy diſant, *Guare, à bas :* ſoudain le verrez reuenir droit à vous pour le doute de la voix qu'il aura ouye.

Il ayme à ouyr les inſtruments, et ſ'aſſeure quand il oyt ſonner quelque fluſte, ou autre doux chant.

Il oyt fort clair, quand il a la teſte et les oreilles leuées : mais quand il les a baiſſées, il n'oyt point. Quand il eſt debout, et qu'il n'a point d'effroy, il f'efmerueille de tout ce qu'il voit : et prent plaifir à regarder comme vn charretier et fa charrette, ou vne befte chargée de quelque chofe.

Pline dit qu'on cognoift la veilleffe des Cerfz aux dentz, aux pieds et à la tefte : comme ie le declareray cy apres au iugement du Cerf. Plus dit, que le cors et cheuilleures du Cerf multiplient tous les ans depuis fa premiere tefte iufques à ce qu'il ayt fept ans, apres ils ne multiplient plus, finon en groffeur : et ce felon l'ennuy qu'ils auront, ou la nourriture. Ils portent aucuneffois plus, aucuneffois moins, qui eft la raifon pourquoy on les iuge Cerfs de dix cors, et autreffois les ont portez.

Plus dit, que la premiere tefte que porte vn ieune Cerf est donnée à Nature : et que les quatre elementz en prennent chacun leur portion.

Ifidore eft d'vne autre opinion, difant que le Cerf fiche et cache fa premiere tefte en la terre, de telle forte qu'on ne la peut trouuer : et à la verité ie n'en fceu iamais veoir ne trouuer qui fuffent cheutes et muées d'elles-mefmes : toutesfois i'ay veu homme qui difoit en auoir veu : Ie m'en rapporte à ce qui en eft.

Le Cerf a vne malice, que f'il releue en vne ieune taille, il va cercher et prendre le vent, pour fentir f'il y a perfonne là dedans qui luy nuyfe. Que fi quelqu'vn prend vne petite branche ou rameau, et qu'il piffe ou crache deffus, puis qu'il le plante en la taille où le Cerf ira faire fon viandis, il ne faudra iamais l'aller fentir : et ne cuydera plus releuer en ceft endroit.

Pline dit, que quand le Cerf eft forcé des Chiens, fon dernier refuge eft aupres des maifons à l'homme, auquel il ayme mieux fe rendre que non pas aux Chiens, ayant cognoiffance de fes plus contraires : ce que i'ay veu par experience. Qu'il ne foit vray, quand la Biche veut faire fon Faon, elle f'ofte plus toft du chemin des Chiens, que de la voye des hommes : comme auffi quand elle veut conceuoir fon petit Faon, elle attend que l'efloille appelée *Arcture* foit leuee : et porte huit ou neuf mois fes Faons, lefquels naiffent communement en May, combien qu'il en y a qui naiffent plus tard, felon la norriture et aage de la Biche. Il y a des Biches qui peuuent avoir deux Faons d'vne ventree. Auant que elle ayt fon Faon, elle fe purge auec vne herbe nommée *Tragoncee*, puis apres qu'elle a faonné, elle mange la peau où efloit enueloppé fon Faon.

Pline dit d'auantage, que fi on prenoit la Biche incontinent qu'elle a faonné, on trouueroit vne pierre dedans fon corps qu'elle a mangee pour deliurer plus ayfement de fes petis Faons, laquelle feroit beaucoup requife et profitable pour femmes groffes. Apres que fon Faon eft grand, elle luy apprend à courir, à ſaillir, et le pays qu'il faut qu'il tienne pour ſe ſauuer des Chiens.

Les Cerfs et Biches peuuent viure cent ans, ſelon le dire de Phebus : combien qu'on trouue par les anciens Hiſtoriographes, qu'il fut prins vn Cerf, ayant vn collier au col, bien trois cens ans apres la mort de Ceſar, où ſes armes eſtoyent engrauees, et y auoit eſcrit dedans, CESARVS ME FECIT. Dont eſt venu le prouerbe Latin, *Ceruinos annos viuere.*

DV RVT ET MVZE DES CERFS

Chap. XVII.

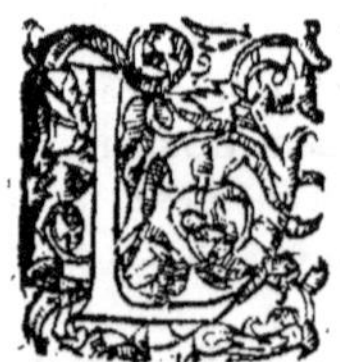

ES Cerfs commancent à aller au Rut enuiron la my-Septembre, et dure le Rut pres de deux mois : et tant plus ils ſont vieux, et plus ſont chaux de la Biche et mieux aymez : ce qui eſt au contraire des femmes, qui ayment volontiers mieux les ieunes. Les vieux Cerfs vont plus toſt au Rut que les ieunes : et ſont ſi fiers et orgueilleux que iuſques à ce qu'ils ayent accomply leurs amours, les ieunes n'en oſent approcher, parce qu'ils les battent et chaſſent : les ieunes ont vne grande fineſſe et malice, car alors qu'ils voyent que les vieux ſont las du Rut, et affoiblis de leur force, ils leur courent ſus et les tuent ou bleſſent, leur faiſans abandonner le Rut : et à l'heure demeurent maiſtres en leur rang. Les Cerfs ſe tuent beaucoup pluſtoſt quand il y a faute de Biches qu'autrement : car ſ'il en y a grand nombre, ils ſe ſeparent et eſcartent d'vn coſté et d'autre. C'eſt vn plaiſir de les veoir rêre et faire leur muze : parce que quand ils ſentent la nature de la Biche, ils leuent le nez en l'air, regardans en haut pour remercier nature de leur auoir donné vn tel plaiſir. Et ſi c'eſt vn grand Cerf, il tournera la teſte, et regardera ſ'il en y a point vn autre qui lui vueille faire ennuy : lors les ieunes n'eſtans de ſon qualibre, luy voyans faire telle mine, ſe reculeront de luy et ſ'en fuyront. Mais ſ'il en y a quelqu'vn auſſi grand que luy, ils commanceront tous deux à rêre, et à gratter des pieds en terre, ſe choquans l'vn contre l'autre de telle ſorte, que vous ouyriez les coups de leurs teſtes d'vne demie grande lieuë, tant que celuy qui demeurera le maiſtre, chaſſera l'autre (la Biche regardant ce plaiſir ſans qu'elle bouge de ſon lieu). Puis celuy qui ſera demeuré maiſtre, commancera à rêre ou crier, en ſe iettant tout de courſe ſur la Biche pour la couurir : et ne luy donnera que trois ou quatre coups de cul pour le plus, et bien ſoudainement. Les Cerfs ſont fort aiſez à tuer en telle ſaiſon : parce qu'ils fuyuent les voyes et routes par où les Biches auront paſſé, mettans le nez en terre pour en aſſentir, ſans regarder n'eſuenter ſ'il y a point là quelqu'vn ca-

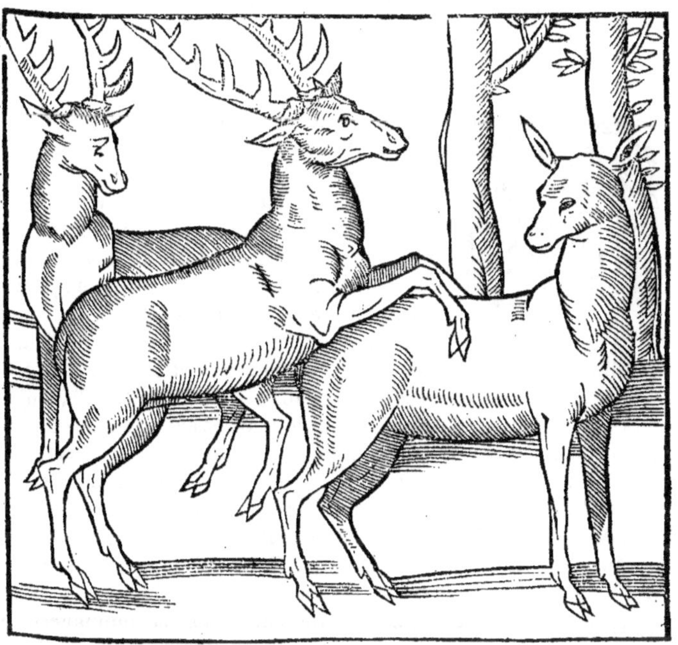

ché pour leur nuyre. Et ſi vont en ce temps là auſſi toſt le iour que la nuict, eſtans ſi enragez du Rut, qu'ils penſent qu'il n'y ait rien qui leur puiſſe nuyre. En ce temps qu'ils ſont ainſi en Rut, ils viuent de peu de choſe : car ils viandent ſeulement de ce qu'ils trouuent deuant eux, en ſuyuant les routes par où va la Biche : principalement de groz potirons rouges, qui aydent fort à leur faire piſſer le ſuif.

Ils ſont lors en ſi vehemente chaleur, que partout là où ils trouuent des eaux, ils ſe veautrent et couchent dedans, et aucuneſſois par deſpit donnent des andoilliers en terre.

Lon cognoiſt les vieux Cerſs à les ouyr rêre ou crier : car tant plus ils ont la voix groſte et tremblante, et plus doiuent ils être vieux : et auſſi par là on cognoiſt ſ'ils ont eſté chaſſez : car ſ'ils ont eſté courus, et qu'ils ayent crainte de quelque choſe, ils mettent la gueule contre terre, et rêent bas et gros : ce que les Cerfs de repos ne font pas : car ils leuent la teſte en haut, rêans ou braimans hautement et ſans crainte.

EN QVELLE SAISON LES CERFS muent, et prennent leur buiſſon. Chap. XVIII.

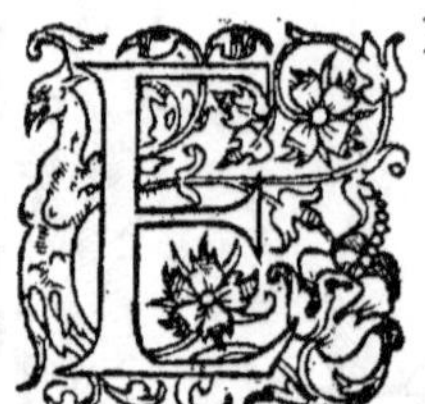

N Feurier et Mars, les Cerfs muent et iettent leurs teſtes, et communement les vieux Cerfs beaucoup pluſtoſt que les ieunes : mais ſ'il en y a quelqu'vn qui ait eſté bleſſé au Rut ou par autre moyen, il ne la cuyde pas ietter ſi toſt que les autres, à raiſon que nature ne luy peut ayder : car toute ſa ſubſtance et nourriture ne peut ſuffire à le guarir et à pouſſer ſa teſte, à cauſe du mal qu'il aura. Il y a d'autres Cerfs leſquels ont perdu leurs dintiers ou couillons au Rut ou autrement, qui ne muent iamais. Car faut entendre que ſi vous chaſtrez vn Cerf auant qu'il porte ſa teſle, il n'en portera iamais : et au contraire, ſi vous le chaſtrez ayant ſa teſte ou rameure, iamais elle ne luy tombera. Ne plus ne moins ſera il, ſi vous le chaſtrez ayant ſa teſte molle et en ſang, car elle demeurera touſiours ainſi, ſans ſecher ne brunir. Cela nous donne à cognoiſtre que les couillons ont grande vertu, car bien ſouuent ſont cauſe qu'il y a beaucoup d'hommes qui portent belle rameure ſur leur teſte, laquelle ne muë et ne tombe iamais, ainſi ſoit-il de vous, amateurs de mes eſcripts.

Quand les Cerfs ont mué et ietté leur teſtte, ils commancent à leur retirer, et prendre leur buiſſon, ſe recelans et cachans en quelque beau lieu pres des gaignages et de l'eau, ſur le bord des champs, à fin d'aller aux legumes, bleds, et autre viandis. Et deuez entendre que les ieunes Cerfs ne prenent iamais de buyſſon qu'ils n'ayent porté la troiſiesme teſte, qui eſt au quatrieſme an : et alors ſe peuuent iuger Cerfs, de dix cors bien ieunement, comme auſſi les Sangliers ne laiſſent ſemblablement les compagnies qu'ils ne viennent en leur tiers an, parce qu'ils n'ont pas la hardieſſe, ioint que leurs armes et defenſes ne ſont encores en leur force.

Apres que les Cerfs ont mué, ils commancent dès le mois de Mars et Auril à pouſſer les boſſes : et comme le Soleil hauſſera, et que le viandy croiſtra et durcira, ne plus ne moins leur teſte et venaiſon croiſtront et augmenteront : et dès la moitié de Iuin leurs teſtes ſeront ſemees de ce qu'elles doiuent porter toute l'annee, pourueu qu'ils ſoyent en bon pays de gaignages, n'ayans point d'ennuy : et ſelon que la ſaiſon auancera les gaignages et viandis, leur teſte ſ'auancera ne plus ne moins.

POVR QVELLE RAISON LES CERFS ſe recelent quand ils ont mué. Chap. XIX.

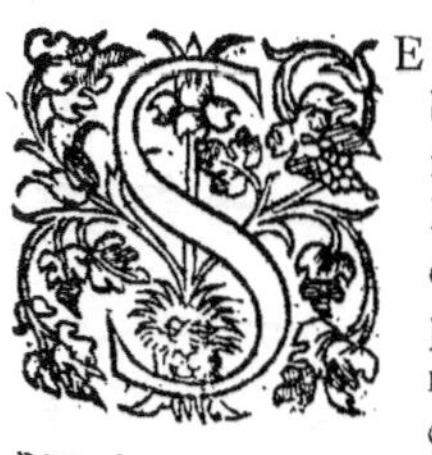

E recelent les Cerfs quand ils auront mué pour beaucoup de raiſons. La premiere, parce qu'ils ſont maigres et foibles à cauſe de l'hyuer, n'ayans la force d'eux pouuoir defendre : et auſſi qu'ils commancent à trouuer de quoy viure : et alors prenent leur repos pour faire leur chair. L'autre raiſon eſt, qu'ils ont perdu leurs armes et defenſes, qui ſont leurs teſtes, et ne ſ'oſent monſtrer tant pour la craincte des beſtes, que pour la honte qu'ils ont d'auoir perdu leur force et leur beauté. Et ſi verrez par experience, que ſ'il y a en vn gaignage quelques Cerfs ayans mué, que ſi les Pies ou Grolles les agaçent et decelent, ils retourneront tout incontinent à leur fort, pour ſe cacher dedans, de la honte et craincte qu'ils auront. Et ſi faut noter, qu'ils ne laiſſeront leur buyſſon, ſt on ne leur fait de grands ennuys, qu'il ne ſoit à la fin du moys d'Aouſt, qu'ils commanceront à eux eſchauffer et ſe ſoucier des Biches.

Quand les Cerfs qui ſe ſont recelez, voyent que leurs teſtes commancent à ſecher, qui eſt enuiron le vingt et deuxieme de Iuillet, ils ſe decelent, allans aux arbres pour frayer et faire tomber leurs lambeaux. Apres auoir frayé, ils ſe bruniſſent leurs teſtes, les vns aux charbonnieres, les autres en l'ardille, en terre rouge et autres lieux commodes à eux pour ce faire. Les vns portent les teſles rouges, les autres noires, les autres blanches : procedans toutes ces peinctures de nature, et non d'autre choſe : car il ſeroit fort difficile que la poudre des charbonneries, n'autre choſe, leur puiſſe donner peincture. Les teſtes rouges viennent volontiers plus groſſes et plus belles que les autres, car elles ſont communement plus pleines de moëlle et plus legeres. Les teſtes noires ſont plus peſantes, et n'y a pas tant de moëlle.

Les blanches ſont les pires et plus mal nourries. I'ay ſceu tout cecy par l'experience des arbaleſtiers et haquebutiers, qui en mettent ſouuent en œuure : leſquels m'ont dit que les plus petites teſtes noires qui viennent d'Eſcoſſe Sauuage, qu'on apporte en grand nombre vendre à la Rochelle, ſont beaucoup plus peſantes et maſſiues que celles que nous auons en ce pays de France : car elles n'ont pas tant de moëlle : combien qu'il y a vne foreſt en Poictou, appellée la foreſt de *Mereuant*, en laquelle les Cerſs portent de petites teſtes baſſes et noires, n'ayans que

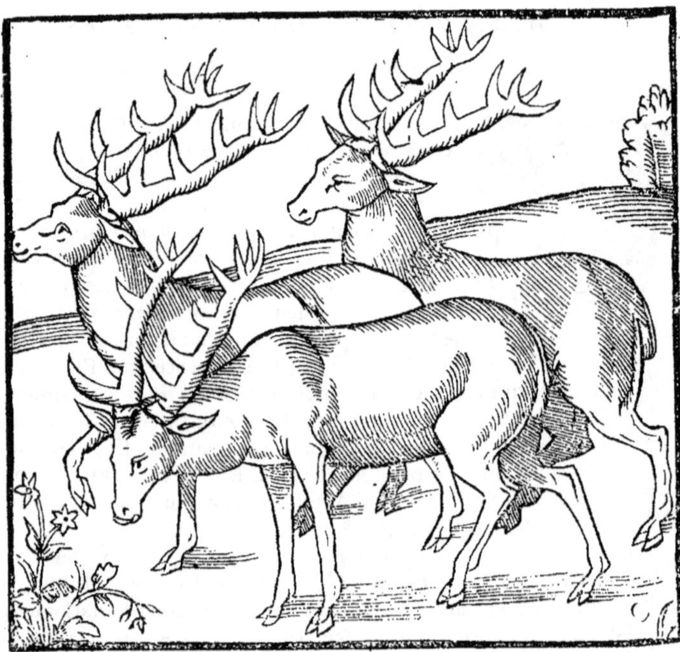

bien peu de moëlle, et ſont preſque ſemblables à celles d'Irlande. Il y a vne autre foreſt à quatre lieuës de là nommée *Chiſay*, en laquelle les Cerfs portent leurs teſtes au contraire : car ils les portent grandes, rouges, et pleines de moëlle, et ſont fort legeres quand elles ſont ſeches. I'ay bien voulu alleguer toutes ces choſes icy, pour donner à entendre que les Cerfs portent leurs teſtes ſelon le pays et gaignages là où ils ſont nourris : car la foreſt de *Mereuant* eſt toute en montaignes, vallées, et baricaues : là où leurs viandes ſont arres, et aigres, et de peu de ſubſtance. Au contraire, la foreſt de Chiſay eſt en pays de pleine, enuironée de tous bons gaignages, comme bledz et legumes, dequoy ils prenent bonne nourriture, qui eſt la cauſe pourquoy leurs teſtes viennes ſi belles et bien nées.

DV PELAGE DES CERFZ.

Chap. XX.

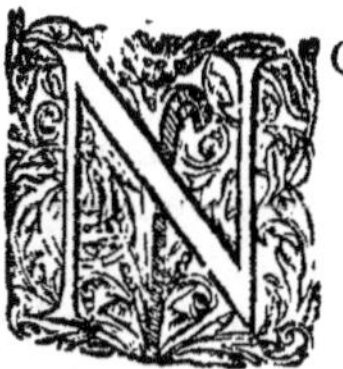

OVS auons trois ſortes de pelages de Cerfs : ſçauoir eſt, Bruns, Fauues, et Rouges : et de chacun pelage viennent deux eſpeces de Cerfs, dont les vns ſont grands, les autres petis.

Premierement des Cerfs Bruns, il en y a qui ſont grands, longs, et eſclames, leſquels portent leurs teſtes fort hautes, de couleur rouge, belles et bien nées, qui courent volontiers longuement : car tous Cerfs longs ont meilleur corps et plus longue haleine que les courts. L'autre eſpece de bruns, ſont petis Cerfs trappes et courts, leſquels portent communement du poil noir ſur le col, comme crin, et ſe chargent de meilleure venaiſon et plus friande que ne font pas les autres, à cauſe qu'ils hantent plus communement les tailles que les fuſtayes. Ce ſont Cerfs malicieux, qui ſe recelent ſur eux, parce que quand ils ſont en leur venaiſon, ils ont crainte qu'on les trouue, d'autant qu'ils n'ont pas corps pour courir longuement. Auſſi ont ils leurs alleures fort courtes, et portent leurs teſtes baſſes et ouuertes : et ſ'ils ſont vieux Cerfs, nourris en bon pais de gaignages, ils ont leurs teſtes noires, belles et bien semées, et portent communement la paumure à mont.

Les autres Cerfs de pelage fauue, portent leurs teſtes hautes, et de couleur blanche, deſquelles les perches en ſont fort deliées, et les andoilliers longs, greſles et mal nourris, principalement de ceux qui ſont de pelage fauue, tirant ſur le blanc paſle : auſſi n'ont ils point de cueur, de courage, ne de force. Mais ceux qui ſont de pelage fauue bien vif, auſquels on trouue le plus ſouuent vne petite raye brune sur l'eſchine, et les iambes de meſme pelage, eſtans longs et eſclames : telle eſpece de Cerfs ſont fort vigoureux, portant belles teſtes hautes, bien nourries, et bien perlées, ayans tous les autres ſignes que ie declareray cy apres. Les Cerfs portans le pelage rouge et vif, ſont communement ieunes Cerfs. Telle ſorte de pelage ne doit point reſiouyr les piqueurs, parce qu'ils courent longuement, et de grand haleine.

DES TESTES OV RAMEVRES DES Cerfs, et de la diuersité d'icelles.

Chapitre XXI.

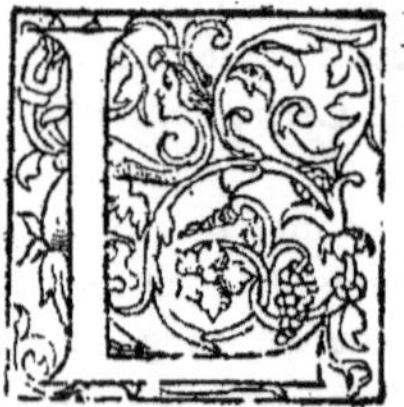

ES Cerfs portent leurs teftes en diverfes manieres. Les vns bien nees, les autres mal ordonnées et mal nourries, d'autres contrefaites : et ce felon l'aage, le pays, ennuy et nourriture qu'ils ont. Et faut noter, qu'ils ne portent leurs premieres teftes que nous appellons les dagues, finon à leur deuxième an. A leur tiers an, ils doiuent porter quatre, fix, ou huit cornettes. A leur quart an, ils en portent huit ou dix. A leur cinquième an, ils en portent dix ou douze. A leur fixième an, ils en portent douze, quatorze, ou feize. Et au feptième an, leurs teftes font marquées et femées de tout ce qu'elles porteront iamais, et ne multipliront plus finon en groffeur et felon les viandes, et ennuis qu'ils auront. Apres les fept ans accomplis ils marqueront leurs teftes, tantoft plus, tantoft moins, combien qu'on cognoiftra toufiours les vieux Cerfs aux fignes qui f'enfuyent.

Premierement, quand ils ont le tour de la meule large et gros, bien pierré, et pres du fuc de la tefte.

Secondement, quand ils ont la perche groffe, bien brunie, et bien perlée, eftant droite fans eftre tiree des andoilliers.

Tiercement, quand ils ont les goutieres grandes et larges.

Auffi fi le premier andoillier (que Phebus nomme Antoiller) eft gros, long, et pres de la meule, le fur-andoillier affez pres du premier, lequel fe doit eflargir vn peu plus au dehors de la perche que non pas le premier : toutes fois qu'il ne doit pas eftre fi long, et faut qu'ils foyent bien perlez : tout cela fignifie la vieilleffe d'vn Cerf. Auffi les autres cheuilleures ou cors qui font au deffus, bien rangez et bien nez felon la forme de la tefte, et la trocheure, paumure, ou couronneure groffe et large, felon la grandeur et groffeur de la perche, font iugement d'vn vieil Cerf. Si les efpois, qui font fommez deffus doublent enfemble en la couronneure ou paumure, c'eft figne d'vn grand vieux Cerf.

Auffi quand les Cerfs ont les teftes larges et ouuertes, cela les fignifie plus communément vieux, que non pas quand ils les ont rouées.

Et pource que plufieurs ne pourroyent entendre les noms et diuerfitez des teftes felon les termes de Venerie, i'ay bien voulu les depeindre et poutraire icy, avec de petis efcriteaux, pour fpecifier les noms de chacun article cy deffouz mentioné.

Ce qui porte les andoilliers, cheuilleures et eſpois, ſe doit nommer perche : et les petites fentes qui ſont du long de la perche, ſe nomment goutieres.

Ce qui eſt ſur la crouſte de la perche, ſe nomme perlure : mais ce qui eſt autour de la meule en forme de petites pierres, pierrure plus groſſe que les autres.

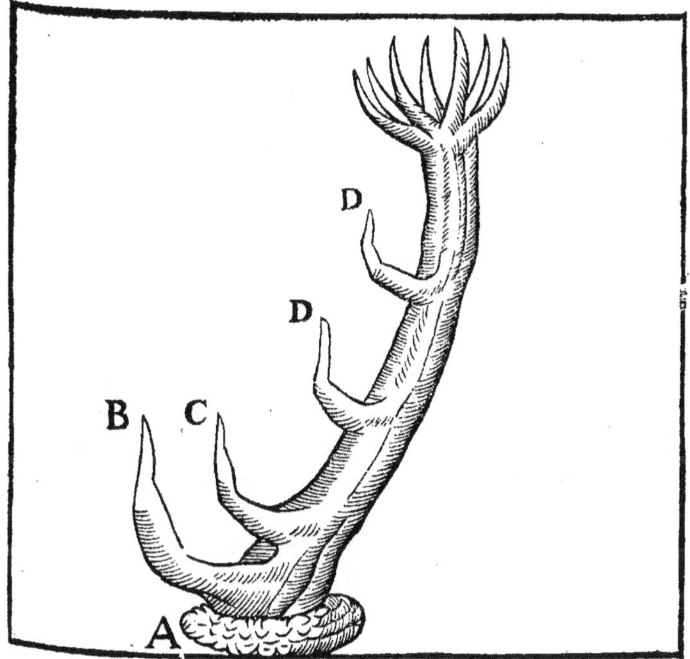

A. *Cecy ſe doit appeller meule, et ce qui eſt autour de la meule, pierreure.*
B. *Ce premier cors, ſe nomme andoillier.*
C. *Le ſecond, ſur-andoillier.*
D. *Tous ceux qui viennent apres iuſques à la couronneure, paumure ou troucheure ſe doiuent nommer cors, ou cheuilleures.*
E. *Ces cors qui ſont à la ſommité de la perche, ſe doiuent nommer eſpois.*

Cette teſte ſe doit appeler teſte couronnee, parce que les eſpois qui ſont plantez en la ſommité de la perche, ſont rangez en forme de couronne, combien qu'on n'en voit que bien peu en France, ſi elles ne viennent d'Alemaigne, ou du pays des Moſcouites.

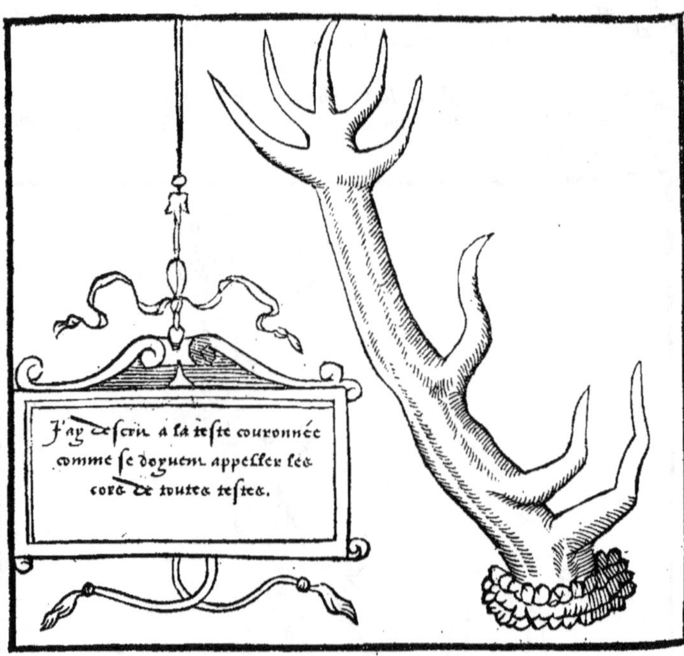

Cette teste se doit nommer paumee, parce que les espois, qui sont plantez en la sommité de la perche, sont rangez en la forme d'vne main d'homme, à cette cause on l'appelle paumure.

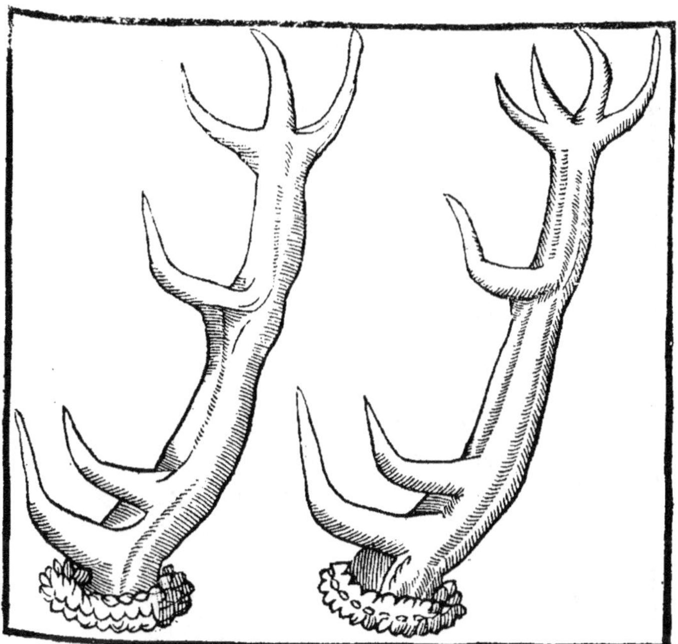

Toutes teſtes ne portans que quatre et trois, les eſpois eſtans plantez en la ſommité, tous d'vne hauteur, en la forme d'vne trochee de poires ou de nouzilles, ſe doiuent nommer, *Teſte portant trocheures.*

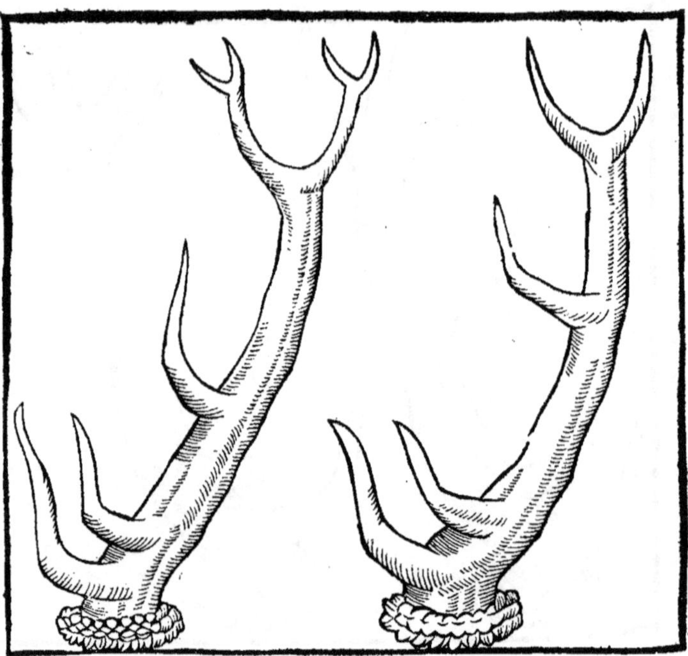

Toutes teſtes portans deux à mont, ou que les eſpois doublent en la maniere qu'ils ſont icy pourtraits, ſe doiuent nommer, *Teſte enfourchie*, d'autant que les eſpois ſont plantez en la ſommité de la perche, en forme d'vne fourche.

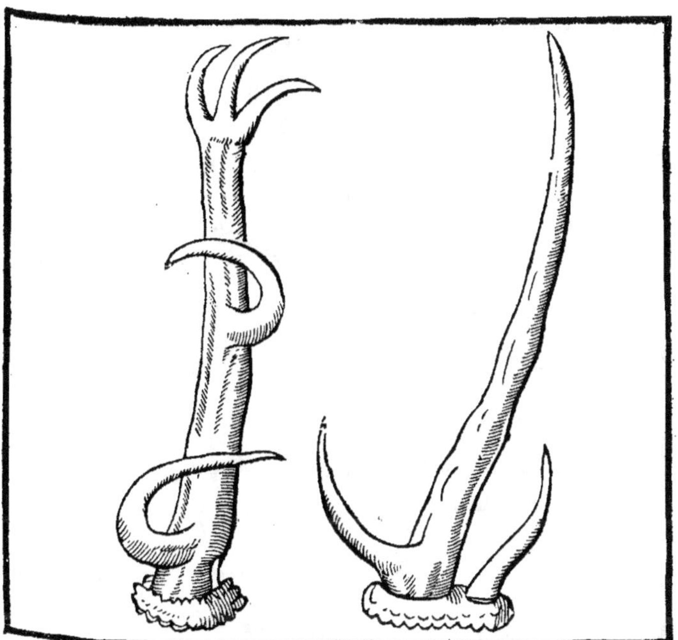

Toutes teſtes qui doublent meules, ou qui ont les andoilliers, cheuilleures, ou eſpois renuerſez au contraire des autres teſtes, comme pourrez voir par cette preſente pourtraiture, ou en autre façon, ſe doiuent nommer *Teſtes*.

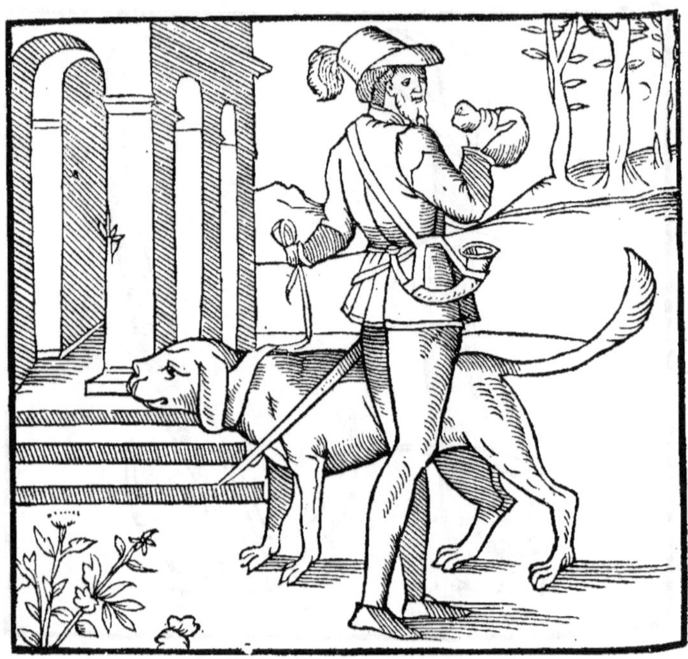

LE BLASON DV VENEVR.

IE ſuis Veneur, qui me leue matin,
Prens ma bouteille, et l'emplis de bon vin,
Beuuant deux coups en toute diligence,
Pour cheminer en plus grande aſſeurance.
Mettant le traict au col de mon Limier,
Pour aux foreſts le Cerf aller cercher :
Et en queſtant aux cernes des gaignages
Souuent entends des oyſeaux les ramages.
Tenant mon Chien ie prens fort grand plaiſir,
Quand ie cognois que du Cerf a deſir.
Et puis trouuant la fillette en l'enceinte,
Mon art permet la beſongner ſans fainte.
Apres qu'auray trois coups fait le deuoir,

Et deſtourné le Cerf à mon pouuoir,
A l'aſſemblee alors faut retourner,
Pour mon rapport froidement racompter.
Donnant ſalut aux Princes et Seigneurs,
Et les fumees monſtrans aux cognoiſſeurs :
Lors de bon vin ſoudain on me preſente :
Car c'eſt le droit de l'art qui le commande.
Apres diſner m'enuois incontinant
A ma briſee, mon maiſtre entretenant.
Puis ſur les voyes mon Chien ſe fait entendre,
Allant lancer le Cerf hors de ſa chambre.
Donc ne deſplaiſe aux Fauconniers verreux,
Leur eſtat n'eſt approchant des veneurs.

Des cognoiſſances et iugements que le Veneur doit entendre et ſçauoir pour cognoiſtre les vieux Cerfs.

Le iugement du pied.
Le iugement des portees.
Le iugement des abbatures et fouleures.
Le iugement des fumees.
Le iugement des alleures.
Le iugement des frayouers.

Leſquels ie ſpecifiray cy apres par chapitres, commençant au iugement du pied.

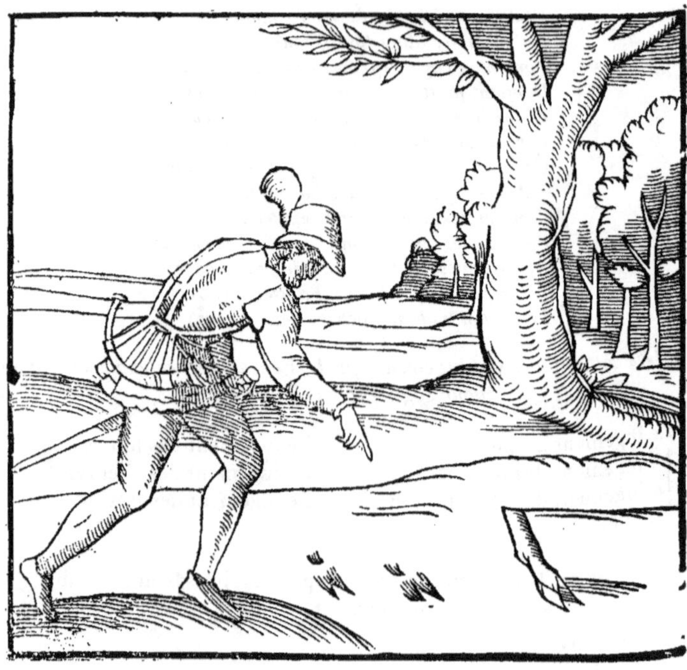

DV IVGEMENT ET COGNOISSANCE

du pied du Cerf. *Chap. XXII.*

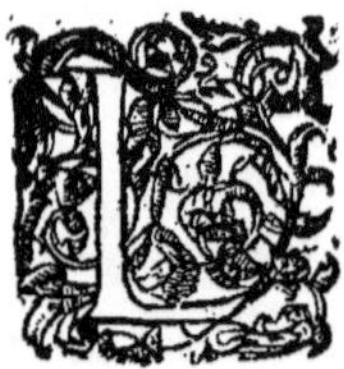

LES vieux Cerfs ont communement les cognoiſſances qui ſ'enſuyent. Premierement, il faut regarder à la ſole du pied, qui doit eſtre grande et large. Et notez que ſ'il y a deux Cerfs enſemble, dont l'vn ayt le pied long, et l'autre rond, et que les ſignes et iugemens de tous deux ſoyent de meſme groſſeur et grandeur, ſi eſt-ce que le pied long ſe doit touſiours iuger plus Cerf que le pied rond; car il n'y a point de faute que le corſage n'en ſoit plus grand que de l'autre. Plus, faut regarder au talon, lequel doit eſtre gros et large : et la petite comblette ou fente qui eſt par le milieu d'iceluy, qui fait la ſeparation des deux coſtez, doit eſtre large et ouuerte : la iambe large, les os gros, cours, et non tranchans, la pince ronde et groſſe. Communement les grands vieux Cerfs ſont bas ioinctez, et ne ſe faux-marchent iamais, parce que les nerfs qui tiennent les ioinctures des ongles ſont renforcez, et tiennent coup à la peſanteur du corps : ce que ne font pas aux ieunes Cerfs, car les ioinctures et nerfs qui tiennent leurs ongles ſont foibles, n'eſtans encores en leur force, et ne peuuent ſupporter la peſanteur du corps : tellement qu'il faut que l'ongle varie et faux-marche. A cette cauſe ils ſe doiuent iuger ieunes Cerfs. Plus, les vieux Cerfs en leurs alleures ne paſſent iamais le pied de derriere outre celuy de deuant, mais demeure apres de quatre doigts pour le moins : ce que ne font pas les ieunes Cerfs, car en leurs alleures le pied de derriere outre-paſſe celuy de deuant, comme fait vne Mule qui va l'amble.

Cerfs ayans le pied creux, pourueu que tous autres bons ſignes y ſoyent, ſe peuuent iuger vieux Cerfs. Ceux qui ont haut et mol pas, en lieu oû il n'y ait gueres de pierres, ſe iugent par là eſtre bien vigoureux, n'ayans gueres eſté chaſſez ne courus. Et ſi faut icy entendre, qu'il y a grande difference entre les cognoiſſances du pied des Biches, et du pied des Cerfs. Touteſfois, quand les Biches ſont pleines, vn ieune Veneur ſ'y pourroit bien tromper, parce qu'elles ouurent les ongles à cauſe de leur peſanteur comme fait vn Cerf : mais ſi eſt-ce que les cognoiſſances en ſont bien apparentes : car ſi vous regardez le talon d'vne Biche, vous trouuerez qu'il n'eſt ſi ieune Cerf, portant ſa ſeconde teſte, qui ne l'ait plus gros et plus large qu'elle n'a pas, et les os plus gros. Auſſi les Biches ont communement le pied long, eſtroit et creux, auec des petits os tranchants. Autrement vous pourrez iuger les Biches au viandis, parce qu'elles viandent gourmandément, coupant le bois rond comme fait vn bœuf : et au contraire, le Cerf de dix cors le prend delicatement, en l'eruçant pour en auoir la liqueur la plus douce et tendre qu'il peut.

Il faut que le Veneur entende icy vn ſecret : c'eſt que quand il ſera aux bois, et qu'il viendra à rencontrer vn Cerf, premierement doit regarder quel pied c'eſt, ſ'il eſt vſé ou tranchant. Apres faut qu'il regarde le pays et la foreſt là où il ſera : car il pourra preſumer en luy meſmes, ſi c'eſt à l'occaſion du pays ou autrement : parce que communement les Cerfs nourris aux montaignes et pays pierreux, ont les pinces et les tranchans, ou coſtez du pied fort vſez, La raiſon eſt, qu'en montant ſur les montaignes et rochiers, ils n'appuyent que de la pince, ou des coſtez du pied, et non du talon : leſquelles pinces les rochiers et pierres vſent inceſſamment : et par ainſi ſe pourroyent parauenture iuger plus vieux Cerfs qu'ils ne feroyent. Les Cerfs font au contraire en pays ſablonneux, car ils ſappuyent plus du talon que des pinces : la raiſon eſt, qu'en ſ'appuyant du pied ſur le ſable, il fuit et coule de deſſoubs la pince, à cauſe de la pefanteur : car l'ongle qui eft dur le fait gliffer, et alors le Cerf eft contraint de fe fupporter et appuyer fur le talon, qui eft aucuneffois l'occafion de le faire croiftre et eflargir. Tous ces fignes font les vrays iugemens et cognoiffances que le Veneur doit fçauoir et entendre du pied du Cerf.

I'euffe bien declaré aux apprentifs que c'eft que de la pince, des os, et autres chofes, mais ie voy qu'auiourd'huy il en y a tant qui l'entendent, que ie m'en tais à caufe de breueté.

DV IVGEMENT ET COGNOISSANCE des fumees des Cerfs de dix cors, et des vieux Cerfs.

Chapitre XXIII.

A Fumees formees. *B Fumees en troches.*

C Fumees en plateaux.

C. AV mois d'Auril et May, on commance à iuger les vieux Cerfs par les fumees, lefquels ils iettent en plateaux, et f'ils font larges, gros, et efpois : c'eft figne qu'ils font Cerfs de dix cors.

B. Aux moys de Iuin et Iuillet, ils doiuent ietter leurs fumees en groffes troches bien molles : touteffois il y en a quelques vns qui les iettent encores en plateaux iufques à la my-Iuing.

A. Et depuis la my-Iuillet iufques à la fin d'Aouft, ils doiuent ietter leurs fumees toutes formees, groffes, longues et noüees, bien martelees, ointes ou dorees, n'en laiffant tomber que bien peu : lefquelles ils doiuent femer fans eftre entees, et auoir des piquons au bout : et faut regarder fi elles font bien moullües, et fi le Cerf a efte au grain.

Voylà les cognoiffances par les fumees des Cerfs de dix cors et vieux Cerfs, combien qu'ils fe peuuent mef-iuger bien fouuent : car fi les Cerfs ont eu quelques ennuys, ou qu'ils foyent bleffez ou hoyez, alors ils iettent volontiers leurs fumees arfes et aguillonnees par l'vn des bouts, principalement au frayoüer : mais apres qu'il auront efté frayez et brunis, leurs fumees reuiennent en leur naturel. En tel cas le Veneur y doibt bien regarder, parce que le iugement en eft douteux.

En Septembre et Octobre il n'y a plus de iugement à caufe du Rut.

Et faut entendre qu'il y a difference entre les fumees du releué du soir et celles du matin : parce que les fumees du releué du soir sont

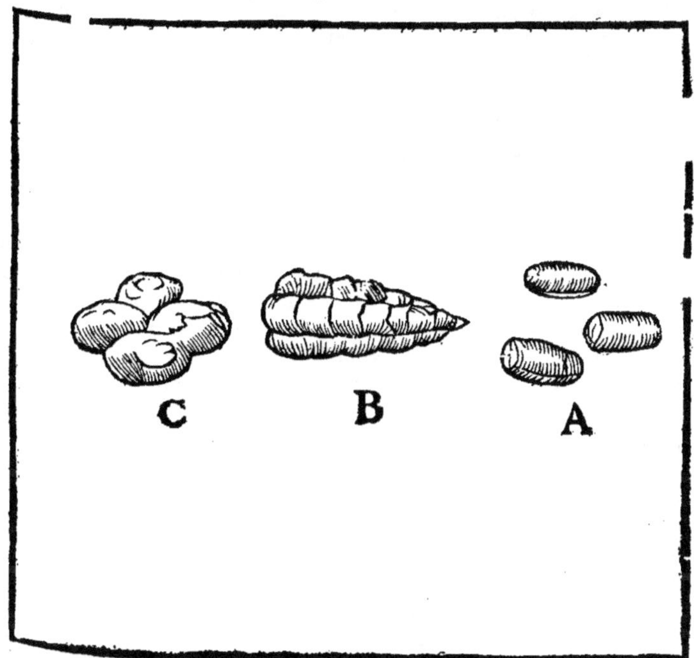

mieux moullües et digerees que celles du matin, à cause que le Cerf à fait son repos tout le iour et eu temps et repos de faire son runge et digerer son viandis. Au contraire est des fumees du matin, car elles ne sont si bien digerees ou moullües, à cause de l'exercice sans repos, qu'ils font la nuit en viandant.

DV IVGEMENT DES PORTEES.

Chapitre XXIIII.

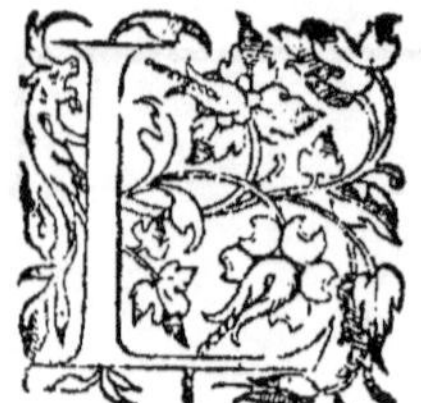

E Veneur peut auoir iugement et cognoiſſance de la teſte des Cerfs toute l'annee par les portees, exceptez quatre moys, qui ſont Mars, Auril, May et Iuin : auquel temps ils muent et ont leur teſte molle et en ſang : et n'y a en icelle ſaiſon grand iugement. Mais lors que leurs teſtes commancerent à durcir, il y a iugement par les portees iuſques à ce qu'ils ayent mué : par ce qu'en entrant dedans les forts ils leuent leurs teſtes, ſans craindre de heurter et tourner les branches, et par là le Veneur en peut auoir cognoiſſance. Mais quand les Cerfs ont leurs teſtes molles et en ſang, ils ſont de peu de iugement, d'autant qu'ils les couchent ſur leur eſchine, de peur de les heurter aux branches et les bleſſer. Quand le Veneur verra que les Cerfs auront la teſte endurcie, et qu'ils ſe pourront iuger par les portees, il faut qu'il regarde aux entrees des forts par où ils ſe rembuſchent, et principalement dedans les grandes tailles qui n'auront eſté coupees de huit ou dix ans, auſquelles il verra par les routes où les Cerfs paſſent, les branches tournees et heurtees des deux coſtez : et en regardant la largeur de la teſte, il pourra iuger ſi elle eſt bien ouuerte. Et ſ'il y a quelque endroit de boys cler, où le Cerf ayt leué la teſte en ſon entier, ou bien qu'il ſe ſoit arreſté pour eſcouter (car volontiers quand les Cerfs ueulent ouyr, ils leuent la teſte et les oreilles) alors ils pourroit heurter du bout des eſpois à quelques petites branches ſeiches, qu'il auroit rompuës, par leſquelles et autres marques le Veneur pourra iuger la longueur et hauteur de la perche et teſte des Cerfs.

DV IVGEMENT DES ALLEVRES.

Chapitre XXV.

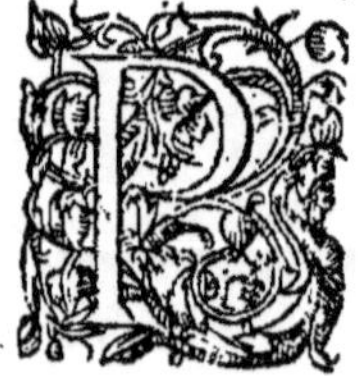

AR les alleures, le Veneur pourra cognoiſtre ſi le Cerf eſt grand et long, et ſ'il courra longuement deuant les Chiens : car tous Cerfs ayant les alleures longues, courent plus longuement que ceux qui ont les alleures courtes, et ſont plus viſtes, plus legers, et de meilleure haleine. Auſſi les Cerfs ayans de grandes cognoiſſances aux pieds de deuant, ne courent pas volontiers longuement deuant les Chiens. Le Veneur peut cognoiſtre par ces ſignes la force des Cerfs, et garder l'auantage des Chiens. Auſſi les Cerfs ayans le pied long, ont le corſage plus grand que ceux qui l'ont rond.

DV IVGEMENT DES ABBATEVRES

et fouleures. Chap. XXVI.

I voulez cognoiſtre ſi vn Cerf eſt haut ſur iambes, ſemblablement la groſſeur et eſpeſſeur de ſon corps, il faut regarder l'endroit par où il entre au fort, és fougeres et menus boys, leſquels il aura laiſſez entre ſes iambes : ſçauoir de quelle hauteur il les aura abbatus auec le ventre : alors cognoiſtrez ſ'il eſt haut ſur iambes. La groſſeur ſe cognoiſt aux deux coſtez, là où ſon corps aura touché, car il y aura briſé et rompu les branches ſeches des deux coſtez, et par là pourrez meſurer ſa groſſeur.

LE IVGEMENT DV FRAYOVER.

Chapitre XXVII.

OMMVNEMENT les vieux Cerfs font leur frayoüer aux ieunes arbres qu'on laiſſe dedans les tailles : et tant plus les Cerfs ſont vieux, et pluſtoſt vont frayer, et à plus gros arbres, leſquels ils ne pourront plier auec leurs teſtes. Et quand le Veneur trouuera le frayoüer, il doit regarder la hauteur où les bouts de la trocheure ou paumure auront touché, et là où les branches ſeront heurtees et rompues, alors cognoiſtra la hauteur de ſa teſte. Et ſ'il veoit où y ayt au plus haut du frayoüer quatre branches heurtees au coup, et d'vne hauteur, c'eſt ſigne que le Cerf peut porter ſa teſte en trocheure ou couronneure. Pareillement ſi le Veneur voit que trois andoilliers ayent touché à trois branches d'vne hauteur, et qu'il y en ayt deux qui ayent touché plus bas, c'eſt ſigne qu'il porte paumure : Combien que ces ſignes ſoyent fort obſcurs, et qu'ils requierent auoir l'œil bon pour en auoir cognoiſſance par les petites branches et fueilles : touteſfois vous apprendrez que les vieux Cerfs font bien des hardoüers aux petis arbres, comme aux ſaules noirs, et autres ſemblables auſſi bien que les ieunes Cerſs : mais les ieunes ne vont iamais frayer aux gros arbres, ſ'ils ne ſont Cerſs de dix cors. Ie n'en

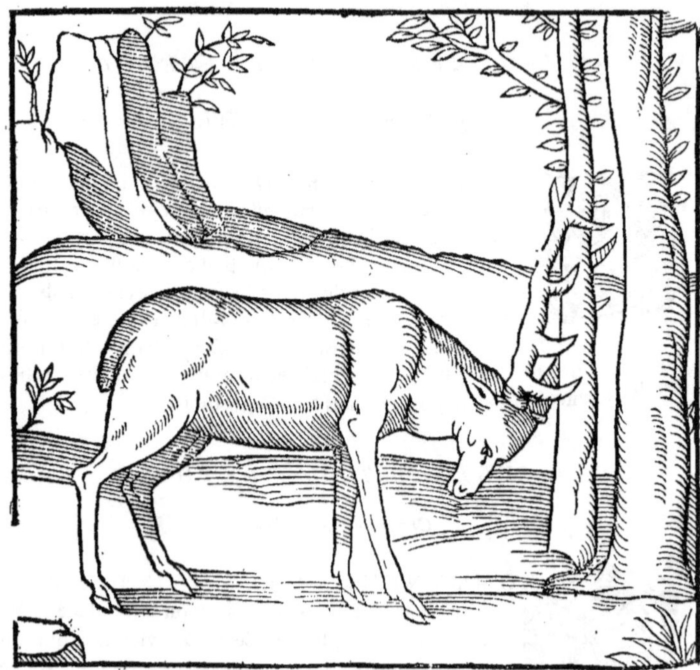

declareray autre choſe, parce qu'il y a d'autres plus certains ſignes et iugemens cy deſſus mentionnez.

COMME LE VENEVR DOIT CERcher les Cerſs aux gaignages, ſelon les mois et ſaiſons. Chapitre XXVIII.

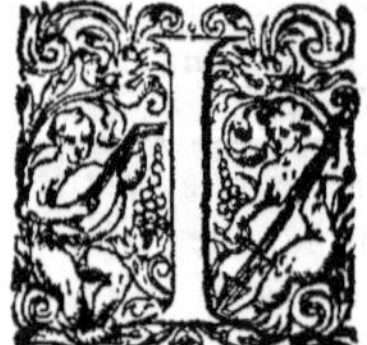

E donneray icy intelligence à tous Veneurs menans le Limier au bois, comme ils ſe doiuent gouuerner ſelon les moys et ſaiſons : car les Cerſs changent de viandis, tous les moys, et tout ainſi que le Soleil hauſſe, et que les viandis croiſſent, ils ſont mutation de gaignage.

Premierement, ie commenceray à la ſortie du Rut,

qui eſt à la fin du mois d'Octobre, pourſuyuant de mois en mois iuſques au mois de Septembre.

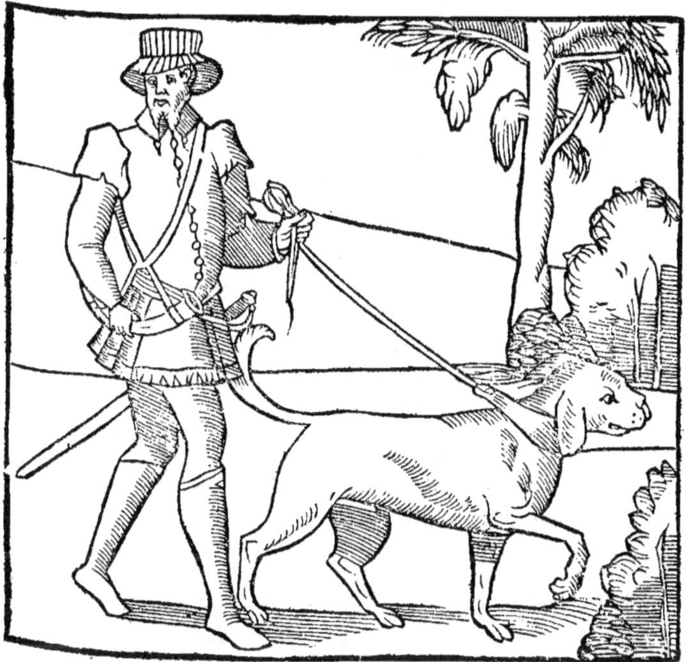

A ceſte cauſe, au mois de Nouembre faut cercher les Cerfs aux brandes et bruyeres, deſquelles ils vont viander les poinctes et fleurs, parce qu'elles ſont chaudes et de grande ſubſtance, qui les remet en nature, et reconforte leurs membres qui ſont trauaillez du Rut, et font leur demeure aucuneſſois en ces branches et bruyeres principalement quand le Soleil rend chaleur.

En Decembre ils ſe mettent en hardes, et ſe retirent au profond des foreſts pour auoir l'abry des vents froids, neiges et verglaz, et vont faire leur viandis aux houſſieres, aux fueilles de la ronce et du ſuz, et autres choſes qu'ils peuuent trouuer : et ſ'il nege, ils viandent la poincte de la mouſſe, et pelent le boys tout ainſi que fait vne Chieure.

En Ianuier, ils laiſſent les hardes des mechantes beſtes, et ſ'accompagnent trois ou quatre Cerfs enſemble en ſe retirant aux ailes des forefts, et vont aux gaignages au bledz verds, comme feigles et leurs femblables.

En Feurier et Mars, ils vont aux viandis aux chatons des faules et courdes, aux bleds vers, et dedans les prez au cochet, et aux boutons du mort bois, comme cheure fueil, bouleaux, leurs femblables. En ces mois là, ils muent et iettent leurs teftes, commençans à regarder le pays le plus commode pour prendre leurs buyffons, et refaire leurs teftes : et lors fe departent d'enfemble.

En Auril et May, ils font à repos en leurs buyffons aufquels ils demeurent pour toute la faifon, et n'en bougeront iufques au commancement du Rut, fi on ne leur fait de grans ennuys, fe recelant pres de quelques petites tailles defrobees, efquelles y aura force boys de bourdaine où ils iront faire leur viandis : femblablement aux pois, febues, iarouffes, vefce et autres legumes qu'ils pourront trouuer aupres d'eux, et feront bien peu de pays. Aucuns Cerfs y a, qui viandent fur eux, ne fortans que de deux iours en deux iours hors de leur buyffon pour aller aux gaignages. Et notez qu'il y a des Cerfs fi malicieux qu'ils font deux buyffons, et quand ils ont efté trois iours en vn cofté de la foreft, ils f'en vont trois iours en vn autre buyffon d'vn autre cofté. Ce font Cerfs qui ont eu ennuy en leurs viandis, lefquels changent de buyffon quand le vent tourne, pour auoir fentiment à la fortie de leur fort, de ce qui eft en leurs gaignages. Et faut entendre qu'en ces mois d'Auril et May, ils ne vont point à l'eau, à caufe de l'humidité de la taille et de l'efgail qui leur en donne fuffifance.

En Iuin, Iuillet, et Aouft, ils vont aux tailles, comme deffus et aux grains, comme froumens, auoynes, feigles, orges et autres chofes qu'ils peuuent trouuer : et à l'heure font en leur grande venaifon. Et quelque chofe qu'on vueille dire, ils voni à l'eau, et les ay veu boire, mais c'eft plus communement en cette faifon qu'en autre, à caufe des grains fecz qui les alterent : et auffi de la vehemente chaleur et fechereffe qui ofte l'efgail et humidité du boys, lequel commence à durcir.

En Septembre et Octobre, ils laiffent leurs buyffons et vont au Rut : à cefte heure là ils n'ont point de repos ne de viandis certain, comme i'ay declaré cy deffus au chapitre du Rut.

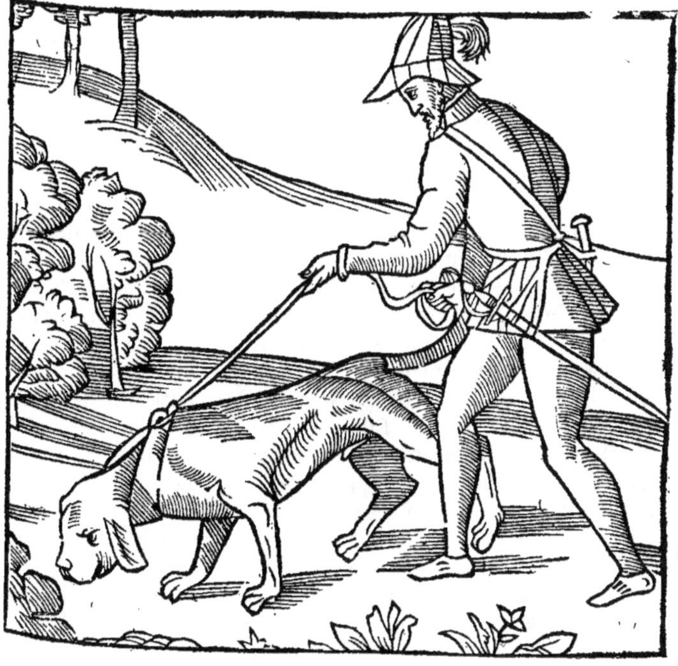

COMME LE VENEVR DOIT ALLER

en queste aux tailles auec le Limier. Chap. XXIX

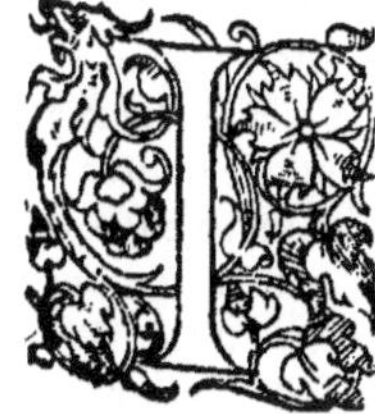

NCONTINENT apres soupper, le Veneur doit aller à la chambre de son maistre, et s'il est au Roy, il faut qu'il aille à la chambre du Lieutenant de la Venerie, pour sçauoir en quel lieu on depart les questes, afin de demander la sienne. Ce fait, s'en doit aller coucher pour se leuer matin, selon la saison et temps qu'il fera, et le lieu où il voudra aller aux bois. Puis quand il sera prest, faut qu'il boyue le coup, et aille querir son Chien pour le faire desieuner, et n'oublier à emplir sa bouteille de bon vin. Celà fait, il prendra du vin-aigre dedans le creux de sa main, et le mettra aux nazeaux de son Chien pour les luy destouper, à fin qu'il ayt meilleur sentiment. Alors s'en ira aux bois : et ſi d'auanture il trouue en allant quelque Lieure, Perdrix, ou autre oyſeau ou beſte coüarde, viuant du grat et paſture, c'est mauuais preſage pour luy : mais ſ'il rencontre quelque beſte ou oyſeau magique, viuant de chair, comme Loups, Renards, Corbeaux, et leurs ſemblables, c'eſt fort bon augure pour luy. Faut bien qu'il ſe garde d'arriuer trop matin aux tailles et gettes, là où il penſera que les Cerfs releuent et facent leur viandis : car les Cerfs de repos font volontiers leur reſſuy dedans la taille : et encores qu'ils ſoyent retirez en leur fort : ſ'ils ſont Cerfs malicieux, ils retournent aucuneſſois au bort de la taille, pour veoir ſ'ils oiront ou verront rien qui leur puiſſe nuire. Et ſi de fortune ils auoyent le vent du Veneur, et de ſon Limier, ils ſe pourroyent deſbucher de leurs demeures et aller en d'autres, principalement à la haute ſaiſon. Lors que le Veneur verra qu'il ſera heure de ſe mettre en queſte, il faut qu'il mette ſon Chien deuant luy, et prenne le deuant des tailles ou des forts. Et ſ'il vient à rencontrer d'vn Cerf qui luy plaiſe, il doit bien regarder ſ'il va de bon temps ou non : et le pourra cognoiſtre, tant à la façon de faire de ſon Chien, qu'à ſon œil : car en regardant les routes ou voyes par où le Cerf paſſe, il verra ſouuenteſſois l'eſgail abbattu, ou les foulees fraiſches, ou bien la terre en la forme du pied enleuee de frais, et autres iugemens, par leſquels pourra cognoiſtre que le Cerf va de bon temps. Et ne faut pas qu'il ſ'arreſte à vn tas de reſueurs, qui diſent que quand on trouue des arantelles dedans la forme du pied du Cerf, que c'eſt ſigne qu'il va de hautes erres. Telle maniere de gens y ſeroit ſouuenteſſois trompee : car inceſſamment les arantelles tombent du ciel, et ne ſont point filees des areignees : ce que i'ay veu par experience d'vn Cerf qui paſſoit à cent pas pres de moy, là où i'allay ſoudainement veoir, ie n'y ſceu iamais eſtre à temps que les filandres ou arantelles ne fuſſent tombees dedans la forme du pied. Il y a encores vne autre choſe là où ils ſ'amuſent, qui me ſemble eſtre de peu de valeur : c'eſt que quand ils voyent l'eau clere dedans le pied és lieux mols là où le Cerf aura paſſé, ils diſent eſtre ſigne qu'il va auſſi de hautes erres, ſans auoir regard ſi les terres ſont abbreuees d'eau ou non. Si eſt-ce qu'ils peuuent bien penſer que ſi elles ſont abbreuees, les petites ſources qui paſſent par les venes et conduits d'icelle terre, rempliſſent d'eau la forme du pied et l'eſclerciſſent ſoudainement : qui ſont les cauſes pourquoy le Veneur y doit bien regarder, et ne ſ'amuſer du tout à ſon Chien : car il y en a qui trompent ſouuent leurs maiſtres, et principallement les Chiens de haut nez : leſquels ne valent gueres pour le matin à cauſe de l'eſgail, et à telle heure tirent fort laſchement, faiſant peu de compte des voyes, comme ſi vn Cerf alloit deuant eux de hautes erres : mais quand le Soleil a donné deſſus, et qu'il a attiré le ſentiment de la terre, l'eſgail eſtant tombé, à l'heure ils ont bon nez et font bien leur deuoir.

Pour reuenir donc à noſtre premier propos : Si le Veneur rencontre d'vn Cerf qui luy plaiſe allant de bon temps deuant luy, et que ſon Chien le deſire bien, il le doit tenir de court de peur qu'il caquette, et auſſi qu'vn Chien ſuyt mieux au matin, eſtant tenu de court qu'autrement : combien qu'il y a des Veneurs qui leur donnent la longueur du traict, ce qu'ils ne doiuent faire. Apres qu'il aura reueu quel Cerf c'eſt et quelles cognoiſſances il a, faut qu'il le rende au couuert, et le rembuſche ſ'il peut, en reuoyant toutes les cognoiſſances tant du pied que des portees et foulees. Ce fait, faut qu'il iette ſes briſees, l'vne haute et l'autre baſſe, comme l'art le requiert : et tout ſoudain, tandis que ſon Chien eſt eſchauffé, il doit prendre ſes deuans, et faire ces enceinctes deux ou trois fois : l'vne par les grands chemins et voyes, à fin de ſ'ayder de ſon œil, l'autre par le couuert, de peur que ſon Chien ſur-aille : car il aura touſiours meilleur ſentiment par le couuert que par les voyes et chemins. Et ſ'il ne trouuoit le Cerf ſorty de ſon enceincte, et qu'il meſcree auoir bien deſtourné, il ſ'en doit aller à ſa briſee et prendre le contre-pied pour leuer les fumees tant du releué du ſoir que du matin, en regardant le lieu où il a fait ſon viandis, et de quoy : auſſi pour veoir ſes ruſes et malices, car par ſes ruſes le Veneur pourra cognoiſtre ce qu'il fera eſtant deuant les Chiens : parce que ſi au matin il fait ſes ruſes en l'eau, ou bien dedans les chemins, quand il ſera laiſſé courre deuant les Chiens, toutes les ruſes qui fera ſeront en meſmes lieux, et ſemblables à celles qu'il aura faites au matin. Et par là, le Veneur pourra garder l'auantage des Chiens et des piqueurs. Que ſi d'auanture le Veneur trouuoit deux ou trois entrees, et autant de ſorties, il doit bien regarder laquelle entree l'emporte allant de meilleur temps, et ſi les ſorties ne ſont point de la nuict : parce qu'vn Cerf ſort et entre pluſieurs fois la nuict dedans ſon fort : ou bien, ſi c'eſt vn Cerf malicieux, il pourra faire de grandes ruſes, allant et reuenant ſur luy pluſieurs fois : lors ſi le Veneur ne pouuoit venir à bout de toutes ces ſorties et entrees, ne ſçachant laquelle de toutes le pourroit emporter, il faut qu'à l'heure il prenne ſes cernes et enceinctes plus grandes, et enfermer dedans toutes ſes ruſes, entrees, et ſorties. Puis quand il verra que le tout demeure en ſon enceincte, excepté ſeulement vne entree par laquelle il pourroit eſtre venu des tailles ou gaignages, à l'heure faut qu'il mette ſon Chien deſſus, et le face, ſ'il eſt poſſible, faulcer iuſques au fort : car il faut preſumer que ces voyes l'emportent. Et en ceſte maniere ſe doiuent deſtourner les Cerfs, non pas comme font les Veneurs du iourd'huy : car depuis qu'ils voyent qu'ils ne peuuent venir à bout d'vn Cerf, ils ſe mettent à fouler les forts pour le lancer, qui eſt ſouuenteſſois cauſe qu'ils ne trouuent rien en leurs enceinctes. Il y en a quelquesvns qui ſe fient en leurs Chiens, et quand ils rencontrent d'vn Cerf, ils le briſent ſeulement à l'entree du fort, et ſ'en vont au deſſoubs du vent : et ſi leurs Chiens en veulent au vent, ils ne font point d'enceincte, mais ſe contentent de cela. Telles ſortes de gens ſe fient plus en leurs Chiens qu'en leur œil : et me ſemble qu'vn bon Veneur ne doit iamais faire cas d'vn Chien qui en deſire au vent, parce qu'il ne met iamais le nez à terre, qui eſt cauſe qu'il trompe bien ſouuent ſon maiſtre.

COMME LE VENEVR DOIT ALLER *en queſte aux tailles ou gaignages, pour veoir le Cerf à veuë.* *Chap. XXX.*

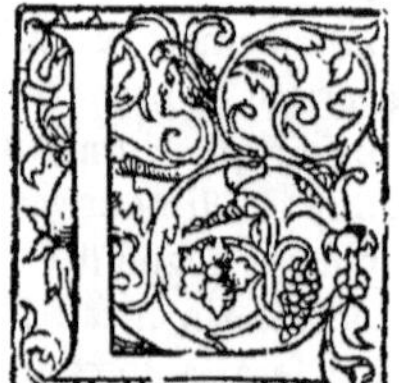

E Veneur doit regarder le ſoir auant en quel pays les Cerfs releuent : et ſi c'eſt dedans les tailles, il faut qu'il regarde par quel lieu il pourra venir le lendemain à bon vent : et auſſi qu'il choiſiſſe quelque bel arbre ſur le bort de la taille, de laquelle il pourra voir à ſon aiſe toutes les beſtes qui ſeront dedans.

Le lendemain ſe doit leuer deux heures deuant le iour, et aller au boys : puis quand il ſera arriué près des demeures, faut qu'il laiſſe ſon Chien en vne maiſon, ou bien ſ'il a vn garſon auec luy, il luy pourra donner à garder, le faiſant demeurer en quelque lieu où il pourra trouuer ſ'il en a affaire. Alors ſ'en doit aller à ſon arbre qu'il aura remarqué le ſoir auant, et monter dedans, regardant en la taille : et ſ'il veoit quelque Cerf qui luy plaiſe, faut qu'il regarde quelle teſte il porſe, et ne doit bouger de là iuſques à ce qu'il le voye r'embuſcher au fort. Puis quand il verra qu'il ſera au couuert, faut bien qu'il regarde l'endroit et le lieu par où il entre, et le remarquer à quelque petit arbre ou autre choſe qu'il pourra veoir. Ce fait, il deſcendra ſecrettement de ſon arbre, et ſ'en ira querir ſon Chien. Mais faut qu'il note vn ſecret, c'eſt qu'il ne doit aller deſtourner le Cerf d'vne bonne heure apres qu'il l'aura veu, par ce qu'aucuneſſois les Cerfs font leur reſſuy au bord du fort, ou bien reſortent dedans la taille pour eſcouter ſ'ils oirront ou verront rien qui leur nuyſe, comme i'ay dit cy deuant : qui eſt la raiſon pourquoy le Veneur n'y doit aller ſi ſoudain. Et ſi d'auanture, en faiſant ſon enceincte, il oyoit les Pies ou Geays caqueter, il faut qu'il ſe retire, car ce feroit ſigne que le Cerf feroit encores debout. Il

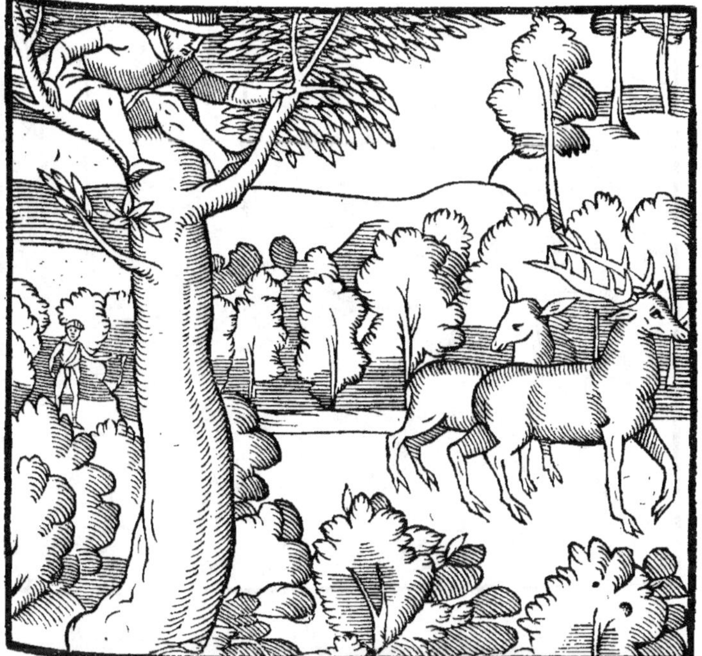

pourra retourner enuiron demye heure apres faire ſon enceincte. Eſtant bien deſtourné, ſ'en ira à l'aſſemblee faire ſon rapport, et deſchiffrer la teſte du Cerf qu'il aura veu, et tous autres bons ſignes qui y pourront eſtre : et ſi de fortune il leue les fumees, les doit mettre en ſa trompe et les y porter.

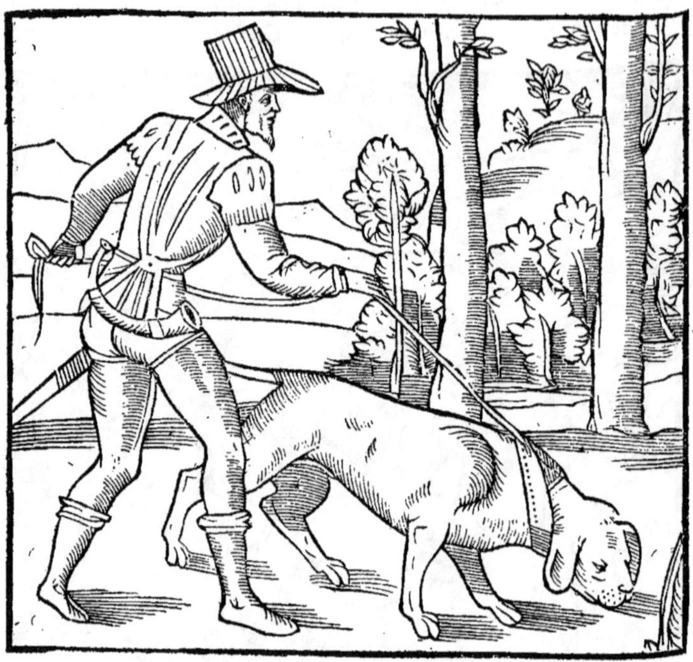

COMME LE VENEVR DOIT ALLER en queſte aux petites couronnes des tailles deſrobees, qui ſont par le milieu des forts. Chap. XXXI.

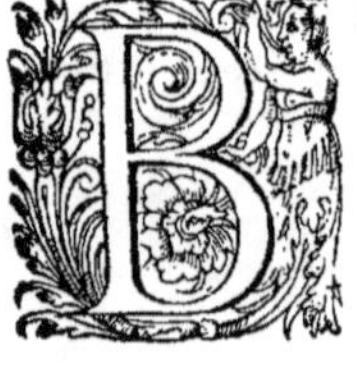

IEN ſouuent les Cerſs malicieux, qui ont autres fois eſté courus et chaſſez, ſe recelent longuement ſur eux, ſans ſortir de leur fort : et font leur viandis en quelques petites tailles et couppes deſrobbees qui ſont par le milieu des forts : et le font plus communement en May et Iuin qu'en autre ſaiſon, parce qu'en ces mois ils ne vont gueres à l'eau, et ſe contentent de l'humidité et ſubſtance de la gette, et de l'eſgail qui est deſſus, leſquels leur donnent ſuffiſance. Mais en Iuillet et Aouſt que le bois durciſt et que les chaleurs ſont vehementes, il faut qu'à l'heure ils ſe decelent de leur fort pour aller à l'eau. Touteſſois, en quelque faifon que ce foit, ils ne fe peuuent receler plus haut de quatre iours, fans fortir hors du buiffon, pour beaucoup de raifons : dont l'vne eft, qu'ils veulent aller veoir là où demeurent les autres beftes, aufquelles ils efperent leur fauuegarde, à fin que f'ils fe voyoient courus des Chiens, de les donner en change : ou bien fortent pour aller aux gaignages : toutesfois quand ils fortent, ils fe retirent en leur fort deux ou trois heures auant iour.

A tels Cerfs malicieux il faut que le Veneur en vfe en cette forte. Premierement, quand il fera aux bois en quelque beau buiffon ou fort, au bout d'vne foreft, et qu'il vient à r'encontrer d'vn Cerf de vieux temps, comme d'vn ou deux iours, et que le pays fuft fort rompu de fes vieilles erres, lors doit prendre fes deuants de tous coftez : et fi d'auenture il ne le trouuoit point en-allé, ne forti de bonne de vieux temps, il doit prefumer en luy-mefme qu'il ne f'en va point, et qu'il fe recele fur luy dedans le fort. Alors doit aller prendre le deffoubz du vent, et entrer dedans le fort, tenant fon Chien de court, en broffant le plus fecretement qu'il pourra. Et f'il veoit que fon Chien ayt le vent de quelque chofe, et qu'à veoir fa contenance il fuft pres du Cerf, il fe doit retirer arriere, de peur de le lancer, et aller entrer par quelque autre endroit là où le bois feroit plus cler. Puis f'il arriue à trouuer quelques petites couronnes ou tailles defrobees, là où le Cerf auroit faict fa nuict, il en pourra reueoir à fon aife, et leuer fes fumees. Mais faut icy noter vne chofe, c'eft qu'il ne doit pas aller en tels lieux qu'il ne foit pour le moins neuf heures du matin, pource que tels Cerfs font aucuneffois leur reffuy dedans ces petites tailles pour auoir la chaleur du Soleil : puis quand il vient fur les neuf heures, ils fe retirent à l'ombre pour deux raifons principales : dont l'vne eft, pour la crainte des mouches et tahons, qui les tourmenteroyent, f'ils eftoyent au defcouuert : l'autre, pour la vehemente chaleur du Soleil, qui feroit fur le Midy.

Et faut bien que le Veneur fe prene garde d'entrer guere auant dedans le fort, parce que tels Cerfs demeurent aucuneffois à la longueur du traict de ces petites tailles defrobees, d'autant qu'ils ny ont point de crainte ne d'ennuy : mais leur fuffift feulement d'eftre au couuert, et auffi qu'ils fe releuent en telles taillies dés cinq heures du foir. A cette caufe, doit fuffire au Veneur d'auoir reueu par pied, et leué les fumees du Cerf, puis fe retirer le plus fecretement qu'ils pourra, fans f'amuser à regarder les portees, tenant fon Chien entre fes bras. Et quand il fera affez loing de là, doit contrefaire le bergier, ou bien fonner de quelque flageau, de peur que le Cerf ayt eu le vent de luy, et qu'il fe foit lancé : car en ioüant des inftrumens ou chantant, il fe pourroit r'affeurer.

Apres pourra arreſter demye heure ou plus en quelque lieu pour le laiſſer aſſeurer, puis retera ſon enceincte. Et, ſi d'auanture il ne pouuoit leuer les fumees, et que le pays fuſt ſi ſeutré d'herbe qu'il n'en peuſt reueoir par pied à ſon ayſe, lors doit mettre le genoil en terre, ayant ſon Chien derriere luy, regardant aux foullees des fueilles et de l'herbe ſi elles ſont bien eſtraintes, mettant ſa main dedans la forme du pied : et ſ'il veoit qu'elle ayt quatre doigts de largeur, il le peut iuger Cerf de dix cors par les foulees : mais ſ'elle n'auoit que trois doigts de largeur, il le doit iuger ieune Cerf.

COMME LE VENEVR DOIT ALLER en queſte aux gaignages. *Chap. XXXII.*

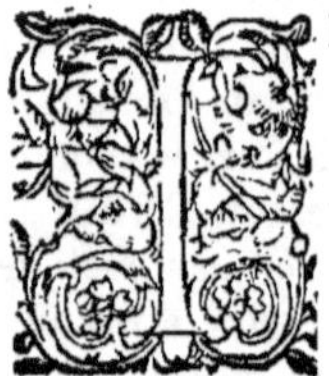

L faut icy entendre qu'il y a difference entre gaignages et tailles, car ce que nous appellons gaignages, ſont champs et iardins où croiſſent toutes eſpeces de bledz et potages : et quand les Cerfs vont là viander, nous diſons qu'ils ont eſté aux gaignages. Il faut que le Veneur ſe leue matin pour aller en queſte en tels lieux, parce que les bonnes gens des villages, qui ſont és enuirons, ſe leuent dès l'aube du iour pour mettre leur beſtial aux champs, qui eſt cauſe que les Cerfs ſe retirent de bonne heure en leur fort : et auſſi que les Vaches, Cheures, Brebis, et pluſieurs autres beſtes, romperoyent les voyes ou routes par où le Cerf auroit paſſé, qui ſeroit cauſe que le Veneur n'en pourroit reuoir, ne ſon Chien auoir ſentiment. Et par ainſi, faut qu'il aille en queſte au plus matin.

COMME LE VENEVR DOIT ALLER requeſter le Cerf, qui aura eſté couru et failly le iour auant. *Chap. XXXIII.*

IL arriue bien ſouuent qu'on faut à prendre le Cerf à force en beaucoup de fortes. Aucuneſſois à l'occaſion des grandes chaleurs, ou bien qu'on eſt ſurprins de la nuict, et en pluſieurs autres manieres qui me ſeroyent prolixes à narrer. Quand telles choſes arriuent, il faut ſe gouuerner en cette façon.

Premierement, ceux qui accompaignent les Chiens doiuent ietter vne briſee aux dernieres voyes ou erres là où ils laiſſeront le Cerf, à fin de le retourner quefter le landemain dès le point du iour, auec le Limier et les Chiens de la meute apres eux. Car quand il eft queftion de requefter vn Cerf, il ne faut faire rapport n'affemblee, parce qu'on ne fçait fi la fuyte fera longue, n'en quel pays il fera allé : ioint auec ce que communement Cerfs courus vont tant qu'ils ont force : puis f'ils trouuent

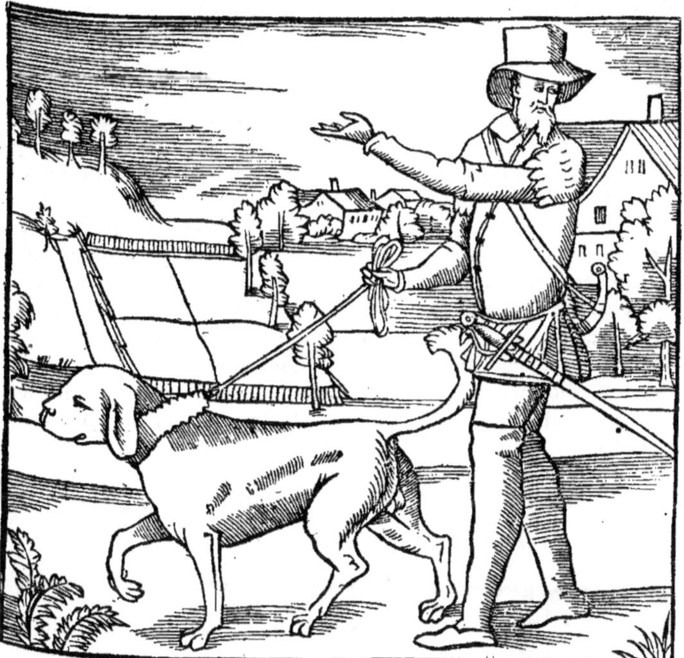

quelque eau, ils f'arreftent longuement dedans, et fe roidiffent en telle forte les membres, qu'au fortir d'icelle ils ne peuuent pas aller gueres loing : et à l'heure font contraincts de demeurer en quelque lieu que ce foit, mais qu'ils foyent au couuert, faifans leur viandis de couché, de ce qu'ils peuuent trouuer autour d'eux. Quand les Veneurs feront arriuez aux dernieres voyes où aura efté mife la brifee, ils fe doiuent departir : et celuy qui aura le meilleur Chien, et de plus haut nez doit prendre le droit, et faire fuyure fon Chien fur les routes, en le tenant de court, n'ayant crainte de le faire fonner et appeller. Les autres doiuent prendre les deuans au loing par les fraifcheurs et lieux commodes pour en reueoir à leur ayfe, et pour le fentiment de leur Chien. Et fi de fortune l'vn d'eux le trouuoit paffé, il fe doit mettre apres, et faire fuyure fon Chien, en huchant ou fonnant deux mots de la trompe pour appeller fes compaignons, et pour faire approcher la meute. Les autres l'ayant ouy, incontinent doiuent aller à luy, et regarder tous enfemble fi c'eft leur droit : et f'ils cognoiffent que ce foit luy, faut qu'ils laiffent fuyure le Chien qui defirera le mieux les voyes : et les autres fe doiuent departir et reprendre encores les deuants au loing. Et fi d'auanture ils le trouuoyent entré en quelques belles demeures, faut qu'ils facent approcher les Chiens d'eux, et faulcer au trauers du fort. Et f'ils arriuent à renouueller les voyes dedans le fort, doiuent bien regarder fi c'eft point du change. Mais fi celuy qui fait la fuytte cognoift que ce foit fon droit, doit fonner deux mots pour appeller fes compagnons, et pour aduertir les piqueurs qu'ils fe donnent de garde, parce que fon Chien renouuelle les voyes. Et fi de fortune il vient à le lancer, et qu'il trouue cinq ou fix repofees l'vne aupres de l'autre, il ne f'en doit pas eftonner, car volontiers les Cerfs trauaillez et mal menez, font plufieurs repofees, les vnes prés des autres, parce que ils ne fe peuuent tenir debout, mais faut qu'ils viandent de couché. Les ieunes Veneurs qui n'entendent ce fecret, y font fouuentes-fois trompez : car quand ils voyent tant de repofees, ils penfent que ce foit vne harde de beftes, et faut bien qu'ils y regardent.

COMME LE VENEVR DOIT ALLER en quefte aux hautes fuftayes. Chap. XXXIIII.

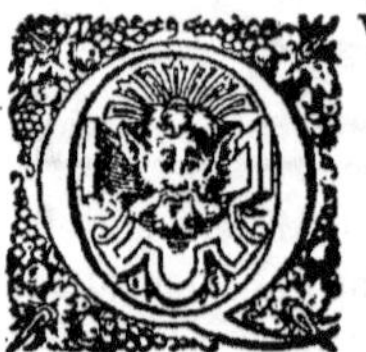

Vand le Veneur ira en quefte aux hautes fuftayes, il faut premierement qu'il regarde deux chofes : fçauoir eft, la faifon où il fera, et les demeures de la foreft. Car fi c'eft en la haute faifon, les tahons, moufches et autres vermines chaffent les Cerfs des fuftayes, et auffi qu'ils f'efcartent aux petis fors prés des gaignages.

Il y a des forefts de diuerfes fortes : les vnes font fortes de houffieres, les autres ont par le milieu des couronnes de brandes, il y en a d'autres qui font enuironnees de tailles. Et par ainfi, faut que le Veneur fe gouuerne felon le pays qu'il verra : car aucunes-fois les Cerfs demeurent dedans les petites couronnes de brandes, foubs quelque petit arbre au defcouuert, ou bien deffoubs les fuftayes, ou au bord d'icelles en quelques petites broffes : et faut qu'en tels lieux le Veneur face fes enceinctes, grandes ou petites felon les demeures : parce que fi on lance vn Cerf de-

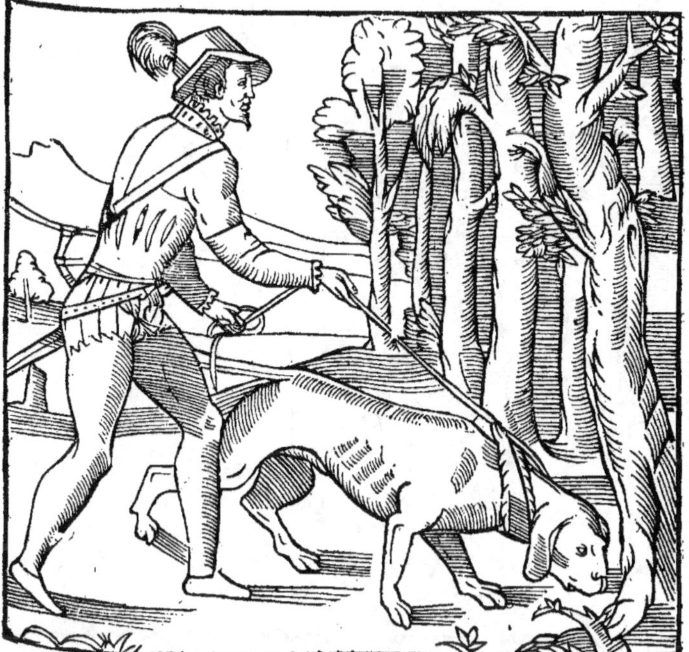

dans les fuftayes, on ne le cuydera plus deftourner ne approcher et fi le Veneur eft fage, il n'en fera point de rapport.

I'en parlerois plus au long, mais ie voy que les Veneurs qui viendront apres nous n'auront pas grand peine à cercher les Cerfs aux fuftayes.

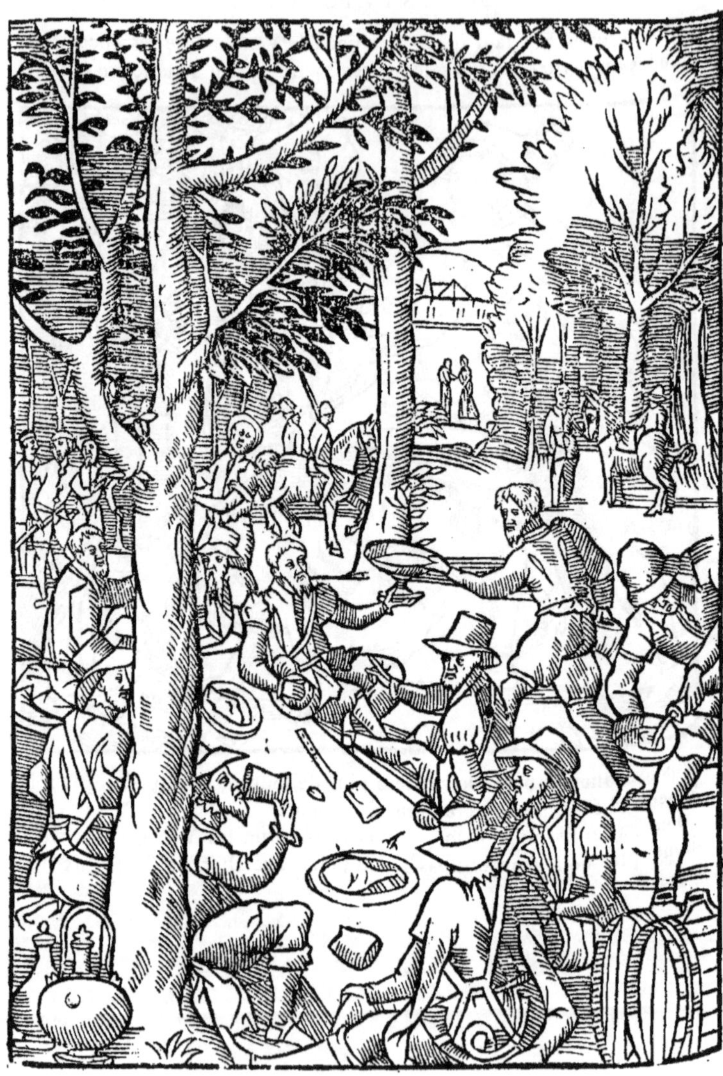

DV LIEV OV SE DOIT FAIRE L'ASsemblee, et comme elle se doit faire.

Chap. XXXV.

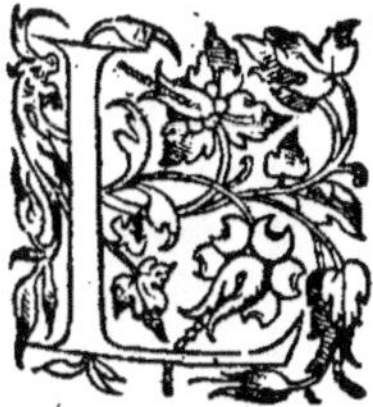

'ASSEMBLEE ſe doit faire en quelque beau lieu ſoubs des arbres, aupres d'vne fontaine ou ruiſſeau, là où les Veneurs ſe doiuent tous rendre pour faire leur rapport. Cependant, le Sommelier doit venir auec trois Cheuaux chargez d'inſtruments pour arrouſer le goſier, comme coutrets, barraux, barils, flacons et bouteilles : leſquelles doiuent eſtre pleines de bon vin d'Arbois, de Beaune, de Chaloce et de Graue. Luy eſtant deſcendu de Cheual, les mettra refraiſchir en l'eau, ou bien les pourra faire refroidir auec du Canfre : apres il eſtendra la nappe ſur la verdure. Ce fait, le Cuyſinier ſ'en viendra chargé de pluſieurs bons harnois de geule, comme Iambons, langues de Bœuf fumees, groings et oreilles de Pourceau, Ceruelat, eſchinees, pieces de Beuf de ſaiſon, Carbonnades, Iambons de Mageance, Paſtez, longes de Veau froides couuertes de poudre blanche, et autres menus ſuffrages pour remplir le boudin, leſquels il mettra ſur la nappe.

Lors le Roy ou le Seigneur, auec ceux de ſa table, eſtendront leurs manteaux ſur l'herbe, et ſe coucheront de coſté deſſus, beuuans, mangeans, rians et faiſans grand chere. Et ſ'il y a quelque femme de reputation en pays qui face plaiſir aux compagnons, elle doit eſtre alleguee et ſes paſſages et remuement de ſeſſes, attendans le rapport à venir. Puis quand tous les Veneurs ſeront arriuez, ils feront leur rapport, et preſenteront leurs fumees au Roy ou au Seigneur à qui ils ſeront, les vns apres les autres, en racomptant chacun de ce qu'il aura veu. Les ayant eſcoutes et veu les fumees, il pourra choiſir le Cerf qu'il voudra courir, et qu'il ſera en la plus belle meute : et dira à celuy qui l'aura deſtourné, qu'il veut aller à ſa briſee, puis ſ'en iront tous boire.

ADVERTISSEMENT.

I'ay mis cy deuant comme il faut faire le rapport, nayant veu du Cerf que par pieds ou par les portees, et autres cognoiſſances : et comme il faut parler entre les maiſtres. Mais d'autant qu'ils ſe trouvent aucunes-fois quelques Veneurs fauoriſez de leurs maiſtres, leſquels vont cercher les grands vieux Cerfs, ſe leuans matin pour les veoir à la taille, ie leur ay bien voulu deſcrire le rapport tel que le voudrois faire deuant le Roy, ſuppliant les maiſtres d'excuſer les fautes.

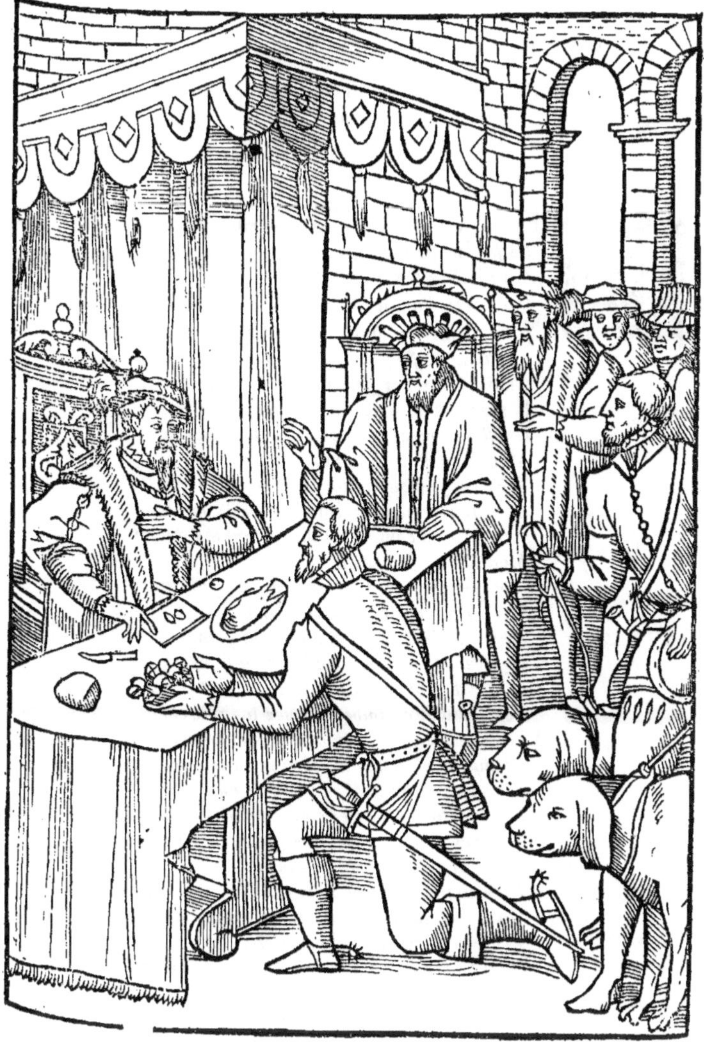

COMME IL FAVT FAIRE SON RAP-port, ayant veu le Cerf à veüe, en la haute ſaiſon.

Chapitre XXXVI.

EVANT le Roy viens pour mon rapport faire,
Le ſalüant, vn chacun ſe doit taire :
Lors de ma trompe ie tire mes fumees,
Sur vertes fueilles les luy ay preſentees :
SIre, voila d'vn beau Cerf de dix cors,
Que ie meſcroy deſtourné en tels forts :
Quand les aurez par tout bien regardees
Les trouuerez longues, oinctes, formees,
Groſſes, nouees, n'ayans aucun piquon,
Mais bien moluës, monſtrant ſa venaiſon,
Et ſ'il ſ'enquiert lors quelle teſte il porte,
Tout froidement reſpons luy en la ſorte,
Sire, *ainſi comme, allois faiſant ma queſte,*
Mon Chien au vent ſe rabat d'vne beſte :
L'ay tins de court, et de prés l'ay ſuiuy :
I'ay apperceu le Cerf au viandy
Ayant la teſte haute, ouuerte et paumee,
Et en tous pairs me ſemble bien ſommee,
Il eſt Cerf brun, portant dix et huit cors,
Fort haut ſur iambe, et aſſez long de corps,
Le meſrain gros, par bon ordre obſeruee,
Grand tour de meule, et prés du teſt perlee,
D'vn beau teint noir me ſemble eſtre brunie,
Et pour tout ſigne, elle eſt fort bien nourrie.
Apres l'auoir de mon œil bien choiſy,
Me retiray, attendant ſon reſſuy,
Puis quand i'ay veu qu'il eſtoit prés de l'heure
Qu'il fuſt au lieu où il fait ſa demeure,
Prens les deuants pour l'aller rembuſcher :
Mon Chien au vent cuyde ſon traict caſſer.
Entrant au fort a ietté ſes fumees :
Que i'ay leué, y mettant mes briſees.
Par les chemins prens enceincte ès deuants,
Où i'ay trouué maints autres Cerfs paſſants,
Ieunes et vieux reuoy de toute ſorte :

Mais quant au mien, ne trouue point qu'il ſorte,
Puis ſ'il ſ'enquiert, quel pied de Cerf c'eſtoit :
C'est vn pied long, ſi l'œil ne me deçoit,
La pince groſſe, et les os gros et courts,
La iambe large, ongle fermé touſiours,
Fort bas ioincté, et le pied gros et creux,
Cerf bien courable, et deuant tous Veneurs.

DES MOTS ET TERMES DE VENERIE QUE DOIT entendre le Veneur pour faire ſes rapports et pour parler deuant les bons maiſtres. Chap. XXXVII.

IAY bien voulu declairer icy les mots et termes de venerie, et comme vn ieune Veneur doit parler entre les bons maiſtres.

Premierement, faut que le Veneur ſoit poſé et moderé en parolles : car tous Veneurs eſtans curieux du plaiſir de leur eſtat, ſont volontiers ſobres de la bouche : mais auiourd'huy ils prennent plus de plaiſir aux bouteilles qu'à leur meſtier. Si d'auanture il aduenoit qu'vn ieune Veneur ſe trouuaſt auec les maiſtres, et qu'ils luy demandaſſent comme ſe doiuent appeler les fiantes des Cerfs, Rangiers, Cheureulx et Dains, lors doit reſpondre qu'elles ſe doiuent nommer fumees, et que de toutes beſtes viuantes de brouſt, elles ſe doiuent ainſi nommer. Mais celles des beſtes mordantes, comme Sangliers, Ours et leurs ſemblables, ſe doiuent nommer leſſes. Et celles des Lieures et Conils ſe nomment crottes. Celles des autres beſtes puantes, comme Taiſſons, Renards, fiante : celles de la Loutre ſe doiuent nommer eſpraintes. Apres ſi on luy demande comme ſe doit nommer le manger du Cerf en termes de Venerie, et des autres beſtes à luy ſemblables, doit dire qu'il ſe nomme *Viandis*, comme diſant : *Voicy où le Cerf, ou Cheureul a fait ſon viandis.* Et des Sangliers et autres beſtes mordantes, il faut dire *Mangeures*, comme diſant : *Voicy où le Sanglier a fait ſes mangeures.*

Il y a auſſi difference entre les pieds des beſtes mordantes et ceux des Cerfs : car ceux des Ours et Sangliers ſe doiuent nommer traces, mais ceux des Cerfs, Cheureulx, Dains et Rangiers ſe doiuent nommer pieds ou foyes, tous les deux ſont bien dits : Auſſi faut ſçauoir qu'il y a difference entre gaignages et tailles. Les gaignages ſe prennent pour champs et iardins là où ſont ſemez les bleds et potages. Et ſi vn Cerf faiſoit ſa nuict dedans les champs, le Veneur doit dire qu'il a fait ſon viandis dedans les gaignages : et ſ'il fait ſa nuict dedans les tailles, il pourra dire qu'il a fait ſon viandis dedans la taille.

Le ieune Veneur doit auſſi entendre qu'il y a difference entre routes et voyes : car les voyes ſ'entendent pour les grans chemins, et les routes ſe prennent pour les petis ſentiers qui trauerſent les forts. Et quand le Veneur verra aller vn Cerf le long d'vn grand chemin, il doit dire, que le Cerf va la voye : et ſ'il le veoit aller le long des petits ſentiers, doit dire que le Cerf va la route.

Il y a auſſi difference entre routes et erres, car (comme i'ay dit) routes ſont petis ſentiers, et erres ſont les alleures par où vne beſte va, ſoit de bon, ou de vieux temps. Quant aux briſees, elles ſe peuuent nommer bacees ou briſees, lequel qu'on voudra. Il y a maniere de les mettre : car il faut que le bout rompu ſoit mis par où entre vne beſte.

Quand le Veneur va lancer un Cerf, Dain ou Cheureul et autres ſemblables, il doit parler à ſon Chien en criant, *Voyle-cy, vay-auant*, comme parlant en ſingulier et à vn ſeul : mais aux Sangliers, Ours, et leurs ſemblabes : doit parler au pluriel, comme à pluſieurs, diſant, *Voyles-cy, Allez-auant.*

Quand vn Cerf vient de viander ès gaignages, il eſt volontiers mouillé de l'eſgail, et ne ſe veut pas mettre en ſon lict qu'il ne ſe ſoit ſeiché à la chaleur du Soleil, et ſe couche communement ſur le ventre en quelque beau lieu au deſcouuert : ce lieu là ſe doit nommer reſſuy, comme diſant : *Voicy où le Cerf a fait ſon reſſuy.*

Semblablement les lieux où les Cerfs, Dains, Cheureulx, et leurs ſemblables ſe couchent pour demeurer le iour, ſe doiuent nommer licts, repoſees ou chambres : mais ceux des Sangliers et leurs ſemblables ſe nomment *Bauges*.

Apres, ſi vn Veneur vient à faire ſon rapport, il doit dire entierement ce qu'il a veu. Et ſ'il n'auoit reueu du Cerf que par pied, et qu'on luy demande quel pied c'eſt, doit confronter le pied tel qu'il eſt, comme diſant : C'eſt vn pied long ou rond, ayant telles cognoiſſances auec tous autres bons ſignes qu'il y pourra auoir veu : ainſi pourra il faire des alleures et portees. Mais ſi d'auanture il voyoit le Cerf à veuë, ayant eu le loiſir de le choiſir, ſi on luy demande quel Cerf c'eſt, et quelle teſte il porte, pourra reſpondre qu'il eſt de tel pelage, brun ou fauue, et tel de corſage, ainſi qu'il l'aura veu, portant la teſte haute ou baſſe, ou contre-faite comme elle fera. Et ſi d'auanture elle eſtoit faux marquee, comme ſ'il n'y auoit que ſix cors d'vn coſté, et ſept de l'autre, il doit dire qu'il parte quatorze faux-marques, car le plus emporte le moins. Et ſ'il voyoit vne belle teſte haute, et groſſe de meſrain, les andoilliers prés du teſt, et bien cheuillee ſelon ſa hauteur, il pourra dire qu'il porte vne belle tefte pour tous fignes, bien nee et bien marquee en tous pairs : et felon qu'elle fera en la fommité, pourra dire qu'il porte paumure, trocheure, ou couronneure : et combien d'efpois il portera amont : et par ainfi le Veneur fera fon rapport felon qu'il verra la forme ou la façon de la tefte. Et fi on luy demande f'il fe montre vieux Cerf par la tefte, et à quoy il le cognoift, pourra refpondre qu'il le cognoift aux meules, lefquelles font larges et fort pierreufes, près du fuc et teft de la tefte, et auffi aux andoilliers qui font gros, longs et près de la meule, et tous autres fignes que i'ay declairez cy deuant. Les ergots qui font derriere le pied du Cerf, ou Cheureul, et leurs femblables, fe nomment os, comme difant : *Voicy où le Cerf ou Cheureul a donné des os en terre.* Les ergots des Sangliers fe doiuent nommer *Gardes*.

Ie donneray icy intelligence au Veneur comme il doit haut loüer les Cerfs felon les fignes et iugements qu'il pourra auoir veuz. Premierement, f'il veoit vn Cerf n'ayant gueres le pied ne les alleures bonnes, et qu'à le veoir il n'euft porté que fa troifiefme ou quatriefme tefte, il le doit iuger Cerf de dix cors ieunement. Mais f'il en voyoit vn autre qui euft les fignes plus grands, comme ayant porté fa cinquiefme, fixiefme, ou feptiefme tefte, il le pourra iuger Cerf de dix cors fans plus : mais paffé la feptiefme, il pourra iuger Cerf de dix cors, et autreffois les à portez : et au plus haut qu'il puiffe loüer le Cerf, c'eft de le nommer grand vieux Cerf. Et par ainfi le Veneur fera fes rapports felon les fignes et iugements qu'il verra. Il en pourra autant faire des Sangliers : car quand ils laiffent les compagnies, et qu'ils demeurent tous feuls, ils fe doiuent nommer Sangliers venans en leur tiers an. L'annee après ils fe doiuent nommer Sangliers en leur tiers an. L'autre annee après, ils fe pourront nommer Sangliers en leur quart an chaffables. Et au plus haut qu'on le puiffe loüer, c'eft, grand vieux Sanglier, n'ayant point de refus. Si le Veneur voyoit vne trouppe de beftes fauues, doit dire, I'ay veu vne harde de beftes. Mais f'il voyoit vne troppe de beftes noires, doit dire qu'il a veu vne compaignie de beftes noires.

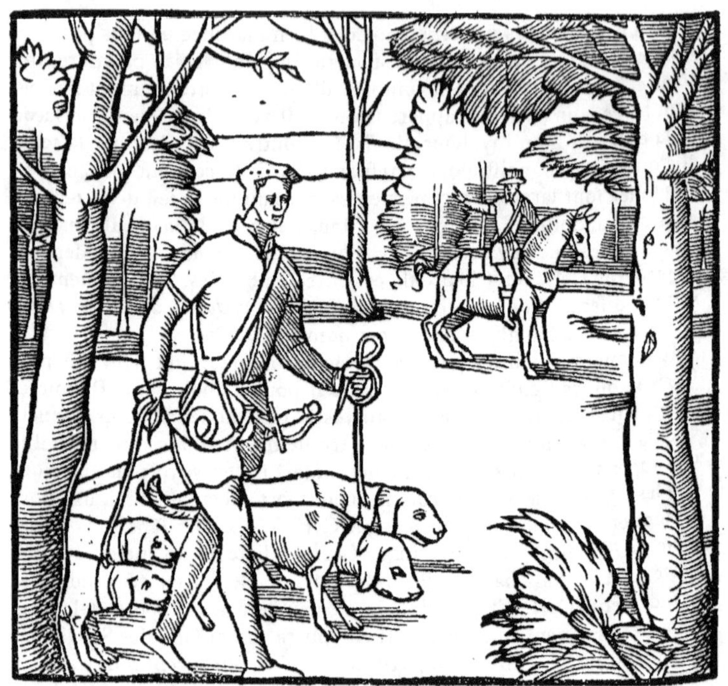

COMME IL FAVT METTRE LES RE-lays : et la maniere de relayer. Chap. XXXVIII.

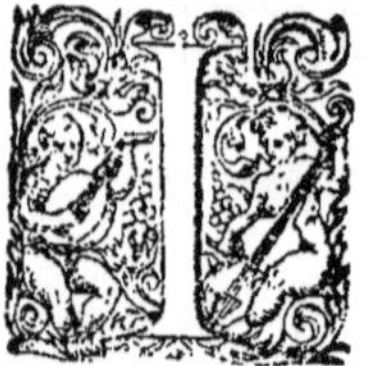

IL faut mettre les relays ſelon les ſaiſons et couppes des tailles : car au temps d'hyuer que les Cerfs ont la teſte dure, ils ſuyuent les grands forts : et au printemps qu'ils ont la teſte molle et en ſang, ils ſuyent les petites tailles : et les lieux les plus foibles qu'ils peuuent trouuer, de peur de la heurter et bleſſer aux branches. Et pource il eſt requis y mettre des hommes qui ſoyent nourris a la Venerie, entendans bien leur meſtier, et auec eux un bon piqueur, monté ſur vn bon courtaut : lequel piqueur doit eſtre habillé legierement, ayant de bonnes bottes et bien hautes, ſa trompe au col. Phebus dit qu'il doit eſtre veſtu de vert pour le Cerf, et de gris pour le Sanglier : cela ne ſert pas de gueres : i'en remets la couleur aux fantaifies des hommes. Les piqueurs f'en doiuent aller au foir à la chambre de leur Maiftre, et f'ils font au Roy, faut qu'ils aillent à la chambre du grand Veneur, ou de fon Lieutenant, pour fçauoir lefquels feront de la meute ou du relays, et auquels relayes ils doiuent aller, et les Chiens qu'ils doiuent mener, quelles aydes et valets de Chiens iront auec eux. Ceux du relays doiuent prendre vn petit bulletin pour leur fouuenir du nom de leurs relays : puis f'en retourneront à leur logis pour cercher vne guyde qui les y mene le lendemain. Apres faut qu'ils regardent fi leurs Cheuaux font bien ferrez et bien en conche, en leur donnant de l'auoine à fuffire. Ce fait, f'en iront coucher pour fe leuer le lendemain deux heures auant iour. Si c'eft en efté, faut qu'ils facent abbreuer leurs cheuaux, et en hyuer, non : puis les faire bien repaiftre ce pendant que le valet de Chiens amenera le relays. La guyde eftant venuë, ils defiuneront et difneront tous enfemble, et au lieu de piftolet, auront la bouteille pleine de bon vin à l'arçon de la felle. Et quand le iour commencera à paroiftre, faut qu'ils montent à Cheual, ayans auec eux leur guyde, relays et tout leur équipage. S'ils veulent enuoyer vn courtaut à vn autre relays, pourront dire à leur valet qu'il f'en aille auec vn de leurs compaignons à vn tel relays. Eux eftans arriuez au lieu où est affigné leur relays, ils mettront les Chiens en quelque beau lieu, au pied d'vn arbre, defendant au valet de Chiens de ne les defcouppler qu'ils ne luy commandent, et qu'il ne bouge de là, et qu'il ne face point de bruit. Alors f'en doiuent aller à trois ou quatre cens pas de là, du cofté où fera la chaffe, et efcouter f'ils orront rien, et pour veoir le Cerf : car le voyant là, ils le iugeront pluftoft mal mené, qu'ils ne feront de le voir auec le bruit : parce qu'vn Cerf mal mené, baiffe volontiers la tefte quand il ne voit perfonne, en demonftrant fon trauail : mais quand il voit l'homme, il la hauffe, et fait de grands bonds, pour donner à cognoiftre qu'il eft fort et vigoureux. Le piqueur fe doit efloigner pour vne autre raifon : c'eft que les pages et valets qui tiennent les Cheuaux menent bruit, en forte qu'il ne pourroit pas ouyr la meute : auffi que les Cerfs oyent aucuneffois le bruit, ou bien ont le vent des Chiens, qui les feroit retourner ou coftoyer le relays, qui eft la caufe pourquoy le piqueur fe doit tenir à l'efcart pour voir et choifir le Cerf à fon aife : et f'il paffe à fon relays, doit bien regarder f'il eft halé et mal mené, et auffi f'il orra la chaffe venir apres luy.

Il me femble pour bien prendre le Cerf à force, qu'on ne deuroit point relayer qu'on ne veift les Chiens de la mute : alors lon verroit, bien chaffer, et auec ce, la force et vifteffe des Chiens. Mais ie voy qu'auiourd'huy on ne prend point le Cerf comme il merite, parce qu'on ne donne pas le loiſir aux Chiens de chaſſer, et n'y en a que deux ou trois qui courent, d'autant qu'il ſe trouue tant d'hommes à Cheual, qui ne ſçauent ſonner, forhuer, ne piquer, leſquels ſe meſlent parmy les Chiens, les croiſans et rompans, tellement qu'il eſt impoſſible qu'ils puiſſent courir ne chaſſer : à ceſte cauſe, ie dy que ſont les Cheueaux qui chaſſent, et non pas les Chiens. Ie donneray ici le moyen au valet de Chiens de laſcher le relays, quand le Cerf aura paſſé.

Le valet doit mener ſes Chiens hardez ſur les voyes, et leur faire ſuyure trois ou quatre pas le droit, puis en doit laiſſer aller vn, et ſ'il veoit qu'il dreſſe, pourra deſcoupler les autres, et ſonner pour Chiens. Car ſ'il laiſſoit aller ſon relays de loing, il pourroit prendre le contre-pied, qui ſeroit vne grande faute. Autrement, ſi le Cerf eſtoit accompagné de quelques beſtes, le piqueur qui ſera au relays doit piquer en teſte pour aſſayer à departir le Cerf : et ſ'il ſe depart, faut deſcoupler les Chiens ſur les voyes. Et ſi le piqueur eſtoit au relays ſur le bord d'vn eſtang, et que le Cerf y vint, il le doit laiſſer baigner à ſon ayſe ſans ſonner mot : puis quand il ſera ſorty, faut que le valet ſ'en aille auec les Chiens là où il ſera ſorty, et deſcoupler ſes Chiens ſur les voyes, comme deſſus, là où faut qu'il ne les abandonne iamais, ſonnant apres eux pour appeler de l'ayde, en briſant par tout où il en verra : à fin que ſi ſes Chiens prenoient le change, et qu'ils ſ'eſcartaſſent de leurs droctes voyes, de retourner à ſa derniere briſee pour requeſter le Cerf. Phebus dit qu'il faut reprendre les Chiens qui vont de fortlonge derriere, quand le Cerf aura paſſé le relays. Mais quant à moy, ie ferois du contraire, pour autant que les Chiens de la meute, qui ont deſia couru longuement, maintiennent mieux leurs voyes, et ne prennent pas ſi toſt le change que feroyent des Chiens fraichement relayez. Il eſt bien vray, que ſ'il auoit quelques vieux Chiens qui vinſſent derriere, balançans apres la meute, les piqueurs ou valets de Chiens qui ſeront demourez derriere, les pourront appeler apres eux, et les mener au deuant de la meute : ou bien ſ'il y auoit faute de relays, et qu'on veiſt que le Cerf ſ'en allaſt en quelque lieu où il n'y auroit gueres de change, et qu'il fuſt contraint de retourner ſur ſes pas, auſſi qu'il y euſt de bons Chiens deuant qui le maintinſſent, alors pourroit on prendre les derniers Chiens et les garder pour ſon retour.

Si d'auanture il aduenoit que le piqueur eſtans à ſon relays, veiſt paſſer vn Cerf de dix cors, et qu'il y euſt apres le Cerf quatre ou cinq Chiens, et qu'il n'ouiſt les autres piqueurs, ne leur trompe, faut bien qu'il regarde ſi le Cerf est halé, et quels Chiens ſont qui le chaſſent. S'il voyoit que ce fuſſent des bons Chiens de la meute gardans mieux le change, le piqueur doit fonner pour Chiens tant qu'il pourra, pour appeller des aydes. Et fi de fortune il ne venoit perfonne, il fe doit mettre apres les Chiens de la meute et defcouppler fon relays, fonnant et huchant toufiours, en iettant des brifees par où il paffera, et fur les voyes du Cerf. Il faut bien que le piqueur foit fage à telles chofes, parce qu'aucuneffois il fe peut lancer quelques autres Cerfs d'effroy, au bruyt de la meute et des piqueurs, qui pourroyent eftre grans Cerfs, fe montrans halez, et principalement quand ils ont de la venaifon. Mais f'il voyoit que les bons Chiens de la meute n'y fuffent pas, et qu'il n'ouïft point la chaffe, il ne doit pas relayer, mais feulement regarder le pays qu'ils prennent, et les brifer au bout de fa veuë, afin que f'il oyoit la meute en deffaut, de f'y en aller, et leur dire qu'il a veu le Cerf qui a paffé à fon relays, lequel eft fauue, ou brun, ainfi qu'il voudra nommer, portant vne telle tefte. Alors pourront iuger fi c'eft leur Cerf ou non, et le pourront aller requefter, et reprendre leurs voyes à la brifee du piqueur.

COMME LE VENEVR DOIT LANCER le Cerf, et le donner aux Chiens. Chapitre XXXIX.

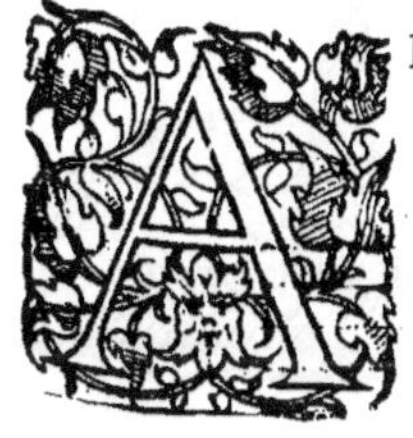

PRES que le Roy ou Seigneur aura ouy tous les rapports, et que les relays feront bien affis, les Veneurs et Chiens ayans repeu, celuy qui aura deftourné le plus vieux Cerf, et en la plus belle meute, foubs le rapport duquel le Roy ou Seigneur voudra aller courir, doit prendre fon Limier, et f'en aller deuant à fa brifee auec fes compaignons et tous les piqueurs de la meute : lefquels doiuent auoir chacun vne bonne houffine en la main, que Phebus nomme *Tortouere*, pour tourner les branches en piquant par les forts : laquelle ne doit point eftre pellee que le Cerf n'ayt touché au boys : mais apres qu'il a frayé, elle doit eftre pelee. Eux eftans arriuez à la brifee, faut qu'ils mettent pied à terre pour veoir quel pied de Cerf c'eft, qu'elles cognoiffances et autres iugements qu'ils pourront auoir par le pied, afin de le recognoiftre parmy le change. Puis quand le Roy fera arriué et les Chiens de la mute, tous les Piqueurs fe doiuent viftement efcarter au tour du buyffon, pour veoir le Cerf f'il eft poffible au partir du lancer, à fin de recognoiftre le pelage et la façon de la tefte. Alors que le Veneur qui l'aura deftourné, verra tous fes compaignons aupres de luy auec les Chiens de la meute, fe doit mettre deuant tous les autres, et frapper à route : car l'honneur luy appartient, et puis tous les autres apres luy, criant, *Voy-le-cy aller*, *Voy-le-cy*, *Va auant*, *Voy-le-cy par*

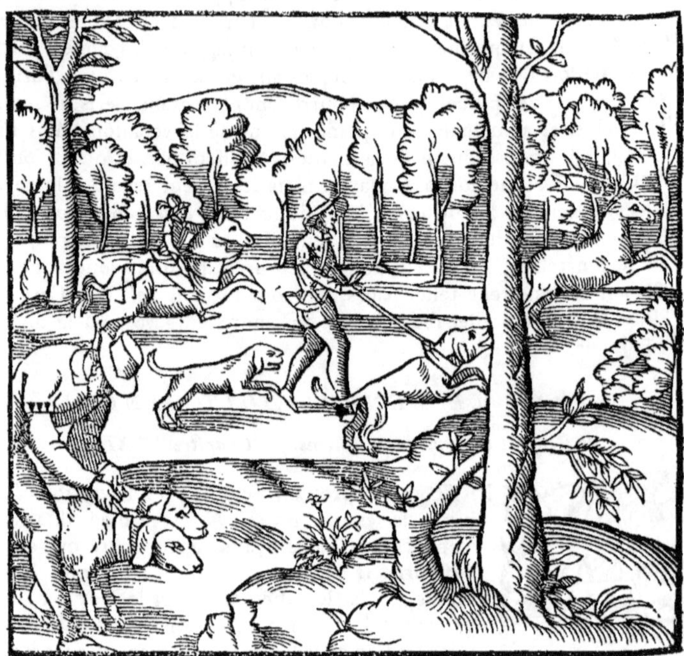

les portees, *Rotte*, *rotte*, *rotte*, et autres termes requis à la chaſſe du Cerf. Et faut entendre deux ſecrets, dont l'vn eſt, que les Veneurs ne doiuent pas trop faire eſchauffer leurs Chiens à la briſee : parce que leur chaleur les tranſporteroit hors des erres, et ne ſuyuroient pas le droit. L'autre ſecret eſt, que les Chiens de la meute doiuent ſuyvre les routes par où va le Cerf et les Limiers : mais ils ne doiuent point approcher plus prés des Limiers ne des Veneurs, que ſoixante pas, de peur que ſi le Cerf auoit fait quelques ruzes et houruariz dedans le fort, qu'ils ne rompiſſent les erres et que les Limiers n'euſſent l'eſpace de retourner pour les deſmeſler et redreſſer : parce que bien ſouuent Cerfs malicieux, quand ils ſe veulent mettre à la repoſee, ſont volontiers des ruzes. Et ſi les Chiens de la meute eſtoyent ſi prés des Limiers, ils romproyent les erres et voyes, qui ſeroit cauſe que le Veneur ne les pourroit redreſſer. Et ſ'il aduenoit que le Limier, en faiſant ſa ſuicte, fouruoyaſt les droictes erres, il faut que le Veneur le retire en diſant, *Hourua, hourua*, et qu'il retourne cercher ſon droit. Puis ſ'il veoit que ſon Chien redreſſe ſes erres, doit incontinent le Veneur mettre le genoil en terre pour en reueoir par pied, par les portees ou autres cognoiſſances. Et ſ'il en reueoit, et qu'il congnoiſſe que ce ſoit ſon droit, doit crier et huchèr fort haut, *Voylecy aller. Il dit vray, Voylecy aller le Cerf. Rotte valet, rotte rotte*, et ietter vne briſee en ce lieu là, tant pour les Veneurs qui viennent apres luy, que pour monſtrer à ceux qui amenent les Chiens de la meute, que le Cerf va là. Et ſi les Chiens de la meute eſtoyent trop loing de luy, il doit crier, *Approche les Chiens*, ou bien ſonner deux mots de la trompe, en faiſant des briſees hautes et baſſes, par tout où il en verra : à fin que ſ'il perdoit les voyes ou erres, qu'il vint recercher ſa derniere briſee. Puis ſ'il veoit que ſon Chien renouuelle les voyes, et qu'il commence à approcher pres du Cerf, il le doit tenir plus de court qu'auparauant, de peur que ſ'il le lançoit d'effroy, que ſon Chien ne le transportaſt au vent ſur les erres, de ſorte qu'il n'en peuſt veoir la repoſee pour en auoir certain iugement par icelle, ou par les ſoulees. Mais ſi d'auanture il oyoit lancer le Cerf, ou qu'il trouuaſt le lict ou repoſee, il ne doit pas ſonner ſi toſt pour Chiens, mais crier ſeulement trois fois, *Gare gare, Gare gare, Gare gare*, et faire ſuyvre ſon Chien iuſques à ce qu'il en puiſſe reueoir à ſon aiſe, pour en auoir iugement certain par les fuytes premier que de forhuer. Et ſi en ſuyuant il trouuoit ſes fumees, doit bien regarder ſi elles ſont ſemblables à celles qu'il aura apportees au matin à l'aſſemblee : combien qu'aucuneſſois elles ſe peuuent meſ-iuger en deux manieres, ce qui n'aduient pas ſouuent, ſi ce n'eſt au changement des viandis. Il eſt bien vray que les fumees du releué du ſoir ne ſont ſemblables à celles du matin que le Cerf ſe retire au fort pour ſe mettre à la repoſee : parce que celles du releué ſont plus preſſees, plus moullües et mieux digerees que celles du matin : la raiſon eſt, qu'il a repoſé et dormi tout le iour, qui eſt cauſe de la digeſtion. Et au contraire, celles du matin ne ſont ſi bien digerees ne moullües, parce que toute la nuict il n'a fait que courir et trauailler pour cercher à viander, et n'a pas eu le repos, ne le loiſir de digerer ne moudre ſon viandis : touteſſois que elles ſe doiuent reſſembler de forme, ſi le viandis ne les fait meſ-iuger, comme i'ay dit. Autrement, ſi le Veneur trouuoit la repoſee du Cerf, il doit mettre ſa face dedans, ou le doux de ſa main, pour ſentir ſi elle eſt chaude. Auſſi le pourra cognoiſtre à ſon Chien, qui ſ'efforcera et doublera ſa voix. Tous ces ſignes donneront à entendre qu'il eſt lancé et debout.

Il y a des Cerfs qui ſont ſi malicieux, qu'au partir de leur lict ne font que tournoyer pour cercher le change, ou bien ont quelque brocquard auec eux, qui eſt la cauſe que le Veneur ne doit pas ſonner pour Chiens au partir de la repoſee, mais ſeulement crier, *Gare gare, approche les Chiens :* et faire ſuyvre ſon Limier ſur les erres enuiron de cinquante pas. Mais quand il verra que le Cerf commencera à dreſſer par les fuytes, lors qu'il en auré cognoiſſance certaine, pourra ſonner pour Chiens, en criant, *Tya hillaud*, faiſant ſuyvre ſon Limier touſiours ſur les erres et ſuytes, criant et ſonnant iuſques à ce que les Chiens de la meute, ſoyent arriuez à luy, et qu'il verra qu'ils commenceront à dreſſer. Et ſe doit incontinent meſler parmy eux auec ſon Limier pour les reſiouyr et eſchauffer. Fuis quand il verra qu'ils ſeront bien ameutez, courans bien le droit, pourra ſortir du fort, donnant ſon Chien à ſon valet, et monter à Cheual, ſ'en allant touſiours au deſſoubs du vent, coſtoyant la meute pour leuer les deffaux. Mais ſ'il aduenoit que le Cerf en tournoyant ſur ſa meute parmy ſon fort euſt donné le change, ils doiuent tous menacer et rompre les Chiens, puis les recoupler en retournant prendre les dernieres erres, ou bien cercher la repoſee : et frapper à route iuſques à ce qu'ils ayent relancé leur Cerf : car Cerfs malicieux volontiers ſe iettent ſur le ventre, et attendent que les Limiers ſoyent ſur eux premier que de partir.

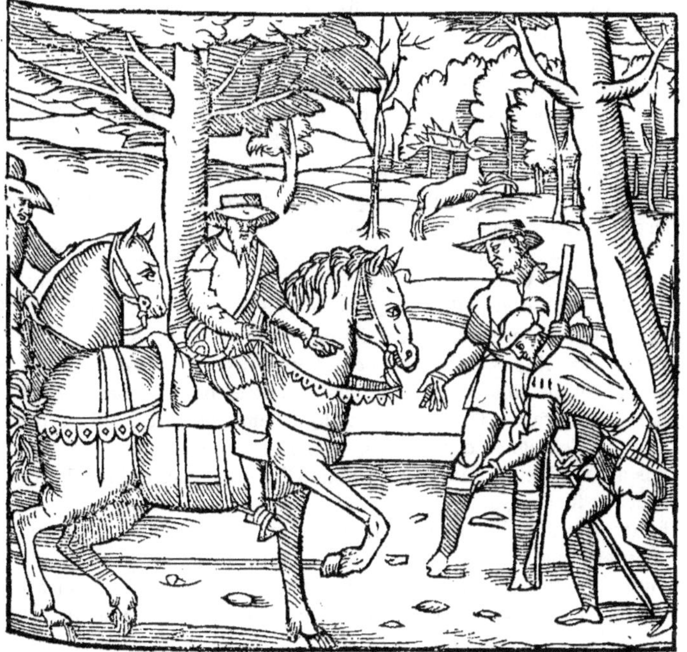

LES RVSES ET SECRETS QVE DOIuent ſçauoir les piqueurs pour prendre le Cerf à force.

Chapitre XL.

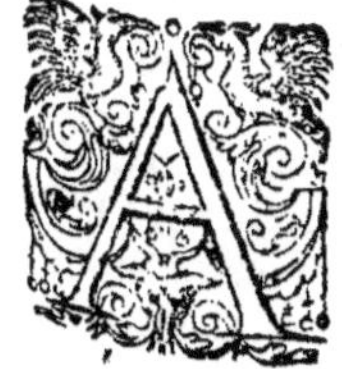

PRES auoir donné l'intelligence aux Veneurs des iugements et cognoiſſances du Cerf, et comme ils ſe doiuent gouuerner en leur eſtat : i'ay ſemblablement voulu donner à entendre aux piqueurs le moyen de prendre le Cerf à force, tant par le dire des bons et anciens Veneurs, que comme par experience l'aurois peu cognoiſtre. Et parce qu'auiourd'huy il y a tant d'hommes portans la trompe, de laquelle ils ne ſe ſçauent ayder, faiſant plus de tort aux Chiens que de plaiſir, d'autant qu'ils n'ayment et n'entendent le meſtier : et auſſi que ie voy les Princes et Seigneurs qui n'y prennent pas grand plaiſir, ayant les yeux bandez des richeſſes mondaines, penſans par icelles rendre leur nom et corps immortels, qui eſt la perte de l'ame et abbreuiation de la vie principal bien du corps (auſſi ne les voit on plus viure et regner ſi longuement, ne de tel plaiſir qu'ils faiſoyent anciennement du temps qu'on entendoit raiſonner les trompes par les foreſts auec nombre de bouteilles et flaccons) il me ſembloit choſe vaine et inutile declarer ces matieres cy, n'euſt eſté l'eſperance que i'ay aux adoleſcens, qui me cauſe mettre par eſcrit et articuler tous les ſecrets de la Venerie.

Premierement, il faut que les piqueurs ſçachent qu'il y a difference de parler aux Chiens entre la chaſſe du Cerf, et celle du Sanglier : parce que le Cerf fuit et ſ'eſloigne d'eux, quand ils le chaſſent, ne ſe fiant que en ſes iambes, et ne ſe defend iamais ſ'il n'eſt forcé. A ceſte cauſe faut parler aux Chiens en hautains et reſiouyſſans cris, tant de la bouche que de la trompe. Mais aux Sangliers et autres beſtes mordantes il faut faire le contraire, d'autant que ce ſont beſtes peſantes, qui ne peuuent fuyr ne ſ'eſloigner des Chiens, ſe fians en leurs dents et defenſes. A tels animaux eſt requis de parler aux Chiens en crys et ſons de trompes rudes et furieux, afin de les faire incontinent fuyr. Et ſe faut tenir touſiours prés des Chiens, menant grand bruit, de peur qu'ils les tuent ou bleſſent. Quant aux Cerfs et autres beſtes legeres, les piqueurs doiuent touſiours ſuyure les Chiens par la menee où ils vont ſans ſ'eſcarter ne croiſer, de peur de lancer le change et pour releuer les deſtaux, n'approchant de la meute de plus prés que de cinquante pas : principalement au partir du deſcouple, et des Chiens fraiſchement relayez : car ſi le Cerf faiſoit des ruſes ou houruaris, et que les piqueurs preſſaſſent les Chiens, ils romproyent les erres ou voyes du Cerf, et feroyent outrepaſſer les Chiens, qui feroit vne grande faute. Mais ſi les piqueurs voioyent que le Cerf euſt couru vne heure ou plus, et que il dreſſaſt en ſ'eſloignant de ſa meute pour ſe forpaiſer (les Chiens eſtans bien ameutez ſur les erres) alors pourront approcher de plus prés qu'auparauant, en ſonnant de la trompe trois mots à chacune fois. Plus, faut entendre que quand le Cerf ſe voit chaſſé des Chiens, il ſe deffait d'eux, et leur donne le change en pluſieurs manieres : car il va cercher les beſtes à leurs repoſees, et les boute et fait valoir deuant eux : puis ſe iette ſur le ventre en leur lict, et laiſſe paſſer les Chiens outre, leſquels n'en peuuent auoir le vent ne ſentiment, à cauſe qu'il met les quatre pieds ſoubs ſon ventre, et aſpire ſon haleine en la fraiſcheur et humidité de la terre : tellement que i'ay veu pluſieurs fois les Chiens paſſer à vn pas pres de luy, ſans en auoir le vent, ne le ſentir aucunement. Et a cette malice de nature, qu'il cognoist que les Chiens ont plus grand sentiment de son haleine et de ses pieds qu'ils n'ont du reste de son corps. Et estant ainsi, il attendra les piqueurs à faire marcher les Cheuaux sur luy premier que de partir : qui est la raison pourquoy ils doiuent tousiours briser aux entrees des forts par où le Cerf passera : à fin que s'il donnoit le change, de retourner incontinent cercher ses dernieres erres et brisees, par ce qu'ils ne pourront faillir de le relancer, en retournant là auec le Limier ou auec les vieux Chiens sages de la meute, ausquele ils se doiuent fier : car volontiers Chiens bien dressez, et qui gardent le change, si le Cerf se lance et boute deuant eux, ils ne sonneront mot : mais s'il y auoit quelques ieunes Chiens fols, ils efforceront leurs voix, et renouuelleront le change. Il faut bien qu'en telles choses les piqueurs soyent sages, et qu'ils ne s'arrestent point aux ieunes Chiens, s'ils n'entendent les vieux parmy eux.

Et s'ils sont deux piqueurs ensemble, l'vn des deux les doit aller menacer et rompre, l'autre les doit appeller au lieu où s'est fait le deffault, et fouler fort, en les appelant et resiouyssant iusques à ce qu'il ayt relancé son Cerf. Et s'il oyoit quelqu'vn de ses vieux Chiens sages qui sonnast, faut qu'il aille à luy et mette l'œil à terre, pour reueoir si c'est vn Cerf. S'il cognoist que ce soit luy, faut qu'il sonne trois mots, de sa trompe, en criant et nommant le Chien, *Voy-le-cy aller*, *il dit vray*, *Voy-le-cy aller le Cerf*. Les autres piqueurs doiuent menacer les Chiens et les faire aller à luy. Et à cette heure là pourront renouueller les erres, ou le relancer. Plus, le Cerf donne le change en vne autre maniere : car soudain qu'il veoit que les Chiens le chassent, et qu'il ne se peut desfaire d'eux, il va de fort en fort cercher les bestes, et les met debout s'accompagnant auec elles, et les emmeine et fait fuyr auec luy sans les vouloir laisser, aucunesfois l'espace d'vne heure ou plus : puis s'il se veoit suiuy et mal mené, il les abandonnera, et fera sa ruze volontiers en quelque grand chemin ou ruysseau, lesquels il suyura longuement tant qu'il aura la force. Puis quand il se verra esloigné et forlongé des Chiens, fera de grandes ruses pour se deffaire d'eux, se iettant sur le ventre en quelque lieu sur la terre, ou bien en l'eau, cachant ses pieds soubs luy, en aspirant et prenant son haleine contre la terre comme i'ay dit cy dessus. Si c'est en l'eau il aspirera semblablement en icelle : tellement que de tout son corps ne paroistra seulement que le bout du nez, en sorte que les Chiens passeront sur luy auant qu'en auoir sentiment. Quand les piqueurs verront toutes ces choses, ils doiuent regarder quand le Cerf sera accompaigné et qu'il suyura auec des bestes aux bons Chiens de la meute, et plus seurs pour le change, lesquels chasseront en crainte, ce que les ieunes ne feront pas, et ne ſe doiuent amuſer à eux, mais bien aux vieux, auſquels ils ſe doiuent touſiours fier en les faiſant chaſſer en crainte, ſe tenant prés deux pour leur ſecourir et ayder, ayant la main pleine de briſees, leſquelles ils doiuent ietter en terre par tout où ils verront du Cerf.

Et ſi de fortune, les Chiens tombent en defaut, ou bien qu'ils veiſſent qu'ils ſe departiſſent en deux ou trois meutes, ils pourront preſumer en eux-meſmes que le change ſe ſepare, et que le Cerf l'abandonne. Alors ſ'ils voyoient quelques vns des ieunes Chiens fols qui dreſſaſſent, et que les vieux ſages n'y fuſſent point, ils ne ſ'y doiuent pas fier : mais faut qu'ils regardent en quel lieu les bons et ſeurs dreſſeront, et aille à eux, mettant l'œil en terre. Et ſ'ils cognoiſſent que se ſoit leur droit qui ſoit ſeparé du change, faut qu'ils iettent leur briſees, en ſonnant de la trompe, en cryant, *Voy-le-cy fuyant*, *Il dit vray*, en nommant les Chiens qui dreſſeront, et ameuter à eux. Plus, faut entendre que les Chiens ne courent pas ſi bien dedans les chemins, et n'y ont pas ſi grand ſentiment comme ils ont ailleurs, pour beaucoup de raiſons : qui ſont, que dedans les voyes et chemins toutes eſpeces d'animanx y paſſent inceſſamment, qui mettent la terre en poudre auec les pieds : de telle ſorte que ſi les Chiens y mettent les nazeaux pour aſſentir, la poudre entre dedans, qui les eſtouppe et oſte le ſentiment et auſſi la vehemente chaleur du Soleil qui donne inceſſamment deſſus, oſte l'humidité et fraiſcheur, deſſechant la poudre de telle ſorte, que là où le Cerf paſſe, la poudre coule et couure ſoudainement la marche du pied là où touche l'ongle, qui eſt tout le ſentiment que les Chiens peuuent auoir dedans les voyes et chemins, d'autant qu'il n'y a ne bois ny herbes ou le Cerf puiſſe toucher des iambes, ne du corps : et y a tant d'autre raiſons, que ie laiſſe à cauſe de brefueté, qui empeſchent le ſentiment des Chiens ès chemins. En tels lieux les Cerfs ont la malice de faire leurs ruſes et houruariz, ou bien ſuyuent longuement ces grands chemins pour ſe deffaire des Chiens : ayans cette fineſſe et cognoiſſance donnee de Nature, qu'ils penſent que les Chiens n'ayent pas là ſi grand ſentiment qu'ailleurs. Par là pouuons cognoiſtre que Nature donne à chacun cognoiſſance de ſon contraire, et ſe ſauuer.

Quand les piqueurs ſe trouueront à tels endroits en deffaut, doiuent mettre l'œil en terre pour veoir ſi le Cerf a point fait de ruſes et houruaris. Et ſi d'auanture ils voioyent qu'il fuſt allé et venu ſur luy, ils doiuent crier à leurs Chiens, *Voyle-cy*, *horuary*, et deffaire la ruſe à l'œil, et leur ayder touſiours iuſques à ce qu'ils ayent trouué la ſortie des erres par où ils entrent dedans le fort, en les faiſant requeſter par les coſtez des voyes et chemins, et non par le dedans : car ils y auront beaucoup plus de ſentiment, et ne leur ſur alleront pas ſi toſt qu'ils feroient par les chemins parce qu'il y a des herbes des bois et autres choſes qui gardent la fraiſcheur et humidité de la terre : et auſſi que le Cerf y touche des iambes et du corps : tellement que les Chiens en peuuent auoir plus grand ſentiment. Et fant que les piqueurs iettent des briſees par tout où ils verront, faiſant requeſter leurs Chiens en les reſioüyſſant et ſecourant, le mieux qu'ils pourront. Et ſi quelqu'vn des Chiens droiſſe, doiuent aller à luy et regarder que c'eſt : puis ſ'ils veoyent que ce ſoit le droit, ils ſonneront et ameuteront les autres, en nommant le Chien, *Ha Cleraud*, ou *ha Mirault*, comme i'ay dit cy deſſus. Auſſi il aduient aucuneſſois que les Cerfs paſſent aux trauers des brulis, là où les Chiens n'en peuuent auoir ſentiment, parce que la ſenteur du feu eſt plus grande que celle du Cerf : en tels endroits les piqueurs doiuent regarder quand le Cerf entre dedans, de quel coſté il a la teſte tournee, et pouſſer touſiours leurs Chiens outre ſans ſ'arreſter : puis quand ils seront paſſez outre les brulis, faut qu'ils facent requeſter leurs Chiens en parlant à eux, et n'eſt poſſible qu'ils ne les redreſſent ainſi, ou bien en prenant leues cernes au tour par les fraiſcheurs. Plus ſ'il aduenoit qu'vn Cerf ſe forpayſaſt dedans les campagnes, et que ce fuſt entre le Midy et les trois heures, ſi les piqueurs voioyent que les Chiens fuſſent hors d'haleine, il ne les doiuent pas preſſer, mais le reſioüir ſeulement le plus qu'ils pourront. Et ſils voioyent que les bons ne ſonnaſſent et n'appellaſſent point ſur les erres, et qu'ils ne fiſſent ſeulement que branler la queüe, ils ne ſ'en doiuent pas eſtonner; car ils pourroyent faire cela à cauſe de la grande chaleur : ou bien ſeroyent hors d'haleine : pour telle choſe ne doiuent laiſſer à les ſuyvre tant qu'ils pourront aller ſans les preſſer, comme i'ay dit. Puis ſ'ils cognoiſſent que les Chiens ne puiſſent plus aller, faut qu'ils iettent vne briſee aux dernieres erres qu'ils auront veües, et mener les Chiens rafraiſchir en quelque village en leur donnant du pain et de l'eau : ou bien ſe mettre ſoubs quelque arbre attendant la grand'chaleur à paſſer, et ſonner de la trompe par fois pour appeller les valets de Limiers et autres aydes. Puis quand ils verront qu'il ſera ſur les trois heures, doiuent aller à leur briſee reprendre leur dernieres voyes ou erres. Et ſ'il y a vn valet de Limier auec eux, faut qu'il ſe mette deuant auec ſon Chien, en le reſiouyſſant et parlant à luy, ſans auoir crainte de le faire ſonner et appeler ſur les erres : car les autres Chien de la meute l'ouyans ſonner et appeler, pourront redreſſer leurs deffaux. Ainſi doiuent ils aller tous requeſtans et pourchaſſans iuſques à ce qu'ils l'ayent relancé. Il faut encore entendre, qu'alors que le Cerf eſt las et mal mené, ſon dernier refuge eſt à l'eau, et deſcend communement plus toſt à val le cours des riuieres, qu'il ne monte en contremont : et principalement ſi le cours en eſt roide. Auſſi qu'il a bien ceſte cognoiſſance, que les Chiens auroyent plus grand ſentiment de luy en montant contre l'eau, qu'ils n'auroyent pas en deſcendant : d'autant que le cours leur emporteroit touſiours la ſenteur, et auſſi qu'il trauaille beaucoup plus à nager contre l'eau qu'il ne fait pas de deſcendre à val. Et deuez ſçauoir que ſi vn Cerf a couru longuement, et qu'il vienne à rencontrer vne riuiere, il ſe mettra dedans, nageant par le milieu d'icelle : et ſe donnera garde le plus qu'il pourra de toucher aux branches ou autres choſes qui ſeront des deux coſtez de l'eau, de peur que les Chiens y prenent ſentiment de luy : ſuyvant longuement la riuiere ſans ſortir de dedans, ſ'il ne trouue quelque tronce de boys autrauers ou autre choſe, qui l'empeſche de paſſer plus oultre : alors il eſt contraint d'eu ſortir. Il faut qu'en tels lieux les piqueurs y ſoyent ſages, et qu'ils iettent vne briſee à l'entree de l'eau, regardant de quel coſté le Cerf aura la teſte tournee : ce qu'ils pourront cognoiſtre et veoir par les fuytes, où à leurs Chiens, leſquels ils doiuent faire entrer et nager en l'eau, qui en pourront prendre ſentiment aux ioncz et herbe qui ſeront dedans : ou bien eux-meſmes le pourront cognoiſtre aux lieux les plus ſommes de la riuiere où le Cerf auroit paſſé, qui pourroit auoir troublé l'eau en paſſant, ou tourné les herbes et autres choſes. Lors qu'il auront certain iugement de quelle part de la riuiere le Cerf va, ils doiuent appeller leurs Chiens d'icelle, de peur qu'ils ſe gaſtent et refroidiſſent : et ſ'ils ſont trois piqueurs enſemble, deux ſe doiuent mettre aux deux coſtez de la riuiere : l'autre ſ'en doit aller gaigner le deuant au long du coſté que le Cerf aura la teſte tournee, pour voir ſ'il le verra nageant ou autrement. Les deux qui ſeront demourez aux coſtez de la riuiere, doiuent faire requeſter leurs Chiens de chacun ſon coſté, et aſſez loing de l'eau : car ils auront plus grand ſentiment à vingt ou trente pas prés, qu'ils n'auroyent pas ſur le bord d'icelle. La raiſon eſt : quand le Cerf ſort de l'eau, il en eſt tout couuert et chargé, parce que le poil qui eſt creux ſe rempliſt d'eau, et alors qu'il ſort il ſe ſecoüe volontiers, et le fait tomber le long des iambes en la forme du pied, tellement que les erres ſont ſi eſlauees et mouillees que les Chiens n'en pourroyent auoir aucun ſentiment. Mais à dix ou douze pas loing du bord, ils en pourront reprendre et aſſentir plus ayſément, parce que l'eau ſera tombee. Toutesfois les piqueurs ſe doiuent touſiours tenir prés de la riuiere : car aucuneſſois le Cerf ſe cache tout dedans l'eau, comme i'ay dit cy deſſus, et pourroit ſouuent demeurer en quelque broſſe de ioncs ou de ſaules, de telle ſorte qu'ils le laiſſeroyent derriere eux, et quand ils ſeroyent outrepaſſez, il pourroit ſortir de l'eau, et ſ'en retourner ſur les erres par où il ſeroit venu : car communement il a cette malice de laiſſer paſſer les Chiens et piqueurs, puis quand il les voit paſſez, ſe deſrobe d'eux et ſ'en retourne par où il eſt venu. Maistelles choſes n'arriuent pas ſouuent, ſi ce n'eſtoit que les riuieres fuſſent couuertes de bois et prés des foreſts. A cette cauſe il eſt requis qu'il y ait quelqu'vn des piqueurs ayans touſiours l'œil en l'eau, et que les autres facent requeſter leurs Chiens à douze pas pres, et faut qu'ils aillent tous enſemble ainſi tout du long, iuſques à ce qu'ils ayent trouué la ſortie, et comme i'ay dit cy deſſus, ſ'ils trouuent quelque tronce de bois ou eſcluſe de moulin, doiuent bien regarder aux bouts : car communement les Cerfs faillent pluſtoſt en tels endroits qu'ailleurs, et principalement quand ils ſe forpaiſent, d'autant qu'ils ſuyuent plus longuement les eaux, ſe voyans forpaiſez, qu'autrement. Auſſi qu'ils n'ont plus de fiance en leurs iambes, ne de ſorts pour leur cacher, dont alors ſont contraints de ſuivre les eaux. Plus, faut entendre qu'il y a deux manieres de vents, que nous appellons *Galerne et Hautain*, autrement nommez vents de Nort et de Midy, leſquels le Cerf craint grandement : car quand il ſort des foreſts et qu'il ſe fortpaiſt par les campaignes, ſi l'vn d'iceux vents regne, il ne fuit iamais la teſte tournee dedans, mais fait au contraire : car il luy tourne le cul et fuit à val : ce qu'il fait pour beaucoup de raiſons : dont la premiere eſt, que le vent de *Galerne* eſt arre et froid deſſechant grandement : et celuy de Hautain eſt haut et corrompu, pource qu'il paſſe ſoubs la region du Soleil, lequel le putrefie et corrompt à cauſe de ſa chaleur. Et ſi d'auanture le Cerf fuyoit la gueule dedans l'vn d'iceux vents, il l'alteroit et luy deſſecheroit grandement la gueule et la langue : et auſſi que ces vents ſont communement grands et tempeſteux : et ſ'il fuyoit la teſte dedans, ſes cors feroyent voile, qui luy porteroit grande nuyſance à courir. Et le fait encores pour vne autre raiſon, c'eſt qu'il a bien cognoiſſance que ſ'il fuyoit dedans le vent, les Chiens auroyent le ſentiment de luy ſans mettre le nez à la terre : et auſſi qu'il veut auoir touſiours l'ouïe de la voix des Chiens : et bien que Phebus dit que les Cerfs fuyent communement à val tous les vents, ſi est-ce que i'ay veu le contraire par experience : principalement quand le vent de mer regne, lequel eſt humide, lors ils vont pluſtoſt le nez dedans, qu'autrement. Mais quant au vent de Galerne et Hautain, que i'ay mentionnez cy deſſus, il eſt certain qu'ils ſont craints et redoutez des Cerfs, et de tous autres animaux ; meſmes des Chiens, leſquels ne veulent chaſſer quand ils regnent. Outre faut entendre que le Cerf ſe forpaiſt pour beaucoup de raiſons : principalement en Auril et en May, quand a la teſte molle, et en ſang : parce que ſi les Chiens le chaſſent, il n'oſe fuyr par les forts, de peur de heurter et bleſſer ſa teſte aux branches. Alors eſt contraint d'en ſortir et fuyr au pays cler pour ſ'eſloigner de eux et faire ſes ruzes : ou bien le Cerf abandonne les forts pour vne autre raiſon, laquelle eſt, qu'alors qu'il fuyt dedans le ſort, il se trauaille et laſſe à broſſer le bois, ne ſe pouuant eſloigner des Chiens, ne faire ſes ruſes, d'autant qu'ils ont plus d'auantage à courir par deſſoubs le bois, que n'a pas le Cerf à ſaillir, ou à broſſer au trauers. A ceſte cauſe il eſt contraint de ſortir aux fuſtayes, ou pays cler, là où il faut que les piqueurs ſoient bien ſages : car il donnera pluſtoſt le change en pays ſoible que fort : parce que les Chiens ont l'eſpace d'eux eſlargir et eſcarter d'vn coſté et d'autre, en courant de grande chaleur et viſteſſe : et alors pourroyent outrepaſſer les routes, ſ'ils eſtoyent preſſez des piqueurs : ou bien bouteroyent le change : ce qu'ils ne feroyent pas ſi ayſement dedans les forts : parce qu'ils ſuyvent touſiours la route et menee par où le Cerf va, et ne ſe peuuent eſcarter d'vn coſté ne d'autre : car ils ont peur de perdre les erres par où le Cerf fuyt : qui eſt la cauſe pourquoy on ſe doit pluſtoſt donner garde du change dedans les fuſtayes, que dedans les tailles, d'autant que les Chiens le ſont valoir et le tranſportent pluſtoſt en tels lieux qu'aux forts : auſſi que le Cerf ſ'eſloigne et fuyt mieux dedans les ſuſtayes, et a plus grand loyſir de chercher le change, et faire ſes ruſes et houruaris, que non pas au fort pays. Le Cerf ſe forpaiſt encores en vn autre maniere : c'eſt quand il ſe voit pourchaſſé et dreſſé des Chiens, et qu'il cognoiſt que rien ne luy vaut. A l'heure il ſ'eſtonne et perd ſon eſprit, ne ſçachant plus où il doit aller, et entreprend les campagnes, paſſant par les villages et autres lieux. En telle choſe les piqueurs ſe doiuent approcher prés de leurs Chiens : et ſ'ils les voyent tomber en deffaut, ne doiuent iamais retourner en arriere pour les deſfaire, mais pouſſer touſiours les Chiens outre : car iamais Cerf mal mené, qui ſe forpaiſt, ne fait de houruary ſur luy, mais paſſe touſiours outre tant qu'il aura force : ſi ce n'eſtoit qu'il euſt le vent de quelque eau. Alors ſe pourroit deſtourner pour y aller, autrement non. Il eſt bien vray que ſ'il entreprenoit les campagnes pour les raiſons cy deſſus mentionnees, ſans eſtre mal mené, il pourroit faire des ruſes et houruaris : mais ſ'il eſtoit mal mené, non : ſi ee n'eſtoit qu'il ſe vouluſt ietter ſur le ventre, alors pourroit faire quelque petite ruſe pour demourer.

Plus, il faut entendre qu'il y a grande difference de deſſaires les ruzes entre les foreſts, et les campagnes : parce que dedans les foreſts il faut faire les cernes plus pres de la menée où le Cerf aura fait ſa ruze, et les plus eſtroits qu'on pourra : d'autant que ſi les piqueurs prenoyent les cernes grands et larges, ils pouroient trouuer du change, lequel ſe feroit valoir deuant les Chiens, qui leur ſeroit vn grand ennuy. Mais aux campagnes, ils peuuent prendre leurs cernes grans et larges, ſans auoir crainte du change, par les fraiſcheurs et lieux plus commodes pour eux, et où les Chiens en pourront auoir plus grand ſentiment : parce que dedans les guerets et lieux ſecs et arides, les Chiens ne cuyderont pas redreſſer, à cauſe de la poudre qui eſt dedans, laquelle leur entreroit és nazeaux, et de la chaleur du Soleil, qui auroit deſſeché et oſté l'humidité de la terre. Auſſi qu'il n'y a herbe n'y autre choſe où le Cerf euſt touché, par où les Chiens en peuſſent auoir ſentiment : qui eſt la cauſe pourquoy les piqueurs doiuent prendre leurs cernes par le pays le plus frais et le plus couuert où la terre auroit gardé ſa fraiſcheur. Et ſ'ils ne le pouuoient redreſſer au premier cerne, ils en doiuent faire vn autre plus grand : et ſ'ils ne le trouuoyent ſorty ne de l'vn ne de l'autre, ils pourront preſumer qu'il ſera demeuré en leur enceincte, ou bien qu'il aura fait vn houruary ſur luy. A l'heure doiuent ramener leurs Chiens au commancement de leur deffaut, et les mettre ſur la menée et erres par où ils ſont venus, les faiſant requeſter, en parlant à eux, et les reſiouyſſant, tant de la bouche que de la Trompe, mettant pied à terre pour leur ayder et ſecourir. Et n'eſt poſſible qu'ils ne relancent le Cerf en leur enceincte, ou qu'ils ne le trouuent paſſé outre, ſi ce n'eſtoit par vne trop vehemente chaleur, qui pourroit garder les Chiens de chaſſer. D'auantage, faut entendre qui ſi le Cerf eſt deuant les Chiens, les deux premieres ruſes qu'il fait au partir de la repoſée, doiuent donner à cognoiſtre aux piqueurs toutes les autres ruſes qu'il fera tout le iour : car ſ'il fait les les deux premieres ruſes en vn chemin ou en l'eau, toutes les autres qu'il fera tout le iour ſeront en meſmes lieux. Et faut bien que les piqueurs regardent ſur quelle main il en ſort : car du coſté qu'il en ſera ſorty les deux premieres fois, toutes les ſorties qu'il fera tout le iour apres ſeront ſur la meſme main, ſoit à dextre ou à ſeneſtre. Parquoy faut que les piqueurs y regardent, afin de faire requeſter les Chiens à toutes les ruſes du coſté que le Cerf ſera ſorty aux deux premieres ſorties. Plus, le Cerf fait aucuneffois de grandes ruſes et houruaris dedans les routes qui ſont par le milieu des forts ou bien il les ſuyt iuſques aupres du bord, faignant ſortir au deſcouuert : puis tout ſoudain fait vn houruary ſur luy, retournant ſur ſes erres, aucuneffois plus de deux iets d'arc. Lors les piqueurs en défaiſant telles ruſes et houruaris, doiuent bien prendre garde que les Chiens ne prennent le contrepied, d'autant que le Cerf ſeroit refuy ſur luy longuement : auſſi qu'ils trouueroyent les voyes plus fraiſches au couuert que non pas ailleurs, qui les pourroit tranſporter ſur le contre pied. En tels lieux les piqueurs ne doiuent pas eſchauffer les Chiens, mais plus toſt les faire chaſſer en crainte, iuſques à ce qu'ils aient redreſſé la ſortie de la ruſe.

Outreplus, il y a des Cerfs leſquels au partir de la repoſée font les rompus, ſe iettans ſur le ventre deuant les piqueurs, et ſe monſtrent et font relancer aux Chiens, comme ſ'ils eſtoyent las et mal menez. Telles ruſes les iugent fort malicieux, et de grande haleine pour courir longuement deuant les Chiens, ſe fiant en leur force. Et qui plus eſt, les piqueurs cognôiſtront ſi vn Cerf ſe veut rendre, et ſ'il eſt las, et mal mené, en pluſieurs manieres.

La premiere eſt, ſi en fuyant deuant les Chiens, il n'oit et ne voit perſonne. S'il baiſſe la teſte mettant le nez pres de la terre, et bronche et chancelle feignant les iambes, demonſtrant ſon trauail : puis ſ'il voit quelque homme en ſurſaut il leue la teſte et fait de grans bonds comme i'ay dit cy deuant, pour donner à cognoiſtre qu'il eſt encores fort et vigoureux : mais celà ne durera guieres : car quand il ſera outre paſſé, il commancera à rabaiſſer ſa teſte, et à feindre ſon corps comme auparauant.

Il ſe pourra encores cognoiſtre mal mené en vne autre maniere : c'eſt qu'il aura la gueule noire et ſeche ſans eſcume, et la langue retirée au dedans : ou bien le pourront cognôiſtre par le pied, à ſes fuittés : car bien ſouuent il fermera l'ongle, comme ſ'il alloit d'aſſeurance : puis tout ſoudain il ſ'efforcera et l'ouurira, faiſant de grandes gliſſées, donnant des os en terre le plus ſouuent, et ſuivra communément les routes et chemins, ſans ruſer que bien peu : Que ſ'il vient à rencontrer quelque haye ou foſſé, il ira du long pour cercher vne ſortie à paſſer, parce qu'il n'aura pas la force et vigueur de ſaillir et ſauter par deſſus. Tous ces ſignes donneront à cognoiſtre aux piqueurs que le Cerf ſe veut rendre, et qu'il eſt mal mené.

Ie mettray fin à ce preſent chapitre, priant les piqueurs et cognoiſſans m'excuſer, ſi i'ay obmis ou delaiſſé quelque choſe : parce que ie ne puis pas ſi bien mettre par eſcrit, l'execution de mon eſprit, que ie ferois ſi i'eſtois à l'œuure, meſmement que l'eſtat requiert que les piqueurs y ſoyent fins, ſubtils et ſoupçonneux, et qu'ils ſe gouuernent ſelon ce qu'ils ſe verront deuant eux, preſumans la malice et force des Cerfs, enſemble la bonté et vigueur de leurs Chiens, et ſelon qu'ils verront faire les ruſes et houruaris, et les lieux où elles ſeront faictes. Et auſſi ſe doiuent gouuerner et faire leurs cernes grans ou petis, longs ou eſtroits, ſelon la commodite des lieux et le temps qu'il fera et la ſaiſon : car aux chaleurs, et au temps des fleurs que les herbes ont ſenteur, les Chiens ſur-allent pluſtoſt les beſtes qu'en autre ſaiſon. En tel temps et lieux il eſt beſoing de faire ler cernes grans et par pluſieurs fois, en cerchant les lieux frais et commodes pour le ſentiment des Chiens : et par ainſi il eſt fort mal aiſé que le Cerf ſe deſrobe d'vn bon piqueur et penible : ſi ce n'eſt pas la faute des Chiens. Et encores que les Chiens abandonnaſſent le Cerf, à cauſe de la nuyt qui les pourroit ſurprendre, ou bien qu'ils fuſſent las et haraſſez, ſi eſt-ce que le piqueur ne ſe doit eſtonner, mais faut qu'il briſe ſes dernieres voyes ou erres pour le retourner chercher, requerir, trouuer et prendre le lendemain.

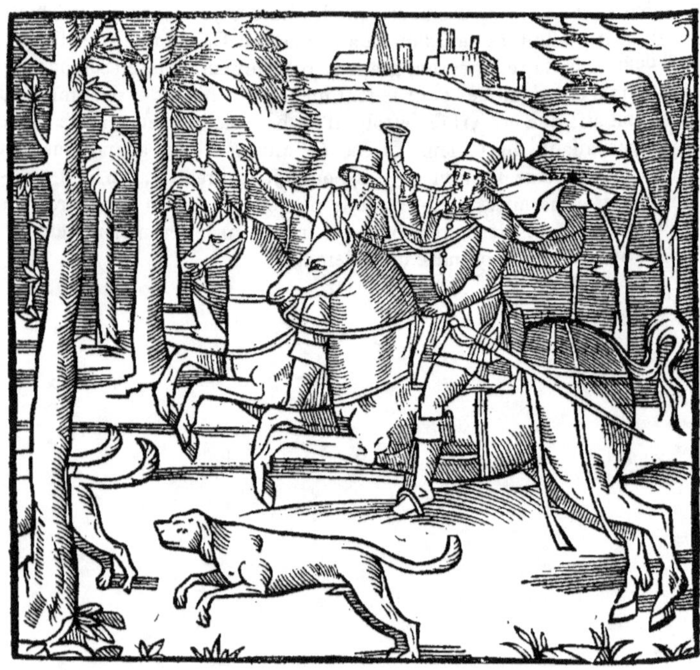

Comme il faut que les piqueurs ſonnent de la trompe, et parlent aux Chiens, pour le Cerf. Chap. XLI.

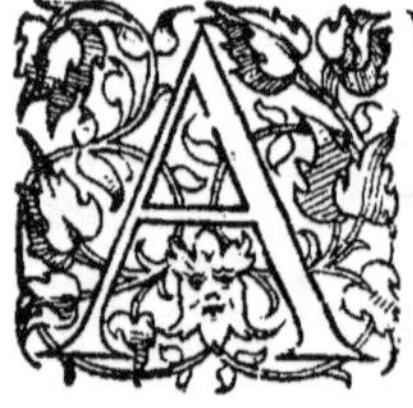

AVIOVRD'HVY il y a peu d'hommes qui ſçachent bien ſonner de la trompe, et parler aux Chiens en cris et langages plaiſans, comme faiſoyent les anciens : car à preſent ie voy que les piqueurs ne prennent pas grand plaiſir à voir courir, ne faire chaſſer et requeſter les Chiens : mais ſeulement leur ſuffiſt de voir prendre et mourir vn Cerf, pour auoir la bonne grace de leur maiſtre, et faire leur profit : et deſlors qu'il eſt lancé, n'en deſirent que la curee : ce que ne faiſoient les anciens, leſquels ſe delectoyent et prenoyent plaiſir à bien parler et conduire les Chiens, comme recite Phebus, qui loüe grandement le Duc d'Alençon, Huet de Nantes et le ſire de Montmorancy : leſquels eſtoient ouïs et entendus ſur tous autres. Or apres auoir entendu et pratiqué quelque peu de leur ſtyle de ſonner et maniere de parler, crier et hucher de la voix : i'ay bien voulu icy noter et mettre par eſcrit quelque choſe ſelon l'intelligence de mon eſprit.

Comme il faut ſonner de la trompe, et houpper de la voix, pour ſ'appeller l'vn l'autre quand on eſt à la chaſſe.

Chapitre XLII.

Celuy qui voudra, eſtant à la chaſſe appeller ſon compagnon auec ſa trompe doit ſonner vn mot long ainſi,

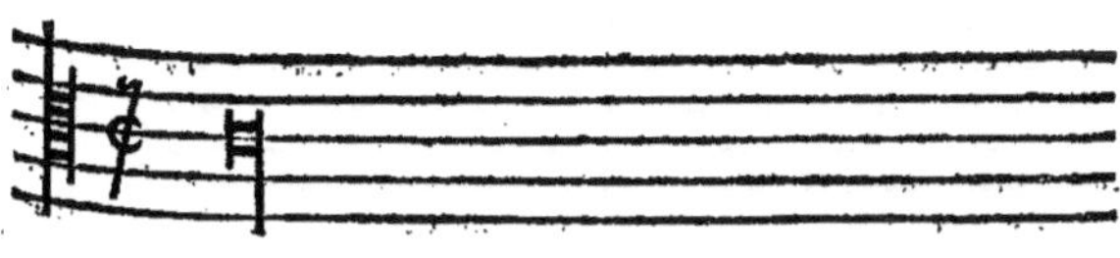

Tran.

Les autres luy doiuent reſpondre en meſme ſon auec leur trompe, en ceſte maniere, comme ainſi,

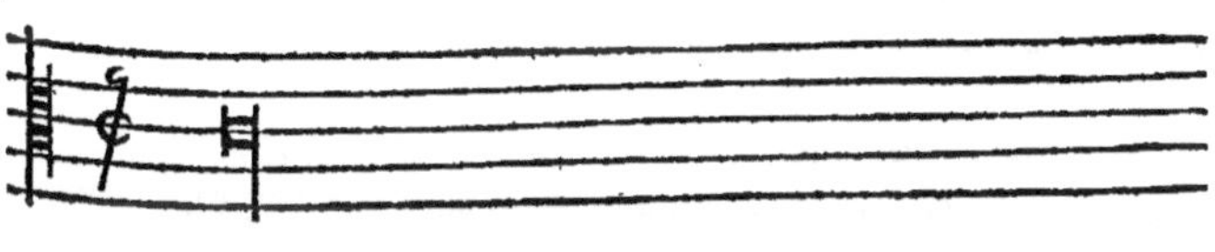

Tran.

Et lors qu'ils auront reſpondu, il doit redoubler deux fois de ſa trompe en ceſte ſorte.

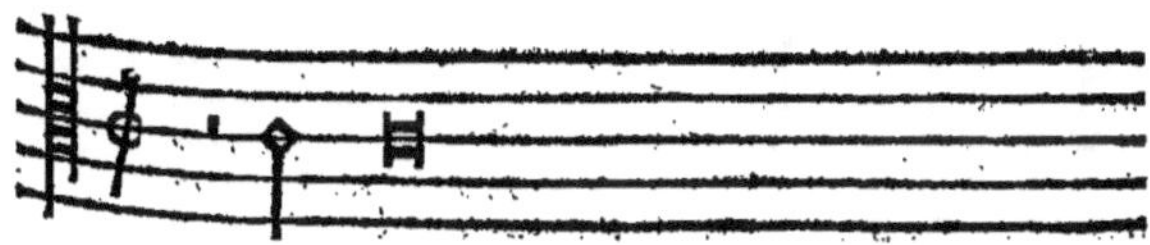

Tran Tran.

Semblablement celuy qui voudra houpper : et appeller ſon compagnon de la voix, doit houpper vnmot bi en long ainſi,

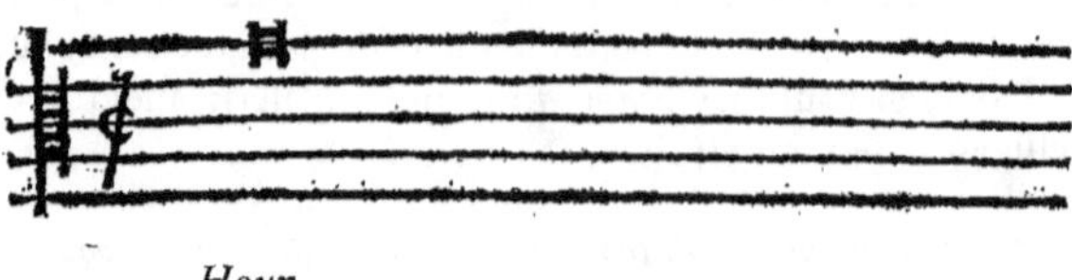

Houp.

Et ſ'il reſpond, il doit reſpondre en meſme voix longue.

Puis celuy qui voudra rappeller, redoublera ſa voix en houppant en ceſte maniere.

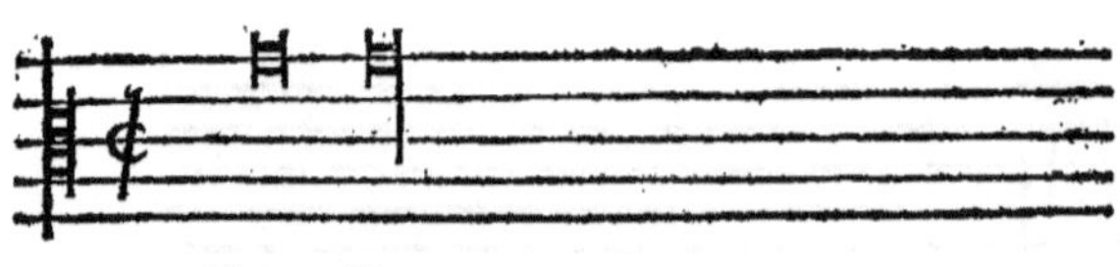

Houp Houp.

Voilà comme les Veneurs et piqueurs ſe doiuent appeller les vns les autres, tant de la trompe que de la voix.

Et notez que tant pour ſ'appeler l'vn l'autre de la trompe, que ſonner pour Chiens, il en faut ſonner du greſle : car en toute choſe pour la chaſſe du Cerf, on ne doit point ſonner du gros de la trompe.

Comme il faut ſonner de la trompe pour Chiens, et auſſi comme il faut parler à eux de la voix quand ils chaſſent.

Quand les piqueurs feront à la queuë des Chiens, eſtans les Chiens bien ameutez, ils doiuent ſouuent ſonner de la trompe : et à chacun coup trois mots de moyenne longueur, comme ainſi.

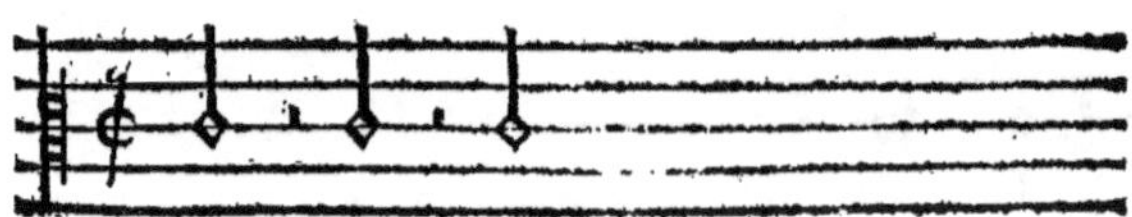

Tran Tran Tran.

Semblablement quand le piqueur ſera à la queuë des Chiens, eſtans les Chiens bien ameutez, il doit parler à eux, ainſi.

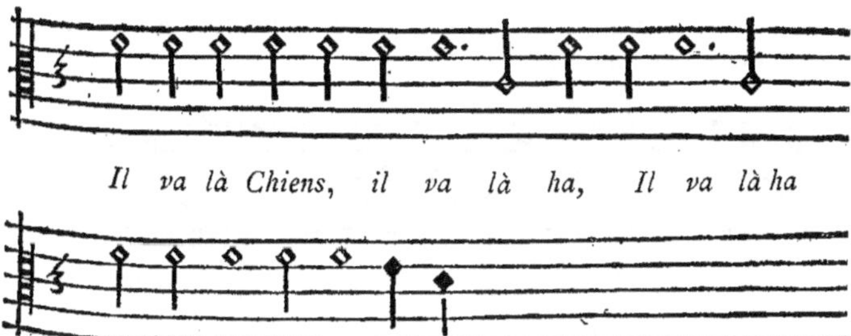

Il va là Chiens, il va là ha, Il va là ha

Il va là ha ha ha ha.

Autre maniere de forhuer et parler aux chiens auec la voix, quand ils chaſſent, et ſont ameutez.

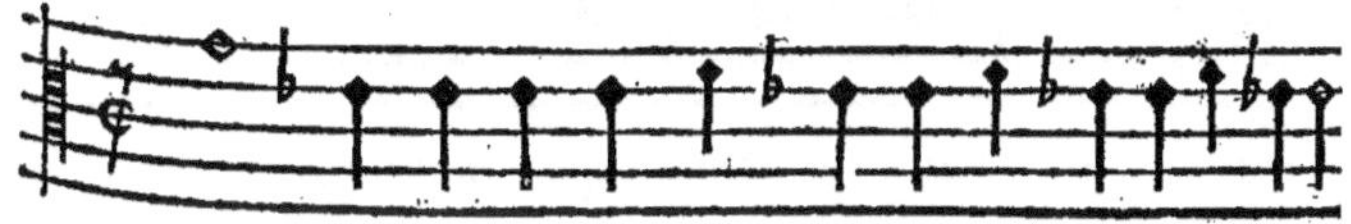

Heu il fuit là Chiens, il fuit là, il fuit là, il fuit là.

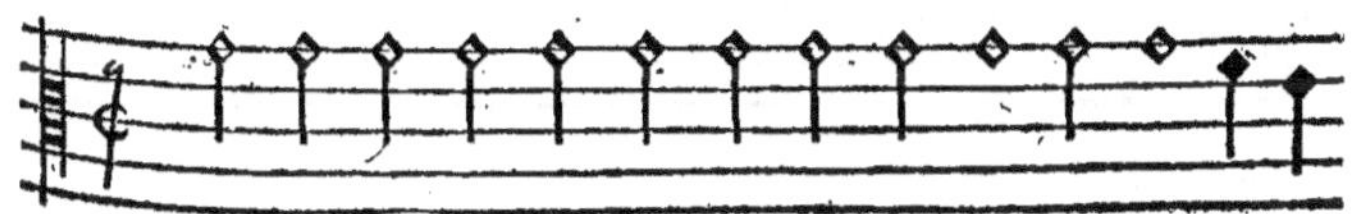

Là ira Chiens, là ira, là ira, ha, ha.
Outre ira Chiens, outre ira, outre ira, ha, ha.

Comme il faut ſonner veuë auec la trompe, et comme il faut parler aux Chiens auec la voix, quand on voit le Cerf à veuë.

Si les piqueurs ſe trouuent au deuant de la meute, et qu'ils voyent le Cerf à veuë, ils doiuent forhuer et ſonner de la trompe pluſieurs fois, en mots longs ainſi.

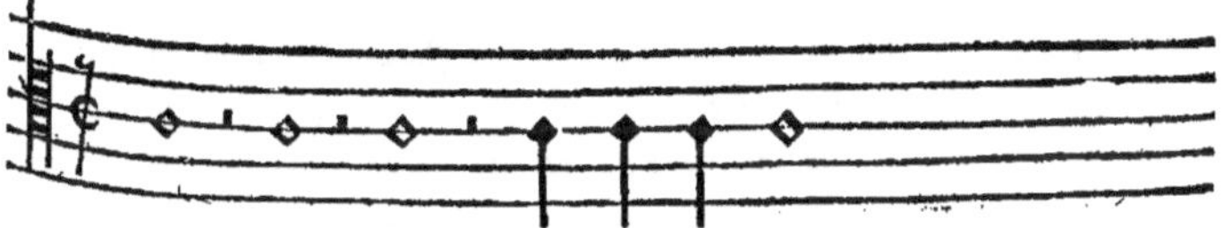

Tran, Tran, Tr. Tran, Tr. Tr. Tran,

Semblablement ſi les piqueurs ſe trouuent au deuant des Chiens, et qu'ils voyent le Cerf, ils le doiuent laiſſer paſſer deuant eux, puis forhuer et parler aux Chiens ainſi,

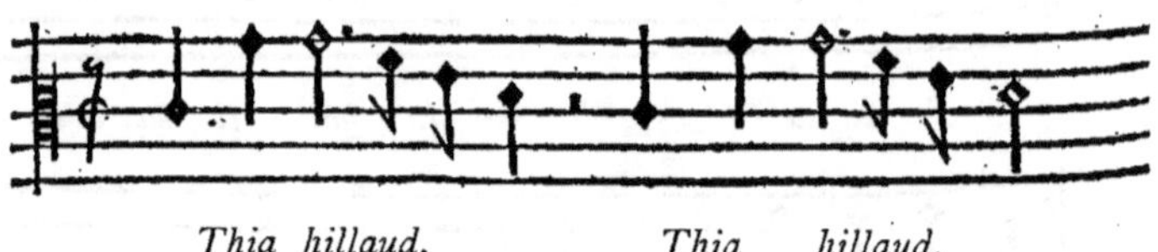

Thia hillaud, Thia hillaud.

Et ne ceſſeront de forhuer, et crier, iuſques à ce que les Chiens ſoient venus à eux. Puis quand ils ſeront venus, le piqueur les doit laiſſer paſſer, et ſe mettre à la queuë, en criant,

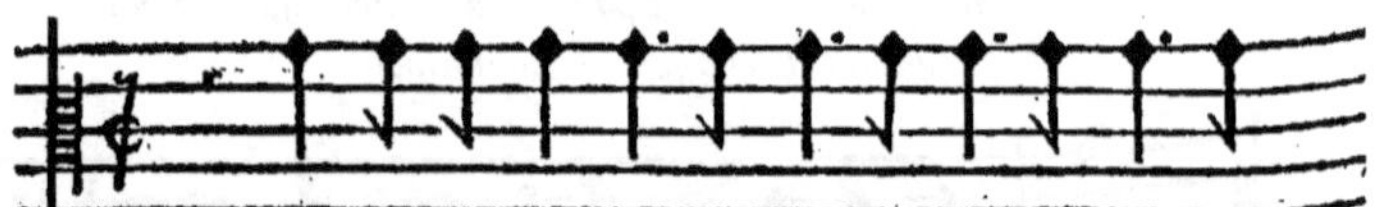

Paſſe, le Cerf, paſſe, paſſe, paſſe, paſſe, ha.

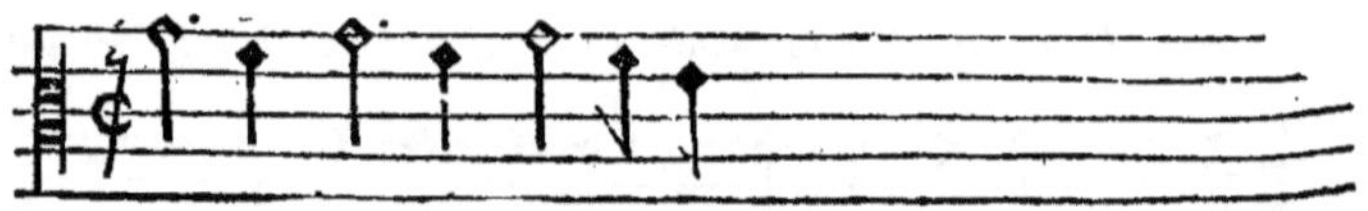

Ha, hau, ha, hau.

Puis quand il ſera en l'eau, ou qu'il l'aura paſſee, on doit crier ainſi,

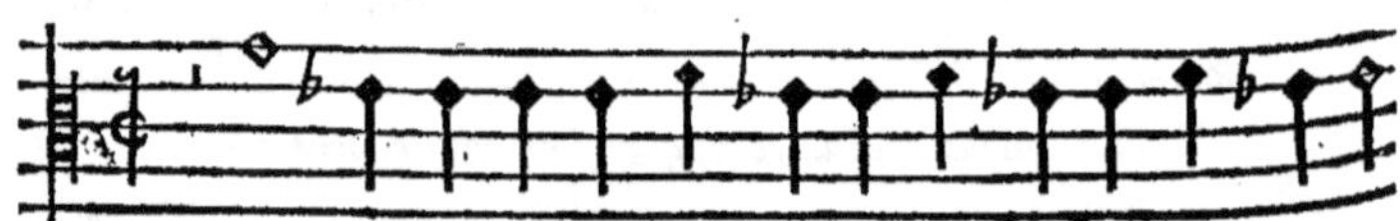

Au il bat l'eau Chiens, il bat l'eau, ij. il bat l'eau.

Comme il faut ſonner de la trompe aux deffaux : et la maniere de parler de la voix aux Chiens pour le deffaut, afin de les appeler à ſoy, et releuer le deffaut.

Si on veut faire retourner les Chiens à quelque ruſe ou houruari : ou bien qu'on euſt laiſſé le relais, et que la meute fuſt en deffaut, qu'il faluſt que le piqueur appelaſt ſes Chiens apres luy pour les ioindre, il faut qu'il ſonne trois ou quatre fois : appelant ſes Chiens apres luy pour les raſſembler, en ceſte ſorte.

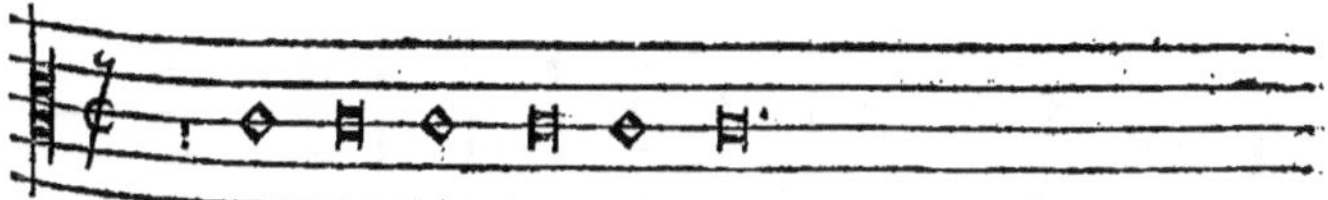

Tran, tran, tran, tran, tran, tran.

Pareillement ſi le Piqueur veut rappeler les Chiens pour les faire retourner à luy, ils les doit hucher ainſi auec la voix,

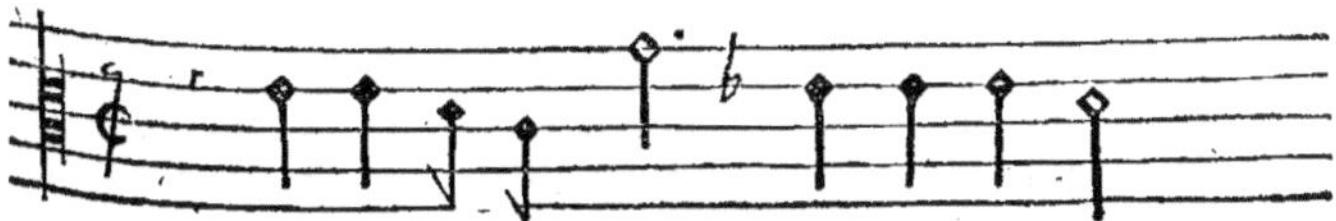

Hourua à moy theau il fuit icy.

Quand le Cerf ſe forpaiſt, le piqueur doit ſonner de la Trompe deux ſons longs en ceſte maniere,

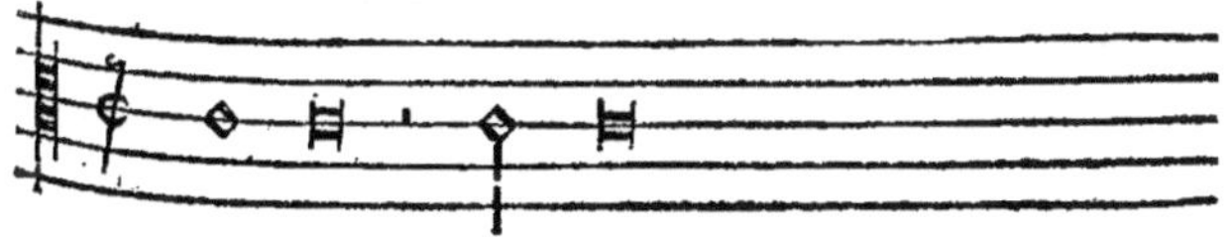

Tran tran tran tran.

Si le piqueur voit ſes Chiens en deſtaut, il doit parler à eux, pour leur faire requeſter le deffaut et pour les reſiouir, ainſi,

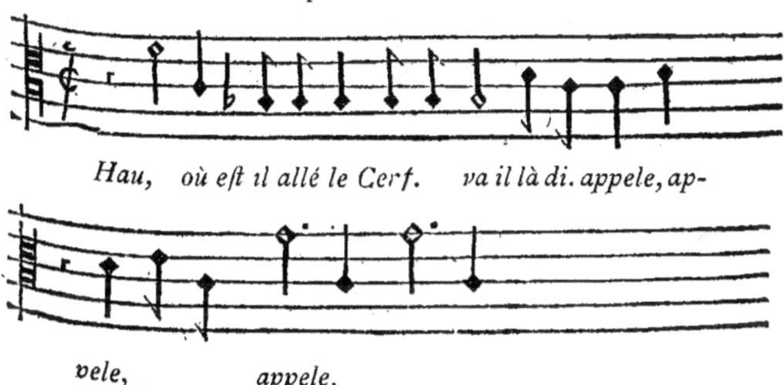

Quand les Chiens ont releué le deffaut, il faut parler à eux, et nommer par leur nom ceux qui dreffent et font la pointe du relief, en les nommant par leur nom,

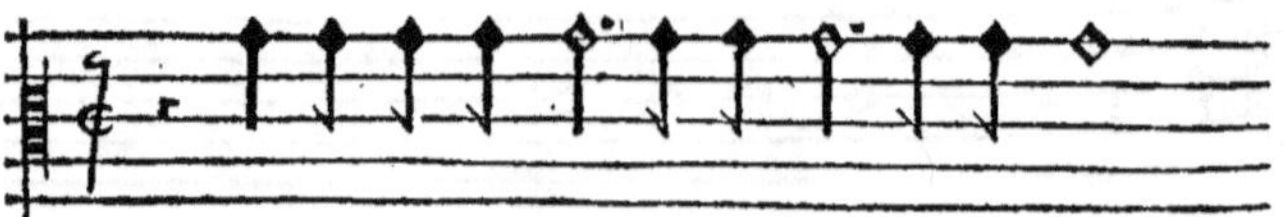

Cy fuit à Myraud, à Briffaud, à Gerbaud.

Comme on doit crier, et forhuer, et parler aux Chiens, quand le Cerf a faict vne rufe : ou quand vn Chien fe tranfporte.

Si le piqueur voit que le Cerf euft fait vne rufe en vn chemin, il doit fonner de la Trompe vn fon long; et puis crier et appeler fes Chiens en la maniere qui f'enfuit,

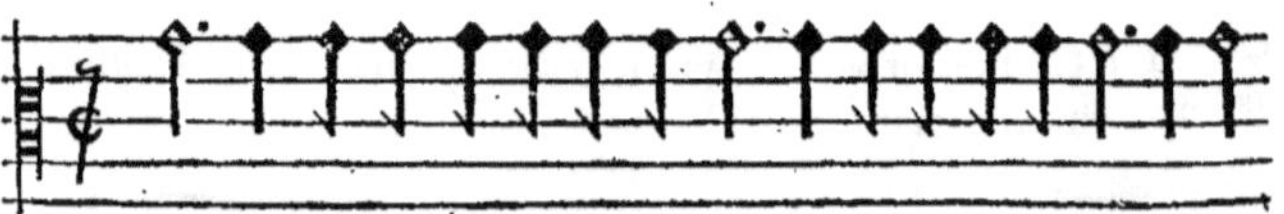

Vauleci horuari le Cerf, Vauleci horuari, Vauleci horuari la voye.

Puis fi le piqueur voit que l'vn de fes Chiens tranfporte le Cerf, et qu'il en voye les fuittes, il doit crier en cefte forte, en iettant vne brifée.

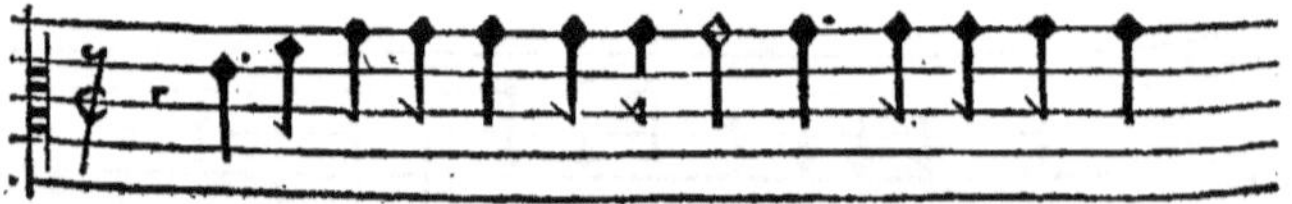

Vaulecy fuyant, il dit vray, Vaulecy fuyant.

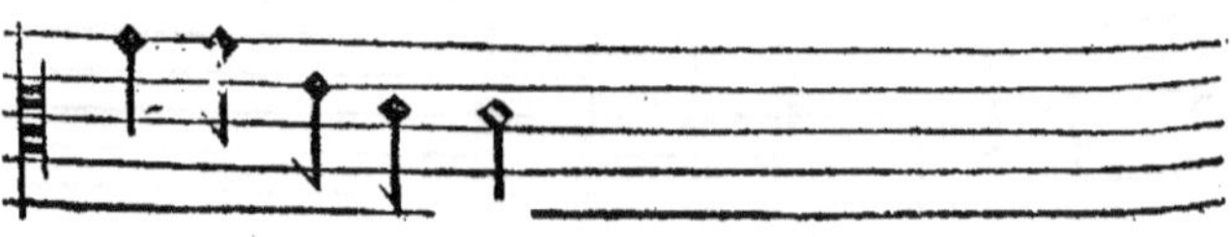

vaulecy fuyant.

Comme on doit ſonner les abbois de la trompe, et parler aux Chiens de la voix, quand le Cerf ſera aux abbois.

Quand le Cerf ſera aux abbois, les piqueurs doiuent ſonner de la trompe ſix ou ſept ſons fort viſtes et courts, et le dernier vn peu plus long, et les reſonner pluſieurs fois, comme il ſ'enſuit.

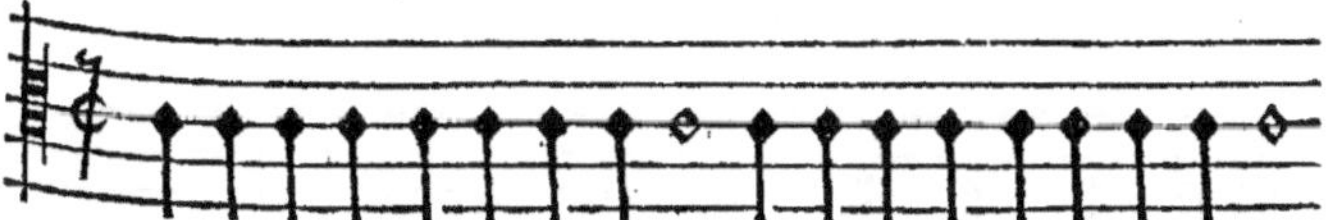

Tran. tr. tr. tr. tr. tr tr. tr. tran. tr. tr. tr. tr. tr. tr. tr. tr. tr.

Auſſi le piqueur, quand le Cerf ſera aux abbois, doit parler à ſes Chiens en ceſte ſorte,

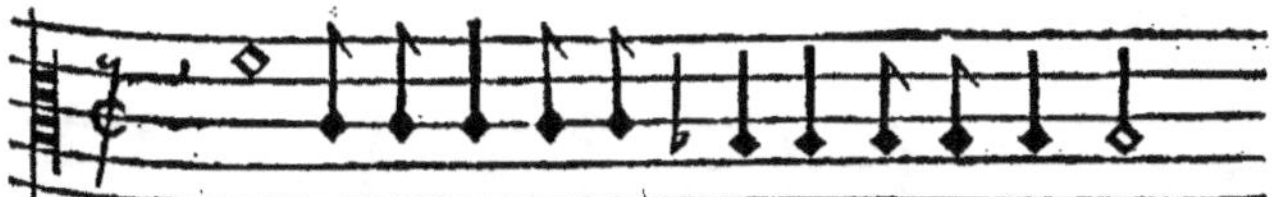

Hau halle Chiens, halle, halle, halle, halle.

Comme il faut ſonner auec la trompe la mort du Cerf : et comme à ſa mort il faut crier et appeler les Chiens.

Quand le Cerf ſera pris, tous les piqueurs doiuent ſonner longuement, par ſons longs, en ceſte ſorte et maniere.

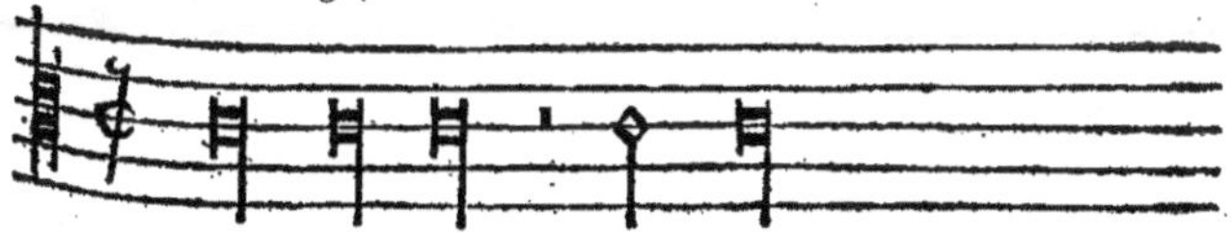

Tran, tran, tran, tran, tran.

Et auſſi les piqueurs doiuent crier et appeler les Chiens à la mort du Cerf, ainſi,

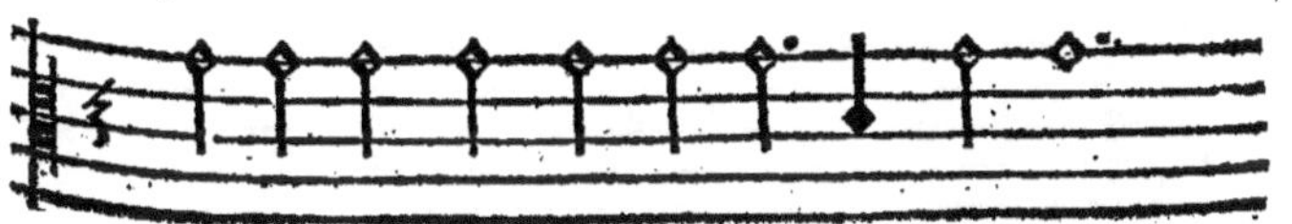

A la mort Chiens, à la mort, à la mort.

Comme il faut ſonner la retraicte auec la trompe : et comme il faut crier et appeler lès Chiens quand la chaſſe eſt faicte.

Quand la chaſſe ſera finie, et que les piqueurs ſe voudront retirer, il faut ſonner de la trompe trois mots ſorts longs : puis les redoubler par deux plus briefs, et vn tiers qui ſera ſemblable aux deux premiers ſons, comme pourrez voir noté icy deſſous.

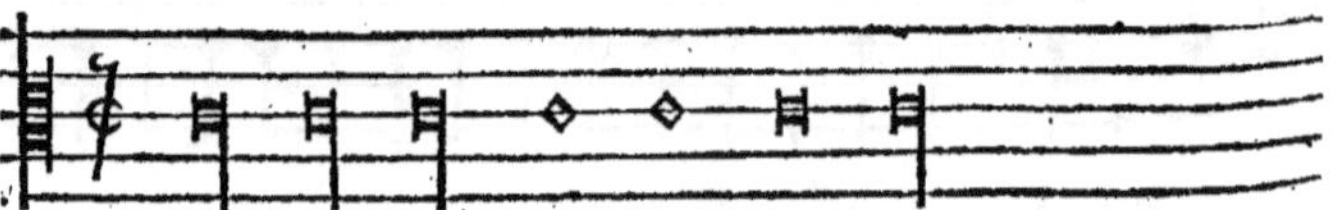

Tran, tran, tran, tran, tran, tran, tran.

Semblablement il faut crier et appeler les Chiens à la retraicte, en ceſte maniere.

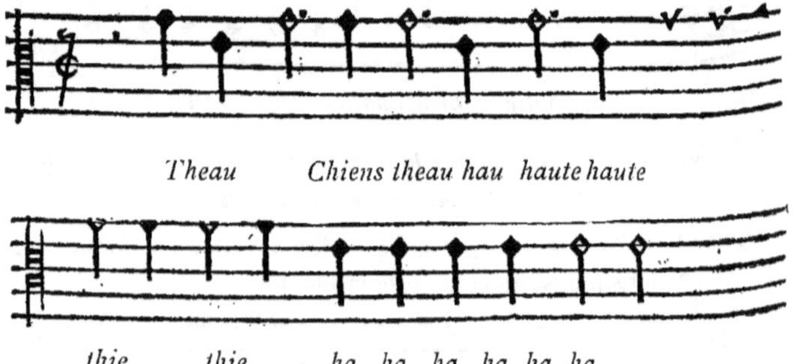

Comme il faut ſonner de la trompe pour faire la curee : et comme il faut auec la voix forhuer les Chiens à la curee.

Quand on appellera les Chiens pour venir à la curee, il faut ſonner auec la trompe, comme il eſt icy noté,

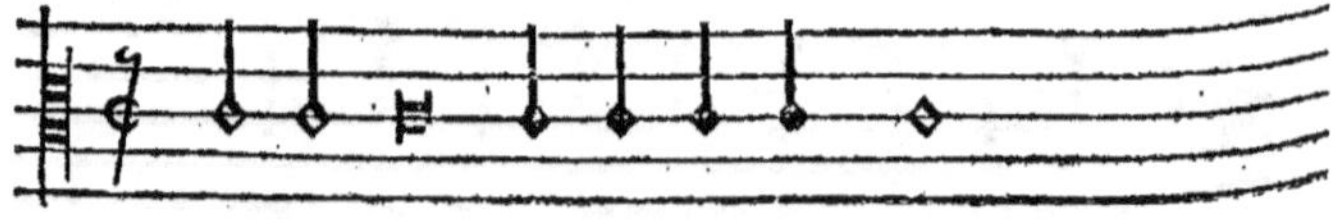

Trantran tran tran tran tran tran tran

Et aussi quand les piqueurs voudront faire la curee aux Chiens, faut qu'ils forhuent et crient, iusques à ce qu'ils soient tous venus, en ceste maniere.

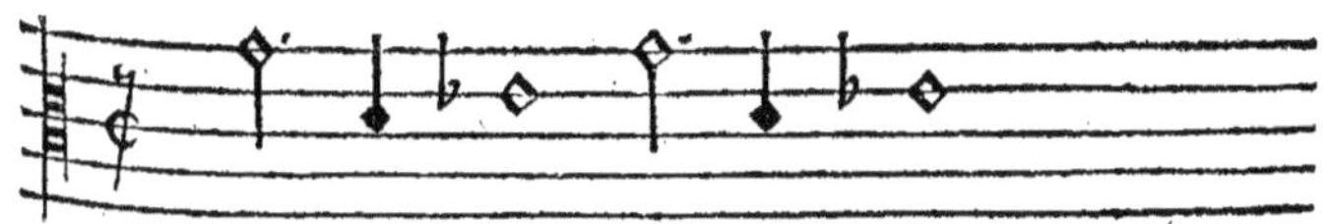

Theau le hau, theau le hau.

Comme on doit parler aux Chiens quand ils mangent la curee : et de ce qu'il leur faut faire.

Quand les Chiens mangeront la curee, les piqueurs les doiuent frapper de la main, en leur faisant chere, et les appelant par leur nom, principalement ceux qui ont mieux fait leur deuoir en criant et parlant ainsi aux Chiens.

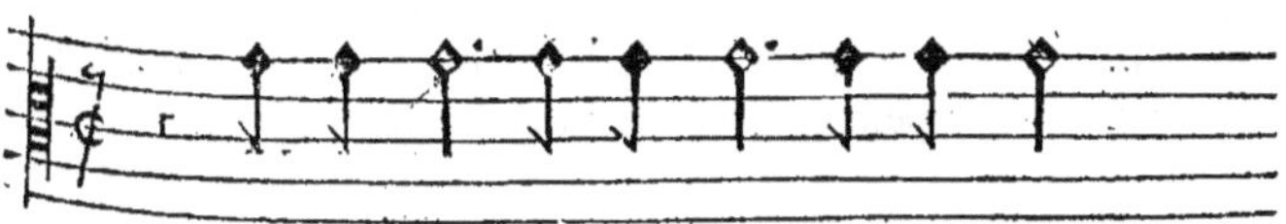

Ha Miraud, ha Brifaud, ha Gerbaud.

Comme il faut sonner de la trompe apres la curee : et comme il faut sonner pour ramener les Chiens au Chenin.

Quand la curee sera mangee, on doit renuerser le cuir du Cerf sur les Chiens, en leur monstrant la teste du Cerf, et sonner de la trompe ne plus ne moins qu'aux Abbois comme pouuez voir cy dessoubs.

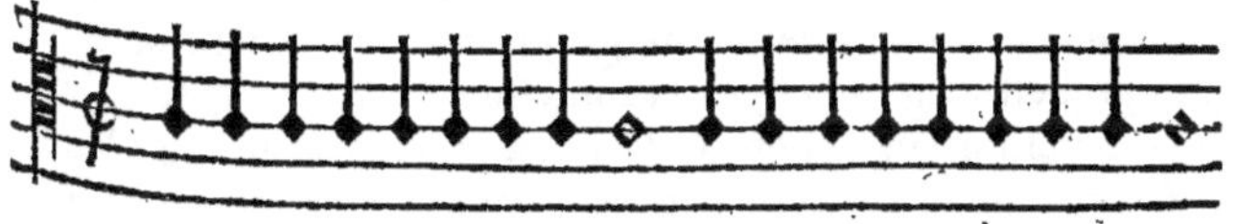

Tran tr. tr. tr. tr. tr. tr. tr. tran, tr. tr. tr. tr. tr. tr. tr. tr. tran,

Puis quand le tout sera fait, et qu'on voudra ramener les Chiens au Chenin, on doit sonner deux briefs sons à chacune fois en ceste maniere.

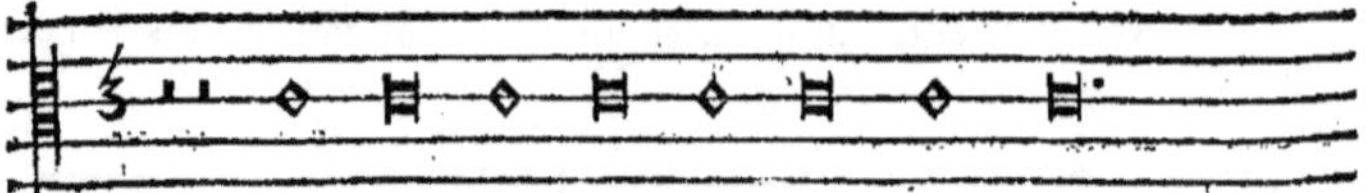

Tran, tran, tran, tran, tran, tran, tran, tran.

Voilà en brief vne partie du ſtyle de ſonner et crier pour Chiens, lequel les bons piqueurs doiuent ſçauoir et entendre. Et y pourront augmenter ſur chacun article tels mots et termes de parler et crier qu'ils voudront. I'en euſſe mis grand nombre par eſcrit, ſinon qu'il euſt eſté long et mal aiſé à noter. A cette cauſe il me ſuffiſt d'en eſcrire les ſons et mots les plus communs, pour en donner intelligence aux apprentifs. Et auſſi parce qu'il y a beaucoup d'hommes qui n'ont pas la voix à commandement, pour prendre les cris et termes de Venerie ſi hautains, ie m'en ſuis remis à la diſcretion de leur voix : touteſſois que les hautains et plaiſans cris ſont dediez pour la chaſſe du Cerf, et les bas rudes et furieux pour la chaſſe du Sanglier : comme de crier hou, veles cy aller, houla haula, et autres rudes langages : mais pour la chaſſe du Cerf, ils ſont defendus, ſur peine de deſroger à l'eſtat de Venerie.

Comme il faut tuer le Cerf quand il ſera aux Abbois, et de ce qu'il faut faire. Chapitre XLIII.

QVand les Cerfs ſont aux Abbois, ils ſont dangereux, principalement en la ſaiſon du Rut, car leur teſte eſt plus veneneuſe qu'en autre temps. Et pour ceſte raiſon, on dit en commun prouerbe, au Cerf, la biere, et au Sanglier, le barbier. Ce qui n'a eſté dit pour neant, veu les accidents qui en ſont arriuez, comme lon peut voir par exemple. Nous liſons d'vn Empereur nommé Baſile, lequel auoit gaigné maintes batailles, et fait de grandes proüeſſes en ſon regne, et touteſſois fut vaincu et tué d'vn Cerf, le voulant aſſaillir aux abbois. O fortune, que tu es variable! Vn Prince ayant fait tant de vaillances entre les hommes, eſtre vaincu d'une beſte. Et y a tant d'autres exemples que ie laiſſe à cauſe de briefueté. Mais ceſtuy-ci doit ſuffire aux piqueurs, pour les faire cognoiſtre et entendre, qu'ils doiuent aller ſagement aux abbois du Cerf, comme ie declareray cy apres. Et pource, il faut entendre qu'il y a difference des abbois de l'eau et des abbois de la terre : car ſi le Cerf eſt en eau profonde, où le piqueur ne peut aller à cheual, la premiere chose qu'il doit faire, c'eſt de coupler les Chiens, pour beaucoup de raiſons : car ſ'ils eſtoient lon-

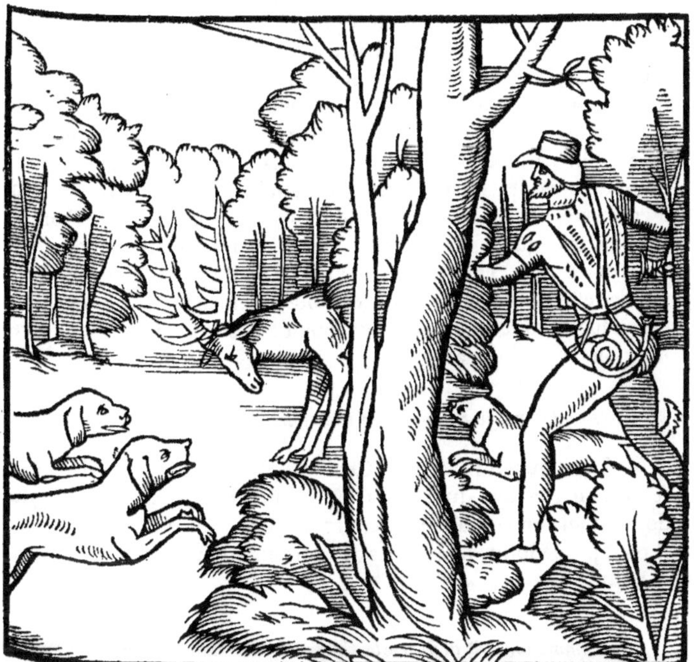

guement en l'eau, ils ſe refroidiroient et gaſteroient : auſſi, ſi c'eſtoit en quelques riuieres ou eſtangs larges et grans, ils ſeroient en danger de leur noyer : parce qu'vn Cerf mal mené ne cuide pas ſortir de l'eau quand il voit les Chiens et piqueurs apres luy, et nage volontiers touſiours par le milieu, ſans ſ'approcher de la riue : qui eſt la cauſe pourquoy le piqueur doit prendre ſes Chiens, et ſe cacher, attendant le Cerf à ſortir : ce qu'il pourra faire, noyant point de bruit, ou bien il ſ'approchera de la riue, en lieu où le piqueur luy pourra donner vn coup d'eſpee. Et ſi d'auanture le Cerf ſortoit de l'eau, il le doit laiſſer eſloigner aſſez loing, premier que de deſcoupler ſes Chiens : car ſi le Cerf oyoit ſi ſoudainement bruit apres luy, il pourroit encores retourner dedans, et le piqueur n'auroit pas de loiſir, ne l'eſpace de luy donner vn coup d'eſpee. Et ſ'il voyoit que le Cerf ne vouluſt ſortir de l'eau il doit enuoyer querir vn bateau, ou bien ſ'il ſçait nager, faut qu'il ſe deſpouille tout nud, ayant vne dague en l'vne de ſes mains, et ſe mettre à la nage pour l'aller tuer : mais ſe doit bien donner garde de l'aſſaillir, ſi ce n'eſt en lieu profond parce que ſi le Cerf prenoit terre, il le pourroit bleſſer de ſa teſte : mais en lieu profond il n'a force ne puiſſance. I'en ay tué en cette ſorte pluſieurs fois en preſence de beaucoup d'hommes : puis les pouſſois à la riue en nageant. Autrement ſi le Cerf tient les abbois à terre, et qu'il ayt ſa teſte frayee et brunie, le piqueur doit bien regarder en quel lieu c'eſt : car ſi c'eſt en lieu plain et deſcouuert, où il n'y ait point de bois, il y eſt dangereux et mal-aiſé à tuer : mais ſi c'eſt au long d'vne haye, ou en quelque fort de bois, ce pendant qu'il ſ'amuſe aux Chiens, le piqueur mettra pied à terre, et ira ſecrettement par le derriere des broſſes, et le tuera aiſement. Et ſ'il aduenoit que le Cerf tournaſt la teſte pour venir à luy, doit ſoudainement prendre vne branche, ou vn fueillard, et le ſecoüer rudement : lors le Cerf ne faudra à retourner, ſans luy faire mal.

Le piqueur le pourra bien tuer encores en vne autre maniere.

C'eſt que quand il verra le Cerf aux abbois : il doit haller et crier à ſes Chiens, et lors qu'il verra qu'il tournera la teſte pour ſ'enfuir, il doit piquer ſon cheval, et l'accoüer de plus pres qu'il pourra, afin que il n'ait pas le loiſir, ne le lancs de tourner la teſte pour le bleſſer, et ainſi le pourra tuer.

Comme on doit deffaire le Cerf : et faire la curee aux Chiens.
Chapitre XLIIII.

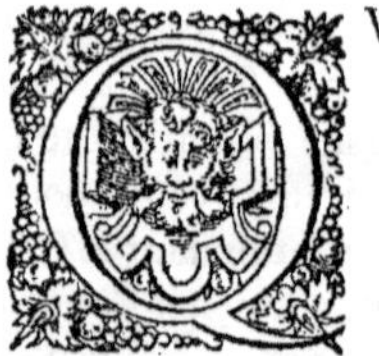

VAND le Cerf ſera pris, tous les Veneurs, et piqueurs, qui là ſeront, doiuent hucher et ſonner la mort, afin de faire aſſembler les compagnons de la Venerie, et les Chiens. Eux eſtans aſſemblez, et que le Roy ou maiſtre ſera arriué, feront fouler le Cerf aux Chiens : ce fait : les doiuent recoupler, puis le Veneur qui l'aura deſtourné, doit prendre ſon couſteau, et leuer le pied droit, lequel il preſentera au Roy, en la ſorte qu'il eſt icy pourtraict : puis auant que faire aucune choſe, faut qu'ils coupent de la fueillee, laquelle ils eſpandront par terre, et mettront le Cerf deſſus, le couchant ſur l'eſchine, les quatre pieds et le ventre contremont, et faut mettre ſa teſte ſous ſes deux eſpaules, comme pourrez voir par la

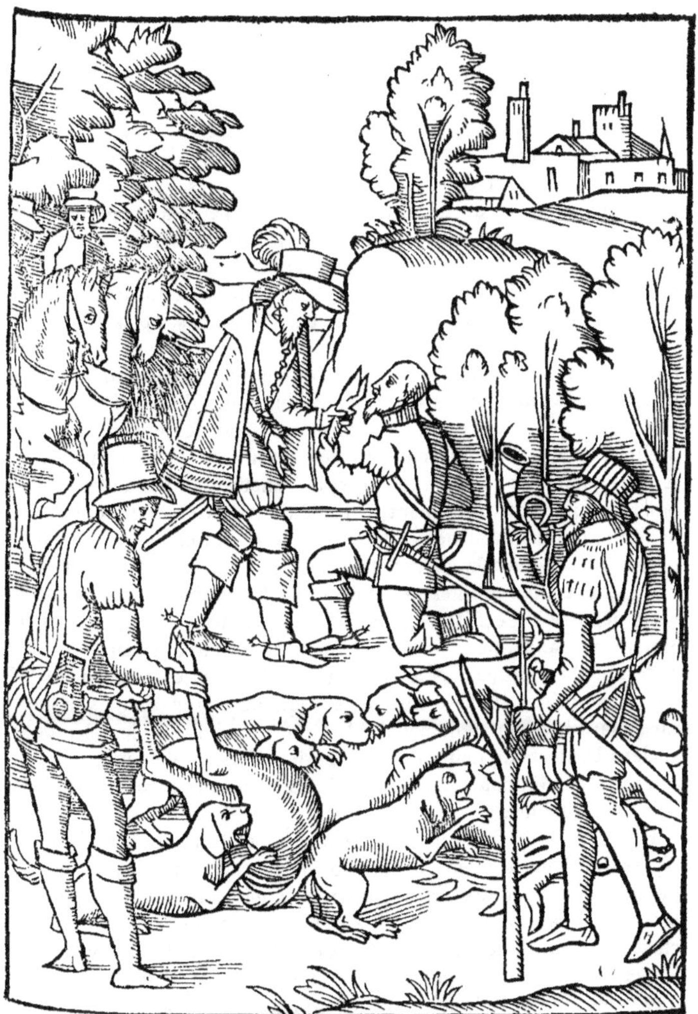

pourtraiture icy presente. Ce fait, il faut faire vne fourchette, qui ayt l'vn des costez plus long que l'autre, comme pourrez voir par ceste pourtraiture, dedans laquelle fourchette faut mettre tous les menus droits qui appartiennent au Roy, ou au Seigneur de la Venerie. Puis auant que de fendre le cuyr du Cerf, la premiere chofe qu'on doit leuer, font les dyntiers, vulgairement appelez les couillons, aufquels il faut faire vn petit pertuis en la peau, pour les mettre à la fourchette. Apres faut qu'il commance à defpouiller le Cerf en cefte maniere.

Premierement, il doit commançer à le fendre à la gorge, fuiuant tout le long du ventre, iufques au lieu des dyntiers : puis le doit prendre par le pied dextre de deuant, et encifer la peau tout au tour de la iambe, au deffoubs de la ioincture, et la fendre depuis l'encifure iufques au noyau de la poitrine : et en fera autant à chacune des aûtres iambes, et fi faut qu'à celle de derriere les encifures finiffent au droit du vit, de chacun cofté. Apres faut commancer par les iambes, ou par les pointes des encifures, à le defpouiller. Et quand il fera à l'endroit des coftez, faut qu'il leue auec la peau vne forte de chair rouge, que nous appellons le parement, qui vient par deffus la venaifon des deux coftez du corps. Puis apres que le Cerf fera tout defpouillé, fors feulement la tefte, les oreilles, la queuë, et le cul (lefquels chofes doiuent demourer auec le poil) auant que toucher au corps, le Veneur doit demander du vin, et boire le coup : car autrement, f'il deffaifoit le Cerf, fans boire, la venaifon fe pourroit tourner et gafter. Le Roy ou Seigneur doit faire apporter fon vin auec la chaufrette pleine de charbon vif, et la faulfe en vne efcuelle bien affimentee, comme il eft requis : et ainfi comme il verra deffaire le Cerf au Veneur, doit prendre fes appetis, et cercher les morceaux friands, pour les mettre fur la chaufrette, et faire fes carbonnades, en beuuant, riant, et faifant grand chere, deuifant des Chiens qui ont le mieux chaffé, pourchaffé, requefté, et reffauté, les faifant venir deuant luy pour voir deffaire le Cerf, car ainfi faifoient les bons et anciens Princes amateurs de la Venerie. Alors le Veneur prendra fon coufteau, et commancera à deffaire le Cerf en cefte forte, eflargiffant le cuir fur la fueillee.

Premierement, faut qu'il leue la langue, et la mette à la fourchette. Apres doit leuer les deux neuds, qui fe prennent entre le col et les efpaules : il y en a deux autres qui fe prennent aux flancs, et pource on les appelle flancars : tous ces quatre neuds fe doiuent mettre à la fourchette. Ce fait, faut qu'il leue l'efpaule droitte, laquelle appartient au Veneur qui aura laiffé courre, puis leuer l'autre efpaule, qui appartient à tous les autres. Celà fait, faut leuer la hampe, qui appartient au grand Veneur, puis les fouls qui fe prennent au bout de la hampe fur la poitrine du cofté du col, ce qui appartient à celuy qui a laiffé courre. Apres doit vuider le ventre, et ofter le vit : puis ofter la vene du cœur et le franc boyau, et tout chaudement le tourner et nettoyer, et le mettre à la fourchette. Apres faut ouurir ſe cœur, et en oſter l'os, et leuer les nombles, qui ſe prennent entre les cuiſſes, puis doit leuer les cuiſſes : et apres faut leuer le cymier depuis le commancement des coſtez, et de longueur iuſques au bout de la queuë, en eſlargiſſant sur les cuiſſes iuſques aux ioints, laiſſant l'os corbin tout franc, en luy donnant deux coups de couſteau ſur le haut des deux coſtez, pour monſtrer la venaiſon : et en faut oſter du bout de deuers les coſtez, trois neuds, qu'on appelle les cinq et quatre, qui appartiennent au grand Veneur. Les nombles, cuiſſes, et cymier appartiennent au Roy. Apres faut leuer le col, qui appartient au valet de Chiens : puis enleuer les coſtez, leſquels appartiennent au Roy : apres leuer l'eſchinee, qui appartient au valet de Limier.

De la curee des Chiens courans : et premierement, des Limiers.
Chapitre XLV.

LA curee des Limiers ſe doit faire en cette ſorte, Premierement, quand on deffera le Cerf, il ſaut que les Limiers ſoient preſens à le voir deſſaire, et qu'ils ſoient tenus ou attachez en quelques lieux, où ils ne puiſſent battre et toucher les vns les autres. Puis le Veneur qui l'aura deſtourné, doit prendre le maſſacre ou teſte du Cerf, et le cœur : pour faire le premier droit à ſon Limier, pour autant que l'honneur luy appartient. Apres auoir fait le deuoir à ſon Chien, il donnera la teſte à ſes compaignons, pour faire pareillement le deuoir à leurs Limiers. Ce fait, ſ'en iront boire, pendant que les valets de Chiens accouſtreront la curee pour les Chiens courants, laquelle ſe peut faire en deux ſortes. Dont la premiere eſt, qu'incontinent que le Cerf eſt prins, les piqueurs ayans ſonné et amaſſé les Chiens de la meute pour ſe trouuer à la mort, ils doiuent mettre pied à terre, et deſpouiller ſoudainement le col du Cerf, ce pendant qu'il est chaut : puis luy donner ſept ou huit taillades de couſteau, afin que les Chiens puiſſent auoir la chair plus aiſement, et tout chaudemeut leur faire la curee du col, et de la ceruelle du Cerf. Et deuez ſçauoir que telles curees chaudes et ſoudainement faites, ſont meilleures ſans comparaiſon que celles qui ſe font au logis, et mettent bien pluſtoſt et mieux les Chiens à la chair. Celles qui ſe font au logis, qu'on doit nommer curees froides, ſe font en ceſte maniere : Faut prendre du pain, et le decoupper par petis lopins en vne poiſle, auec du fourmage : puis prendre le ſang du Cerf, et en arrouſer le pain, et fourmage. Alors qu'on verra le tout bien bruny de

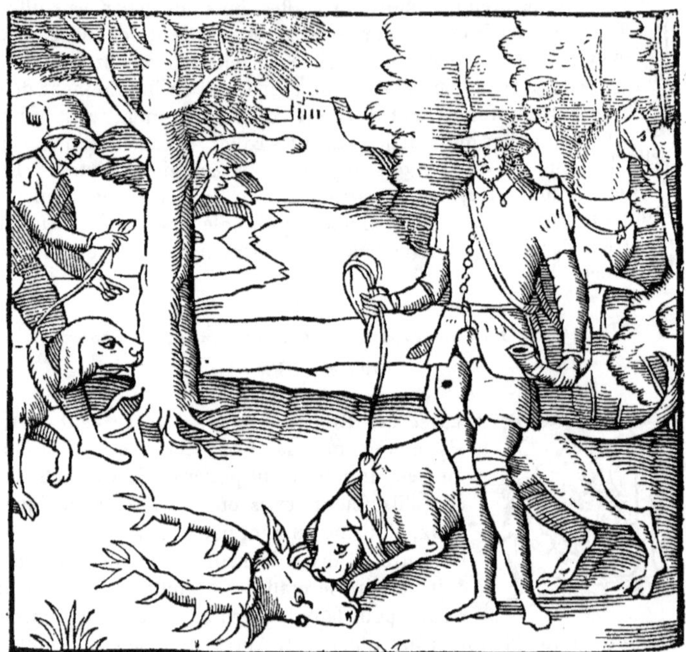

ſang, ſaudra prendre vne grande potee de laict chaut, et arrouſer et meſler le tout enſemble. En apres eſtendre le cuyr en quelque beau lieu ſur l'herbe bien nette, et mettre ſoudainement la curee deſſus : parce que ſi elle demeuroit longuement en la poiſle, l'airain ou le laict la pourroient aigrir. Lors que la cure ſera bien eſtenduë ſur le cuyr, faut mettre le maſſacre ou teſte au milieu, et emplir une poiſle d'eau freſche aupres de la curee, pour faire boire les Chiens : puis faut mettre le forhu au bout d'vn baſton, lequel doit eſtre bien uuide et net, de peur qu'il face mal aux Chiens. Celuy qui le portera, ſ'en doit aller à cent pas de là. Puis le Roy ou Seigneur, ou celuy qui repreſentera ſa perſonne, doit commancer le premier à ſonner de la trompe, et forhuer les Chiens, pour autant que l'honneur luy appartient : et alors les Veneurs mettront tous la trompe à la bouche, pour ſonner, ſorhuer, et reſiouir les Chiens. Le valet de Chiens doit eftre fur le milieu de la curee, auec deux houffines pour la defendre, afin que les premiers venus attendent les derniers.

Et incontinent qu'il les verra tous abboyants autour de luy, il fe doit ofter, et les laiffer manger, en les refiouiffant et faifant chere de la main : puis quand ils verront que la curee fera prefque mangee, celuy qui a le forhu doit fonner et crier, Ty-a Hillaud. Les valets de Chiens qui feront à la curee doiuent menacer les Chiens, et les faire aller à luy, alors il leur monftrera le forhu : puis quand il les verra tous autour de luy, iettera fon forhu par le milieu d'eux. Apres qu'ils l'auront mangé, faudra les ramener fur le cuir, et fonner de la trompe en tournant le cuir fur eux, incontinent que la curee fera faicte, principalement quand elle eft froide, il faut mettre les Chiens au Chenin, car f'ils trauailloient apres, ils pourroyent rendre leur gorge : mais fi la chair eft chaude et pure, ils ne la cuident pas rendre. Et quand la curee fera faite, les compagnons f'en iront boire.

Fin de la chaffe du Cerf.

De la chasse et propriété du Sanglier.

Chapitre XLVI.

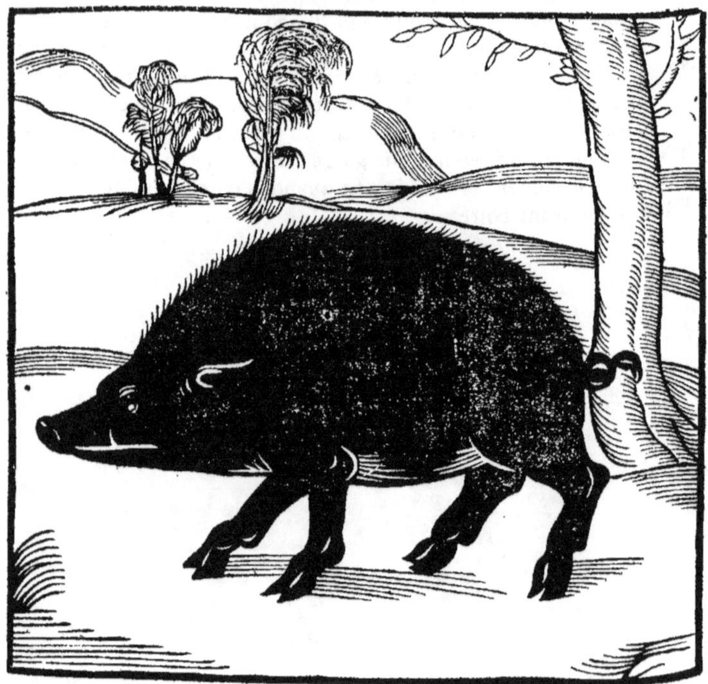

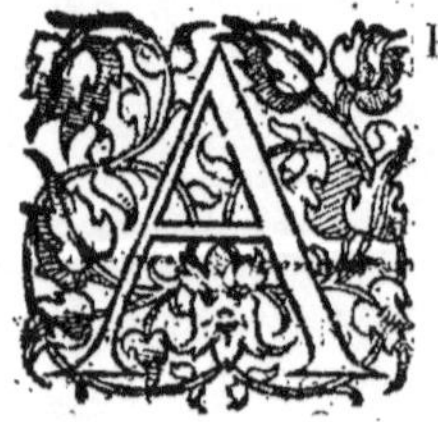

Pres auoir defcrit la venerie du Cerf, felon l'intelligence de mon efprit, ie feray feulement icy vn petit traicté de la chaffe et proprieté du Sanglier, combien qu'il ne doit pas eftre mis au rang des beftes chaffees à force de Chiens courants mais eft le vray gibier des maftins, et leurs femblables : d'autant que c'eft vne befte pefante, et de grande fenteur, laquelle ne fe fie qu'en fes dents et defenfes, ne voulant fuir ne f'efloigner des Chiens, à cefte caufe ne peut on cognoiſtre la bonté et viteſſe d'iceux. Auſſi à la verité, il me ſemble que c'eſt grand dommage de faire courir à vne bonne meute de Chiens telles ſortes de beſtes, pour les raiſons qui ſ'enſuiuent.

Premierement, le Sanglier eſt le ſeul animal qui peut tuer et ferir d'vn coup : car ſi les autres eſpeces eſgratignent ou mordent, il y a touſiours moyens de remedier à leur morſure, mais au Sanglier, ſ'il bleſſe vn Chien de la dent, au coffre du corps, il n'en cuidera iamais eſchapper. Et a ceſte malice, que ſ'il voit vne bonne meute de Chiens, qui le chaſſent de pres, il fuira dedans le plus grand fort qu'il pourra trouuer, là où il les penſera tuer à ſon aiſe. Ce que i'ay veu par experience pluſieurs fois, et entre autres d'vn Sanglier, qui auoit cinquante Chiens courants apres luy, lors qu'il les voyoit tous bien ameutez et enſemblez, il tournoit ſa hure deuers eux, et donnoit dedans le milieu de la meute, de telle ſorte qu'il tuoit aucuneſſois ſix ou ſept Chiens, d'vne venuë : et des cinquante Chiens courants, il n'en fut point ramené dix ſains au logis. Et auſſi que ſi vne meute de Chiens eſt vne fois dreſſee pour le Sanglier, ils ne veulent plus courrir les beſtes legieres, parce qu'ils ont accouſtumé de chaſſer de pres, et auoir grand ſentiment de leur beſte : ce qui eſt du tout contraire aux beſtes legieres. Pour ces cauſes, ie veux conclure, que tout homme qui veut prendre le cerf, cheureul, ou Lieure à force, ne doit point faire courrir le Sanglier à ſes Chiens. Mais parce que les hommes ſont de diuerſes opinions et cerchent leur plaiſir ſelon la commodité de leurs maiſons, ie leur deſcriray icy la proprieté du Sanglier, et comme on le doit chaſſer, et le moyen de le tuer auec l'eſpieu, et l'eſpee, comme on le pourra voir par les pourtraits cy apres mis.

Du naturel et malice du Sanglier.

Chap. XLVII.

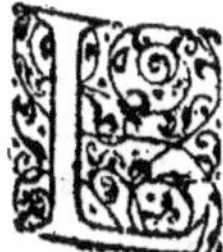

Es Sangliers ſont de telle nature, que quand ils naiſſent et ſortent du ventre de la mere, ils apportent toutes les dents qu'ils auront iamais, et ne multiplieront plus leurs dents ſinon en groſſeur et longueur. Ils en ont quatre entre autres, leſquelles ſe nomment defenſes, dont les deux de deſſus ne bleſſent point, mais ſeruent ſeulement d'aiguiſer celles de deſſoubs, deſquelles ils bleſſent et tuent. S'ils aduient que les Sangliers ſe creuent les yeux, ils gariſſent ſoudainement. Ils peuuent viure vingt et cinq ou trente ans. En Auril et May ils ſont plus aiſez à mettre aux toilles que en autre ſaiſon : la raiſon eſt, qu'ils dorment plus fort en ces deux mois qu'en autre temps, parce qu'ils mangent les herbes fortes, et la iette du bois, qui leur esmouuent le sang, et sont monter les fumees au cerueau, ce qui les endort. Aussi que le printemps leur renouuelle le sang, qui est cause de leur grand repos. Les Sangliers vont au Rut enuiron le mois de Decembre, et dure leur grande chaleur pres de trois sepmaines. Et encores que les Layes soient refroidies, les Sangliers ne bougent de leurs compagnies, qui ne soit enuiron le mois de Ianuier : alors se departent, et vont prendre leur buisson, se recelans aucunessois dedans leur fort deux ou trois iours sans en sortir, et principalement quand ils ont ouuert leur souge, et qu'ils trouuent la racine de fougere douce. Les Sangliers sortent aucunessois des forests, et vont cercher leurs mangeures bien loing, le plus souuent au temps de vendanges, et demeurent là où le iour les prend, sans regarder de lieu, mais leur suffit seulement de demeurer en quelque gros hallier de ronces, ou d'espines, attendant la nuict à venir. Ils escoutent l'homme de bien loing, quand ils sont au dessoubs du vent : mais quand ils sont au dessus, n'en ont sentiment que bien peu. Les Sangliers viuent de toutes sortes de bleds, fruicts, legumes, comme pommes, poires, prunelles, faine, gland, et autres semblables, et de toutes racines, excepté de raues et naueaux. Aussi en Auril et May, ils mangent la gette du prunier, et du chesne, et toutes bonnes fleurs qu'ils peuuent trouuer, principalement celle du genest. Ils vont aux charoignes du cheual, et non d'autres bestes. Il faut entendre que le Sanglier a ceste proprieté, qu'il ne deuient iamais ladre, comme vn Porc priué. Quand les Sangliers sont aux marets, ils viuent d'anguilles, d'achets, et autres choses qu'ils peuuent trouuer.

A la coste de la mer, ils viuent de toutes sortes de coquilles, comme mousles, huytres, et leurs semblables. Leur saison et venaison commance à la my-Septembre, et finist enuiron le commencement de Decembre, qu'ils commancent à aller au Rut. Communement les Sangliers se font abboyer aux Chiens en leur bauge, ou au partir d'icelle, et font plustost leurs demeures dedans les bois forts d'espines et ronces, qu'ailleurs. Et quand ils sont chassez des Chiens, ils fuyent le fort pays, et couuert, ne se voulant desbucher de leur fort, qu'ils ne sentent la nuict approcher. Et si de fortune il y a vne compaignie de bestes, et qu'il y en ayt vne qui se desbuche par vn endroict, toutes les autres la suivront, et sortiront par mesme lieu. Les Sangliers abandonnent plus tost les forests pour aller au loing cercher des buissons, que ne font pas les Cerfs : aussi dit on que le Sanglier n'est qu'vn hoste. Et si d'auanture les Sangliers font leur demeure en vn buisson, et qu'ils soient venus de quelque forest loing de là, s'ils y sont chassez, ils s'en retourneront sur les mesmes erres par où ils sont venus, et depuis qu'ils se desbuchent d'vn buisson, ils fuyent tousiours, sans leur arrester, iusques à ce qu'ils soient au pays où ils ont esté nez, duquel ils sont venus : là où ils estiment leur sauue-garde, et le refuge de leur force. Ce que i'ay veu par experience d'vn Sanglier, qui estoit venu en vn buisson, lequel dés le lendemain laissé courre deuant les Chiens, et tout soudain desbucha du buisson où ie le lancé, s'en retournant sur ces mesmes erres par où il estoit venu, en vne forest, qui estoit à sept lieües loing de là, et par les lieux où il passoit ie voyois les vieilles erres par où il estoit venu. Il est vray, que s'il est nourri en vn pays, et que les Chiens le chassent, il ne cuide pas desbucher de son fort aisément, mais bien mettra la hure hors du fort pour s'en cuider aller, en sentant et prenant le vent de toutes parts : puis s'il oyt quelque chose, il retourne soudainement sur luy : et apres quelque bruit que puissent faire les piqueurs ne les Chiens, il ne cuidera pas ressortir par cest endroit, si ce n'est vers le soir : mais s'il estoit vne fois forty, ayant entreprins son chemin, il ne laisse pour homme, ne pour bruit à passer outre. Le masle ne cuide pas crier quand on le tue, principalement vn grand Sanglier, mais la femelle ouy. Quand le Sanglier suit deuant les Chiens, il ne fait point de ruzes, d'autant qu'il est pesant, et que les Chiens le suiuent et chassent de pres. Ie trouue dedans le proprietaire, qu'on cognoist la vieillesse du Sanglier à la iambe, à laquelle y a force petites fossettes ou rides, et autant que la iambe en marque, il doit auoir d'ans : mais quant à moy, ie ne m'arreste qu'aux traces, à la heure, et aux defenses. Les femelles ne portent qu'vne fois l'an. Les Sangliers sont plus hardis, et s'addressent plus tost aux hommes, pour leur courir sus, quand ils sont leur pouchaison de nozilles, et de faine, qu'ils ne sont pas quand ils la font de gland, ou d'autres mangeures. Vn ieune Sanglier en son tiers an, ne doit estre assailly pour prendre à force, car il courra beaucoup plus longuement que ne fera vn ieune Cerf portant six cornettes.

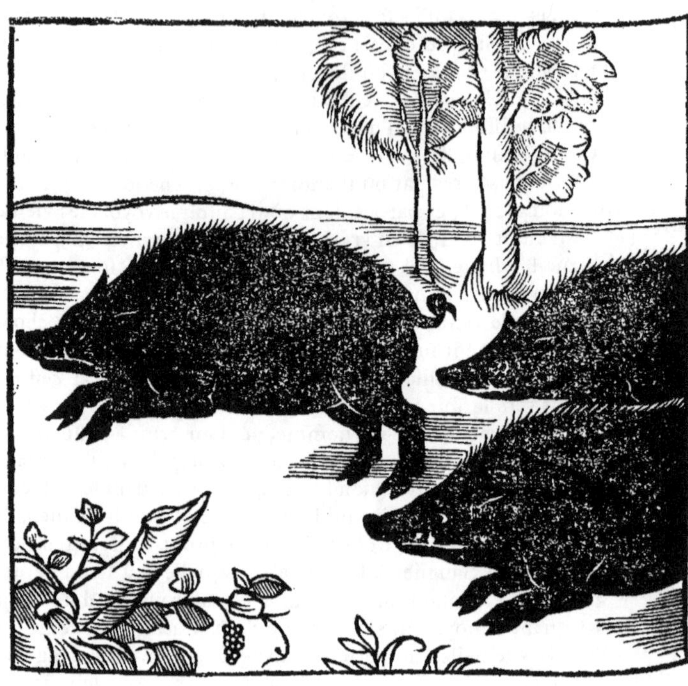

Des mots et termes qu'on doit vſer pour le Sanglier.

Chapitre XLVIII.

Ombien qu'en la chaſſe du Cerf, au chapitre 37, i'ay parlé quelque peu des mots et termes de Venerie, qu'on doit vſer pour la chaſſe du Sanglier, i'ay bien voulu icy en donner aux Veneurs plus ample intelligence. Premierement, ſi vn Veneur ſe trouue entre les bons maiſtres, et qu'on luy demande que c'eſt qu'vn Sanglier venant à ſon tiers an, il peut reſpondre, que c'eſt vne ieune beſte qui a laiſſé les compaignies ceſte année, et que iamais Sanglier ne laiſſe les compaignies qu'il n'ait paſſé deux ans. Puis ſi on luy demande que c'eſt qu'vn Sanglier à ſon tiers an, peut reſpondre que c'eſt vne beſte qui a trois ans accomplis, venant à ſon quart an : puis ſi on luy demande que c'eſt qu'vn Sanglier en ſon quart an, il peut reſpondre, que c'eſt vne beſte qui a quatre ans accomplis, venant au cinquieſme.

Et tout ainſi qu'on dit, Cerf de dix cors courable, au prealable peut on dire, Sanglier en ſon quart an courable, n'ayant point de refus. Puis ſi on luy demande que c'eſt qu'vn grand vieux Sanglier, il peut dire, que c'eſt vn Sanglier, qui a laiſſé les compaignies il y a plus de quatre ans, ou autrement le peut dire, porc entier, ou grand vieux Sanglier. En apres, ſi le Veneur fait ſon rapport, et qu'on luy demande où le Sanglier a eſté viure la nuict, il peut dire qu'il a eſté faire ſes mangeures aux gaignages, qui ſe prennent pour champs, et autres lieux où croiſſent toutes ſortes de bleds comme i'ay dit. Mais ſ'il voyoit qu'il euſt fait ſes boutis dedans des prez ou fraicheurs, il doit appeler celà vermiller : comme diſant, le Sanglier a vermillé en tel lieu. Et ſi de fortune il auoit fait ſa nuict aux fouges, ou au parc, le Veneur doit dire, qu'il a fait ſes boutis au parc ou à la fouge : car il faut entendre que toutes eſpeces de fruits qu'il peut manger, ſans fouger, ſe doiuent nommer mangeures, et toutes les autres choſes, où il leue la terre auec le nez (autrement appelé boutoüer) pour auoir les racines, ſe doiuent nommer fouge : mais aux lieux frais là où il ne fait que leuer vn peu la terre auec le bout du boutoüer, celà ſe doit nommer vermiller, qui eſt, autant à dire, que cercher les vers en la terre. Il y a auſſi muloter, qui eſt, quand le Sanglier va cercher les caches et greniers des mulots, auſquels ils ont aſſemblé le bled, gland, et autres fruicts. Et quand ils vont aux prez, et autres lieux, paiſtre l'herbe, telle choſe ſe doit nommer herbeiller, comme diſant : le Sanglier a herbeillé en tels lieux. Voilà comme le veneur doit ſpecifier les termes de la venerie du Sanglier, en faiſant ſes rapports.

Des iugements que le Veneur doit ſçauoir pour cognoiſtre vn grand Sanglier : Et premierement du iugement du pied.

Chapitre XLIX.

OMMVNEMENT on cognoiſt les grands vieux Sangliers aux traces, deſquelles les formes en doiuent eſtre grandes et larges, les pinces de la trace de deuant rondes et groſſes, les couppans des coſtez des traces vſez, ſans ſe monſtrer trenchants, le talon large, les gardes groſſes et ouuertes, deſquelles il doit donner en terre ſur le dur par tout où il marche. Les traces de derriere doiuent marcher au coſté, par le dehors de celles de deuant, demonſtrant la groſſeur des entrecuiſſes. Les rides qui ſont entre les gardes et le talon, ſe doiuent former en la terre, en demonſtrant l'eſpeſſeur et rudeſſe du poil, ſes alleures grandes et longues. La marche de la trace doit eſtre profonde et large, monſtrant ſa peſanteur.

Du iugement des boutis.

Chapitre L.

Vand le Sanglier fera des boutis dedans les hayes, pour auoir d'vne racine qu'on appelle le parc, le veneur pourra cognoiſtre la groſſeur et longueur de ſa hure, en regardant la profondité et largeur des boutis. Auſſi il pourra cognoiſtre aux fraicheurs, là où il va faire les boutis pour vermeillier, et en autres lieux.

Le iugement du Souil.

Chapitre LI.

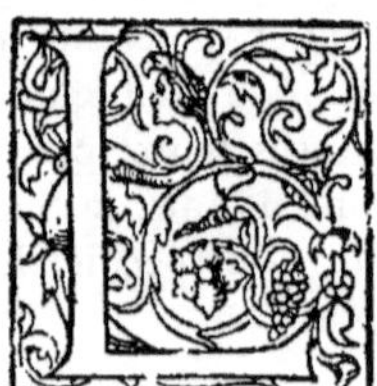

E Veneur pourra cognoiſtre par le Souil, ſi c'eſt vn grand Sanglier en voyant la longueur, et largeur, et grandeur d'iceluy ſouil : ou bien au partir du ſouil, le pourra cognoiſtre aux entrees des forts, aux fueilles, et aux herbes où le ſouil touchera, parce qu'alors qu'il en ſort il emporte la bouë et fange ſur luy, laquelle marque les fueilles en entrant dedans, par leſquelles on peut voir et iuger ſa hauteur et groſſeur. Ou bien aduient ſouuenteſſois qu'apres que le Sanglier ſ'eſt ſouillé, il ſe va frotter contre vn arbre, à laquelle il marque ſa hauteur. Et ſ'il a eſté faſché des Chiens, ou qu'il ſoit deſpit de quelque choſe, il donnera volontiers deux ou trois coups de ſes dents ou deſenſes dedans l'arbre, comme ſi c'eſſoient coups de dagues : là où le Veneur en pourra auoir iugement, tant de ſa hauteur, que de la groſſeur et largeur des deſenſes. Il ſe peut iuger auſſi par la bauge, car les grands Sangliers en leur venaiſon font leurs bauges profondes en la terre, et au partir d'icelles iettent leur fiante, qui ſe nomment en terme de Venerie, leſſes, leſquelſes doiuent eſtre groſſes et longues, demonſtrant la largeur du boyau : car tant plus vne beſte eſt vieille, et tant plus elle a le boyau large : combien que le veneur ne les doit point apporter à l'aſſemblee, mais doit ſuffire de les regarder aux lieux où il en trouuera.

La difference d'entre les Sangliers, et les Porceaux priuez.
Chapitre LII.

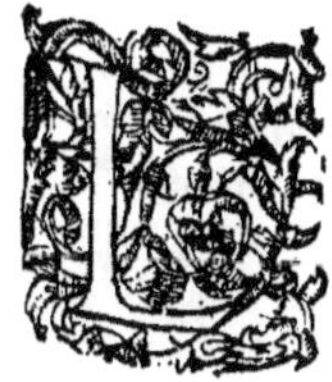

A difference d'entre les Sangliers et Porceaux blancs, eſt telle, que les beſtes noires en leurs alleures mettent touſiours la trace de derriere dedans celle de deuant, ou bien pres, et appuyent plus de la pinſe que du talon, fermant l'ongle de deuant, et donnent communement des gardes en terre, leſquelles ils eſlargiſſent par dehors, les coſtez des ongles des traces tranchants et couppants la terre : qui eſt au contraire des Porceaux blancs : car ils ouvrent les ongles de deuant, en laiſſant tout plein de terre entre deux, et ſont communement ronds et vſez, appuyant plus du talon que de la pinſe. Auſſi qu'aux Porceaux blancs le pied de derriere ne marche point dedans celuy de deuant, et leurs gardes ſe fichent toutes droictes en la terre, ſans ſ'éſcarter, et les coſtez des ongles ne font que fouler la terre, ſans la trancher. Auſſi que le deſſoubs de la ſolle des Porcs blancs eſt plain de chair, qui ne peut pas applanir la forme de la trace, comme fait celle du Sanglier. Il y a pareillement grande difference aux boutis : car vne beſte noire les fait plus profonds, à cauſe qu'elle a la hure plus longue, et quand elle arriue dedans les champs ſemez, elle ſuit volontiers vn rayon, nazillant et vermillant tout le long d'vn ſeillon, iuſques à ce qu'elle ſoit au bout : ce que ne font les Porceaux blancs, car ils ne ſuiuuent pas leurs boutis comme font les Sangliers, mais ſeulement en font vn en vn endroit, l'autre plus loing, en trauerſant les ſeillons, ſans que leurs boutis ſ'entretiennent l'vn auec l'autre. Semblablement on les peut cognoiſtre l'vn de l'autre aux gaignages, quand ils vont au grain, car les Sangliers abbatent le bled tout en rond, là où les Porceaux blancs ne le ſont pas.

La difference des Sangliers entre le maſle et la femelle.
Chapitre LIII.

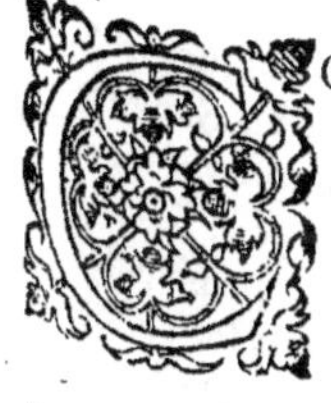

OMBIEN que les Veneurs veulent dire qu'il n'y a iugement ne cognoiſſance aux beſtes de compagnies qui ſont ſoubs l'aage de deux ans, pour cognoiſtre les maſles d'auec les femelles : ſi eſt-ce que i'ay veu pluſieurs fois des cognoiſſeurs en ces pays de Poictou, qui cognoiſſoient le maſle d'auec la femelle entre les cochons nez de l'année, ſuiuans la mere, deſquels ay voulu entendre les raiſons, qui ſont : Que les maſles eſtans apres la mere, s'escartent communement plus loing que les femelles, et vont naziller et vermeiller à douze ou à quinze pas loing de la mere, parce qu'ils ont plus grand hardiesse que n'ont les femelles, lesquelles font le contraire, car elles suiuent la mere le plus pres qu'elles peuuent, d'autant que elles n'ont pas le cueur ne la hardiesse de leur escarter, comme les masles. Et le cognoissent encores aux alleures, disans que tout masle eslargist plus les iambes de derriere en marchant, que la femelle, et que communement ils mettent la trace de derriere sur le bord de celle de deuant par le dehors, à cause des entre-cuisses, et des suites qui leur font eslargir les iambes de derriere : ce que les femelles ne font pas, car elles sont vuides entre les cuisses, qui les cause marcher plus estroit, et au dedans des alleures. Aussi le peut on cognoistre aux gardes, car le Sanglier masle les a communement plus grosses, plus grandes, et plus pres du talon que n'a la femelle, laquelle les a hautes, courtes, deliees, et pres l'vne de l'autre, qui est la cause pourquoy bien souuent elle ne donne point des gardes en terre, et encores qu'elle en touche, elles se monstrent fort petites et deliees, sans s'escarter que bien peu. Aussi communement la femelle ne fait pas si bon talon que fait vn ieune Sanglier, et a les ongles plus longs et aigus deuant, et plus ouuerts que n'a vn ieune Sanglier. La femelle a les traces et les solles de derriere plus estroictes que celle du masle.

Comme on doit chasser et prendre le Sanglier à force, auec les Chiens courants.

Chapitre LIIII.

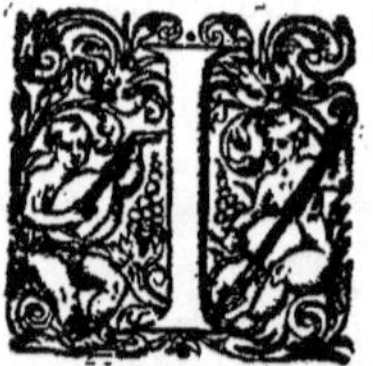

IL faut entendre qu'on ne doit iamais assaillir vn ieune Sanglier en son tiers an, pour le prendre à force, car il courra plus longuement qu'vn Cerf ne portant que six cornettes. Mais quant il a son quart an, il se peut prendre à force, tout ainsi que le Cerf de dix cors, toutesfois qu'il court plus longuement. Dont si le Veneur destourne au matin vn Sanglier en son quart an, il doit regarder s'il s'est retiré de bonne heure au fort : car communement Sangliers qui attendent le iour à leuer pour se retirer en leur fort, suiuans longuement les routes et chemins, principalement en pays où il y a de la nouzille, et de la faine, dequoy ils font leurs mangeures, sont volontiers meurtriers de Chiens, et hardis. De telles beftes le Veneur fe doit point craindre d'approcher, et les deftourner le plus court qu'il pourra : car ils ne f'en cuideront pas aller pour luy : mais f'il reuoit d'vn Sanglier qui fe fouille fouuent, et qu'il face vn boutis en vn endroit, puis à vn iect d'arbalefte vn autre, tirant pays fans f'arrefter, c'eft figne que c'eft vne befte effrayee, qui f'en va en quelque lieu demeurer. Tels Sangliers qui font ainfi effrayez, fe retirent communement deux ou trois heures auant iour en leur fort. Et faut bien que le Veneur fe donne garde d'approcher d'eux, car f'ils prenoient le vent de luy, et de fon Chien, ils f'en iroyent, et ne les cuideroit iamais rapprocher.

Quand vn Sanglier veut demeurer en vn fort, il fait toufiours à l'entree d'iceluy fa rufe, en quelque route ou chemin, puis entre dedans fon fort pour fe mettre à la bauge : et par ainfi le Veneur eftant au matin au bois, pourra iuger de la malice des Sangliers, et felon qu'il verra, dreffera fa meute de Chiens au laiffez-courre : car à vn grand Sanglier malicieux et de repos, il le faut charger de Chiens d'arriuee, et que les piqueurs foient toufiours meflez parmy eux, en le preffant le plus fort qu'ils pourront, pour luy ofter le cueur : d'autant que f'ils ne luy donnoient que huit ou dix Chiens, il n'en feroit cas, et quand ils l'auroyent vn peu efchauffé, il reprendroit fon cueur, et ne feroit que tenir les abbois, en courant fus à tout ce qu'il verroit deuant luy. Mais quand il fe voit chargé de Chiens et de piqueurs d'arriuee, qui le preffent vn petit, il f'eftonne, et perd le cueur, alors eft contraint de fuir et dreffer pays.

Il faut mettre des relais, mais ce doiuent eftre des plus vieux et fages Chiens des meutes : d'autant que fi on mettoit les ieunes Chiens viftes et vigoureux aux relais, alors que le Sanglier auroit accourcy fes fuites, il les pourroit tuer en telle furie. Mais fi c'eftoit quelque Sanglier fuyard, qui euft accouftumé de prendre les campagnes, et tirer pays, on ne luy doit donner que huit ou dix Chiens de la meute, et mettre les autres au relais, à l'entree du pays où il voudra aller : car tels Sangliers ne cuident pas tenir les abbois qu'ils ne foient forcez : et quand ils les tiennent, les piqueurs y doiuent aller le plus fecrettement qu'ils pourront, fans mener bruit : et puis quand ils feront aupres du lieu où fera le Sanglier, ils fe doiuent efcarter tous autour du lieu où il eft, allans d'vne courfe droit à luy : et n'eft poffible qu'ils ne luy donnent vn coup d'efpee. Et ne faut pas qu'ils tiennent la main baffe, car ils donneroient dedans la hure, mais faut qu'ils leuent la main haute, et qu'ils donnent les coups d'efpee en plongeant, fe donnant garde le piqueur de donner au Sanglier du cofté de fon cheual, mais de l'autre cofté : car du cofté que le Sanglier fe fent bleffé, il tourne incontinent la hure, qui feroit caufe dequoy il tueroit ou blefferoit fon cheual.

Que f'il eft en pays de plaine, il doit mettre vn manteau deuant les iambes de fon cheual : puis doit tuer le Sanglier à paffades fans f'arrefter.

C'eft vne chofe certaine qui fi on met des colliers chargez de fonnettes au col des Chiens courants, alors qu'il courent le Sanglier, il ne les tuë pas fi toft, mais il f'enfuira deuant eux, fans tenir les abbois.

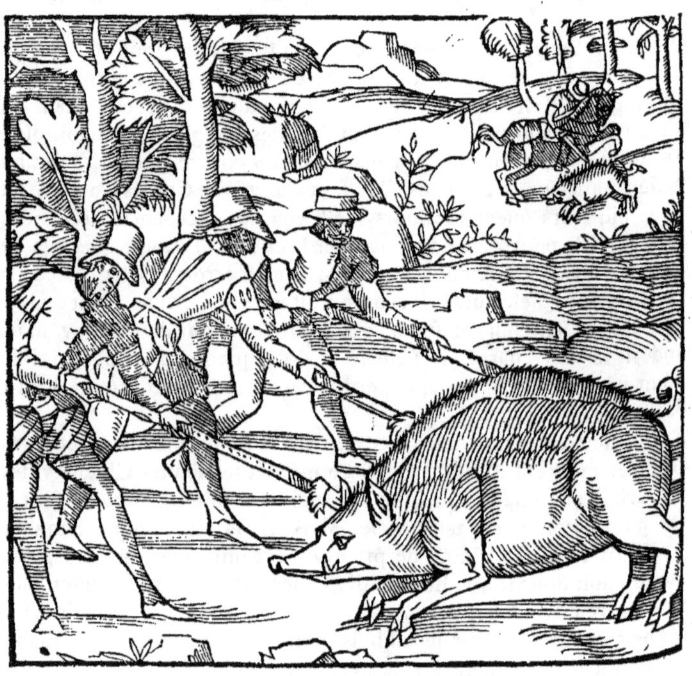

Fin de la chaffe du Sanglier.

La chasse du Lieure.

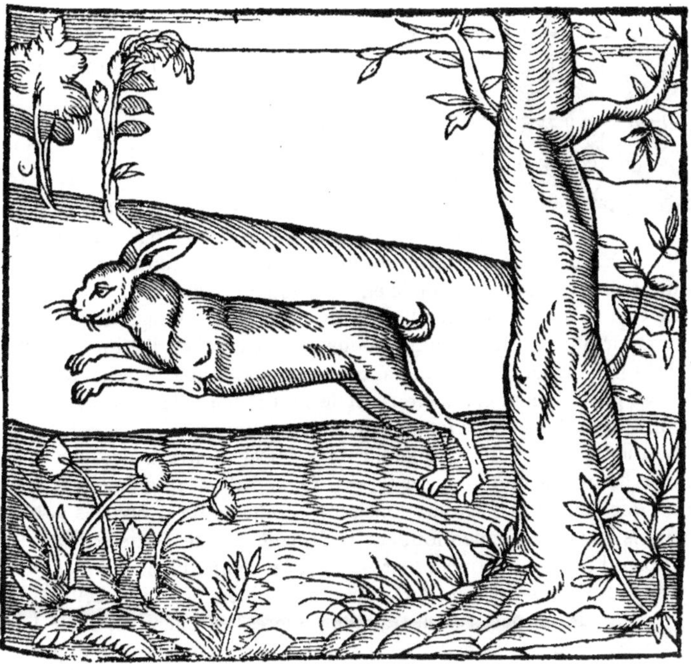

LIEVRE ic ſuis de petite ſtature,
Donnant plaiſir aux nobles et gentils :
D'eſtre leger et viſte de nature,
Sur toute beſte on me donne le pris.

De la propriété du Lieure, et pour cognoiſtre le maſle d'auec la femelle.

Chapitre LV.

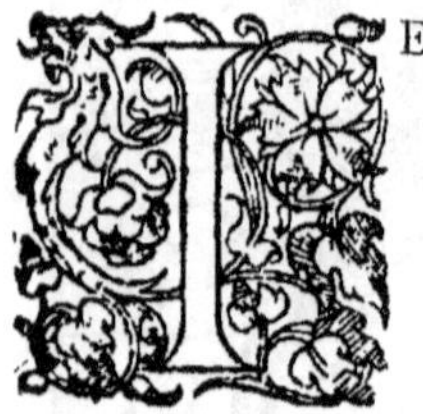
E commanceray aux vertus et proprietez du Lieure, leſquelles ſont grandes : ſelon la ſtature de la beſte.

Premierement, le ſang du Lieure eſt grandement deſſicatif : ſi vous l'appliquez ſur quelque rongne ou dartre, il la deſſeche et guariſt. Le Lieure a vn petit oſ dedans la ioincture des iambes, lequel eſt ſouuerainement bon pour la colique-paſſion. Sa peau bruſlee et miſe en poudre, eſt vn ſouuerain remede pour arreſter le ſang d'vne plaie en l'appliquant deſſus.

Le Lieure nous a monſtré l'herbe de la Cicoree ſauuage, laquelle eſt fort bonne aux melancholiques : pour autant qu'il eſt l'animal le plus triſte et melancholique que nul autre : et pour ſe guarir de ſa triſteſſe, ſ'en va giſter volontiers deſſous icelle herbe, laquelle les anciens ont nommee *Palatium Leporis*, dit Palais du Lieure.

Le Lieure de ſa nature, cognoiſt de vingt et quatre heures en vingt quatre heures la mutation du temps. Quand il va au giſte, il ne veut point que l'eſgail ny l'eau luy touchent, à ceſte cauſe il ſuyt les grands chemins et voyes. Et bien ſouuent la femelle fait de petits ſentiers, en couppant l'herbe et petites branches auec les dents. Et pour autant que il y en a quelques-vns qui ſont ladres, qui ſuiuent les eaux, ceux là ne ſont point de ſentiers, et ne ſuyuent gueres les chemins, mais ſont leurs ruzes dedans les eaux. Et deuez ſçauoir qu'on ne trouue gueres de femelles ladreſſes, comme on fait des maſles : à cette cauſe le piqueur pourra iuger quel Lieure c'eſt, et où il ſera giſté, en voyant ſa nuit.

Les Lieures vont au rut communement en Ianuier, Feurier, et Mars, allans cercher les femelles, iuſques à ſept ou huit lieües loing d'où ils ſont nez, ſuiuans les grands chemins, comme ie declaireray cy apres.

Le maſle attend mieux les Chiens et de plus pres au giſte, que ne fait pas la femelle, à cauſe qu'il ſe ſent plus viſte, le corps plus diſpos et hardy.

Si au partir du giſte le Lieure leue les oreilles, ne fuyant point de puiſſance, et qu'il retrouſſe la queüe ſur l'eſchine, c'eſt ſigne d'vn fort et malicieux Lieure. Combien que Phebus dye qu'il n'y a point de iugement entre le maſle et la femelle des Lieures : ſi eſt ce que ie luy prouueray le contraire. Car le masle a communément son repaire ou ses crottes plus petites, plus seches, et plus aiguillonnées au bout, que non pas la femelle, laquelle les fait grosses, rondes, et non si seches que le masle. La raison est, que la femelle ne fait pas tant de païs la nuit, et aussi qu'elle est beaucoup plus grande : qui est la cause qu'elle iette ses crottes plus grosses. Par autre moyen cognoistrez le masle aux Chiens, en deffaisant sa nuit : car il bat plus grands chemins et carrefours, prenant plus grand païs en lieux descouuerts, que la femelle, et fait ses ruzes plus sottes, et de plus grand espace : la femelle, les fait plus courtes, et par lieux plus couuerts, en tournoyant comme vn Connil autour des brosses. Et si la femelle va faire sa nuict dedans les bleds vers, elle ne trauerse gueres les seillons, mais les suit de long, et s'arreste aux plus fortes brosses du bled pour viander : ne luy suffisant pas d'en manger son saoul, car elle le coupe, et laisse dans les seillons.

Plus, on cognoist le masle, en le voyant partir du giste, par ce qu'il a le derriere tout blancheastre, comme s'il auoit esté plumé. Ou bien le cognoistrez par les espaules, lesquelles sont communément rouges, ayant parmy quelques poils longs.

Semblablement le cognoistrez à la teste, laquelle il a plus courte et plus ioffuë que la femelle, le poil et barbe des iouës long, et a volontiers les oreilles courtes, larges, et blancheastres, qui est au contraire de la femelle, car elle a la teste longue et estroite, et les oreilles grandes : le poil de dessus de l'eschine d'vn gris tirant sur le noir. Et volontiers quand les Chiens chassent la femelle, elle ne fait que tournoyer autour de son païs, passant sept ou huict fois par un mesme lieu, sans se vouloir iamais forpayser. Le masle fait le contraire, car si les Chiens le chassent, et qu'il y ait fait deux tours autour de son giste, alors il prend congé de sa meute, et s'en va aucunesfois trois ou quatre lieües loing sans s'arrester, en quelque païs où il aura esté autre fois, duquel il pourroit estre venu : car les Lieures vont aux passages à sept ou huit lieües loing, et les pourez cognoistre en ceste maniere.

Quand vous verrez que voz Chiens trouueront la nuict d'vn Lieure dedans les carrefours ou chemins, et qu'il aura fort ruzé sur quelques petits coustaux secs, sans auoir gueres faict de païs, ne s'estre pourmené dedans les bleds, c'est signe que c'est vn Lieure qui n'est que venu, lequel se sera arresté au plus haut lieu, pour regarder le païs et le lieu où il ira faire son giste, et pour se sauuer, si les Chiens, ou autres choses le rencontroient.

Vous le pourrez encore cognoistre en ceste sorte.

Communément les Lieures de passage, font leur giste au couuert par autant qu'ils ſont en doute et crainte : et quand les Chiens les trouuent, ils font les rompus, ſe faiſans relancer deux ou trois fois : par ce qu'il leur fache de ſortir du fort, ne ſachant le païs : mais alors qu'ils voyent que les Chiens les preſſent, ils prennent les chemins par où ils ſont venus, et ſ'en retournent en leur pays. Par ainſi, ſi vn Lieure ſe fait relancer deux ou trois fois aupres de ſon giſte, c'eſt ſigne que c'eſt vn Lieure de paſſage, qui pourra emmener les Chiens bien loing.

Des fineſſes et malices des Lieures, que les piqueurs doiuent entendre pour les prendre à force.

Chapitre LVI.

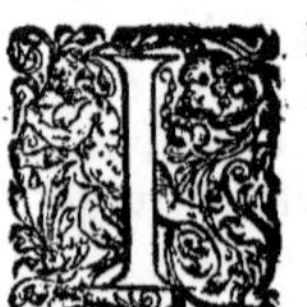

E veux bien dire la chaſſe du Lieure eſtre plus plaiſante et de plus grand eſperit, pour les gentils-hommes, que de nulle autre beſte, d'autant qu'ils trouuent leur plaiſir à toutes heures, et auec petis frais, voyant touſiours courir leurs Chiens deuant eux : parquoy peuuent iuger, ſans prendre grand peine ne trauail, leſquels ſont les meilleurs, et mieux chaſſans, requerans et forcenans. Et auſſi que c'eſt grand plaiſir de veoir l'eſprit de ce petit animal, et des ruzes qu'il fait pour ſe deſſaire des Chiens. Et faut que les piqueurs y ſoyent fins, et d'eſprit, pour entendre ſes ruzes, et malices : ce que i'ay pratiqué toute ma vie, qui m'a cauſé mettre par eſcrit vne partie des experiences qu'en aurois peu veoir, cognoiſtre, et entendre.

Premierement, le piqueur qui ſera apres les Chiens, doit regarder au partir du giſte pluſieurs points. Sçauoir eſt, quel temps il fait : car ſi c'eſt vn temps de pluye, le Lieure dreſſe et ſuit plus les chemins qu'en autre temps, et ſ'il arriue à quelque bois taillis, il n'entre pas dedans, mais ſe relaiſſe au bort, et laiſſe paſſer les Chiens : puis quand ils ſont outre-paſſez, ils ſ'en retourne ſur ſes meſmes pas par où il ſera venu, au païs où il aura eſté pouſſé : par ce qu'il ne veut pas entrer dans les forts, à cauſe de l'égail, qui eſt parmy le bois.

A telles ruzes le piqueur doit demeurer à cent pas pres du bois, par où le Lieure ſera venu, car il ne faudra point à le veoir retourner ſur ces pas droit à luy : et pourra à l'heure le piqueur ſorhuer ſes Chiens, et les rappeler, d'autant qu'il ſeroit malaiſé qu'ils redreſſaſſent telles ruzes, par ce qu'ils ne cuident pas que le Lieure ſoit retourné ſur luy : auſſi qu'ils penſeroient que ce fuſt le contrepié. Plus doit regarder en quel lieu on trouuera le giſte du Lieure, et de quel vent il ſ'eſt caché : car ſi c'eſt du vent de Galerne ou Hautain, il ne cuidera pas fuir le nez dedans, mais le couſtoyera, ou luy tornera le cul. Auſſi que ſ'il fait ſon giſte en l'eau, c'eſt ſigne qu'il eſt ladre : à tels Lieures le piqueur doit

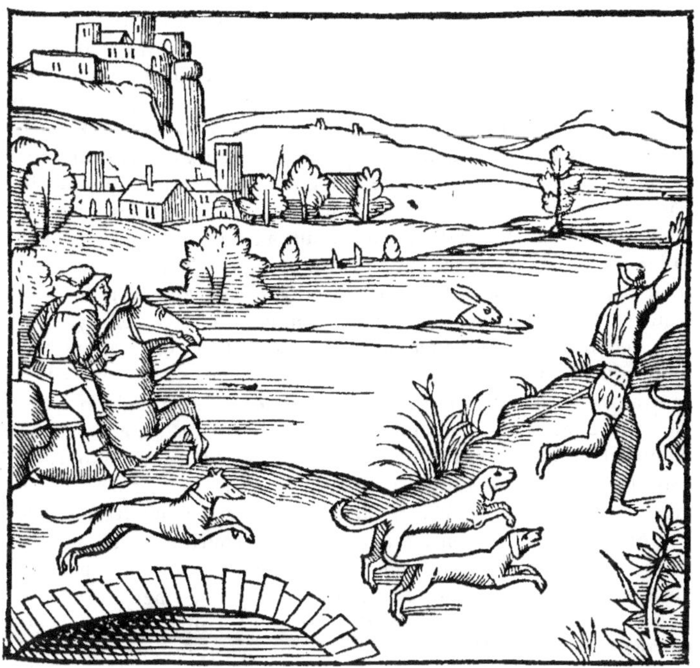

prendre garde tout le iour, dedans les eaux : car ils y font volontiers leurs ruzes et fineſſes. D'auantage, le piqueur regardera ci c'eſt vn maſle ou une femelle, et ſ'il eſt nourry au pays : ce qu'il pourra cognoiſtre par ce que i'ay declaré cy-deſſus : car c'eſt vne choſe certaine qu'vn Lieure nourry au pays, principalement la femelle, ſi le piqueur regarde le premier pays et cerne qu'il prendra la premiere fois au partir du giſte, eſtant deuant les Chiens, tous les autres qu'il fera tout le iour feront par meſmes lieux, et feront par meſmes paſſés et muſſes : ſi ce n'eſt, comme i'ay dit, quelque Lieure maſle qui fuſt venu de loing, ou bien que les Chiens l'euſſent ſi malmené et laſſé, qu'il fuſt contraint d'abandonner ſon pays, et ſe forpaiſer : ce qu'ils font volontiers quand ils ont eſté chaſſez deux heures ſans deſſaut. Au commancement que les Chiens chaſſent les Lieures, ils ne ſont que tournoyer, paſſans cinq ou ſix fois par vn lieu, et ſur leurs meſmes pas. Et faut entendre que ſi les Chiens courans faillent à prendre vn Lieure vn iour, le piqueur peut bien regarder le pays, et les lieux par où il aura paſſé : car ſi vne autre fois il le retrouue, et que les Chiens le chaſſent, il paſſera par meſmes lieux, et fera meſmes ruzes qu'il aura faites le iour qu'il ſe fera ſauué : et par ce moyen pourra cognoiſtre ſa malice, et le pays où il voudra aller, et beaucoup aider à ſes Chiens.

I'ay veu vn Lieure ſi malicieux, que depuis qu'il oyoit la trompe, il ſe leuoit du giſte, et euſt il eſté giſté à vn quart de lieuë de là, et ſ'en alloit nager en vn eſtang, ſe relaiſſant au milieu d'iceluy ſur des ioncs, ſans eſtre aucunement chaſſé des Chiens : puis à la fin ie deſcouury ſa fineſſe, car ie m'en allay cacher ſecrettement au long de l'eſtang, pour ſçauoir qù'il deuenoit, lors allay faire decoupler les Chiens là où ie le penſois trouuer, et incontinent qu'il ouït la trompe, il ſe leua d'effroy, et ſ'en vint deuant moy ſe relaiſſer au milieu de l'eſtang, et pour pierre ou motte que ie luy ſçeuſſe ietter, ne voulut bouger de là : alors ie fus contraint me deſpouiller pour le faire deſloger, et attendit preſque à eſtre pris auec la main, premier que vouloir bouger : me voyant pres de luy, il ſe met à la nage, et ſortit deuant les Chiens, où il courut encores l'eſpace de trois heures, premier que d'eſtre pris, nageant et faiſant toutes ſes ruzes dedans les eaux. I'ay veu courir Lieure bien deux heures deuant les Chiens, qui apres auoir couru venoit pouſſer vn autre, et ſe mettoit en ſon giſte. I'en ay veu d'autres, qui nageoient deux ou trois eſtangs, dont le moindre auoit quatre vingt pas de large. I'en ay veu d'autres apres auoir eſté bien courus l'eſpace de deux heures, entroient par deſſous la porte d'vn tect à brebis, et ſe relaiſſoient parmi le beſtail. I'en ay veu, quand les Chiens les courroient qui ſ'alloient mettre parmi vn trouppeau de brebis, qui paiſſoit par les champs, ne les voulans abandonner ne laiſſer : dont fus contrains de coupler mes Chiens, et faire toucher les brebis à la Bergere iuſques dedans le tect : et alors qu'il vit les maiſons, ſe depart, et ſ'en va : là ie decouple mes Chiens, et le pris. I'en ay veu d'autres, et que quand ils oyoient les Chiens courants, ſe cachoient en terre. I'en ay veu d'autres qui alloient par vn coſté de haye, et retournoient par l'autre, en ſorte qu'il n'y auoit que l'eſpeſſeur de la haye entre les Chiens et le Lieure : I'en ay veu d'autres, quand ils auoient couru demye heure, ſ'en alloient monter deſſus vne vieille muraille de ſix pieds de haut, et ſ'alloient relaiſſer en vn pertuis de chauffaut, couuert de lierre. I'en ay veu d'autres qui nageoient une riuiere, qui pouuoit auoir huit pas de large : et la paſſoient et repaſſoient, en la longueur de deux cens pas, plus de vingt fois deuant moy.

A ceſte cauſe, faut que le Piqueur ſoit caut, et fin, pour chaſſer le Lieure : car il eſt certain que ſi les Chiens ſçauent bien prendre le Lieure à force, ils pourront courir toutes beſtes : et eſt le vray principe et commancement pour les dreſſer et affiner le nez.

Puis quand on les veut dreſſer pour le Cerf, ils abandonnent aiſément le Lieure, par ce que la venaiſon du Cerf eſt plus friande que celle du Lieure, et plus deſirée des Chiens courants, auſſi que le Cerf a plus grand vent et ſentiment. Les Lieures ne viuent que ſept ans pour le plus, et principalement les maſles. Ils ont ceſte malice, que ſi le maſle et la femelle ſont accompagnez enſemble en vn pays, iamais n'y laiſſeront demourer autres Lieures eſtranges, ſ'ils peuuent, ſi ce n'eſtoient ceux qu'ils ont engendrez. Et pource dit on : Tant plus on chaſſe en vn pays, et plus on y trouue de Lieures : parce que ceux des autres pays y viennent.

Comme on doit dreſſer les ieunes Chiens pour le Lieure.

Chapitre LVII.

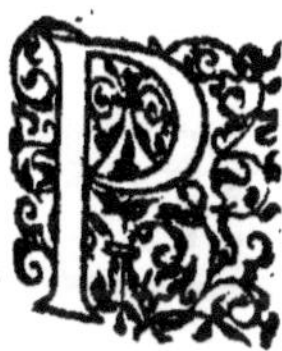

Remierement, à la chaſſe du Lieure, il eſt requis qu'il n'y ait que deux ou trois piqueurs, pour le plus : dont faut qu'il y en ait vn qui menace les Chiens qui demoureront derriere : les autres les doiuent faire chaſſer et requeſter : car ſ'ils eſtoient grand nombre de piqueurs qui parlaſſent aux Chiens, ils romproient les erres du Lieure, ou bien eſtonneroient les Chiens aux deffaux : parce que le Lieure, fait tant de ruzes que les Chiens ne ſçauent aucunes fois où ils en ſont : et ne ſont que leuer la teſte, pour demander ſecours à leur maiſtre : lequel alors doit prendre ſes cernes et enceintes autour du deffaut, en les reſiouiſſant : ce qu'il ne ſçauroit faire ſ'il eſtoit ſoulé des piqueurs. Celuy qui dreſſe et fait chaſſer les Chiens, doit porter vne grande gibbeciere, de toile, pleine de friandiſes pour leur donner, afin qu'ils le cognoiſſent : car les Chiens veulent ſur tout cognoiſtre leur maiſtre, ſa voix, et ſa trompe, et alors qui les forhuera, il cognoiſtra qu'ils viendront plus toſt à ſa voix qu'à celle d'un autre, laiſſans toutes choſes pour venir à luy : auſſi ne les doit il iamais forhuer, n'appeler en faute.

Et ſ'il aduient qu'il vueille faire retourner ou venir les Chiens à luy, pour les faire entrer en quelque taillis ou fort, il les doit appeler en ceste forte.

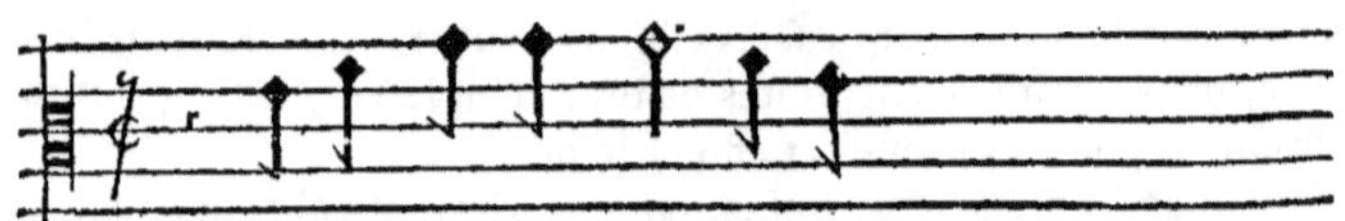

En fonnant de la Trompe vn fon bien long, comme ainfi,

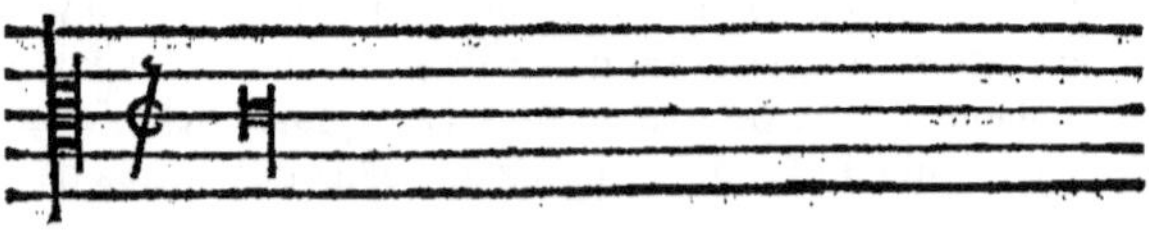

Puis quand les Chiens feront tous arriuez à luy, il doit regarder quelque belle muffe ou paffée, pour les faire entrer dedans le taillis : à laquelle muffe il doit ietter vne poignée de petites friandifes de fa gibbeciere, en frappant de fa gaule, et criant ainfi,

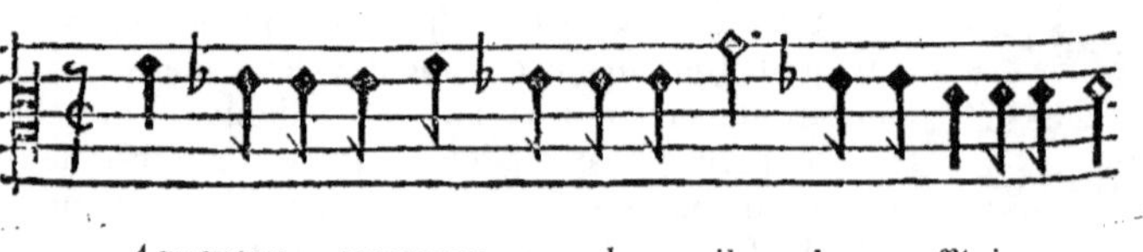

Et faut entendre qu'on ne doit iamais fonner en quefte le grefle de la trompe, mais bien le gros tant qu'on voudra, fi ce n'eftoit que le piqueur voulust appeller fes Chiens à luy : ou bien qu'il les voulust faire retourner d'vn pays pour aller en un autre, comme i'ay dit deffus : alors pourroit fonner vn mot long, tout feul, du grefle de la trompe. Et quand les Chiens feroient venus à luy, il ne faut pas qu'il f'oublie de leur ietter quelques petites friandifes, à fin de ne fe moquer point d'eux. Car lors qu'il fonnera le grefle, il faut que fes Chiens entendent que le Lieure eft debout, et que leur maiftre les appelle pu forhue, pour autant que f'il fonnoit le grefle en la quefte, les Chiens n'entendroient et ne cognoiftroient la difference d'entre la quefte et le forhu.

Il faut icy noter deux fecrets, dont le premier eft : Que fi le piqueur a vne ieune meute de Chiens à dreffer, il doit regarder le pays où il leur fera les premieres curees, et de quoy : car felon les lieux où ils feront dreffez au commancement, et felon les beftes qu'on leur voudra faire courir, et de quoy on leur fere curee, il leur en fouuiendra toufiours. A cette caufe, fi au commancement qu'on dreffe de ieunes Chiens, on leur accouftume d'eftre defcouplez et dreffez aux plaines, f'ils y pouffent des Lieures, et qu'ils y ayent plaifir, toute leur vie il leur en fouuiendra, et alors qu'on les defcouplera dedans les bois, ils ne feront cas d'y quefter, mais iront cercher les plaines et champs où ils auront accouftumé d'auoir plaifir, et trouuer les Lieures. Ne plus ny moins en feront ils aux bocages, fi au commancement ils y font dreffez, et qu'ils y ayent eu plaifir, penfant y trouuer toufiours leur gibbier. Et par ainfi, il eft befoin de dreffer les Chiens dedans le pays où l'on fe veut tenir : car Chiens courans qui font nourris aux plaines, ne peuuent accouftumer les bocages : ne plus ne moins que ceux qui font nourris aux bocages ne peuuent accouftumer les plaines. L'autre fecret eft, qu'il ne faut iamais dreffer n'accouftumer les Chiens à chaffer les matinees, à caufe de la roufee et fraifcheur de la terre : d'autant que fi vous leur accouftumez telles fraifcheurs et humiditez, et qu'apres vous les voulufiez mener à la chaffe fur le haut du iour, et qu'ils fentiffent la chaleur du Soleil, et la roufee tombee, ou quelque petit vent arre, ils ne voudroient chaffer ne quefter, mais f'en iroient cercher les ombres pour fe cacher. Et par ainfi, il eft befoing d'accouftumer et dreffer les Chiens fur le haut du iour, et non aux matinees. La droitte faifon pour commancer à dreffer ieunes Chiens, eft en Septembre, Octobre, et Nouembre : parce que le temps eft temperé, et que les chaleurs ne font trop vehementes, et auffi que les ieunes Lieures font fots, et n'ont point de corps, ne fçachans faire encores leurs ruzes et malices, et fe font relancer plufieurs fois deuant les Chiens, lefquels y prennent fort grand plaifir, et fe dreffent mieux qu'ils ne feroient pas f'ils fuyoient, et f'efloignoient d'eux.

Il eft tout certain que les Lieures ont plus grande fenteur, et font mieux courus des Chiens quand ils viandent et paiffent les bleds verds, qu'en toutes autres faifons de l'annee. Toutesfois il y en a qui de nature ont plus grand fenteur les vns que les autres, et qui font plus defirez des Chiens, comme les grands lieures de bois, et ceux qui font ladres, lefquels fe tiennent pres des eaux. Mais les petis Lieures rouges, qui font du genre des Connils, n'ont pas fi grand fentiment, et ne font pas tant defirez des Chiens courants que les autres. Ceux qui viandent ſur les pelouzes ou petits couſtaux, d'vne herbe qui ſe nomme Serpolet, ou poliot, ſont communement ſorts Lieures, et courent longuement. Auſſi il y a des Lieures plus malicieux les vns que les autres, et principalement les femelles, car elles ſont leurs ruzes plus courtes, et plus ſouuent que ne font pas les maſles, ce que les Chiens n'aiment pas; parce qu'il faſche à Chiens vigoureux et de cueur, de tournoyer ſi ſouuent, d'autant qu'ils deſirent vne beſte qui ſuye deuant eux, pour courir à leur force. A tels Lieures qui ruzent ſi ſouuent, il eſt requis de faire les cernes grands, à fin d'entendre toutes leurs ruzes, et n'en trouuer que la ſortie : ce faiſant on abbrege bien leur force, et les contraint on de ne ruzer plus. Il y en a auſſi qui fuyent les chemins et voyes, deſquels les Chiens ne peuuent auoir ſentiment, à cauſe qu'il n'y a branche, herbe, ne aucune humidité où ils touchaſſent du corps, par où les Chiens en peuſſent aſſentir, ainſi qu'ils feroient ſ'ils eſtoient en autres lieux couuerts, comme bois, bleds et autres fraiſcheurs. Et pource quand le piqueur trouuera tels Lieures, et qu'il verra le deffaut de ſes Chiens en vn Chemin, il les doit pouſſer outre tout le long du chemin, les ſuiuans touſiours iuſques à ce que les Chiens en trouuent la ſortie, ou bien qu'il ait trouué vne petite vallee ou fraiſcheur par le milieu du chemin, où les Chiens en peuſſent auoir ſentiment. Et luy meſme doit mettre pied à terre, regardant en la poudre, ou autres lieux, pour en reuoir par pied : ce qu'il cognoiſtra aiſement, car la forme du pied du Lieure eſt aiguë, et faicte à la ſemblance d'vne pointe de couſteau, ayant ſes petits ongles fichez tous droits en terre, qui marqueront tout au tour, venant touſiours en appointiſſant : d'autant que iamais le Lieure, quand il fuit, n'ouure les ongles, comme font les beſtes puantes, mais tient touſiours ſa patte ſerree, en forme d'vne pointe de couſteau. Il y a auſſi certains pays et ſaiſons ou les Chiens n'ont aucun ſentiment des Lieures : comme en hyuer, au pays des plaines, où les terres ſont graſſes, et fortes : parce que le Lieure a la patte pleine de poil, et quand il fuit, la terre qui eſt graſſe ſe prent de contre, laquelle il emporte auec le pied, qui couure et oſte tout le ſentiment que les Chiens en pourroient auoir. Et auſſi qu'aux pleines il n'y a ne branches ny herbes où il peuſt toucher du corps, non plus que dedans les chemins. D'auantage, il faut entendre qu'il y a auſſi certains mois eſquels les Chiens n'ont point de ſentiment, comme à la ſaiſon du printemps, à cauſe de la vehemente odeur et ſenteur des fleurs, qui outrepaſſe celle du Lieure. Semblablement, faut ſe donner garde de mener les Chiens à la chaſſe quand la terre eſt gelee, car ils ſe deſſoleroient les pieds, et perdroient les ongles : qui eſt au contraire des Lieures, qui courent mieux en ce temps là, qu'en autre, à caufe qu'ils ont les pieds fourrez. Il faut parler aux Chiens quand ils chaffent en mefmes termes qu'on parle à la chaffe du Cerf, fors ou forhuz, car en lieu de crier Thia-Hillaud, il faut crier, Voy-lecy aller : et mefmes fons de trompe, excepté en la quefte, auant que le Lieure foit bouté, car on ne doit fonner que le gros, comme i'ay dit cy deffus.

Vous deuez entendre ce fecret, qui eft, que quand on dreffera des Chiens courants, on ne leur doit iamais donner curee auec les Leuriers : parce que fi on accouftume de faire prendre les Lieures aux Leuriers deuans les Chiens courants, depuis qu'on criera et forhuera, les Chiens courants ne feront que leuer la tefte, penfant toufiours voir le Lieure deuant les Leuriers, fans vouloir mettre le nez en terre, ne faire femblant de quefter ne chaffer. Mais les droittes curees qu'on doit donner à ieunes Chiens, doiuent eftre auec vieux Chiens courans, fages, lefquels les dreffferont et apprendront à faire leurs cernes.

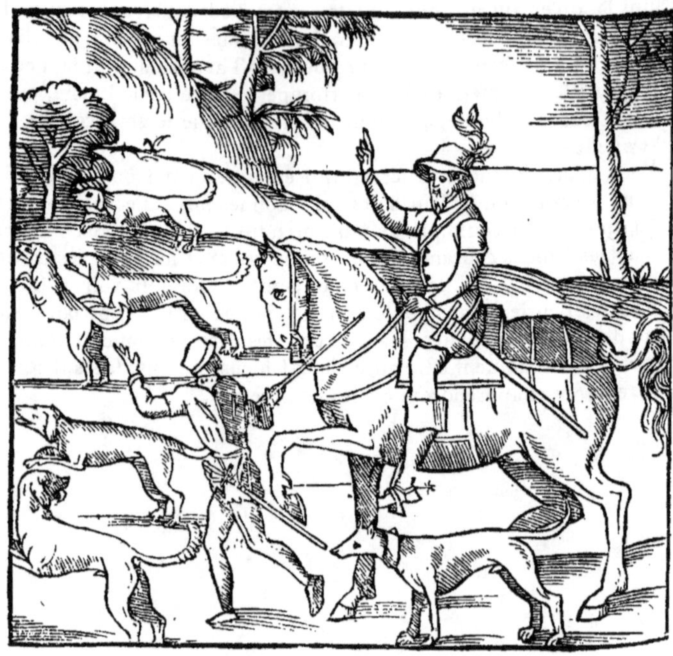

En quel temps et ſaiſon on doit chaſſer le Lieure pour le prendre à force, et comme il le faut faire queſter, requerir, et lancer aux Chiens.

Chapitre LVIII.

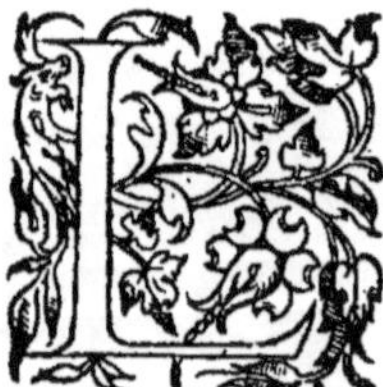

LA droite Venerie et ſaiſon pour prendre le Lieure à force, auec les Chiens courants, commance à la my-Septembre, finiſt à la my-Auril, à cauſe des fleurs : et vehementes chaleurs, qui commancent à regner, qui oſte aux Chiens le ſentiment du Lieure. Dont en Septembre les piqueurs doiuent commancer à donner curee à leurs Chiens et les renouueller : car en ce temps là, les Lieures ſont ieunes et foibles, comme i'ay dit, et ainſi que la ſaiſon ſe paſſe, leur force et vertu ſ'augmente. Ne plus ne moins eſt il des Chiens, car tant plus ils courent, et ont de curées, plus ſont ils meilleurs et vigoureux : et auſſi que l'hyuer ſ'aproche, qui augmente les fraiſcheurs. Et lors que les Chiens ont paſſe deux ans, on les peut champayer, et mener à la chaſſe trois fois la ſepmaine, car ils en valent mieux.

Quand le Seigneur voudra aller à la chaſſe, le valet de Chiens doit regarder le temps et la ſaiſon où il ſera, à fin d'aller cercher le Lieure aux gaignages, ſelon qu'ils ſeront en celuy temps, comme aux menus bleds, auoines, prez, et autres lieux auſquels il doit deſcoupler ſes Chiens. Puis ſ'il y a quelques Chiens qui viennent à rencontrer de la nuict du Lieure, le piqueur ſe doit arreſter tout court, et ne les laiſſer faire. Et alors qu'il verra qu'ils commanceront à leur aſſembler, et eſchauffer tous enſemble, il les doit reſiouir en parolles ioyeuſes, et nommer ceux qu'il verra qui feront le mieux, comme diſant, Hau Gerbaut, hau Myraut, où eſt il allé?

Il eſt tout certain que les Chiens ont plus grand ſentiment au viandy du Lieure, qu'ils n'ont pas quand il en ſort pour aller en ſon giſte, combien qu'il ſ'en aille de meilleur temps. La raiſon eſt, quand vn Lieure eſt aux champs, et qu'il viande, il ſ'aſſied volontiers, et touche du corps à terre : auſſi qu'il paſſe pluſieurs fois par vn lieu, et en paſſant et prennant ſon viandy, il donne ſenteur aux herbes de ſon haleine, ou bien y laiſſe ſes crottes, ou repaire : qui eſt l'occaſion pourquoy les Chiens y ont plus grand ſentiment qu'ils n'ont pas quand il en ſort : parce que quand il ſort de ſon viandy pour aller au giſte, il ſuit volontiers les grands chemins, routes ou ſentiers, y faiſant ſes ruzes et malices, en bondiſſant et allant le plus legerement qu'il peut. A ceſte cauſe, quand le piqueur verra que ſes Chiens auront deſſait la nuict du Lieure au viandy, et qu'ils commanceront à trouuer la ſortie par où il dreſſe pour aller à ſon giſte, ce qu'il fait communément par quelques petis ſentiers ou chemins, il les doit laiſſer faire, et aller tout bellement apres eux, ſans ſe haſter : et ſ'il veoit que ſes Chiens tombent en deffaut, c'eſt ſigne que le Lieure a fait vne ruze, et qu'il eſt allé et venu ſur luy. Alors doit crier, Hau où eſt il allé, Horua à moy Theau, ſans bouger du lieu où il ſera, car ſ'il approchoit pres d'eux, il les feroit outrepaſſer les erres du Lieure, et là les doit faire, requeſter, en les regardant faire, et les reſiouiſſant de ſa bouche, et ſ'il aduenoit que les Chiens ne peuſſent deſſaire les ruzes dedans les routtes ou chemins, il doit prendre ſes cernes autour de là, par les fraicheurs et lieux plus commodes pour le nez de ſes Chiens, parce que ſ'il trouue la ſortie des ruzes que le Lieure pourroit auoir faictes de dans les chemins, pour entrer en quelque taillis ou fort, alors ſes Chiens le pourront aller querir aiſement, et luy meſmes doit battre les broſſes auec la gaule pour leur aider à le bouter. Et ſ'il aduient qu'il trouue quelque vieux giſte, il doit mettre la main à la gibbeciere, et ietter quelque friandiſes dedans, et appeler tous ſes Chiens à luy, en criant : Aguerecy, Theau voy le lict. Et faut noter que le piqueur doit auoir vn loppin de lart grillé, enueloppé en ſa gibbeciere, dequoy il doit frotter le bout de ſa gaule, car par là pourra accouſtumer ſes Chiens à venir ſentir le bout d'icelle. Et alors qu'il les voudra faire paſſer à vne muſſe, il n'aura qu'à mettre le bout de ſa gaule en terre, et les appeller : ils ne faudront à venir incontinent, ſe battans à qui paſſera le premier. Et ſi d'auanture les Chiens ne trouuoyent le Lieure ſorty de ſes cernes, le piqueur doit ramener tout bellement ſes Chiens au lieu où aura eſté ſon deffaut, et regarder de quel coſté le Lieure auoit la teſte tournee quand il eſt entré dedans le chemin : et ſ'il l'auoit tournee aual, il doit appeller ſes Chiens et les faire queſter des deux coſtez fort longuement : car aucuneſfois les Lieures ſuiuent les chemins, pour faire les ruzes, plus d'vn grand quart de lieuë, ſans en vouloir ſortir.

En tels lieux les Chiens n'en peuuent auoir ſentiment, à cauſe de la pouſſiere, et autres raiſons que i'ay dites cy deſſus, et les Lieuree demeurent ſouuent ſur le bord des chemins, ou bien pres de là; à ceſte cauſe celuy qui menera les Chiens les doit faire queſter aux coſtez. Et ſi tous ces cernes ne pouuoient encores redreſſer les Chiens, le piqueur peut bien penſer que le Lieure a fait vn houruary ſur luy, et pourra rappeller ſes Chiens de là où il vient, en foullant et battant tout au tour, en prenant ſes cernes plus grands : et n'eſt poſſible que les Chiens ne redreſſent les erres, où qu'ils ne le boutent, toutefſois qu'ils paſſeront bien ſouuent deſſus quelques Lieures, premier qu'ils vueillent ſortir de la giſte, ou bien ſe laiſſeront prendre dedans. Combien que ie loüe grandement de voir deffaire la nuict du Lieure aux Chiens, et l'aller querir et pouſſer en la giſte, ſi eſt-ce qu'il me ſemble que c'eſt vne choſe trop longue, et de peu de plaiſir, pour autant qu'ils ne font que balancer et troller. Mais ſeroit beaucoup plus court, et de plus grand plaiſir, de le trouuer et cercher en la maniere qui ſ'enſuit.

Quand trois bons piqueurs ſeront enſemble, et qu'ils verront que les Chiens rencontreront de la nuict d'vn Lieure, en quelques bleds, ou autres gaignages ils doiuent regarder la ſaiſon où ils ſeront, et quel temps il fera : car ſi c'eſt au printemps ou eſté, les Lieures ne ſe giſtent pas au fort, à cauſe des Fourmis, et autres barbots, et des Serpens et Laiſards, qui les chaſſent des forts, alors ſont contraints de leur giſter dedans les bleds, guerets, et lieux foibles. En hyuer ils font le contraire, car ils ſe giſtent en quelques gros halliers ou forts, principalement quand les les vents de Galerne et Hautain regnent, leſquels ils craignent grandement. Or donc ſelon le temps et les lieux où ils verront que les Lieures ſeront au giſte, ils y doiuent appeller leurs Chiens, et battre tout de rang, et en accouſtrant les Chiens à telles queſtes, ils trouueront plus de Lieures, et auront plus de plaiſir, que non pas de leur apprendre à deffaire la nuict. Et pourront dreſſer leurs Chiens de telle ſorte, qu'en frappant vn coup de gaule ſur les broſſes, les Chiens ſe battront à qui entrera le premier comme ſont les Chiens d'oiſeaux à la remiſe des Perdrix.

Quand le Lieure ſera lancé et bouté, le piqueur ſ'en doit aller ſur les voyes, et appeller tous ſes Chiens, en forhuant, et ſonnant de la trompe, ſans bouger du lieu où il ſera, iuſques à ce que ſes Chiens ayent tous paſſé deuant luy. Puis quand il les verra tous outre-paſſez, et ameutez ſur les erres du Lieure, il les doit ſuivre tout bellement ſans approcher d'eux, ne les preſſer, et ſans gueres crier, ne ſonner de la trompe, parce qu'au commancement que les Chiens l'ont bouté, la chaleur les tranſporte volontiers, et ſi le piqueur les preſſoit, il les eſchaufferoit encores d'auantage, qui ſeroit cauſe qu'ils outrepaſſeroient les erres. Mais quand ils ont couru l'eſpace d'vne heure, et qu'ils ſont bien eſchauffez ſur les ſuites, il pourra approcher de ſes Chiens, pour autant qu'ils auront perdu la chaleur, et qu'ils commanceront à courir ſagement. Et ſur tout, il doit regarder les premieres ruzes et malices que fera le Lieure, comme i'ay dit cy deuant, et ſe gouuerner tout le iour par là : car toutes les autres qu'il fera ſembleront à icelles. Et ſelon les ruzes qu'il verra, et le pays où il ſera, il doit faire ſes cernes, grands ou petits, longs ou eſtroits, en cerchant les lieux les plus commodes, et plus frais pour le nez de ſes Chiens.

Il y a deux façons de prendre le Lieure à force, qui ſont, que les vns le prennent ſans forhuer, mais ſuiuent ſeulement les Chiens par où ils vont ſans abbreger les ruzes. Et me ſemble que ceſte priſe eſt la plus honorable, d'autant qu'on cognoiſt la bonté, force et vigueur des Chiens.

Les autres le prennent autrement, car depuis qu'ils ont veu faire le premier cerne à vn Lieure, et qu'ils ont eu cognoiſſance du pays qu'il tient en ſes ſuites, ils vont gaigner les deuants pour le voir à veuë, et en ceſt endroit forhuent leurs Chiens, abbregeans les ruzes. Et quand les Chiens ſont dreſſez en ceſte ſorte, ils ſont de ſi bonne créance, qu'ils laiſſent leur droit pour aller au ſorhu, qui eſt cauſe que les Lieures ne courent que bien peu deuant eux. Et certes qui veut faire grande execution de prendre Lieures, ie louë grandement les Chiens qui prennent de grands cernes en leurs deffauts : toutesſois que pour bien voir chaſſer, il n'eſt que Chiens qui ſuiueut le droit. Mais pour abbreger les Lieures, ie donne la louange à ceux qui prennent les grands cernes, parce qu'ils enueloppent dedans, toutes les ruzes et malices de Lieures.

I'eusse descrit plus amplement le moyen de bien haller les Chiens, mais d'autant que i'en ay donne l'intelligence, tant en la Venerie du Cerf, qu'aux chapitres cy deuant, traitans des malices et ruzes des Lieures : par lesquels chapitres les piqueurs peuuent cognoistre entierement les secrets et moyens de s'y gouuerner, et aussi qu'il y a tant de bons maistres qui entendent l'estat, ie me suis deporté d'en faire plus ample récit.

Comme on doit faire la curee du Lieure aux Chiens.

Chapitre LIX.

VAND le Lieure sera pris, il faut que le valet de Chiens couppe de petites gaules ou houssines bien deliees à vn arbre, puis prendra le Lieure, et le portera en quelque beau lieu, sus de l'herbe la plus nette qu'il pourra trouuer. Alors le piqueur descendra de cheual, qui sonnera la mort du Lieure, pour appeller tous ses Chiens. Ce fait, le valet de Chiens, desendra la curee des Chiens, auec ses gaules, lesquels abboiront tous autour de luy. Le piqueur sonnera tousiours, comme dessus, en frottant ses Chiens auec la main, leur monstrant le Lieure en disant, Va le mort. Puis le prendra et l'ouurira, apres le despouillera deuant eux, en luy ostant le pas, le poulmon, et la peau, lesquels il encruchera en quelque arbre, de peur que les Chiens en mangent, parce qu'ils leur sont fort contraires, tellement qu'ils en tombent malades. Quand le Lieure sera despouillé et ouuert, le piqueur prendra le pain, fourmages, et autres friandises, lesquelles il mettra dedans le corps du Lieure, à fin de les arrouser et brunir de sang. Puis prendra le Lieure duquel ostera les espaules et la teste, qu'il mettra en la gibbeciere, pour donner à quelqu'vn de ses ieunes Chiens, lequel n'aura osé approcher de la curee. Alors le valet de Chiens aura sa corde toute preste pour bien attacher le Lieure par quatre ou cinq lieux, à fin de faire tirer ses Chiens, et qu'vn n'emporte pas tout : puis le cachera, et s'en ira à cent pas de là, porter son forhu. Cependant le piqueur estendra sa curee de fourmage, et autres friandises, brunies du sang du Lieure, sur l'herbe nette, et la defendra des Chiens auec sa gaule. Celà fait, il commancera à sonner pour Chiens, et leur laissera manger la curee, en les resiouissant, et frottant les costez, sonnant incessamment pour Chiens. Quand la curee sera presque acheuee le valet de Chiens qui sera, comme dit est, à cent pas loing du piqueur, doit forhuer ses Chiens auec la trompe : soudain le

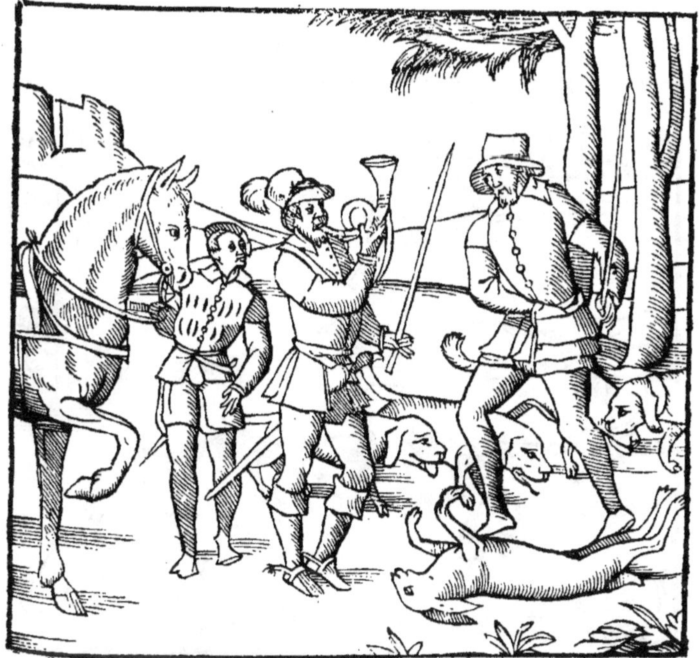

piqueur les menacera, et fessera auec la gaule, en criant, Escoute à luy valet. Alors le valet de Chiens leur monstrera le Lieure, le tenant le plus haut qu'il pourra auec les mains : et doit tenir sa corde par vn bout, à laquelle le Lieure sera attaché par l'autre bout. Puis quand il verra ses Chiens tous autour de luy, il iettera son Lieure au milieu d'eux, et leur laissera manger : apres les doit mener boire auant que les coupler. Et encores pour bien faire, les faut ramener au logis tous descouplez, à fin de les laisser paistre, parce qu'ils sont subiets à estre malades quand ils ont mangé de la chair du Lieure : puis doit auoir du pain, pour leur donner apres la curee, s'ils en veulent manger, de peur qu'ils ayent mal au cueur, et qu'ils rendent leur gorge.

Fin de la chasse du Lieure.

Chasse des Renards, et Tessons.

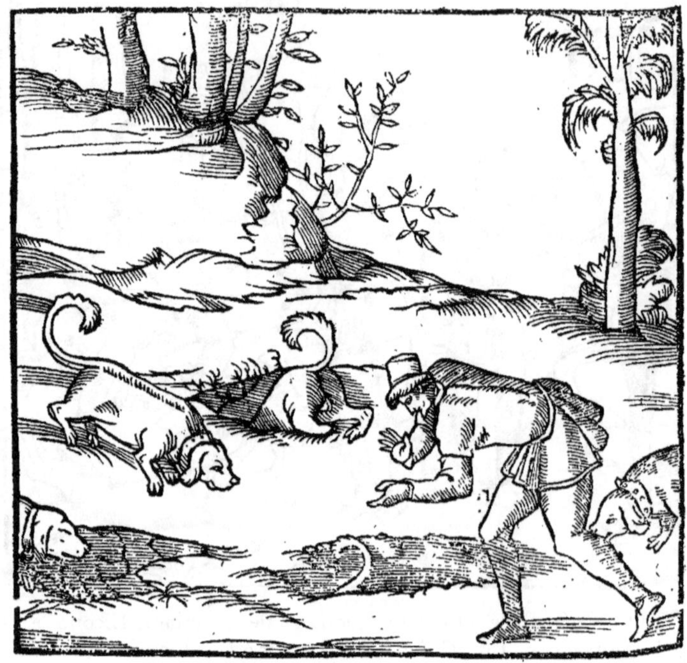

Comme il faut dreſſer les petits Chiens de terre, pour la chaſſe des Renards et Teſſons. *Chapitre XL.*

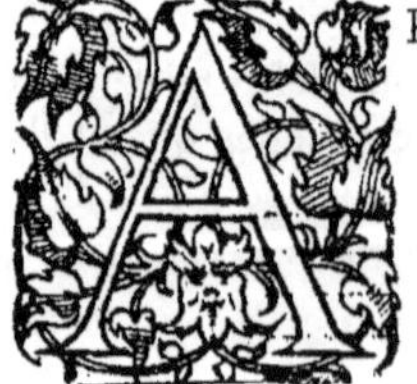

APRES auoir parlé de la chaſſe des Chiens courants, ie feray icy vn petit traitté de la chaſſe de Chiens de terre, et comme on les doit dreſſer pour prendre Renards, Teſſons, et leurs ſemblables.

Il faut entendre premierement, que nous auons de deux eſpeces de Baſſetz, deſquels nous dirons la race eſtre venuë des pays de Flandres et d'Artois : dont les vns ont les iambes torſes, et ſont communément à court poil : les autres ont les iambes droites, et ſont volontiers à gros poil, comme Barbets. Ceux qui les ont torſes, coulent plus aiſément en la terre que les autres, et ſont meilleurs pour les Blereaux, d'autant qu'ils y demeurent plus longuement, tenans mieux ſans ſortir. Ceux qui ont les iambes droictes, ſe ruent à deux meſtiers, par ce qu'ils courrent ſur terre comme Chiens courants, et entrent de plus grand fureur et hardieſſe en terre que les autres, mais il n'y demeurent pas ſi longuement, d'autant qu'ils ſe tourmentent à combattre les Renards et Teſſons, ce qui les contraint d'en ſortir pour prendre l'air. Il ſ'en trouuent de bons et de mauuais des deux eſpeces. Or par ce que la chaſſe en eſt belle, et furieuſe, ſans grand trauail ne peine, i'ay bien voulu icy deſcrire le moyen de dreſſer les Baſſetz, et les mettre à la chair.

Premierement, on doit commancer à dreſſer les Baſſetz de l'aage de huit à dix mois, car ſi vn Baſſet n'entre en terre à ſon an, à peine luy pourra on iamais faire entrer. Et ſe faut bien donner garde au commancement qu'on les dreſſe, de les rudoyer, ne que les Teſſons ou Renards les bleſſent en terre, pour autent que ſ'ils y eſtoient battus ou outragez, ils n'y voudroient plus retourner. A ceſte cauſe, on ne doit iamais faire entrer les Baſſetz és terres où il y ait de vieux Teſſons ou Renards, que premier ils ne ſoient dreſſez, et qu'ils n'ayent leur an accompli. Encores faut il mettre touſiours vn vieux Baſſet deuant eux, qui endurera la fureur des Teſſons. Veus pouuez dreſſer les Baſſetz, et mettre à la chair, en pluſieurs manieres, dont la premiere eſt : Qu'en la ſaiſon que les Renards et Teſſons ont leurs petis, il faut prendre tous les vieux Baſſetz, et les laiſſer aller en terre : puis alors qu'ils commanceront à abboyer, on doit tenir tous les ieunes aupres des pertuis, vn à vn, de peur qu'il ſe battent, et leur faire eſcouter les abbois. Apres que les vieux Renards ou Teſſons ſeront pris, et qu'il n'y aura plus que les petis, faut prendre tous les vieux Baſſetz, et les coupler, puis laiſſer aller les ieunes, les hardiſſant en terre, en criant. Coule à luy Baſſet, Coule à luy, hou, prenez prenez. Et alors qu'ils tiendront quelque ieune Teſſonneau ou Renardeau, il leur faut laiſſer eſtrangler dedans la tranchée ou pertuis, ſe prenant bien garde que la terre ne tombe ſur eux, de peur qu'elle leur nuiſe. Ce fait, ſaudra porter tous les petis Teſſonneaux ou Renardeaux au logis, et en faire fricaſſer les foyes et le ſang, auec du fourmage, et de la greſſe, puis leur en faire curée, en leur monſtrant la teſte de leur gibbier. Apres que les Baſſetz auront mangé la curée, ou bien au parauant, il les faut lauer d'eau tiede, auec du Sauon, pour faire tomber la terre, qui ſera meſlée entre le poil et la peau : car autrement ils pourroient deuenir galeux, d'vne galle qui ſeroit fort difficile à guarir. On les peut encores dreſſer en vne autre maniere : ſçauoir eſt : Il faut faire prendre de vieux Renards ou Teſſons tous vifs, par les vieux Baſſetz, et auec des tenailles propices à ce faire, comme vous pourrez veoir en portraicture cy apres, les prendre, et leur coupper toute la maſchouëre de deſſouz, là où ſont fichez les grands crochets, et ne toucher point à celle de deſſus, pour autant qu'elle monſtrera touſiours la fureur de la beſte, ſans pouuoir bleſſer ne faire mal. Apres faut faire faire des terres en vn pré, leſquelles doiuent eſtre aſſez larges, à fin que les Baſſetz ayent eſpace de leur tourner et virer, et entrer deux tout de front, puis couurir les terres d'ais, et de gazons. Celà fait, on doit mettre le Teſſon dedans, et laſcher tous les Baſſetz, ieunes et vieux, leur donnant courage, et les enhardiſſant, comme l'art le requiert. Et quand ils auront aſſez abbaye, faut frapper ſept ou huit coups de beſche au coſté, pour leur donner hardieſſe quand on beſchera. Puis faudra leuer les ais à l'endroit ou ſera le Teſſon, et le prendre auec les tenailles, en le tuant deuant eux, ou bien le faire eſtrangler à quelque Leurier, pour leur en faire curée. Et faut auoir du fromage en vne pochette, pour leur ietter ſoudainement ſur leur gibbier, quand il ſera mort. Et ſi d'auanture on ne vouloit rompre la maſchouëre de deſſouz du Teſſon, il lui faut coupper tous les crochets, et toutes les maiſtreſſes dents, de peur qu'il morde, et face mal.

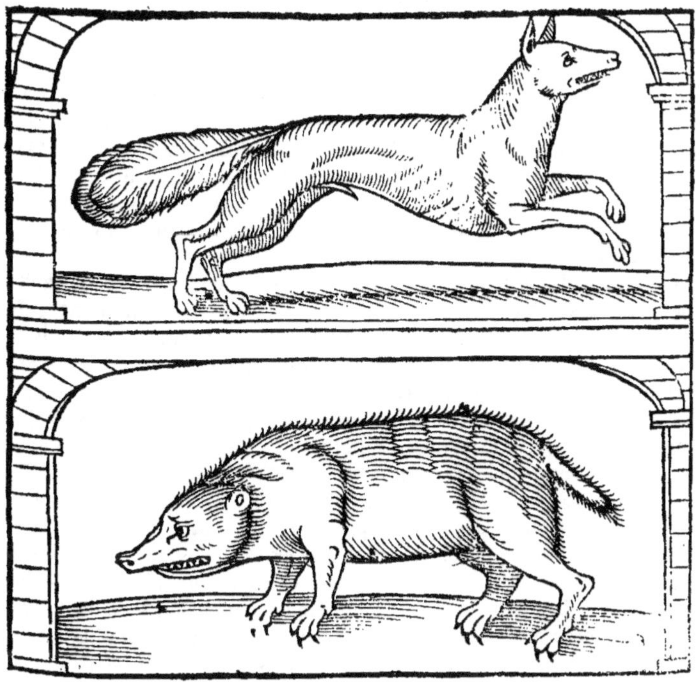

Du naturel et complexion des Renards et Blereaux.

Chapitre LXI.

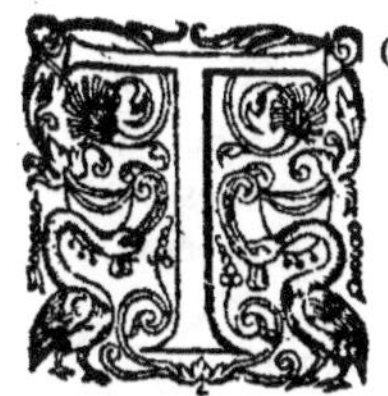

Ovt ainſi qu'il y a deux eſpeces de Baſſetz, il y a ſemblablement deux eſpeces de Teſſons et de Renards, ſçauoir eſt des Teſſons, de Porchins, et de Chenins : et des Renards, de grands et de petits Goupils. Combien que pluſieurs veulent dire, que les Teſſons ſont tous d'vne meſme ſorte, et qu'il n'y a point de difference entre les Porchins et Chenins, ſi eſt ce que ie leur prouueray le contraire, tant par la couleur et façon des beſtes, que par leur naturel.

Le naturel des Porchins eſt tel, qu'au ſortir de leurs terres ils ſont volontiers leur fiante : et ne la font iamais qu'ils ne facent vn petit pertuis auec le bout du nez, ou bien auec l'ongle : puis fiantent dedans, ce que ne font pas les Chenins : et font les Porchins plus communément leurs cauernes dedans le ſable, et autres terres aiſées à mouuoir ; qu'ils ne font pas ailleurs, et en lieux deſcouuerts, pour auoir la chaleur du Soleil, dormans inceſſamment : auſſi y prennent ils plus de greſſe que les Chenins. Quant au pelage, les Porchins ſont plus blancheaſtres, et ont le poil de deſſus le nez, et de deſſouz la gorge beaucoup plus blanc que n'ont pas les Chenins, et ſi le corſage en eſt vn peu plus grand, la teſte et le nez plus gros : combien qu'il y a peu d'apparence, ſi on n'y regarde de bien pres.

Le naturel des autres, qu'on appelle Chenins, eſt tel, et les cognoiſtra on en ceſte maniere : C'eſt qu'ils vont aux porchats plus loing que les autres, faiſant leur fiante au loing, de telle façon que celle des Renards. Ils ſe tiennent volontiers dedans les fortes terres, ou dedans les rochers, faiſant leurs foſſes et cauernes plus profondes et eſtroittes que non pas les Porchins : toutes fois qu'il n'y a pas tant de meres ne de carrefours qu'en des Porchins, d'autant qu'ils ne peuuent pas mouuoir les terres fortes et rochers, comme les autres font le ſable, et les terres mouuantes. Ces deuy eſpeces ne ſe tiennent point enſemble, et à peine les pourra on trouuer à vne lieuë pres l'vne de l'autre. Les Chiens de terre craignent bien plus les Chenins que les Porchins, car ils ſont plus mauuais, et plus puants. On les pourra encores cognoiſtre au pelage, lequel eſt tel. Les Chenins ont la gorge, le nez, et les oreilles iaunaſtres, comme la gorge d'vne Martre, et ſont beaucoup plus noirs, et plus hauts ſur iambes, que les autres. Les deux eſpeces viuent de toutes chairs, et meſmes vont aux charongnes. Ils font grand dommage aux Garennes, et principalement aux petits lapreaux, qui ſont dedans les raboulieres, car ils percent droit deſſus la rabouliere, là où le Renard ſuit du long. Ie leur ay veu prendre deuant moy les petits cochons de laict, leſquels ils trainoient tous vifs en leur terrier. C'eſt vne choſe certaine qu'ils en ſont plus friands que de toutes autres chairs : car ſi on paſſe vn carnage de porceau par deſſus leurs terriers, ils ne faudront iamais de ſortir pour y aller. Ils viuent de toutes ſortes de gibbiers, comme oyes, poulets, et leurs ſemblables : ie le ſçay par experience, car i'en ay nourry de priuez, iuſques en l'aage de quatre ans. Ils ſont plaiſans et de bonne nature, ſans mordre ne faire aucun mal, ne faiſant que iouër auec les petits Chiens, et dormir le reſte du temps : et quand ie les appellois, ils venoient à moy comme Chiens, me ſuiuant la part où i'allois. Ils ſont fort froidureux, et ſi on les laiſſe en quelque chambre où il y ait du feu, ils ſ'en iront coucher dedans, et ſe bruſleront les pieds, leſquels ſont fort difficiles à guarir. Ils ſe nourriſſent de pain, de petits oſſelets, fromage, fruitage, raifins, barbots : fomme, ils mangent de tout ce qu'on leur veut donner. Quand il nege, ou fait autre fort temps, ils ne fortent point hors de leurs cauernes, aucuneffois de deux ou trois iours, ce que i'ay veu par experience : quand la nege eftoit tombée deuant leur pertuis, ie ne trouuois point qu'ils fuffent fortis, et y fuis allé par deux matins enfuiuans, et au dernier les trouuay fortis, où ils alloient pourchaffer leur vie. C'eft plaifir de leur veoir amaffer le bourre, comme paille, fougere, fueilles, et autre chofes, ils affemblent tout en vn monceau, puis auec les quatre iambes et la tefte, emportent et trainent autant en vn coup en leurs cauernes, qu'vn homme en fçauroit porter d'vn bras fous fon aiffelle. Ils ont cefte malice, qu'alors que ils fe voyent abboyer des Baffetz, ils ferment les pertuis de leurs cauernes apres eux, de peur que les Baffetz les fuiuent. Et fi on les fait abboyer deux ou trois fois dedans les terres, ils remuent leur menage, et f'en vont en vn autre lieu. Ils viuent longuement, et quand ils font bien vieux, les vns deuiennent aueugles, qui ne peuuent fortir de leurs foffes : fi fe font les mafles, les femelles les nourriffent, et fi fe font les femelles, les mafles font le femblable. Ils meurent auffi de dartres qui leur viennent par tout fur la peau, comme l'on veoit venir aux Chiens : qui eft la raifon pourquoy on doit lauer les Baffetz, comme i'ay dit cy deffus, parce que la terre engendre les dartres. I'ay veu toutes ces chofes cy deffus mentionnées par experience.

Les Teffons font de dure vie, car i'ay veu plufieurs fois de bons et forts Leuriers apres des Teffons, qui les mordoient fi afprement qu'ils faifoient fortir leurs trippes hors du ventre, encores fe defendoient, et ne vouloient pas mourir. C'eft vne chofe certaine que les Teffons craignent le nez grandement, auffi ne leur fçauroit on donner fi petit coup de bafton deffus, qu'ils ne meurent foudainement.

Quand à la chaffe des Renards, il y a peu de plaifir, principalement en la terre, par ce que depuis qu'ils fentent les Baffetz qui les abboyent, ils bouclent, et fortent foudainement dehors, excepté en la faifon que les femelles ont leurs petits, lefquels ils ne veulent abandonner. Ils font volontiers leurs terriers en lieux mal-aifez à becher, comme dedans des rochiers, ou fous quelques arbres, et n'ont qu'vne mere, qui va fort loing, laquelle eft fort eftroitte.

Quand les Baffetz ont vne fois acculé les Renards, ils fe defendent quelque peu, mais ne n'eft pas de telle vigueur et hardieffe que les Teffons, et n'ont la morfure fi dangereufe. Si on prend vne Renarde en la faifon qu'elle eft en amours, et qu'on luy couppe la nature, et le boyau qui la tient, anec ce les petis roignons, qui font caufe de l'engendrement, qui eſt ce que les Chatreux oſtent aux Chiennes quand ils les ſennent, puis mettre le tout couppé par petits lopins en quelque petit pot, tout chaudement, et prendre du Galbanum, et le mettre dedans, en meſlant tout enſemble, et couurir le pot, de peur que le tout ſ'eſuente, celà ſe pourra garder toute l'annee, qui ſeruira alors qu'on voudra faire quelque trainee pour faire venir les Renards, en prenant du cuir ou coüanne de lard, la mettant ſur le gril, puis quand elle ſera bien grillee et toute chaude, il la faut tremper dedans le pot où eſt la nature de la Renarde, et le Galbanum, et en faire toutes les trainees, alors vous verrez que les Renards vous ſuiuront par tout : mais ils faut que celuy qui fera la trainee, frotte la ſemelle de ſes ſouliers de bouze de Vache, de peur qu'ils ayent le vent de ſes pieds. Voilà comme il faut faire venir les Renards pour les prendre au piege, et pour les tuer au ſoir auec l'arbaleſte. C'est vne choſe certaine, que ſi on frotte un Baſſet de ſouffre, ou d'huile de Cade, et qu'on le face entrer en des terres, où il y ait des Renards ou Teſſons, ils ſe remueront de là, ſans y retourner de deux ou trois mois.

Comme il faut beſcher et prendre les Renards et Teſſons, et des instrumens qu'il faut auoir pour ce faire.

Chapitre LXII.

TOvs Seigneurs qui voudront exercer la chaſſe des Chiens de terre, il ſaut qu'ils ſoient equippez et garnis des choſes qui ſ'enſuiuent. Premierement, d'vne demie douzaine de forts hommes pour beſcher, d'vne demye douzaine de bons Chiens de terre, pour le moins, qui ayent chacun vn collier au col, large de trois doigts, et garny de ſonnettes, pour l'entree des terres, à fin que les Teſſons ſ'acculent pluſtoſt, et auſſi que les colliers les garderont d'être bleſſez. Et à l'heure qu'on verra les Teſſons acculez, ou que les Baſſetz ſoient las, et hors d'haleine, ou bien que les ſonnettes fuſſent pleines de terre, il faudra prendre les Baſſetz, et leur oſter les colliers : mais au commencement ils ſeruent grandement, d'autant que le Teſſon ſ'en accule pluſtoſt. Plus, pour reuenir au propos, le Seigneur doit auoir ſa petite charrette, là où il ſera dedans, auec la fillette, aagee de ſeize à dix ſept ans, laquelle luy frottera la teſte par les chemins. Il doit auoir demy douzaine de mantes, pour ietter contre terre, à fin d'eſcouter l'abboy des Baſſetz : ou bien pourra porter vn lict plein de vent, lequel on pourra faire en cefte maniere. Il faut coudre des peaux enfemble, en carré, et de la grandeur d'vne paillace, et que les couftures en foient

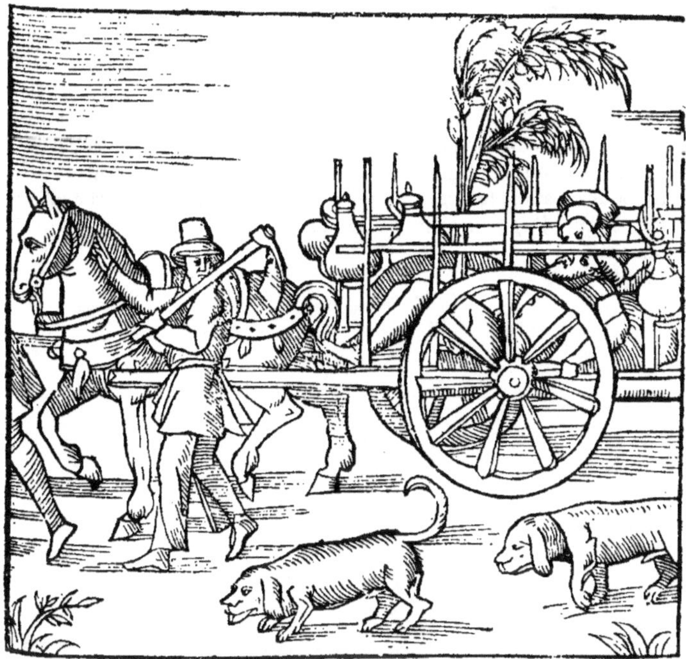

auffi fubtiles que celles d'vne bale : puis quand tout fera bien coufu tout autour, il faudra mettre à vn des coings vn petit buffet, en façon de celuy d'vne bale ou d'vne cornemufe qui fe ferme de luy-mefme quand le vent fera dedans, puis l'emplir auec vne feringue, ou auec vn bon fouflet, fait à la femblance de celuy d'vn Orfeure. Toutes les cheuilles et paux de la charrette doiuent eftre garnis de flaccons et bouteilles, et doit auoir au bout de la charrette vn coffre de bois, plein de coqs d'Inde froids, iambons, langues de bœuf, et autres bons harnois de gueule. Et fi c'est en temps d'hyuer, il pourra faire porter fon petit pauillon, et faire du feu dedans pour fe chauffer, ou bien donner vn coup en robbe à la Nymphe. Les inftruments pour befcher, doiuent eftre, premierement des Tarieres, de deux fortes de Pietes : fçauoir eft, de larges et d'eftroites, vn coupant fait en façon d'vne Piete : lequel doit eftre aceré

14

pour coupper les racines, vne Befche fort large, pour tirer la terre, vne Racle pour ouurir les meres et goulets, de laquelle on tirera la terre hors, des Tenailles pour arracher et tirer les Teffons des pertuis, des Paefles de fer et de bois, des facs pour mettre les Teffons vifs dedans, vne paefle ou autre vaiffeau pour faire boire les petis Chiens. Et faut que le Seigneur marche en bataille de cefte façon, equippé de tous les ferrements cy deffus mentionnez, à fin d'aller donner l'affaut aux gros Teffons et Vulpins en leur fort, et rompre leurs chafmates, plocu, paraf-pets, et les auoir par mine, et contre-mine, iufques au centre de la terre, pour en auoir les peaux à faire des carcans pour les arbaleftiers de Gafcongne. I'ay pourtraict cy apres la forme et façon de chacun des ferrements.

Les ferrements.

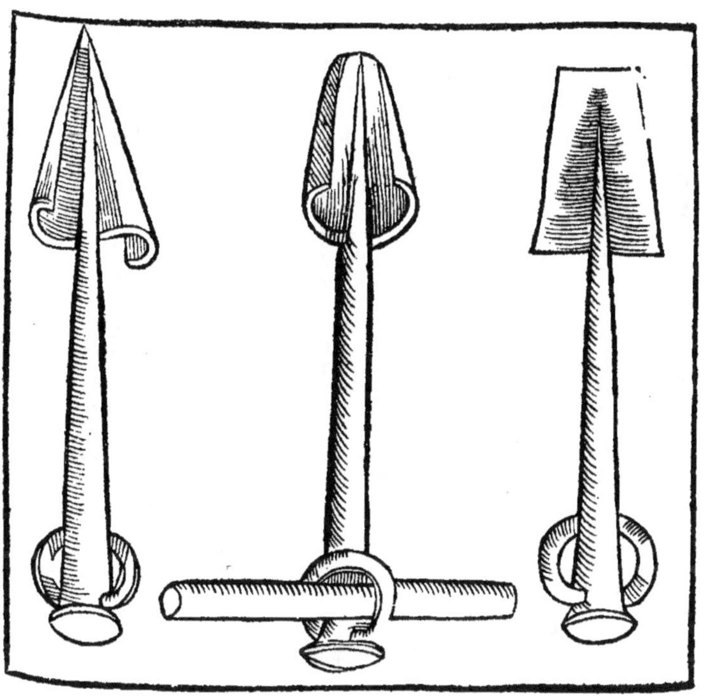

Tariere pointuë, pour faire la premiere perce.
Tariere ronde, pour percer et enleuer la terre.
Tariere plate, pour fermer les meres.

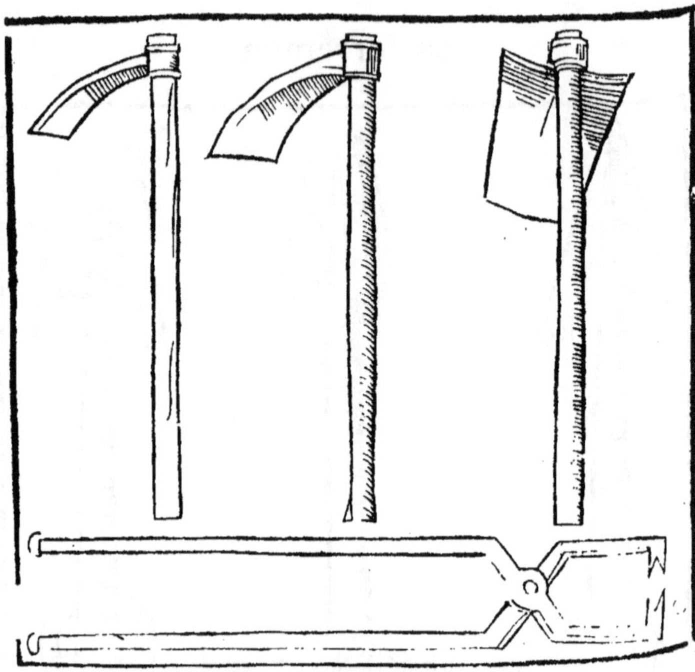

Piete eſtroitte, pour beſcher la terre.
Piete large, pour beſcher la terre.
Bezoche large, pour tirer la terre.
Tenailles, pour prendre les Teſſons.

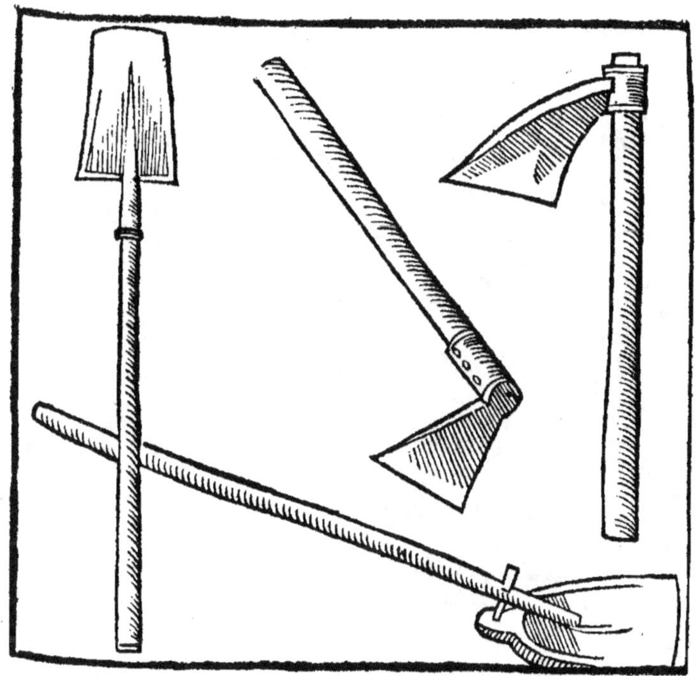

Paeſle de fer, pour beſcher.
Racle, pour nettoyer les meres, et pertuis.
Coupant aceré, pour coupper les racines.
Paeſle de bois, pour ietter la terre.

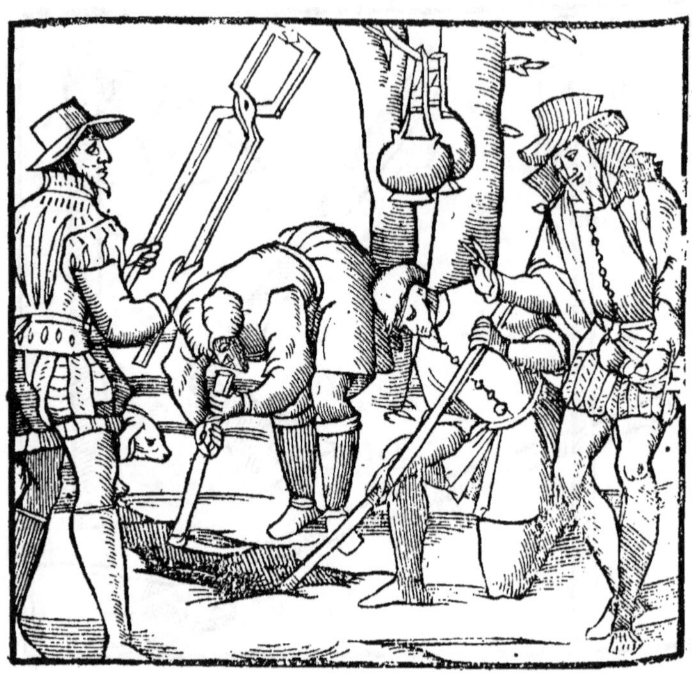

Comme on doit lascher les Bassetz selon les terres qu'on voit :
Et ce qu'on doit faire pour bescher et miner les Tessons.

Chapitre LXIII.

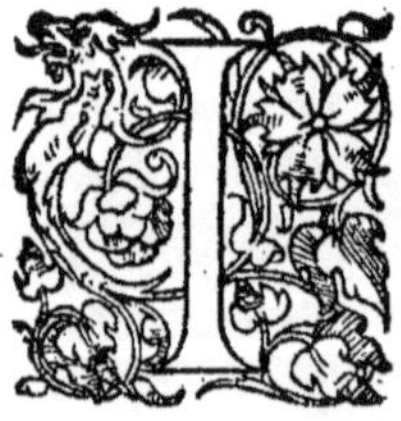

L faut icy entendre, que premier que lascher les Bassetz, on doit regarder les terres quelles elles sont, et le lieu où elles sont situees et là où sont les acculs car autrement on feroit tout au rebours de la chasse d'autant que si les terres estoient en pante de coustaux, il est requis de mettre les Bassetz par les dessous, deuers la vallée, afin d'acculer les Tessons sur le haut du coustaut, là les terres ne sont pas si profondes, pour les bescher plus aisément. Autrement si les terres estoient en vne motte et qu'elles fussent toutes rondes, la motte estant affife en lieu plat il faut mettre les Baffetz aux pertuis qui font les plus hauts, fur la fommité de la motte. Mais premier que de les lafcher en telles terres, on doit frapper vingt, ou trente coups de la tefte des pietes fur le haut des terres, à fin de faire defloger les Teffons du milieu d'icelles, pour les faire defcendre aux acculs, qui font au bas de la motte. On doit toufiours lafcher à l'entree deux ou trois Baffetz, à fin qu'en leur fureur ils puiffent defbranler et departir les Teffons, qui feront enfemble, et les chaffer aux acculs : Ils ont vne malice de fe faire abboyer aux carrefours, et tiennent fort en tels lieux contre les Baffetz. A l'heure qu'on voit qu'ils font aux abbois en tels endroits, il eft requis frapper deux ou trois coups de piete, et f'ils ne veulent defloger pour telle chofe, il faut foudainement mettre la tariere ronde pour les defcouurir. Et alors qu'on verra qu'ils feront à l'accul, on ne doit pas percer au droit d'eux, mais faut percer au droit de la voix du Baffet, pour autant que fi on perçoit droit fur eux, ils retourneroient dedans les grandes terres, et forceroient le Baffet, à cefte caufe, il faut perçer comme i'ay dict, au droict de la voix du Baffet, auec la tariere ronde, car elle enleue la terre fans quelle tombe dedans. Puis foudainement mettre la tariere platte dedans le pertuis du rond, à fin qu'il ferme la mere tout au trauers, de peur que le Teffon reculaft fur le Chien. Et f'il eft poffible d'enfermer le Chien par le derriere de la tariere, il feroit fort bon, car fi c'eftoit par le deuant, les Teffons le pourroient battre et rudoyer : parce qu'aucuneffois il f'en trouue en vn accul fix ou fept, qui pourroient battre et rebuter le Chien. Quand la mere eft fermee de la tariere platte, il faut faire foudainement la tranchee auec les pietes et paelles, afin d'auoir efpace pour ranger vn homme dedans : et à l'heure laiffer entrer les Baffetz en la tranchee, et les faire abboyer en ce lieu-là, où on voit battailles et affaux de toutes façons. Il fe faut donner garde que les Teffons ne fe couurent de terre, ce qu'ils font volontiers quand ils font acculez, tellement que les Baffetz font aucuneffois deffus, et ne fçauent où ils font allez. Puis quand on a découuert leur cafmate et iort, il faut auoir les tenailles pour les arracher : mais il y a myftere à les prendre, parce que fi on ne les prent qu'au corps, ils mordent et bleffent les Chiens quand on les tire dehors, touteffois on les peut prendre en cette forte : il faut ouurir les tenailles, et leur en mettre la moitié en la gueule, l'autre moitié par le deffous de la mafchouëre, puis ferrer les tenailles, et vous les tiendrez par les mafchouëres de deffous : car fi vous le preniez par la mafchouëre de deffus du cofté du nez, il mourroit foudainement. Et alors que le tiendrez auec les tenailles, il le faut tirer et mettre dedans le fac, puis le porter en quelque court ou iardin renfermé de muraille, et le laiſſer aller, mettant les petits Baſſetz apres, quand il ſera eſchauffé, il viendra aſſaillir les hommes comme fait vn Sanglier. Et à telle chaſſe il eſt requis d'eſtre botté : car pluſieurs fois ils m'ont emporté le lopin de la chauſſe, et la chair qui eſtoit par deſſouz. I'euſſe traitté plus amplement de ceſte chaſſe, mais par ce que peu d'hommes y prennent plaiſir, i'en ay eſcrit ſuccinctement.

Fin de La Venerie.

Receptes pour guarir les Chiens,

DE PLVSIEVRS MALADIES.

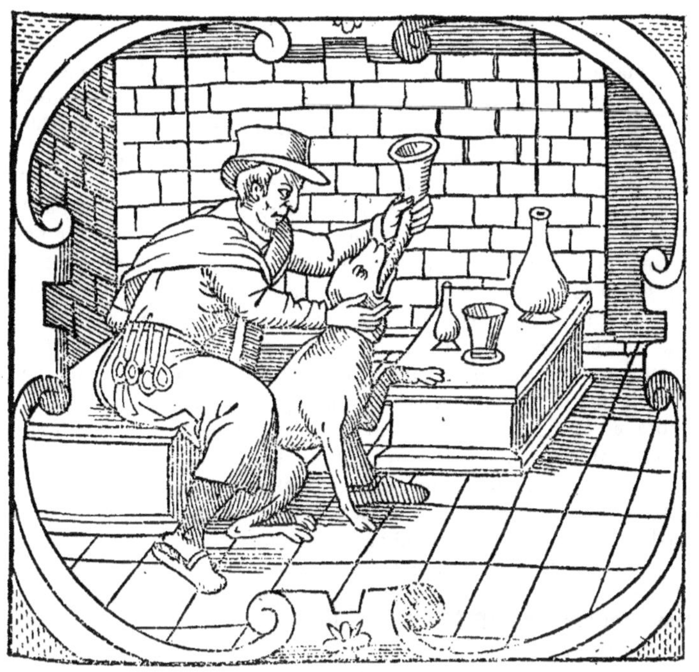

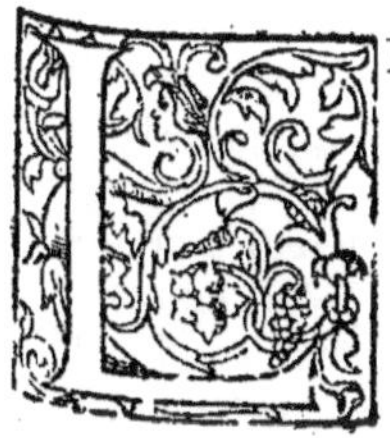

ES Chiens ſont ſubiets à pluſieurs maladies, mais la plus grande de toutes, c'eſt la rage, dont il y en a ſept eſpeces. La premiere eſt appellee la rage chaude, et deſeſperee, laquelle ne ſe peut guarir, parce qu'elle eſt tant ennemie du ſang, qu'incontinent que le venin eſt meſlé parmy, il le bruſle et infecte ſoudainement : et alors que la ceruelle ſent les fumees de ce venin, elle ſe tourmente de telle façon que ſoudain elle fait deſeſperer et trauailler le corps de ces pauures animaux, comme on peut veoir par experience. On cognoiſt les Chiens qui ont ceſte eſpece de rage, en pluſieurs ſortes. Premierement, quand ils courent, ils leuent la queuë toute droite, ce qu'ils ne font pas en toutes les autres rages. Ils courent fus à tout ce qu'ils trouuent deuant eux, tant aux beftes d'aumaille, qu'autres, fans regarder par où ils paffent, foit au trauers des riuieres ou eftangs : et fi ont la gueule fort noire, et fans efcume. De cefte efpece de rage, ils ne courent que trois ou quatre iours pour le plus, à caufe du mal et trauail que leur donne cefte maladie. Quand ils ne peuuent plus aller, ils hurlent vne façon d'hurlement tout caffé et rance, non pas naturel, comme f'ils eftoient fains. Toutes les beftes qu'ils morderont, tant Chiens qu'autres animaux, f'il en fort du fang, ils enrageront fans aucun remede.

La feconde efpece de rage, fe nomme rage courante, laquelle eft femblablement incurable, mais la morfure n'eft pas fi veneneufe ne dangereufe enuers les autres animaux, que de l'autre, parce qu'elle ne tient pas inceffamment. Et quand vn Chien eft enragé de cefte efpece de rage, le premier Chien qu'il mord au commancement du iour, emporte tout fon venin, et fera en danger d'enrager : mais tous les autres qu'il mordera apres le refte du iour, ne cuideront pas enrager. Quand ils ont telle rage, ils ne courent à beftes, ne à hommes, qu'aux Chiens, et f'en vont efcoutans pour ouïr les abbois des autres Chiens, à fin de les aller defbrayer et mordre. Ils fuiuent les grands Chemins, et mettent la queuë entre les iambes, trottans comme fait vn Renard : ils peuuent viure neuf mois pour le plus. Ces deux efpeces de rage, font les plus dangereufes de toutes les autres. Et quand les Chiens veulent enrager de ces deux efpeces, on le cognoift en cette forte.

Premierement, ils ne mangent que bien peu. Ils fentent les autres Chiens, et apres les auoir fentis, ils les mordent en les cheriffant, et demenant la queuë. Ils font de grands foufpirs en foufflant du nez, ils ont vn regard de trauers, et trifte : ils courent les moufches et papillons. Et y a d'autres fignes fort apparans, que ie laiffe à caufe de breueté. Quand on voit tels fignes, il les faut ofter d'auec les autres, et les enfermer, car leur haleine pourroit infecter, et faire enrager les autres Chiens, parce que telles maladies fe prennent entre eux, comme la pefte entre les hommes.

Les autres cinq efpeces de rage ne font pas fi dangereufes de beaucoup, car les Chiens n'en courent, et n'en mordent point, dont ie les penfe pluftoft maladies que rage : combien que Phebus et plufieurs autres ont nommé toutes les fept efpeces, rages incurables, fi eft ce que i'ay guary des Chiens de rage de cinq efpeces cy deffous mentionnees, auec les receptes que mettray en apres par efcrit. Ces cinq efpeces de maladie ou rage, fe nomment en cefte forte.

La premiere ſ'appelle rage mue, laquelle tient dedans le ſang, et la cognoiſtrez en ceſte façon. Les Chiens qui l'ont ne veulent point manger, et ont touſiours la geule ouuerte, mettans la patte dedans, comme ſ'ils eſtoient enoſſez, et ſe cachent volontiers en lieux frais, et humide.

La ſeconde rage ſ'appelle la rage tombante, parce qu'alors que les Chiens l'ont, ſ'ils ſont debout, et qu'ils cuident marcher, ils tombent par terre, comme ſ'ils auoient le mal de S. Iean : ceſte rage les tient en la teſte.

La tierce rage ſ'appelle flaſtree, parce que le mal eſt dedans les boyaux, qui les fait retirer de telle ſorte qu'ils ſont ſi plats qu'on les perceroit auec vne aiguille.

La quarte ſ'appelle la rage endormie, laquelle vient d'vn eſpece de petits vers, qui leur viennent dedans l'orifice de l'eſtomac, et ſont engendrez d'vne corruption d'humeurs, dont les vapeurs et fumees leur montent au cerueau, qui les fait dormir inceſſamment, ainſi meurent en dormant.

La cinquieſme et derniere eſpece de rage, ſ'appelle reumatique, parce qu'alors qu'elle tient les Chiens, la teſte leur enfle groſſe, et ont les yeux iaunes, de la couleur d'vn pied de Milan.

Quand les Chiens ſont malades de ces maladies, ils ne cuident pas manger, et viuent huit ou neuf iours ſans faire aucun mal, puis meurent de faim. Car il faut entendre que le Chien a ceſte nature, qu'alors qu'il ſent mal au dedans du corps (i'entens des maladies qui leur ſuruiennent ſans eſtre bleſſez) ils ne mangent iamais qu'ils ne ſoient guaris. Et par exemple le pouuez voir, quand quelque Chien eſt malade, et qu'on luy donne de la greſſe, il ne la mange que premier il ne ſoit allé paiſtre de l'herbe, et qu'il n'ait rendu ſa gorge, et ſoit guary.

Il y a pluſieurs hommes qui ont voulu dire que le ver qui vient ſous la langue du Chien, eſt la cauſe de le faire enrager, ce que ie leur nie : combien qu'on dye que le Chien ne court pas ſi toſt en ceſte maladie, quand il a le ver oſté de la lange. Ie m'en rapporte à ce qui en eſt.

Ces maladies prennent entre les Chiens pour ſ'halener et ſrequenter les vns auec les autres. Et eſt beſoing, ſi quelque Chien a ces maladies en vn Chenin, d'oſter tous les autres, et les remuer en vn autre lieu : car, comme i'ay dit cy deſſus, telles maladies ſe prennent entre les Chiens, comme la peſte entre les hommes.

Les receptes pour guarir des cinq especes de rages.
Et premierement, de la rage mue.

VAND vn Chien aura la rage mue, pour le guarir il faut prendre le poix de quatre escuz de iust de la racine d'vne herbe nommee Spatula putrida, dicte Passerage, laquelle a la fueille comme Iris, toutesfois qu'elle est vn peu plus noire : et mettre ce iust en vn petit pot plombé, puis prendre le poix de quatre escuz du iust des fueilles d'vne herbe nommee l'herbe du Cru, autrement Helebore noir, puis le poix de quatre escuz de iust de l'herbe de la Rue. Si les herbes ne rendoient iust, faut prendre la decoction d'icelles. Et quand tous les iusts seront ensemble, il faut mettre autant de vin blanc comme de iust de Rue. Puis faudra passer tous les iusts des herbes, et le vin blanc, en vn beau linge net, et mettre tout en vn verre. Ce fait, faut prendre deux dragmes de Scamonée sans estre preparée : et la mesler parmy tous les iusts : puis prendre le Chien auec seruiete, et luy ouurir la gueule, en luy mettant dedans vne ouillette, ou entonnoir, ou en vne corne de Bœuf percée, et luy faire aualler le tout en luy tenant vn peu la teste leuée, de peur qu'il rende sa gorge. Apres luy auoir baillé ceste medecine, on le doit saigner auec vn cousteau, comme l'on saigne les Cheuaux, en la gueule : sçauoir est, aux denteleures, qui sont en la maschouëre de dessus au pallais, qui est par le dedans de la gueule, et luy coupper deux ou trois denteleures, à fin qu'il saigne plus fort. Puis mettrez reposer le Chien sur la paille, et il guarira. Vous noterez que l'herbe que le vulgaire appelle corne de Cerf, ou toute dent de Chien, est souueraine pour rage, si on fait boire au Chien huit dragmes du iust d'icelle herbe, auec vn peu de sel.

Recepte pour la rage tombante, qui procede du cerueau.

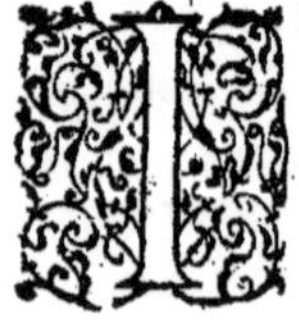

L faut prendre le poix de quatre escuz du iust de la fueille ou graine d'vne herbe qu'on nomme Pæonia, en François, Peaune, i'entens de celle qui porte graine. Puis prendre le poix de quatre escuz du iust de la racine d'vn herbe nommée Bryonia, en François, du Parc, laquelle herbe vient dedans les hayes, et a la racine grosse comme la iambe d'vn homme. Puis prendre le poix de quatre escuz du iust d'vne herbe qu'on nomme Croisette, en Latin, Cruciata, puis prendre quatre dragmes Deſtafiacre bien broyé, et en poudre, et le meſler auec tous les iuſts des deſſuſdictes herbes, et faire boire le iuſt au Chien, comme deſſus. Celà fait, il luy faut fendre les oreilles pour le faire ſaigner, ou bien le ſaigner des deux venes qui viennent par le dedans des eſpaules des iambes de deuant, qu'on appelle pour les Cheuaux, les arcs. Et ſi d'auanture on voyoit que la medecine fiſt peu d'operation pour la premiere fois, il la faut reiterer.

Recepte pour la rage endormie, laquelle procede de vers.

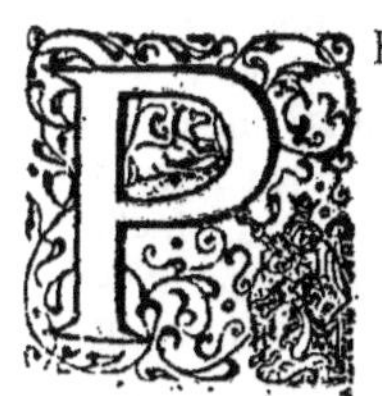

RENEZ le poix de ſix eſcuz du iuſt d'Abſince, et le poix de deux eſcus d'Aloé en poudre, le poix de deux eſcuz de poudre de corne de Cerf bruſlee, auec deux dragmes d'vne drogue nommee Agaric, puis meſlez les iuſts, et les poudres enſemble. Et ſi vous voyez qu'il y ait faute de iuſt, et que les poudres fuſſent trop eſpoiſſes, pour faire aualler au chien, il faut mettre du vin blanc iuſques aux poix de quatre ou ſix eſcuz, puis faire aualler le tout au Chien, comme deſſus.

Recepte pour la rage reumatique, laquelle vient en iauniſſe.

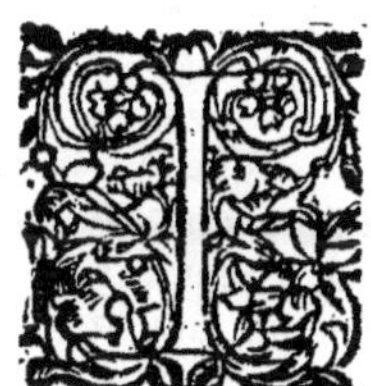

L faut prendre le poix de ſix eſcuz du iuſt ou decoction de la racine de Fenoil, le poix de quatre eſcuz du iuſt où decoction de Guy, qui croiſt dedans les Aubepins, le poix de quatre eſcuz du iuſt ou decoction de Lierre, le poix de quatre eſcuz de poudre ou marc de la racine de Polipode, qui croiſt dedans les cheſnes, et mettre le tout dedans vn petit poiſlon, et le faire bouillir auec du vin blanc, puis quand il ſera refroidi vn peu, il le faut ſoudain faire aualler au Chien, comme deſſus.

Recepte pour la rage flaſtrée.

VANT à la rage flaſtrée, qui tient dans les boyaux, et pluſieurs autres maladies, comme gouttes eſtrufleures, refroidiſſemens, et toutes autres maladies, engendrées de froides cauſes, elles ſe guariſſent par bains et eſtuues dont la recepte ſ'enſuit.

Recepte des bains pour guarir les Chiens des maladies venues de froides caufes.

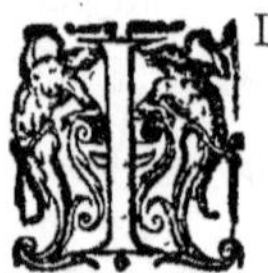

L faut prendre deux grandes poilles, tenantes chacune fix feaux, efquelles vous mettrez en chacune d'icelle, dix iointées de chacune efpece des herbes qui f'enfuyuent : Sçauoir eft, dix iointées d'vne herbe nommee Armoyfe, dix iointées de Romarin, dix iointées de Sauge menuë, dix iointées de racines ou fueilles de Guymauues blanches, dix iointées de racines ou fueilles d'Hiebles, dix iointées de fueilles ou racines de Fenoil, dix iointées de Marachemin blanc, ou de Meliffe, dix iointées de Ruë, dix iointées d'Enula-campana : fçauoir eft, fueille et racine, dix iointées de Lapaces, dix iointées de Bugloffe, et de Melilot : et mettre le tout dedans les fufdictes poilles, lefquelles faut emplir de deux parts d'eau, et le tiers de vin, et faire le tout bouillir enfemble, iufques à ce qu'il foit confommé du tiers, puis quand les herbes feront bien cuittes, il faut prendre les poilles, et ietter toutes les herbes et leur decoction en vne pippe, en laquelle faut mettre quatre feaux de bonne et forte lie de vin : puis prendre lefdictes poilles, et les remettre fur le feu, comme elles eftoyent au parauant, les empliffans le tiers de vin et eau, comme deffus. Apres faut auoir vn fac neuf, et aller cercher des fourmieres et gros fourmis rouges, lefquels faut prendre auec les œufs, et toutes leurs coques : puis les mettre bouillir et confommer dedans lefdictes poilles, auec trois ou quatre picotins de fel : et quand le tout fera bien confommé iufques à la tierce partie, et que l'eau fera bien graffe, il faut verfer le tout dedans la pippe où a efté verfee la premiere decoction, et laiffer repofer toutes les chofes fufdictes enfemble, iufques à ce que le tout foit vn peu plus chaut que tiede : et à l'heure mettrez les Chiens malades dedans, les faifans baigner l'efpace d'vne bonne heure, fans fortir. Mais il fe faut donner garde d'eux, en les tenant, de peur qu'ils fe noyent, ou euanoüiffent dedans la pippe. Puis apres les faudra mettre en quelque lieu bien chaudement, là où ils ne prennent point de vent, de peur qu'ils fe morfondent et refroidiffent : et les faut baigner par quatre ou cinq iours enfuiuans, en faifant rechauffer l'eau, car cefte premiere decoction pourra feruir pour tous les baings. Et auant que de mettre les Chiens malades, la premiere fois dedans le baing, il les faut purger en cefte forte.

Recepte pour purger les Chiens auant que les mettre dedans le baing.

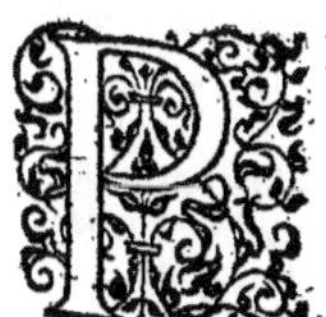

RENEZ vne once et demie de caſſe, bien mundee, deux dragmes et demie Deſtafiacre en poudre, deux dragmes et demie de Scamonée, preparee dedans du vinaigre blanc, auec quatres onces d'huille d'oliues, et deſtrempez le tout enſemble, en le faiſant vn peu chauffer ſur le feu, puis le faites aualler au Chien, vers le ſoir, ſans luy donner à manger, et le lendemain le mettrez dedans le baing à ieun.

Baing pour lauer les Chiens, quand ils ont eſté mords des Chiens enragez, de peur qu'ils enragent.

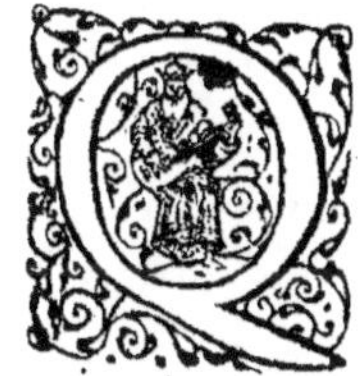

VAND les Chiens ſont mords ou deſbrayez de Chiens enragez, il faut incontinent emplir vne pippe d'eau, puis prendre quatre boiſſeaux de ſel, et les ietter dedans, en meſlant fort le ſel auec vn baſton pour le faire fondre ſoudainement : et quand il ſera fondu, faut mettre le Chien dedans, et le plonger tout, ſans qu'il paroiſſe rien, par neuf fois : puis quand il ſera bien laué, faut le laiſſer aller, celà l'empeſchera d'enrager.

Autre recepte par mots preſeruants la rage.

'AY appris vne recepte d'vn Gentil-homme, en Bretaigne, lequel faiſoit de petits eſcriteaux, où n'y auoit ſeulement que deux lignes, leſquels il mettoit en vne omelette d'œufs, puis les faiſoit aualler aux Chiens qui auoient eſté mords de Chiens enragez, et y auoit dedans l'eſcriteau, Y RAN QVIRAN CAFRAM CAFRATREM CAFRATROSQVE. Leſquels mots diſoit eſtre ſinguliers pour empeſcher les Chiens de la rage, mais quant à moy ie n'y adiouſte pas foy.

Des malades de la gale, des dartres, gratelles, et rongnes des Chiens.

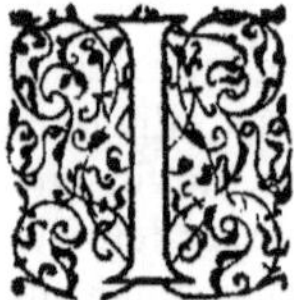

IL y a quatre efpeces de galle : fçauoir eft, la galle rouge et menue, qui enfle les iambes des Chiens. La galle dartree, laquelle vient large comme la paume de la main, qui enleue le cuir des Chiens. La galle commune appelée rongne. La galle noire, qui eft fouz le cuir, laquelle faict tomber tout le poil. Defquelles galles la rouge eft la pire : et plus malaifee à guarir, parce qu'elle eft engendrée de morfondeures, que les Chiens prennent l'hiuer en paffant les eaux, et à coucher en lieux humides, fans eftre chauffez ne fechez : ou bien leur vient pour eftre nourris aux boucheries à manger le fang des Bœufs et Vaches, qui leur efchauffe le corps. Telles efpeces de galles fe doiuent guarir en cefte forte. Il faut premierement purger le Chien, de la medecine que i'ay mife cy deffus pour le baing : puis le lendemain luy tirer enuiron deux onces de fang, d'vne vene qui eft entre la corde du iaret et l'os de la iambe, puis à deux iours de là, on le doit froter d'vn ongnement fait felon la Recepte qui f'enfuit.

Recepte pour faire guarir les Chiens de la galle, des dartres, gratelles, et rongnes.

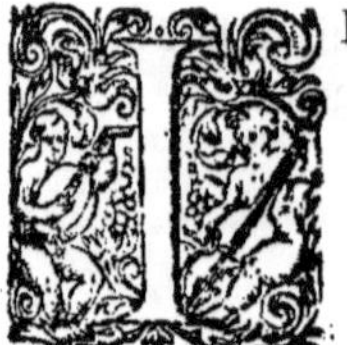

IL faut prendre trois liures d'huile de noix, vne liure et demie d'huile de Cade, deux liures de vieux oingt, trois liures de miel commun, de vin aigre vne liure et demie : le tout bien bouilli enfemble, iufques à la confommation de la moitié dudit vi naigre : puis y adioufterez de la poix ou gemme, et poix refine, de chacune efpece deux liures et demie, de cire neufue demie liure. Et ferez fondre le tout enfemble, en le mouuant toufiours auec vn bafton de palme, ou de canne. Et quand le tout fera fondu, il y faut mettre les poudres qui f'enfuiuent, eftant le tout hors du feu : et premier, vne liure et demie de fouffre, deux liures de couperofe recuitte, douze onces de verdet, en mouuant toufiours le tout iufques à ce qu'il foit froit. Ceft onguent peut guarir toutes efpeces de galles, tant forte foient elles, et faut premier que de frotter les Chiens de ceft onguent, les lauer auec de l'eau et du fel, pour leur modifier le cuir : puis mener les Chiens aupres d'vn grand feu, et les frotter, et enfondre bien ceſt onguent : celà fait les attacher pres du feu, auec vne chaine de fer, et les laiſſer ſuer là l'eſpace d'vne bonne heure et demie, en leur donnant de l'eau à boire tout leur ſaoul. En apres, les faut nourrir de bons potages, et de chair de mouton, bouillue auec quelque peu de ſouffre, pour leur reſchauffer le corps, et auec de bonnes herbes, en leur continuant l'eſpace de huit iours.

Autre recepte pour les dartres.

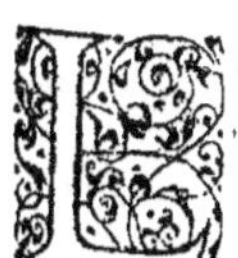

A galle dartreuſe prouient à aucuns Chiens, de nature, ou de race, ou bien de vieileſſe : laquelle galle ſe peut guarir en ceſte ſorte.

Il faut premierement prendre le Chien, et oſter le poil des endroits où ſont les dartres, puis faut auoir du lexiſ, du vinaigre, et du ſel, et le frotter fort iusques à ce que les dartres ſaignent : puis quand elles ſaigneront, faut prendre d'vn onguent, dont la recepte ſ'enſuit.

Prenez vne liure d'onguent, appelé vnguentum Enulatum, demie liure d'vn autre onguent appellé Pomphiligos, deux liures d'huile de noix, poix ou Geme vne liure, vne liure d'huile de Cade, demie liure de ſuye, demie liure de ſouffre, demie liure de vitriol vert, litarge d'or quatre onces, ceruze quatre onces, verdet quatre onces, alun de glads ſix onces : le tout bien mis en poudre, bouilli et incorporé enſemble, auec demie liure de vinaigre. Et ſera vn onguent propice pour la maladie ſuſdite, frottant les Chiens, comme deſſus.

Recepte pour la rongne commune.

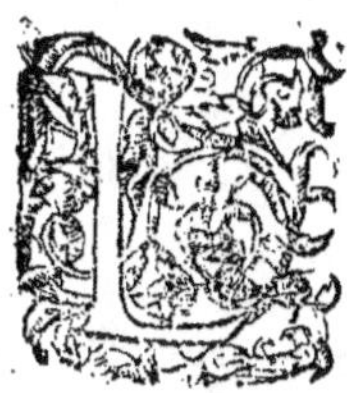

A rongne commune prouient aucuneſſois par ſaute que les Chiens n'ont point d'eau nette pour boire à leur heure, et en ſouffrent, ou bien prent pour coucher ſalement, comme és lieux où ſont les Porceaux, ou ſur de la paille ſalle où auroient couché d'autres Chiens galleux, ou bien vint ceſte galle de morfondure. Telles galles ſont aiſees à guarir, ſans les frotter de drogues, mais ſeulement du iuſt ou decoction d'herbes, dont la recepte ſ'enſuit.

Prenez deux iointees de Creſſon ſauuage, autrement appellé Berne, et deux iointees d'Enula campana, vulgairement appellee Leaune, des fueilles ou racines de Lapace, de la racine de Roerbe, de chacune deux iointees, et des racines de Frodilles, pefant la quantité de deux liures : puis piller toutes ces herbes et racines, et les faire bien bouillir auec du vinaigre, et vn peu de lexif. Apres que tout aura bien bouilly faut paffer la decoction, ou bien le iuft d'icelles herbes et racines, et adioufter parmy lefdits iufts ou decoction, deux liures de Sauon commun, et le faire fondre dedans : puis quand il fera fondu, lon en frottera et lauera les Chiens par quatre ou cinq matins enfuiuans, et ils guariront.

Les receptes font veritables, car ie les ay efprouueés.

Receptes pour guarir les Chiens de louppes.

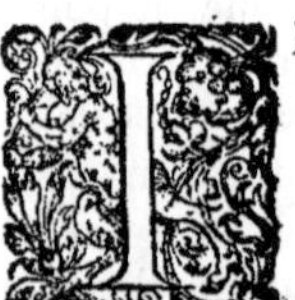

L furuient aucuneffois aux Chiens des louppes, et pour bien les guarir, il faut regarder les lieux où elles font, d'autant que fi elles eftoient en endroits fur le corps du Chien, où il y euft abondance de venes ou arteres, elles feroient fort difficiles à ofter en tels endroits. Celuy qui les oftera, fe doit gouuerner en cefte maniere.

Il faut premierement entendre, qu'il y a deux manieres de les guarir, l'vne par incifion, et l'autre par recepte, comme ie declareray cy apres. Celuy qui voudra vfer d'incifion, doit regarder combien il y a de venes qui entrent dedans ou deffus la louppe, puis faut qu'il ait vne aiguille, laquelle doit auoir la pointe carree, et vn peu courbee, et l'enfilera de bon filet, en paffant fon aiguille par deffous la vene, et la tirera, quand le filet fera par le deffous, il le nouëra par deffus la vene, en l'eftraignant le plus qu'il pourra, puis coupera le filet, et laiffera la vene bien liee, et en fera autant à toutes les autres venes qui feront dedans la louppe, de peur qu'elles rendent du fang quand il fera fon incifion. Et alors qu'il verra toutes les venes bien liees, il prendra fon razoüer, et cernera la louppe tout autour, laiffant la lieüre de venes par le dehors de fon incifure : car il faudra que les venes foient liees au commancement des racines de la louppe, puis couppera et enleuera fa louppe, et tout incontinent prendra vn fer chaut pour cauterizer les petites fibres et arteres. Puis il fera fon premier appareil de fang de Dragon, de moyeux d'œufs, de la poudre de linge bruflé, broyé auec du vinaigre : et faut emmufeler le Chien, de peur qu'il arrache le filet, qui tient les venes attachees. Et faut penfer le Chien, tous les iours, auec du lard fondu en l'eau, meflé auec du Pompiligos battu en vn mortier de plomb : mais il fe faut bien prendre garde que les venes ne faignent.

Autre recepte à ce mesme, approuuee.

IL faut prendre trois grosses espines noires, alors qu'elles seront toutes vertes, et fraischement cueillies, faites les tremper vingt et quatre heures dedans le sang des fleurs des femmes, puis les gressez toutes trois de ce venin, et les piquez dedans le milieu de la louppe, tant qu'elles y pourront entrer, et si d'auanture elles n'y pouuoient entrer, il faut faire ouuerture auec vn poinsson, ou vne grosse espingle, et ficher les espines dedans, sans les bouger, qu'elles ne tombent d'elles-mesmes, ce fait, les louppes mourront peu de temps apres.

Recepte pour faire mourir les puces, pouls, et vermines des Chiens, et les nettoyer.

IL faut prendre deux iointees de fueilles de Berue, et deux iointees de fueilles de Lapace, et deux iointees de Mente : lesquelles herbes ferez bouillir en lexif de farment, et adiousterez parmy deux onces Destafiacre en poudre : puis quand le tout aura bouilly, faut passer les herbes subtilement, et prendre la decoction, en laquelle adiousterez deux onces de Sauon, auec une once de Safran, et vne iointee de sel, et meslerey le tout ensemble, et en lauerez le Chien.

Recepte pour faire mourir, et tomber les vers.

IL faut prendre des escorces ou eschalles de noix, autrement appellees Tam, et les pilez bien fort, estans bien macerees et trempees, les mettrez en vn pot, auec vne chopine de vin-aigre par dessus, et les laisserez tremper enuiron deux heures. Ce fait, ferez bouillir au feu, deux ou trois ondes, voz drogues susdites : puis les passerez en vn beau linge blanc, et en mettrez la decoction en vn pot, en y adioustant les poudres qui s'ensuiuent : sçauoir est, vne once d'aloé eupatic, vne once de corne de Cerf bruslee, vne once de poix resine, en brassant toutes les poudres parmy la decoction : En apres prendre le Chien, et avec la pointe d'vn cousteau faire tomber quatre ou cinq vers, et mettre le iust dedans, et ils tomberont et mourront soudainement.

Autre recepte à ce mesme.

IL faut prendre du fiel de Bœuf, de la poix resine en poudre, aloé en poudre, chaux viue en poudre, souffre vif en poudre, et destrempez le tout dedans le fiel, en faisant comme dessus, et les vers tomberont et mourront.

I'eusse bien mis par escrit les receptes des anciens, lesquels mettoient le poil des Chiens nomper dedans vn fresne, ou cormier, mais telles choses abusent les hommes.

Recepte pour les Chiens mords de Serpens et Viperes.

RENEZ vne poignee d'herbe nommee la croisette, ou Cruciata, vne poignee de ruë, vne poignee de la fueille d'vn arbrisseau nommé Cassis, autrement poyure d'Espagne, vne poignee de l'herbe de Boillon blanc : autrement appellee Blonde, vne poignee de Genets, vne poignee de Mente, et pilez fort toutes les herbes susdictes, puis quand elles seront bien pilee et conquassees, il faut prendre vn verre de vin blanc, et faire le tout bouillir, vne onde seulement, en vn petit pot plombé, et en prendre le iust ou decoction, auec le poix d'vn escu de Theriacle meslé parmy : puis prendre le Chien et luy en faire aualler vn plein verre, et luy en lauer la morsure, mettant vne fueille de Boillon blanc par dessus, liee d'vne branche de genets, et il guarira.

Recepte pour faire guarir les Chiens de la morsure des Sangliers et bestes mordantes.

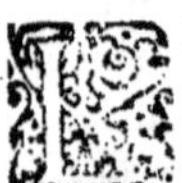

Es Chiens sont souuent blessez des Sangliers en plusieurs parties de leurs corps, et selon les lieux et endroits où ils seront blessez, il se faut gouuerner pour les penser : car si c'est au ventre et que les trippes leur tombent, sans estre offensees ne rompues, le valet des Chiens doit soudainement prendre le Chien, et luy remettre les trippes bien doucement dedans le ventre, auec le bout des doigts, en la maniere que fait un chatreux quand il sene les Chiennes : puis coupper une petite laische ou plataine de lard, et la mettre au dedans du ventre, au droit du pertuis, et faut qu'il ait vn carrelet tout prest, et coudre la peau par dessus : mais faut entendre qu'à tous les points qu'il fera, il doit noüer son filet, car autrement s'il n'estoit noüe, et que le filet pourrist en vn des points, tous les autres se laiſſeroient aller, et par ainſi il eſt requis de noüer et coupper le filet à chacun point. Autant en pourroit il ſaire par toutes les bleſſures, qui ſeront aux autres lieux, y mettant touſiours vn lardon, et coudre comme deſſus, entretenant touſiours la playe graſſe de lard, ou de graiſſe ſeulement : parce que le Chien ſe guarira plus toſt de ſa langue, ſ'il ſe peut lecher, que de tous les onguents dequoy on le ſçauroit frotter. L'aiguille doit eſtre carrée vers la pointe, et ronde depuis le milieu iuſques au chas ou pertuis : telles ſortes d'aiguilles ſe nomment carrelets, deſquelles les Barbiers vſent. Les valets de Chiens ne doiuent point aller à la chaſſe du Sanglier, qu'ils ne ſoient garnis de telles aiguilles, auec du lard pour mettre dedans les playes.

Recepte pour les Chiens qui ont eſté rompus et foulez des Sangliers, ſans eſtre bleſſez.

IL aduient aucuneſſois que les Sangliers ſoulent les Chiens du bout de la hure, ſans les bleſſer, comme aux endroits des coſtes, aux hanches et lieux nerueux. Si de fortune ils auoient quelque choſe demoli ou rompu, on les doit faire habiller : mais ſ'ils n'eſtoient que foulez, on doit faire vne emplaſtre auec les drogues qui ſ'enſuiuent.

Prenez de la racine d'vne herbe appelée Symphiton, vulgairement Conſolide, emplaſtre de Melilot, poix au geme, et huile roſat, autant peſant des vns que des autres : leſquelles dites drogues vous meſlerez toutes enſemble, et ferez vne grande emplaſtre ſur de la toile, puis vous coupperez le poil au droit du lieu où ſera la douleur du Chien, et y appliquerez voſtre amplaſtre : la plus chaude qu'il la pourra endurer, et il guarira.

Recepte pour les Chiens qui ont des vers dedans le corps, leſquels ne peuuent vuider.

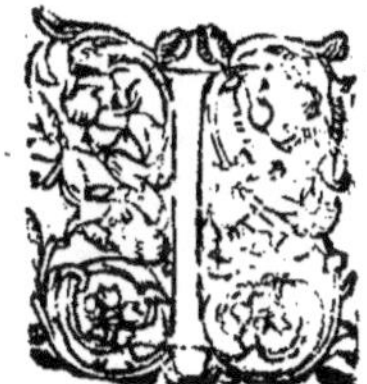

IL aduient aucuneſſois que les Chiens ont de grands vers, qui leur ſortent du fondement, leſquels il ne peuuent vuider. A telles maladies faut faire la recepte que ſ'enſuit. Prenez du iuſt d'Abſinte, le poix de deux dragmes, deux dragmes d'aloe eupatic, deux dragmes Deſtaſiacre, et vne dragme de corne de Cerf bruſlée, vne dragme de ſouffre, le tout pilé et incorporé enſemble, avec de l'huile de noix, iuſques à la valeur de demy verre, et faictes aualler toutes les chofes fufdictes au Chien, et il guarira foudainement.

Reftraintif pour les Chiens aggrauez.

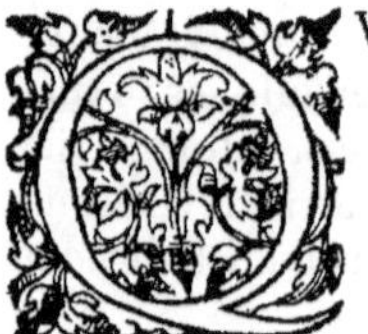

VAND les Chiens font aggrauez et deffolez, on leur doit faire les reftraintifs en cefte maniere.

Prenez vne douzaine de iaunes d'œufs, lefquels vous battrez auec quatre onces du iuft ou decoction d'vne herbe qui vient fur des rochiers, appellée Pilozelle, vulgairement oreille de Chat, ou bien auec du iuft ou decoction de pommes de Grenades bouillies auec du vinaigre et en defaut defdites chofes pourrez prendre le vinaigre tout fimple : puis quand les œufs feront bien battus, vous y adioufterez de la fuye bien fubtilement broyee en poudre, et meflerez le tout enfemble, et en frotterez les pieds des Chiens les enueloppans auec du linge. Ce fait, laifferez repofer les Chiens tout le long du iour et de la nuict, et ils guariront.

Receptes pour faire mourir les Chancres, qui viennent aux oreilles des Chiens.

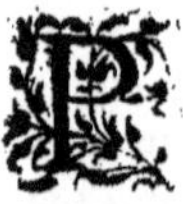

RENEZ du Sauon, le poix d'vn efcu, d'huile de Tartre, le poix d'un efcu, de Sel armoniac, le poix d'vn efcu, du Soufre et verdet, le tout foit incorporé enfemble avec du vin-aigre blanc, et de l'eau forte, et en frotez par neuf matins le chancre.

Receptes pour garder les Chiennes d'entrer en chaleur.

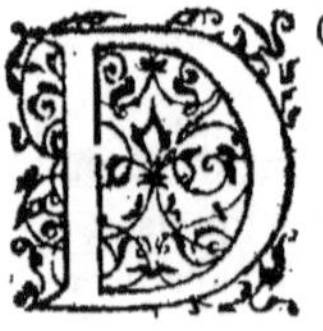

ONNEZ à manger à vne Chienne, auant qu'elle ayt porté des Cheaux, par l'efpace de neuf matins, par chacun matin, neuf grains de poyure, et elle n'entrera iamais en chaleur. Et les luy ferey aualler auec du fromage, ou autre chofe.

Recepte pour faire piſſer les Chiens.

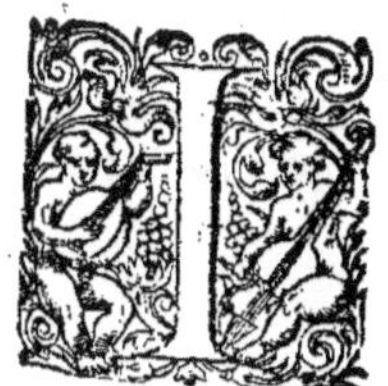

L aduient aucuneſſois que les Chiens ne peuuent piſſer, ou par efforts qu'ils ont faits, ou par chaleur de rains. A telles maladies faut faire la recepte qui ſ'enſuit.

Prenez vne poignée de fueilles de Guimauues, autant de fueilles ou grenes d'vne herbe nommee Archaquangé, laquelle ſe trouue communement par les Vignes, racines de Fenoil, racines de Ronces, autant peſant des vnes comme des autres, et ferez le tout bouillir enſemble auec du vin blanc, iuſques à la conſommation de la tierce partie, puis le ferez boire et aualler au Chien, et il piſſera, et ſera guari.

Recepte pour les Chiens qui ont mal dedans les oreilles.

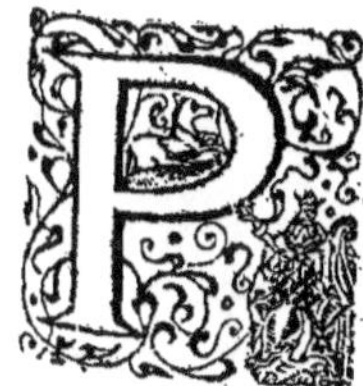

Rrenez du veriuſt, et le mettez en vne eſcuelle, puis le faictes vn peu chauffer, et adiouſterez dedans de l'eau de la feuille et fleur d'vn arbriſſeau, vulgairement appelé Troeſne, ou de l'eau de la fleur de Cheurefueil, qui croiſt parmy les hayes, auec du miel, auſſi gros comme le bout du doigt, lequel meſlerez parmi les eaux. Et mettrez toutes leſdites choſes dedans l'oreille du Chien, en le mouuant touſiours, puis luy ferez pendre l'oreille pour faire tomber ce qu'aurez mis dedans. Celà fait, vous prendrez de l'huille Lorin, laquelle ferez chauffer, et la mettrez dedans l'oreille, en l'eſtouppant auec du cotton trempé en icelle huille : luy faiſans toutes leſdites choſes par cinq ou ſix matins, et il guarira : mais il faut prendre guarde qu'il ne ſe gratte.

Recepte approuée pour faire mourir tous chancres, dartres, et fics.

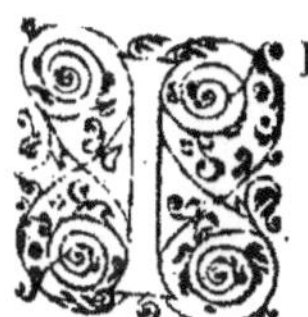

L faut prendre vne dragme de Sublimé en poudre, et la mettre en vn mortier de plomb, auec le iuſt et le dedans d'vn Citron, ſans l'eſcorce : et quand le tout ſera bien broyé, il faut mettre dedans vn peu de vinaigre, et d'eau : puis prendre d'Alun le poix d'vn eſcu, et autant de Sauon : leſquels broyerez et meſlerez auec les autres choſes deſſudites, et faites bouillir le tout en vn petit pot, iuſques à la confommation du tiers, puis appliquerez votre dicte decoction fur les dartres et chancres qui feront fur la peau, et aux oreilles. Mais aux chancres qui font fur la chair viue, comme au dedans de la peau du vit, il faut faire bouillir le Sublimé, et en ietter la premiere eau, à fin qu'elle ne foit fi corrofiue, en faifans comme deffus.

Recepte pour les playes des Chiens.

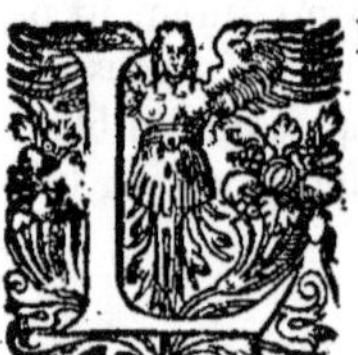

E iuft de la fueille du Chou rouge eft le fouuerain baume pour les playes des Chiens : car fi vn Chien eft blecé, en appliquant le iuft du chou rouge fur la playe, il la confolidera foudainement : la raifon eft, que la chair du Chien eft chaude et feche, et le chou de fa nature, eft chaud et humide.

I'euffe mis plufieurs autres Receptes, mais craignant qu'on les trouuaft ennuyeufes, i'ay feulement efcrit et mis les principales, et plus neceffaires.

Fin des Receptes.

L'adolescence de Iacques du Fouil-
LOVX, ESCVYER, SEIGNEVR
DVDIT LIEV, EN GASTINES
Pays de Poictou.

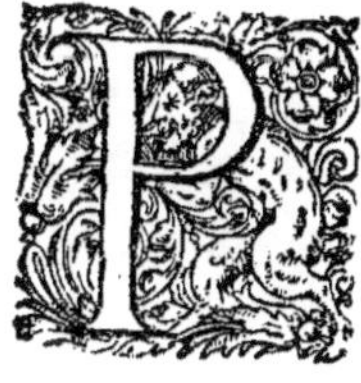

ENDANT *le temps que le noble François*
Faisoit ployer la France ſous ſes loix,
Tendre orphelin, ſortant de la tetine,
Tranſporté fus dehors de ma Gaſtine
Dans un pays de bois et de rochers,
Lieu bien hanté de Cerfs et de Sangliers :
En ſeruitude en ce lieu fu long-temps,
Et à Linieres, où ne perdy mon temps :
Ains euitant ſans ceſſe la pareſſe
A ce plaiſir exerçay ma ieuneſſe,
Qui eſt commun aux Princes et Seigneurs,
Comme auoient fait tous mes prédeceſſeurs :
Car volontiers noſtre Genealogie
Les filles aime, Armes, et Venerie.
Or fu-ie eſclaue enuiron de quinze ans,
N'ayant encore emotion et ſens.
Quand i'eu vingt ans, il me prit une enuie
M'emanciper, viure à ma fantaiſie,
Comme vn Sanglier à trois ans ſe depart,
L'homme à vingt ans ſe met auſſi à part.
De bon matin m'en allay de ce lieu,
N'oubliant rien, ſinon à dire à Dieu :
Prens mon Limier, m'en vois à l'aduenture,
Et ma bouteille attachée à ma ceinture.
Tant cheminay par foreſts et bocages,
Que rencontray du Cerf dans les gaignages,
A la Bourdaine alors il viandoit,
La iette auſſi dans la taille eruçoit :
Puis il ſ'en va tout le long d'vn chemin
Faiſant ſa ruze à l'eſgail du matin.
Apres ſi tant de mon Chien Tire-fort
Que le randi d'aſſurance en ſon fort :
Où le briſay pour prendre les deuants,
A ſon reſſuy de mon Chien eu les vents.
Ie le trouuay d'vne enceinte ſorti,

Et d'vne Bische il ſ'eſtoit departy :
Le frappe à route, et me mets ſur les voys,
Du Chien, de moy, euſſiez ouy la voix,
Sus, Voyleci, allez, vay auant :
Par la fumee il ſ'en va de bon temps :
Voyleci par les portees,
Voyleci par les foulees,
Voyleci aller le Cerf,
Voyleci aller le Cerf,
A route à luy valet
Sus apres luy valet.
Par les foreſts maint eſcot reſonnoit
Par la faueur d'Echo qui reſpondoit.
Or venoit il ce gentil vent de Mer,
Qui me rendoit le corps et pied leger,
Et ſi ſentois la fleur de l'Aubeſpine
Que ce doux vent apportoit de Gaſtine.
Apres mon Cerf me mis par les campagnes,
Où le briſé au pied de deux montagnes.
Deſſus vn tronc, regardant ma bouteille,
Prenant repos vne heure ie ſommeille.
On oyoit là le vent cytharizer,
Qui me donnoit vn aguillon d'aimer :
Comme des voix doucettes et menues.
Et me ſembloit qu'elles venoient des nues,
Ie m'eſueillay, et reprenant mes voix
Ie rencontray le Cerf ſortant des bois :
Tant le ſuiuy par rochers et eſpines,
Que le randi aux foreſts de Gaſtines :
Et le voyant d'entree viander,
Par là iugeay qu'il deuoit demourer,
Où le briſay aux geneſts de verdure,
En le laiſſant repoſer à nature.
Quand ie ſenti du geneſt les douceurs
Soudain m'endors dedans ces douces fleurs :
En ſommeillant ouy ſur vn rocher
Vn chant diuin, qui me vint allecher :
De m'approcher ie ne craigny mes peines,
Afin d'ouir ces gentilles Serenes,
Qui de chanſons doucement entonnees
Reſiouiſſoient montagnes et vallees.
Quand i'auiſay ce gay troupeau aſſis
Sur vn rocher, voir paiſtre ſes brebis,
Chacune ayant deſſus ſon beau tetin

Gentillement la quenoüille de lin :
Il me ſembla apres ce mien reueil,
Voyant leur face, auiſer le Soleil.
I'en choiſi vnė où mon cueur eut deſir
Soudainement de prendre ſon plaiſir.
Or faiſoit-il une pluye doucette
Qui luy rendoit la couleur vermeillette.
Là elle eſtoit en vn lieu à ſouhait,
Plein tout autour de fleurs de ſerpoulet :
Chantant ainſi, à qui chanteroit mieux
Vn chant ſi doux qui tranſperçoit les Cieux.
M'approchant pres pour mieux les regarder,
Soudain fus prins de l'aiguillon d'aimer,
Voyant la gaye et mignonne Bergere
Ayant le teint, et la couleur ſi clere.
Car point n'auoit de fart ne de ciuette,
Mais tout ainſi que nature l'a faite.
Point de tourets n'auoit à ſon ſommeil
Fors ſeulement la clarté du Soleil :
Elle n'eſtoit point cherement enfermee,
Ains aux fureurs de vents abandonnee.
Point elle n'auoit ambre, muſc, n'odeurs,
Sa douce haleine luy ſeruoit de ſenteurs.
Point ne portoit fleur, benioyn, gnacelle,
Oncques parfuns elle ne porta ſur elle :
Mais elle alloit, quand le temps eſtoit gay,
Entre les fleurs et rouſee de May.
Point ne portoit gans de Chamoix, mitaines,
Ains en tout temps a deſcouuert ſes veines.
Ne portoit point de calçons ne patins,
L'eſgail lauoit ſes pieds tous les matins.
Point ne trompoit le monde en ſes cheueux,
Mais les ſiens vrais luy tomboient ſur les yeux
Pour ſe coëffer ne luy faut point d'empois,
De mirouër, ne de teſte de bois :
N'auoit carquans, velours, ne chapperons,
Qu'vn couure-chef tout plié à grillons :
Ny bucs encore de ſoye violette,
Qu'vn godillon de ſimple laine verte.
Elle n'auoit au lieu de faux manchons
Qu'vn linge blanc, ſur ſes petis bras blonds :
Ny iazerans, anneaux, ne bracelets,
Sur ſon gent corps, et ſes tetins refaits.
D'eau de mourron, de febue, ne ſaliue

Ne ſe fardoit fors que de claire eau viue :
Eau de gourgoude à elle point ne touche,
Pour adoucir ſon viſage et ſa bouche.
Point ne portoit de ce liege femelle
Pour amoindrir ſon ſeing et ſa mammelle.
Vaſquine nulle, ou aucun peliçon
Elle ne portoit, ce n'eſtoit ſa façon.
Point ne prenoit vin blanc pour ſe baigner,
Ne drogue encore pour ſon corps alleger :
Mais ſ'en alloit eſbattre ſur l'herbette
Dedans les prez au long de la Viette.
Nourrie eſtoit non delicatement,
Les elements eſtoient ſon aliment :
Car le Soleil qui rend par tout ſplendeur
La contentoit, et nourriſſoit ſon cueur,
En luy rendant le deuoir de nature,
Contente eſtoit de telle nourriture,
Et ſa beauté en rien n'amoindriſſoit,
Mais au contraire en beauté reluiſoit,
Qui me rendoit vn amoureux deſir
D'vn iour me voir pres d'elle à mon plaiſir.
Quand ie l'eu veuë à mon gré longuement,
Mon cueur d'vn feu fut eſpris viuement,
Apperceuant la beauté du viſage.
Et ſon parler, qui ſentoit ſon ramage.
Or i'eſtois là caché pres d'vn rocher,
Et ne m'oſois de plus pres approcher,
Car mon eſprit eſtoit en grand penſee
Si droit à elle m'en irois d'arriuee.
Mon cueur me dit, ne te haſte d'aller,
Elle pourra de ce roc deualler.
Lors approcher te pourras à l'emblee,
Et à ton gré voir toute l'aſſemblee :
Ce que i'ay fait, ayans la patience,
En attendant l'heure de iouiſſance.
Bien toſt apres comme eſtois en propos
Voir la Bergere, tout vint bien à propos :
Au ciel ouy grand tempeſte et tonnerre,
Soudain ie vy la Nymphe ſur la pierre,
Chantant vn chant ſi haut et amoureux
Qu'eſclarcir fiſt le Soleil et les Cieux.
Mon cueur alors commença l'ouuerture,
Le ſang eſmeu domina ſur nature.
Me hazardé pour aller droit à elle,

Mais elle eut peur la gentille pucelle,
Et de droit s'en va où eſtoient ſes compagnes :
Puis ie deſcens tout au pied des montagnes,
En grand triſteſſe enuiron de trois iours
Ie fu aiuſi ſans d'elle auoir ſecours.
Au bout du temps ouy vne myſette
Dedans vn pré ſur la menue herbette :
Vers le rocher ie tourne le viſage,
Si ie verrois les brebis au gaignage.
Lors i'aduiſay la gentille fillette,
Qui eſcoutoit le ſon de la muſette :
Vous euſſiez veu chacune ſ'approcher
De ce ſonneur : il commance à marcher,
Touſiours ſonnant doucement les attire,
Mene la danſe, et apres ſe retire,
Prenant plaiſir voir faire petits ſaux
Aux pays bergiers, danſans branſles noueeaux
Sur la Viette, riuiere de renom,
Qui en Gaſtine a ſur toutes le nom :
Où font ſeiour des Serenes facondes.
Et de leur chant reſiouiſſent les ondes.
D'ouir le chant ie fus tant reſiouy
Qu'incontinent mis triſteſſe en oubly :
Tant fus ioyeux d'entendre leur muſique.
Que fis clameur du pays magnifique,
Noble pays, qui ſur toute la France
Auez produit des filles d'excellence,
On ne ſçauroit en aucun ieu de pris
Autres trouuer qui emportent le prix :
Soit à chanter et danſer par meſure :
Car ces dons là procedent de nature.
Ie voy les Rois et Princes eſtrangers
Eſtre apprentifs de voz branſles legers.
Or ne deſplaiſe au Tybre, ny au Roſne,
Ny au grand Nil, ny auſſi à la Saune,
Fleuues qui ont par l'vniuers grand bruit.
Car la Viette apporte plus beau fruit :
D'vn Simoie et Xante de renom
Car la Viette a ſurmonté le nom :
Digne d'auoir ſes ſources immortelles,
Puis que ſes eaux nourriſſent les pucelles.
Or chantez donc, et danſez les fillettes,
Voſtre doux chant excede les muſettes.
Chere Gaſtine, auant la mort me donne

Le coup du dart, qu'ingrat ie t'abandonne.
Donques i'eſtoy muſſé dans les eſpines
Pour contempler leur façon et leurs mines
Au coing du roc, au bout de la prairie,
Eſtois tout coy pour voir la Bergerie.
Là ſe prenoit entre eux tant de ſoulas,
Tant à danſer, qu'inuenter autres eſbas,
Qu'il n'eſt poſſible aux viuans curieux
Plus en auoir, ſans le tranſport des Cieux.
Pendant le temps qu'eſtois en ce plaiſir,
Voyant la Nymphe où eſtoit mon deſir,
Vous conteray au long de point en point
Qu'il m'arriua, dont fus en piteux point.
Ma robe eſtoit de bonnes peaux de Loups,
Qui me venoit aſſez mal à propous,
Car vn faux Loup rauit vne Brebis :
Lors les Bergiers firent de ſi hauts cris
Que i'eu frayeur, et du lieu me depars.
Voicy venir maſtins de toutes parts,
Courans au bruit, et m'ont tranché chemin,
M'ont attrapé, chacun prend ſon lopin
De mon habit, et l'ont mis à l'enuers :
I'aduiſay lors mes genoux deſcouuerts,
Dont m'eſcrié à haute pleine teſte,
Voyant ma robbe, ils me prenoient pour beſte
Maint aiguilette arrachent de l'eſchine,
Qui me cauſoit faire piteuſe mine :
Mais Dieu voulut que la douce fillette
Ouit mon cry, et court toute ſeulette,
Et me voyant tout rompu, vint deſcendre,
Prent ſa quenoüille, et aide à me defendre :
En elle alors mon cueur fut imprimé,
Et bien ioyeux d'eſtre ainſi deliuré
D'elle m'approche, et pres d'elle rangé
Ie me ſentis de beaucoup ſoulagé :
Car le doux vent de ſa ſouëfue haleine
M'amoindriſſoit de mes playes la peine.
En ſouſpirant commance à l'embraſſer,
Et doucement ſon viſage baiſer,
Vous merciant la gentille fillette
Dont vous m'auez eſté amie parfaite :
En cheminant tenois ſa blanche main,
Parlant à moy d'vn cueur doux et humain.
En me diſant, y ſceu priqueu marrie

De vostre anneu, et grande fascherie,
Igle vouz-ant pardingue soit grand mau,
Que fusiant morts les Chiens qui sont ytau.
So vou plaiset de venir chez mon pere
I vou donray do vin à bonne chere.
Ie luy respons, Ma douce et grande amie
De bien bon cueur humblement vous mercie,
Et pour autant que i'ay fort bon vouloir
De vous aimer, et vostre grace auoir.
Ie vous suppli de prendre cependant
Du bon cueur ce mien petit present.
Sur ces propos iettay sur la verdure
Deux beaux anneaux lacez d'vne ceinture :
Elle commance adonc à soy cliner,
Et les anneaux en son blanc sein serrer.
Il estoit temps d'emmener ses aigneaux,
Car desia lors s'en alloient à troupeaux
De tous costez ses compagnes si bien
Que n'eusmes point de plus parler moyen.
Prenant congé, me presenta la main
Me promettant reuenir lendemain.
Sur cest à Dieu de moy s'est separee,
Où la cogneu du dart d'amour frappee,
Car s'en allant, souuent tournoit sa face,
En me disant de si fort bonne grace :
S'ra tou demoin enuiron de dix houre,
Ne faillé pas de vous trouuer à l'houre,
E da bon ser, adé, adé vous dy,
Or à Dieu donc la belle fille aussi.
Lors attendant l'heure de la promesse,
Par les boquets me pourmenois sans cesse,
En escoutant le doux chant des oiseaux,
Qui resonnoient à l'entour des ruisseaux :
Où ie songeois és mignardises vaines
Qu'incessamment font les dames mondaines,
Pour deceuoir leurs maris et amis
Du deceptif langage d'Amadis,
Ne monstrant rien de leurs corps que la langue,
Langue d'aspic, pour dresser leur harangue,
Et leur fournaise aussi puante que souffre,
Maudit soit il qui dira bien du gouffre.
Mais les troupeaux des Bergeres viuans
Au clair Soleil, et aux cieux reluisans,
Sont à aymer, tant pour leur doux langage,

Que leurs banquets de fruict et de laictage,
Entretenant vne beauté certaine,
Et de leur bouche alenant douce aleine.
Lors quand ie vy qu'il estoit pres de l'heure,
M'en allay voir des Brebis la demeure,
Sur vn coutaut en vn petit pasty.
Pres d'vn rocher, la Bergere attendy.
Tantost l'ouy ses brebis erodans
Qui de sa voix faisoit des plaisans chants :
Car la coustume est ainsi en Gastines,
Quant vont aux champs de hucher leurs voisines,
Par mesme chant que mets cy en musique,
Rendant ioyeux tout cueur melancolique.

Comme les Bergeres erodent leurs Brebis.

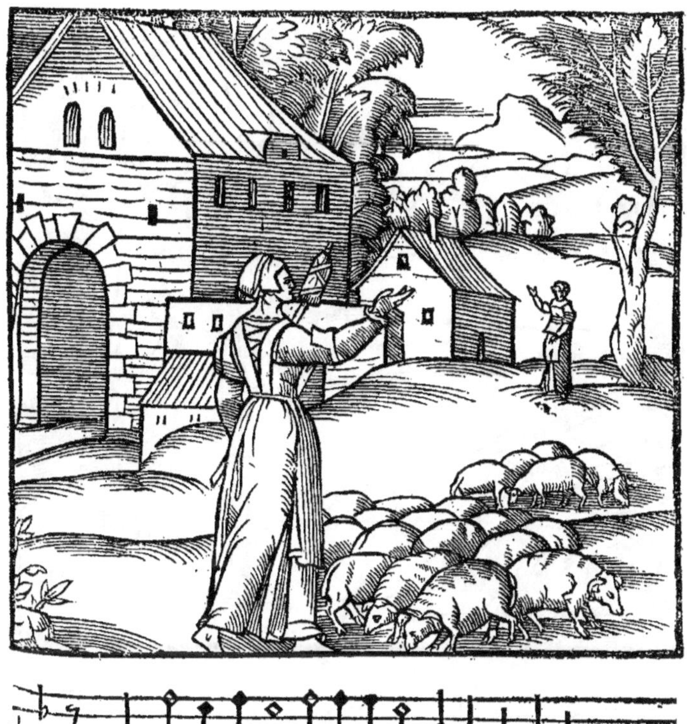

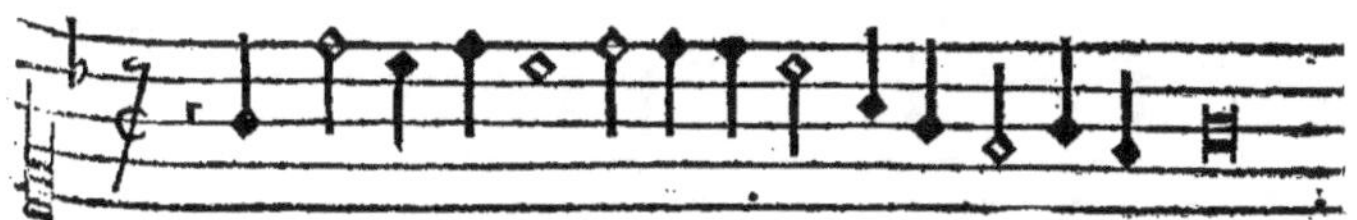

Et o lou valet, o lou valet, lou valet, de re lo.

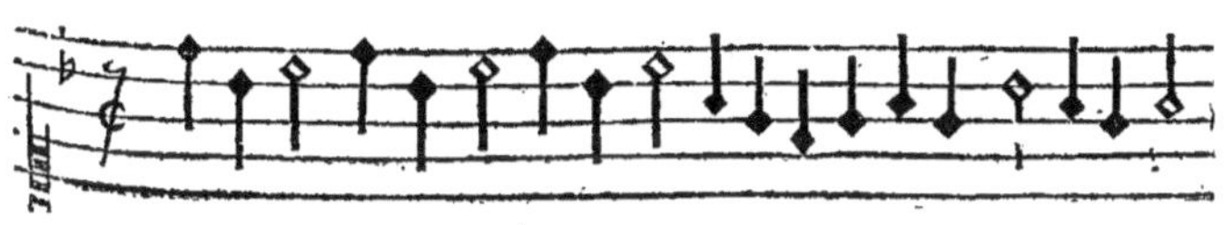

Lou valet, lou valet, lou valet, la la a a let,

Le chant et huchement des Bergeres.

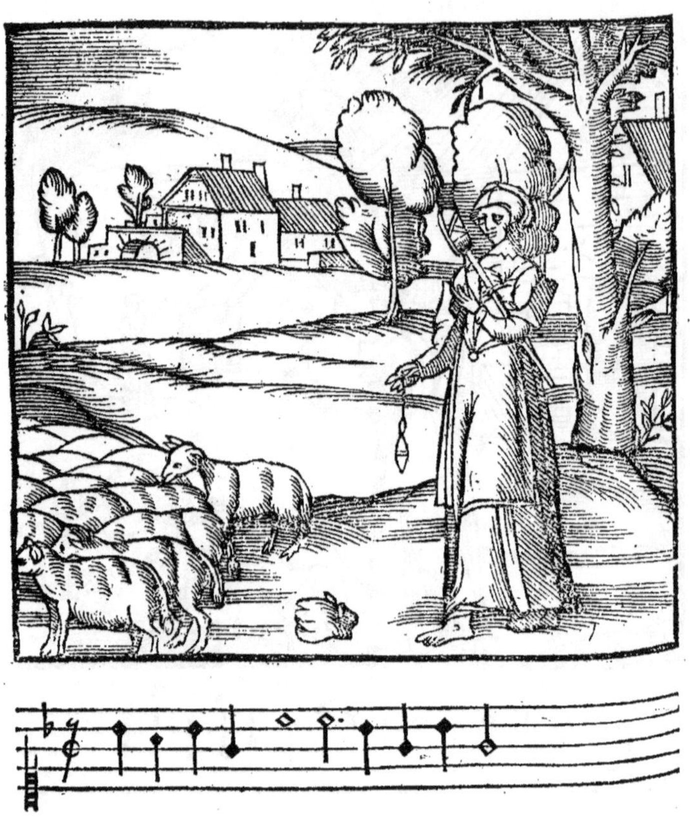

Refponfe de la Bergere compagne.

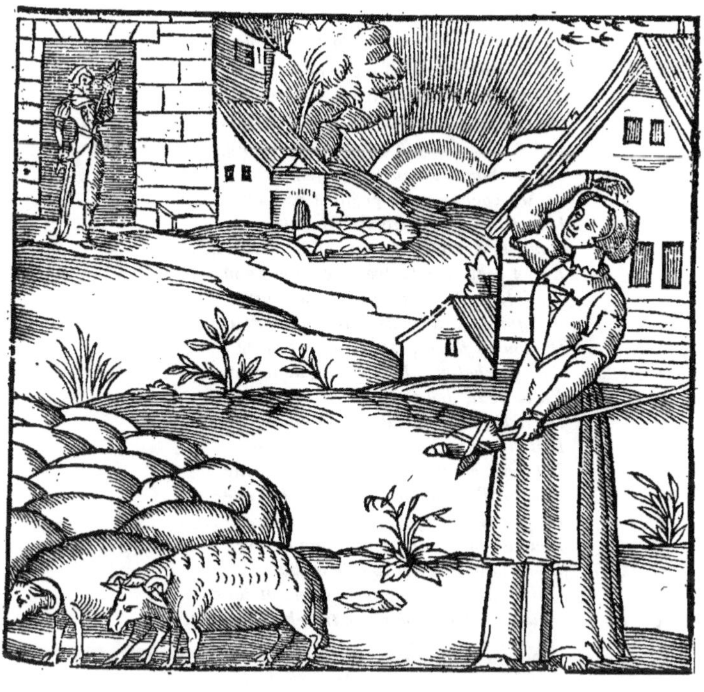

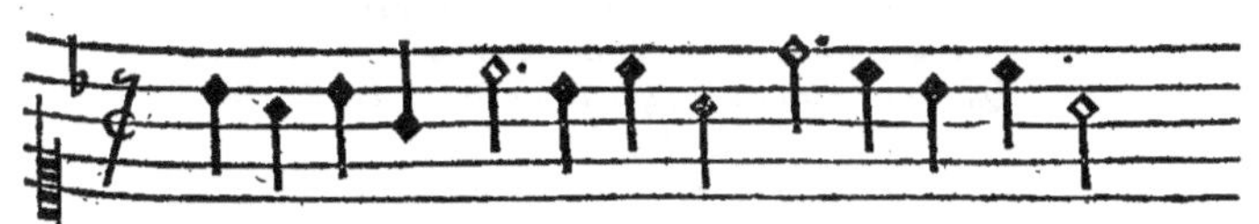

Ou, ou, ou, oup ou, ou, ou, ou, ou, oup.

Apres qu'elle eut ſon doux chant acheué
D'elle me ſuis bien pres approché,
L'entretenant de parolle ioyeuſe,
Luy promettant vn iour la faire heureuſe.

Elle fut prompte à me preſter l'oreille,
Son petit cueur ſouſpirant à merueille.
Lors la prié dans les genets nous ſeoir,
Entre nous deux ſe rangea bon vouloir.

Ia le Soleil longuement eſleué
Le ſien chemin auoit preſque acheué.
Lors Cupido nous donna l'auantage
Dans le vert bois tout rempli de fueillage :
En vn beau lieu feutré d'herbe et de mouſſe
Va deſpouiller des eſpaules ſa trouſſe :
Et fiſmes vn lict ſans plume ne couuerte
De douces fleurs, et de fougere verte :
Puis ſon bel arc, bien tendu, deſtendit
En ce beau lieu ſon gentil corps tendit
De tout ſon long, ſans point eſtre contrainte :
Feit ſon cheuet de la verdure peinte.
Lors me ſentant ſi tres-pres de la belle
Faueur d'amour me va pouſſer ſur elle :
En ce beau lieu fut faite l'ouuerture
Pour accomplir les œuures de nature,
D'vne tant douce et loyale amour,
Qui a duré mainte annee, et maint iour,
Viuant au bois comme vn tres-bon hermite,
Au monde n'a vie plus benedicte.

Ie fus ainſi quelque eſpace de temps
Auec Bergers, me donnant du bon temps,
Qui ſont ioyeux, et n'ont autre ſommeil,
Quand le bruit court, que trouuer le preueil,
Là où ſe voit de Gaſtines les perles,
Plus plaiſantes et reſiouyes que Merles,
Tant bien danſans au ſon des cornemuſes,
En ce plaiſir ſouuent ell' font leurs muſes
D'eſprit ramage, et cueur en gayeté,
En conſpirant toute ioyeuſoté.

Là vous verrez ces iolis Bacheliers
Faire gambade, et des ſaux à miliers,

Iettant œillade, et auſſi regards maints,
Deſſus les filles, et qui n'en font pas moins.
Voilà comment ſans aimer à moitié :
Les deux amans ont pris leur amitié :
Priant le Dieu de tous vrais amoureux,
Qu'ainſi que moy ſoient en Gaſtine heureux.

Fin de l'Adoleſcence.

COMPLAINTE DV CERF, A MONSIEVR DV FOVILLOVX PAR GVILlaume *Bouchet.*

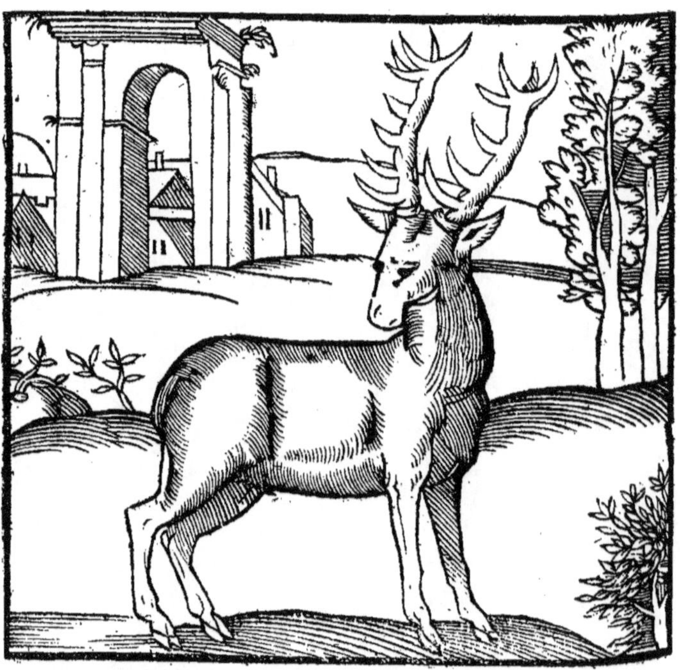

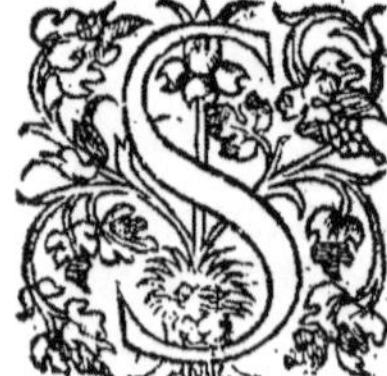

I pour ſauuer des Chiens ma vie fugitiue
A l'homme ie me rends, et de mon gré le ſuiue :
Si à luy i'ay recours, à fin de m'eſloigner
Des Limiers, que ie ſens à ma mort ſ'eſcharner :
Pourquoy, Seigneur Fouilloux, eſt ce que tu les [cornes?
Si à l'homme me rends, en rabaiſſant mes cornes,
Pourquoy luy apprens tu, auec mille instrumens,
Tendre toiles et rets, pour me mettre dedans?
Pourquoy l'enſeigne tu? eſt ce à fin qu'il me prenne,

Ou pour ſoudain mourir dans les rets il me mene?
Mes larmes, et mon poil, mes cors touſiours croiſſans,
Luy profitent aſſez ſans qu'ore auant mes ans
Mes forces par ſes mains me ſoient du tout rauies :
Car ma corne gueriſt autant de maladies
Que de fois on la voit ſur le haut de mon front
Renaiſtre tous les ans faiſant vn noueau tronc,
L'on en chaſſe, bien toſt, la douleur qui vironne
Dans le cerueau eſmeu, et ſes eſprits eſtonne :
Si eſtant bien pilee vne dragme on en boit
L'on en purge l'humeur, et le trop qui croiſſoit.
Aux talons eſcorchez on fait la peau reprendre,
L'on fait mourir les cors qui veulent loing ſ'eſtendre.
Le mal long et tardif de l'humeur trop puiſſant
Par ma corne eſt gueri, rendant le corps poiſant.
Quand l'humeur froid ou chaud l'vn ſur l'autre maiſtriſe,
Ma force et ma vertu empeſche l'entrepriſe.
De la femme on retient l'amarry et les fleurs,
Si peu elle ſe purge, ou trop, ſeruant aux deux.
Gueriſt le mal des yeux, quand d'vne obſcure nue,
Croiſſant, il veut voiler et veut ſiller la veue.
La rate l'on remet, qui eſpand par le corps
Vne iaune poiſon, appaiſe les efforts
De l'humeur chaut et froid, qui enragemeut bleſſe
Les tendres nerfs des dents, l'humeur tombant ſans ceſſe.
De la froide colique on ſent fuir les vents,
Allongeans les boyaux auec mille tourments.
Si quelqu'vn ſ'eſt bruſlé, ma corne miſe en poudre
Le ſoulage auſſi toſt, et ſa peau fait reſoudre.
Elle ſoulage auſſi vn homme empoiſonné
Que l'auare heritier, las! aura bouconné.
Reſiſtant au venin : deſſechant elle tue
Tous les vers formillans d'vne chair corrompue.
Mais quoy? Ie chante en vain de ma corne l'honneur,
Et l'honneur qui me nuiſt. Ie ſens deſia la peur
Me mettre vne aiſle au pied, afin que ie me cache
Par le couuert des bois, où ma vie i'arrache.

Des dents de gros clabaux, me talonnant de pres.
Le cor emplist le ciel, ie voy desia les rets,
Et ie voy le Veneur, qui la fleche dressee
Mesure, en encochant mon flanc à sa visee :
Et à fin qu'il ne faille à me rendre aux abbois,
Ie voy bien le Fouilloux, la crainte de noz bois,
Luy remarquer au doigt mes traces et ma couche,
Afin que seurement il me suiue et me touche :
Comme dedans la trompe il doit le son hausser,
Quand il veut en fuyant aux dogues m'eslancer,
Et corner, à la fin, la prise pour m'occire,
Et ce qui s'en ensuit, las! que ie ne puis dire.
Peut estre qu'il pretend trouuer dedans mon corps
Des remedes autant comme dedans mes cors :
Car vsant de ma moelle, on appaise les peines
Quant le ventre est pressé de ses plus fortes geines :
Et par ma moelle encore, et mon suif sont remis
Les membres et les nerfs, quand ils sont refroidis.
Soit que mon estomach pour medecine apporte,
Des pierres, empeschans que la femme n'auorte.
Ou soit que ma nature à vn lict de Venus
Eschauffe les maris trop couards et recreus.
Ou bien que dans mon cueur vn petit os on treuue
Qui engarde trembler ceux qui en font espreuue
Soit que ma tendre chair on presente au repas
Des Roys et des Seigneurs, entre les premiers plats,
Si qu'en mangeant souuent, peu à peu lon consume
Des fiebures la chaleur, qui aux veines s'allume :
Et qui plus est ma chair fait prolonger les ans,
Qui poisent sur le chef des hommes vieillissans.
Mais, homme mal-heureux, si mon aage te passe,
Veux tu que contre Dieu le tien allonger face?
Faut-il, en me mangeant, celuy là auier,
Qui par ma dure mort veut sa vie allonger?
Si tous ces grands biens là viennent de mon dommage,
Qu'apres ma mort ce soit, ie ne vy plus d'vn aage :
Si c'est pour le plaisir, les bestes poursuy donc

Lesquelles nul profit, mais dommage te font.
Sinon, puisse estre ainsi, que des Dieux la puissance
Autant que toy à nous, te face de nuisance :
Et plus iustes encore, qu'il t'enuoye souuent
La guerre, la famine, et la peste suyuant :
Afin que retenu en ce malheur contraire
Tu ne nous vueille plus, ou nous puisse meffaire.
Mais si tu demourois en tes maux courageux
Despitant la puissance, et le courroux des Dieux.
Puisse-tu rencontrer Diane Cynthiene
Toute nue baigner dedans quelque fontaine :
Et ainsi qu'Acteon, comme moy Cerf tourné,
Bramer deuant ton Chien dessus toy attiné,
Qui succera ton sang, iusques à tant que l'on pense
Ceste peine cruelle esgaller ton offence.

Fin de la complainte du Cerf.

AVX PRINCES, SEIGNEVRS ET Gentils-hommes de France.

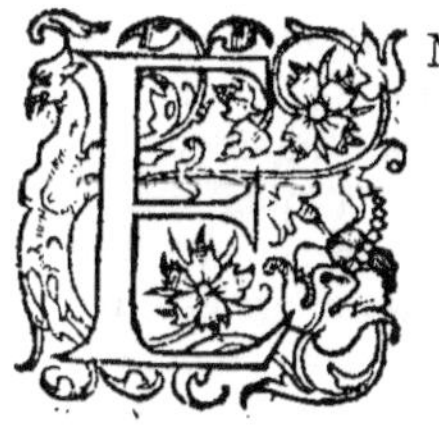

NTRE les honeſtes exercices et labeurs delectables des hommes, il ne ſ'en trouue aucun mieux excuſé d'oiſiueté et de peché que le plaiſir de la Chaſſe, Venerie, Fauconnerie : et ſur toutes les liberales occupations qu'auons entre nous, il n'y en a point qui recrée l'eſprit, agilite le corps, aguiſe l'appetit, et ſe donne du bon temps, que le deduit de la chaſſe, et le vol de l'oiſeau. Car ſans blaſonner autrement, en tels exercices on peut fuir les ſept pechez mortels : on eſt mieux addreſſé à cheual pour cognoiſtre et entreprendre mieux les voyages par pays, et ſe defendre en conflits. Bref, en ce monde les Veneurs viuent plus ioyeuſement que autres gens : car quand ils ſe leuent au matin, ils voyent la tres-belle matinée et le temps cler et ſerein, eſcoutent le doux chant des oiſeaux, et ramage des Roſſignols. Et quand le Soleil eſt leué, voyent la belle roſée ſur les raincelles et herbettes luiſantes au Soleil, qui leur donne ioye au cueur. Puis quand ils ſont en queſte, rencontrent le Cerf, et peu apres ſe trouuans à l'aſſemblée, chacun d'eux fait ſon rapport à ſon Seigneur, ou de veue à l'œil, ou de rapport par le pied, ou par les feintes qu'il aura en leur cor ou giron, ou quelqu'vn dit : *Voicy ce grand Cerf cy eſt vne bonne meute : Allons le laiſſer courre.* Puis ils montent à cheual pour accompagner les Chiens (et ſ'il leur ſouuient) font prouiſion de bouteilles, et quelque harnois de gueule, accompagnez de maints bons et ioyeux propos. Bref, ce deduit tant honeſte a eſté de toute antiquité obſerué par les Princes, grands Seigneurs et gentils-hommes, meſmement en la France (nourrice de toute nobleſſe) et fontaine des arts et ſciences. Mais quel eſbat y a il plus plaiſant que de la queſte, aller à l'aſſemblée, courir le Cerf, le Lieure, et autres animaux? Voler le Heron, curer l'Eſpreuier et autres oiſeaux? Ouyr le ſon des cors et trompe, entendre l'abboy des Chiens : puis retourner auec la proye en gayeté de cueur, ayant l'appetit ouuert pour prendre ſon repas et repos à la volupté! Ce ſont les cauſes (mes Seigneurs) qui ont meu pluſieurs anciens et modernes eſcriuains à deſcrire l'art de chaſſer aux beſtes, et voler l'oiſeau : entre leſquels Xenophon et Opian ſe ſont delectez : et entre les Latins, Gratius Poëte, et le Pape Adrian ſixieſme. Voire en cecy ne ſont oubliez le Sire Gaſton de Fois, Seigneur du Rù : comme auſſi le Seigneur du Fouilloux, autheur de ceste Venerie. Et en la Volerie d'oiseaux, les Sieurs Gasse, Malopin, Guillaume Tardif, maistre Aimé Cassian et autres. Mais celuy qui semble les auoir deuancez, est celuy qui fut surnommé par son autheur le Roy Modus, et la Roine Ratio, lequel en a traitté si amplement et familierement qu'il ne restoit qu'vn petit doubte à l'intelligence de tels deduits et plaisirs : long temps a et depuis esclarciz par la continuelle pratique et exercice qu'en a fait et fait iournellement le Seigneur du Fouilloux, natif de Gastine en Poictou : car sans blasonner aucun, il a monstré en la deduction de son liure qui estoit homme noble, bien experimenté et de diligence en la Venerie et Fauconnerie, instruisant ses apprentifs à la chasse des bestes et oiseaux, pour le regard des choses par luy signifiées. Or si telles gentillesses ont de tout temps eu lieu és cours des Rois, Princes et Seigneurs : et que par le moyen d'icelles, maints Gentilshommes sont paruenus en honneur : et autres se sont addressez à maints louables exploits et faits d'armes : il m'a semblé fort convenable d'adiouster à cet œuure les chasses du Dain, de l'Ours, du Loup, du Bouc, du Cheurueil, du Connil, du Loutre, du Regnard et Tessons, delaissées à traiter par notre dit autheur, et par cy deuant imprimées, sous le nom du Roy Phebus. D'auantage desireux de profiter à nostre nation Françoise, et à fin d'allicer ceux qui pour la rudesse qu'il leur a semblé estre és termes et vocables propres en l'art de Venerie, ie me suis aduisé d'en faire vn petit recueil à part, et les interpreter selon les sens des susdits autheurs, et de Monsieur Budé en sa Philologie, et duquel ie fais vn present : vous asseurant (Messeigneurs) que si tel labeur trouue grace enuers vos Seigneuries, i'auray occasion de vous en remercier, et de m'employer à choses plus serieuses,

A Dieu. De Paris ce iourd'huy dix huitiesme de Iuin, 1573.

Attendant mieux.

AVX AMATEVRS DE VENERIE,

GASTON DE FOIX, SEIGNEVR

du Rù, Donne Salut.

ESTANS Phebus au ſigne des poiſſons
Saturne et Mars au ſigne du Lyon
Retrogardez : de hors de leur maiſon,
Faiſans des maux encor'vn million.
Puis Iupiter au ſigne des balances,
Mal-fortuné en toutes circonſtances,
Voyant Venus en vn ſigne terreſtre
Auec Mercure, qui ne veut terre eſtre,
Si-non aux bons, quand il leur eſt propice,
Et fait fuir tout peché et tout vice.
Gaſton de Foix, Seigneur du Rù nommé,
Et decoré plus que Pigmalion,
Qui fut idole par tout pays renommé
A Troye la grand, en la tour du Lyon
Eſt-cy (Meſſieurs) qui deſirez ſçauoir
Choſes vtiles, et plaiſantes à veoir,
Preſent vous faict du liure de Phebus,
Qui monſtre aſſez par beaux mots entenduz
Comme on doit prendre ou le Cerf ou la Biche,
Et beſtes, qui ne ſ'arreſtent à la gluz
Où l'on fuit tout peché et tout vice.
Et qui plus eſt, au vray conſiderer,
Pluſieurs beaux ieux ſont faicts pour paſſetemps.
S'ils ſe iouënt ſans aucun mal penſer,
C'eſt tres bien fait, ainſi que ie l'entens
» Mais en iouant, faut que le ieu ſoit beau,
» Où l'on ne penſe, tant ſoit viel ou noueau.
Or à ce ieu, qui eſt de Venerie,
On doit iouer Foy et Cheualerie.
Iouez y (Meſſieurs) ie vous prie :
Car fuir faut peché, et vilenie.

Attendant mieux.

Du Rangier ou Ranglier,

et de sa nature.

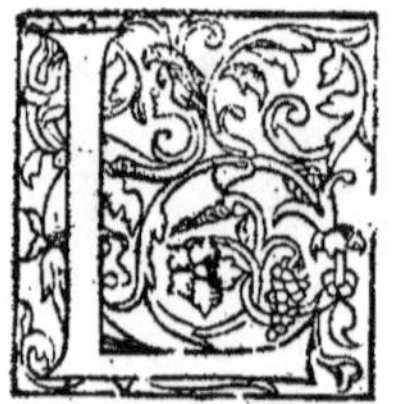

E Rangier eſt beſte ſemblable au Cerf, et a ſa teſte diuerſe, plus grande et cheuillée. Il porte bien quatre vingt cors, et aucuneſſois moins, ſelon ce qu'il eſt viel. Il a grande paumure deſſus, comme le Cerf, ſort que les Endoillers de deuant, eſquels ſont paumes auſſi. Quand on le chaſſe il ſuit, à raiſon de la grande charge qu'il a en teſte : mais apres qu'il a couru vne longue eſpace de temps en faiſans ſes tours et frayant, il ſe met et accule contre vn arbre, afin que rien ne luy puiſſe venir que deuant, et met ſa teſte contre terre. Et quand il eſt en tel eſtat, nul n'en oſeroit approcher pour le prendre, à cauſe de la teſte qui luy couure le corps. Si on luy va par derriere, au lieu que les Cerfs frappent des Endoillers deſſous, il frappe des ergots deſſus, mais non ſi grand coup que fait le Cerf. Telles beſtes ſont grand peur aux allans et Leuriers quand ils voyent ſa diuerſe teſte. Le Rangier n'eſt pas plus haut que vn Dain, mais il eſt plus eſpez et plus gros. Quand il leue ſa teſte en arriere, elle eſt plus grande que ſon corps d'entre ſa teſte. Il viande comme vn Cerf, ou vn Dain, et iette ſa fumée en torches ou en plateaux. Il vit bien longuement. On le prent aux arcs, aux rezeaux, aux lacs, aux foſſes et autres engins. Il a plus grande venaiſon que n'a vn Cerf en ſa ſaiſon. Il va en Rut apres les Cerfs, comme ſont les Dains, et porte comme vne Biche, pource on le chaſſe.

La maniere de prendre le Rangier ou Ranglier.

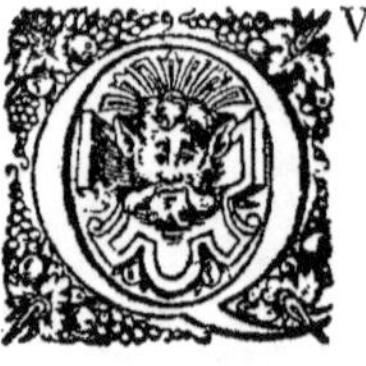

VAND vn Veneur voudra chaſſer le Rangier, il le doit querir en taillant de ſes Chiens, et non pas le queſter et laiſſer courir par ſon Limier par les forts bois, où il luy ſemblera que les beſtes rouſſes ſont leur demeure : et là doit tendre des rets et hayes, ſelon les attours de la foreſt, et doit mener ſes Limiers par les bois. Pource que le Rangier eſt peſante beſte pour la teſte grande et haute qu'il porte, peu de maiſtres et Veneurs le chaſſent à force, ne à Chiens de chaſſe.

La chaſſe du Dain, et de toute ſa nature.

E Dain eſt aſſez cogneu pour eſtre de l'eſpece du Cerf. Vray eſt qu'il n'a pas le poil tel, car il l'a plus blanc, et ſa teſte eſt diuerſe. Il eſt plus petite beſte que le Cerf, et eſt plus grand que le Cheureuil. Sa teſte eſt paumée de longue paumure, et a plus de cors que celle du Cerf. Il a plus longue queuë que le Cerf, et naiſt en la fin du mois de May. Il a toutes les manieres de faire du Cerf, fors qu'il va pluſtoſt au Rut, et eſt pluſtoſt en la ſaiſon : car quand le Cerf a eſté quinze iours au Rut, à peine le Dain commence à ſ'eſchauffer. On ne fait point de ſuite ne Limier au Dain, et ne va on en queſte comme au Cerf : mais on le iuge par le pied. Il iette ſes fumees en diuerſes manieres ſelon le temps et les viandes, comme font les Cerfs, mais plus ſouuent en torches qu'autrement. Quand ils ſe ſentent chaſſez des Chiens, ils tournent en leur pays, et ne font ſi longue fuitte que le Cerf : car il reſſaut aux Chiens par pluſieurs fois, et fuyent touſiours les voyes tant qu'ils peuuent et ſur tout par le change, ils ſe font prendre és eaues. Il bat les ruiſſeaux comme le Cerf, mais non pas ſi malicieuſement. Auſſi ne va-il en ſi grandes riuieres. Il va pluſtoſt de prin-ſaut que le Cerf, et Roye quand il eſt au Rut, non pas comme le Cerf, mais plus bas, en gargutant dedans ſa gueulle. Le Cerf et le Dain ne ſ'entr'aiment aucunement, car l'vn fuit l'autre en ſon repoſt. La chair du Dain eſt plus ſauoureuſe aux Chiens que celle du Cerf, ne celle du Cheureuil : et pource c'eſt mauuais change, quand on chaſſe le Cerf aux Chiens qui ont autre-fois mangé du Dain. Sa venaiſon eſt fort bonne, et ſe garde ſalée comme celle du Cerf. Les Dains demeurent volontiers en ſec pays, accompagnez les vns des autres, hormis depuis le mois de May, iuſques à la fin d'Aouſt, eſquels mois pour crainte qu'ils ont des mouches, ils prennent leurs buiſſons. Ils demeurent volontiers en haut pays, où y a vallées et petites montagnes.

Comme il faut prendre le Dain.

LE bon Veneur doit querir le Dain auec quatre ou ſix Chiens des plus ſages qu'il ait : Et ſ'ils trouuent le lieu où il aura viandé le matin, ou de releuée, ou la nuict, le Veneur les doit laiſſer faire, et mettre pied à terre, et garder qu'ils n'aillent le contre-ongle.

Chaſſe du bouc ſauuage.

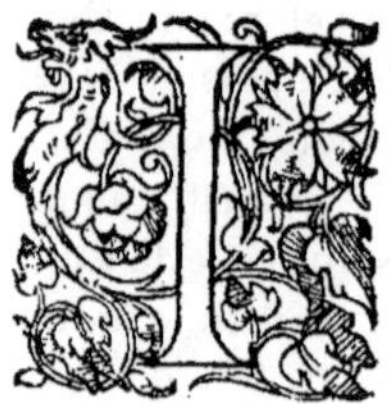

L y a deux ſortes de Boucs, les vns ſ'appellent Boucs ſauuages, et les autres Yſarus, autrement dits Sarris. Les Boucs ſauuages ſont auſſi grands qu'vn Cerf : mais ne ſont ſi long, ne ſi enjambez par haut, ores qu'ils ayent autant de chair. Ils ont autant d'ans que de groſſes rayes, ils ont au trauers de leur cornes, et tout ainſi qu'vn Cerf met ſa teſte et ſes cornes, ainſi ſont les Boucs leurs rayes : toutesſois ils ne portent que leurs perches, leſquelles ſont groſſes comme la iambe d'vn homme, ſelon qu'ils ſont vieils. Ils ne iettent point ny ne muent leurs teſtes : et tant plus ils ont de rayes en leurs cors, et plus leurs cors ſont longs et plus gros, tant plus viels ſont les Boucs. Ils ont grande barbe, et ſont bruns, de poil de Loup et bien velus, et ont vne raye noire ſur l'eſchine, et tout au long des feſſes, et ont le ventre fauue, les iambes noires, et derriere fauue. Leurs pieds ſont comme des autres Boucs priuez ou cheures. Leurs traces ſont groſſes et grandes et rondes plus que d'vn Cerf. Leurs os ſont à l'aduenant d'vn Bouc priué, et d'vne Chieure, fors qu'ils ſont plus gros, ils naiſſent en May. La Biche ſauuage faonne ainſi vne Biche, Chieure, ou Daine, mais elle n'a qu'vn Bouc à la fois, et l'allaicte ainſi que fait vne Chieure priuée. Les Boucs viuent d'herbes, de foings, comme les autres beſtes douces : Ils iettent leurs fumées par torchées, et ce au commencement du noueau temps, et apres ils les remuent formées, ainſi que fait vn Cerf. On les iuge par les fumées quand elles ſont en torches, et auſſi quand elles ſont formées comme on fait vn Cerf : encores que celles du Cerf ne ſoient de telle maniere : car elles retirent (quand elles ſont formées) ſur la forme des fumées d'vn Bouc ou d'vne Chieure priuée. Les Boucs vont au Rut enuiron la Touſſaints, et demeurent vn Mois en leurs chaleurs : et puis que leur Rut eſt paſſé, ils ſe mettent en ordre et par enſemble, et deſcendent des hautes montaignes et rochers où ils auront demeuré tout l'eſté, tant pour la neige que pour ce qu'ils ne trouuent dequoy viander là ſus, non pas en vn pays plain, mais vont vers les pieds des montaignes querir leur vie : et ainſi demeurent iuſques vers Paſques, et lors ils remontent és plus hautes montaignes qu'ils trouueut, et chacun prend ſon buiſſon, ainſi que ſont les Cerfs. Les Cheures alors ſe departent des Boucs, et vont demeurer pres des ruiſſeaux pour faonner et y demeurer tout le long de l'eſté. Lors que les Boucs ſont hors d'auec les Chieures, attendans que le temps de leur Rut ſoit venu, ils courent ſus aux gens et beſtes, et ſe combattent entr'eux ainſi que les Cerfs, mais non de telle maniere : car ils chantent plus laidement. Le Bouc bleſſe d'vn coup qu'il donne, non pas du bout de la teſte, mais du milieu, tellement qu'il rompt les bras et cuiſſes de ceux qu'il attaint. Et encores qu'il ne face point de playe : ſi eſt ce que ſ'il accule vn homme contre vn arbre ou contre terre, il le tuera. Le Bouc eſt de telle nature, que ſi vn homme quelque puiſſant et fort qu'il ſoit, le frappe d'vne barre de fer ſur l'eſchine, pour celà il ne baiſſera ne ployera l'eſchine. Quand il eſt au Rut, il a le col gros à merueilles, voire eſt de telle nature que encore qu'il tombaſt de dix toiſes de haut, il ne ſe feroit aucun mal, et ſe tient auſſi fermement ſur vne roche que fait vn Cheual ſur le ſablon : Toutefois ils cheent aucunesfois de ſi haut pour la paſture qu'ils ont, qu'ils ne ſe peuuent ſouſtenir ſur les iambes, et alors ils donnent de leurs teſtes dans des roches, et par ce moyen guariſſent.

Du bouc, dit Yſarus ou Sarris.

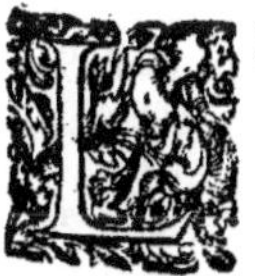

LE Bouc dit Yſarus eſt de pareille forme que le precedent, et n'eſt guieres plus grand qu'vn Bouc priué. Il eſt de pareille nature et vie que le Bouc ſauuage : aucunes fois ſe voulant gratter les cuiſſes, il ſi fourre ſi fort ſes griffes qu'il ſe met par ſes foſſes, et ne les peut retirer, par ce qu'elles ſont reuirées : ainſi tombent et ſe rompent le col. Quand ils viennent de leur viande, ils vont demourer aux roches, et giſent ſur le plus dur des rochiers. Le fiel de chacun des deux Boucs eſt bon contre endurciſſement de nerfs. Les grands Boucs ſ'aquierent trop de venaiſon, principalement par dedans. Les Chieures ont leurs cornes comme les Boucs de chacune nature, mais non pas ſi grandes. Les deux ſortes de Boucs ont leurs greſle et ſaiſon et leur Rut comme le Cerf, et ce enuiron la Touſſaints, et lors on les doit chaſſer iuſques à leur Rut, et pour ce qu'ils ne trouuent rien en hiuer, ils mangent les Pins et Sapins en bois, qui ſont touſiours verds, et qui est leur refreſchement. Leur peau eſt chaude quand elle eſt corroyée en bonne ſaiſon, car le froid ne la pluye la peuuent percer ſi le poil eſt dehors. Leur chair n'eſt pas trop ſaine : car elle engendre fieures, pour la grande chaleur qui eſt en eux : toutes fois quand ils ſont en ſaiſon, leur venaiſon eſt bonne ſallée à gens qui n'ont pas chair freſche, ne d'autre meilleure quand ils veulent.

Comme le Veneur doit faire ſes preparatifs pour prendre le Bouc, dit Yſarus ou Sarris.

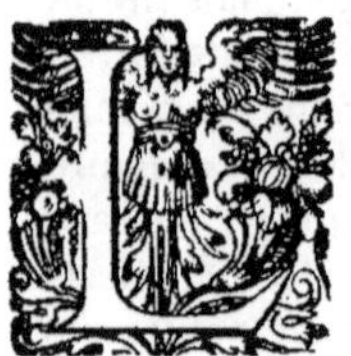

E temps conuenable à chaſſer au Bouc, dit Yſarus, eſt enuiron la Touſſaints, et doit le Veneur ſaire geſir la nuict (qu'il le voudra ſurprendre) és hautes montagnes et cabanes où les paſteurs couchent pour garder leur beſtial : et ſi doit preuoir huict iours deuant, quels ſont les faits des montagnes, les attours, fuittes, et doit faire hayes, et tendre au deuant des roches où les Boucs ſe pourront guarentir, tout ainſi qu'il feroit au deuant d'vne riuiere pour vn Cerf : car c'eſt grand peril pour les Chiens que de faillir aual des roches. Si le Veneur ne peut faire haye par tout le rocher, il doit mettre tous les gens qu'il aura au plus haut du rocher, et leur commander ietter des pierres, et tirer d'Arbaleſtes, à fin qu'ils n'en approchent : puis les doit queſter et courre de ſon Limier (tout ainſi qu'on fait du Cerf) auec dix ou douze Chiens de meute, et tout au moins faire quatre relais : car quand les Chiens ont monté montagne pour la chaleur, ils ne peuuent querir en auant, ne chaſſer aucuneſſois pour la grande chaleur, le Bouc ſe va rendre aux petites riuieres, parquoy le Veneur doit là mettre relais, et ne ſe doit attendre à celuy qui laſchera les Chiens qui le chaſſent : parce qu'ils voudroient chaſſer de trop loing, et par tant doiuent eſtre laiſſez tout de veuë comme Limiers. Il y a quelques Chiens qui ſont ieunes, frais, repoſez, qui ne laiſſent iamais le Bouc qu'ils ne luy ſoyent au cul : encore moins luy laiſſent battre les eaues, par la crainte qu'ils ont de le perdre. La chaſſe du Bouc n'eſt de grande maiſtriſe, par ce qu'on ne peut accompagner ſes Chiens, ne aller auec eux à pied ne à cheual.

Chaſſe du Cheureuil.

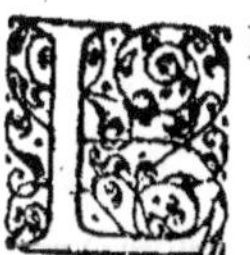

E Cheureuil eſt beſte aſſez commune, et aiſée à chaſſer, combien que peu de Veneurs ſçachent ſa nature. Il va en amour en Octobre, et dure ſon Rut enuiron quinze iours, et n'eſt qu'auec vne Cheurelle, et demeurent enſemble maſle et femelle comme oyſeaux, attendant que leurs femelles ayent faonné. Et lors la femelle ſe depart du maſle, et va faonner bien loing : car le maſle tueroit le faon, ſ'il le couuoit. Et quand il eſt grand, qu'il peut manger des herbes, de la fueille et fuir : alors la Cheurelle ſe racompagne auec le maſle : et qui ne les chaſſera et tuera, touſiours ſe raſſembleront plus toſt qu'ils pourront. La cauſe pourquoy ils ſont touſiours enſemble, et ce au contraire des autres beſtes : et pource couſtumierement vne Cheurelle porte deux faons, maſle et femelle : et quand ils ſont nez enſemble, touſiours ſe tiennent enſemble. Il ſ'eſt veu Cheurelle qui auoit cinq faons dedans le corps. Si toſt qu'ils ſont retraits du Rut, ils iettent leurs teſtes, car peu d'iceux ayant paſſé deux ans faillent à muer à la Touſſaints : puis ils refont leurs teſtes velues ainſi que le Cerf, et froyent en Mars communément. Il n'y a point de ſaiſon à chaſſer le Cheureuil, car il ne portent venaiſon. On doit laiſſer les Cheurelles iuſques à ce qu'elles ayent faonné, et qu'ils puiſſent viure ſans elles. La chair des Cheureux eſt fort bonne : car elle dure tout l'an, et ſont bonne fuitte et plus longue que ne ſont les Cerfs en droit cueur de ſaiſon. On ne les peut cognoiſtre par leurs fumées, ne par le pied guiere, comme les Cerfs. Ils n'ont pas trop grand veuë, et ne cueillent pas trop grand venaiſon, ſi ce n'eſt par dedans, et la plus grande graiſſe qu'ils ayent dedans, c'eſt quand les rongnons ſont couuerts de ſuif. Quand les Chiens les chaſſent, ils tournent leurs pays, et raſſaillent aux Chiens. Et quand ils ne peuuent durer, ou que les leuriers les ont courus, ils font leur fuitte bien longuement, et battent les ruiſſeaux comme le Cerf. Il a ceſte nature et propriété, que quand il ne peut plus aller auant, il demeure en l'eau fors la teſte, ſous quelques racines, et ne ſe deſcouure aucunement. Si que les Chiens et les Veneurs paſſeront par deſſus et à ſon coſté, qu'il ne ſ'en bougera. Il demeure ès fors buiſſons, bruyeres et ioncs, et volontiers en hautes montagnes et vallées, et aucuneſſois en plain. Et comme les Cerfs mettent leurs bottes au premier an, auſſi en tel temps ils portent leurs ſaiſeaux et broches. Il ne ſ'eſcorche ne deffait comme le Cerf : car il n'a venaiſon qu'on puiſſe ſaler, et aucunesfois on la donne aux Chiens. Ils vont à leurs viandiers comme les autres beſtes.

Proprieté du Connil.

LE Connil eſt beſte aſſez conneuë d'vn chacun, il porte trente iours, et non plus, et faut qu'il aille au maſle, car autrement mangeroit ſes Connillaux. Elle porte ores deux, trois, quatre et cinq Lapereaux : Et qui veut auoir bonne garenne de Connils, il les doit deux ou trois fois la ſepmaine faire chaſſer aux Eſpagnols (*Chiens d'oiſeaux*) et les faire encotter : car autrement ils vuideroient le pays, ſi on ne les tenoit pres de leur terrier, ſpecialement ſi le Lieure y paſſe qui ſoit chaud de Connine. Quand le Connil veut aller à la Connine, il frappe ſi fort du pied en terre que merueille, et en ce faiſant ſ'eſchauffe. Quand il a fait ſa beſongne, il ſe laiſſe cheoir en arriere, et demeure tout paſmé, my-mort, et lors on le prend comme les Lieures qui ſont en foſſes. Sa chair eſt meilleure que celle du Lieure, qui eſt melancolique et ſeche.

Comme on doit chaſſer et prendre les Connils.

QVand le Veneur voudra prendre les Connils, il doit prendre Chiens d'oiſeaux, dits Eſpagnols, et les doit faire querir par les hayes et buiſſons au pays où il cuidera qu'ils demeurent. Il doit auſſi auoir de petits Leuriers pour le Lieure et Connil, ſ'ils le prennent, c'eſt bien fait, et ſinon, les Chiens d'oiſeaux le feront entrer dedans les foſſes : et quand ils feront dedans, ils doiuent mettre les bources (qui ſont faictes de cordes) au pertuis du terrier, et en autant de pertuis faut mettre des bources : puis par un deſdits pertuis le Veneur mettra le Furon lequel doit eſtre emmuzelé : car autrement il occiroit le Connil, et ne ſortiroit hors des foſſes de deux ou trois iours. Si le Connil eſt en grand pays, où il n'y ait terriers, ains ſeulement foſſes en terre, il faut alors tendre pochettes, rezeaux et panneaux, et ſi meſtier eſt faire hayes, paſſees à petit pertuis ſelon que la beſte le requiert. Si le Veneur n'a Furon, et il veut prendre les Connils qui ſont és foſſes, il les peut faire ſaillir hors auec la poudre d'orpin, de ſouffre, et de nijenne qu'il fera bruſler, ou en parchemin ou en drap, et ſ'il a tendu les bources au deſſous du vent quand le Furon eſt entré, il pourra mettre au deſſous du vent les poudres deſſus dittes, et alors les connils ſe viendront prendre aux bources.

Chaſſe du Loup.

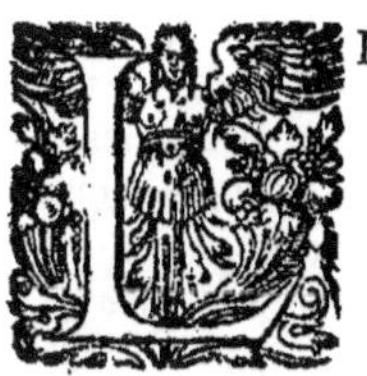

E Loup eſt aſſez commune beſte, il va au rut avec les Louues en Feurier, et ſont en la maniere que font les Chiens, et ſont en leur grande chaleur dix ou douze iours : et quand vne Louue eſt chaude ſ'il y a Loups au pays ils vont apres, comme font Chiens apres vne Liſſe quand elle eſt chaude : mais iamais nul ne la lignera fors qu'vn. Elle fait en telle maniere qu'elle pourmenera les Loups ſix ou huit iours ſans manger ne ſ'en boire, et ſans dormir : car ils ont tant de courage à elle, qu'il ne leur chaut de boire ne de manger, ne de dormir, et quant ils ſont las, elle les laiſſe bien repoſer iuſques à tant qu'ils ſoient endormis, et eſueillera celuy qui luy ſemblera qui plus l'ait aymee et plus trauaillé pour elle, et ſ'en va loing d'illec, et ſe fait aligner à luy. Et pource dit on, que quand vne femme fait aucun mal, qu'elle ſemble la Louue, pource qu'elle ſe prent au plus meſchant et au plus laiz, pource qu'il a le plus trauaillé et plus ioué pour elle que n'ont les autres, et il eſt plus pauure et plus maigre, et plus meſchant, et c'eſt la cauſe pourquoy on le dit. Aucunes gens dyent que iamais Loup ne vit ſon pere, et c'eſt verité aucunesfois, non pas touſiours : car il aduient quand la Louue a mené celuy Loup qu'elle aime plus, comme i'ay dit, et les autres Loups ſ'eſueillent, ils ſe mettent tantoſt aux routes de la Louue, et ſ'ils trouuent que la Louue ſe tienne et le Loup enſemble, tous les autres Loups courent ſus au Loup et le tuent : et pource dit on que le Loup ne veit onc ſon pere : et cecy eſt verité en ce cas : mais quand en tout le pays n'a ſinon vn Loup et vne Louue, ce ne peut eſtre verité. Ou aucunesfois par aduenture les autres Loups ſe ſont eſueillez ſi toſt ou ſi tard, qu'encores le Loup ne tiendra auec la Louue, et par adventure ſeront ja laſſez, et lors ſ'enfuit-il des autres Loups qui ne le tuent pas, et ce cas auſſi n'eſt pas verité. Ils peuuent engendrer au bout d'vn an, et lors ſe partent de la mere et de leur pere : et aucunesfois ainçois qu'ils ayent vn an, mais qu'ils ayent refaites leurs dents toutes à leur droit des autres petites dents qu'ils ont premier, car ils ont deux dents à vn an : les premieres leurs cheent quand ils ont demy an, et puis reuiennent, et les autres qu'ils portent à tous les iours de leur vie ſans remuer : et quand elles ſont refaictes à leur endroit, adonc laiſſent ils leur pere et leur mere, et vont querir leur adventure, mais pourtant qu'ils aillent loing, ne demeurent longuement l'vn ſans l'autre : pource n'eſt pas que ſ'ils rencontrent leur pere et leur mere qui les ont nourris qu'ils ne leur facent feſte et reuerence toufiours. Et ſçache que quand vn Loup et vne Louue ſe ſont accompagnez, ils demeurent volontiers touſiours enſemble, et pourtant qu'ils aillent querir leur proye l'vn deça l'autre delà, il ne ſera que la nuict ils ne ſoient enſemble ſ'ils peuuent, au moins au bout de trois iours. Et tels Loups ainſi accompagnez portent à manger à leurs enfans, auſſi bien le pere comme la mere, fors que le Loup mange premierement ſon ſaoul, et puis porte le ramenant à ſes cheaux : la Louue ne fait pas ainſi, car ainçois qu'elle mange, elle porte à ſes cheaux. Quand la Louue vient et elle porte aucune choſe et le Loup n'a pas aſſez mangé, il luy oſte la proye et à ſes cheaux, et mange ſon ſaoul premier, et puis laiſſe le demourant ſ'il y en a, ſinon ſe meurent de faim, ſi voyent qu'il n'y acompte gueres mais qu'il ait le ventre plain. Quand la Louue voit ce, elle eſt ſi fauce qu'elle laiſſe la viande qu'elle porte loing de là où ſont les Louueteaux, et vient voir ſi le Loup ſ'en eſt allé, et puis apporte la viande à ſes Louueteaux : mais le Loup qui eſt auſſi malicieux, quand il voit venir la Louue ſans nulle proye, il va fleurer ſa bouche, et ſ'il ſent qu'elle n'ait rien apporté, il la prent aux dents et la bat, tant qu'il conuient qu'elle luy monſtre où elle a laiſſé ſa proye. Et quand retourne à ſes cheaux, elle vient le couuert, et ne ſe monſtre point iuſques à tant qu'elle ait veu ſi le Loup y eſt point : et ſ'il y eſt, elle ſe muce iuſques à tant qu'il ſ'en ſoit allé querir ſa proye pour la faim qu'il a : et lors quant il ſ'en eſt allé, elle porte à manger à ſes Louueteaux. Aucuns dient qu'elle ſe bagne et corps et teſte quand elle reuient, à fin que le Loup ne ſente qu'elle ait rien apporté : mais ie ne l'afferme mie. Autres Loups peſants de nature qui ne ſont ainſi accompagnez, n'aident point à la Louue à nourrir ſes Louueteaux, mais quand le Loup et la Louue ſont accompagnez, et il n'y a plus Loup au pays par droit et naturel ſentiment, il ſçait bien que les Louueteaux ſont les ſiens, et pource les aide il à nourrir, mais c'eſt mal gratieuſement. Au temps que les Louueteaux ſont petits les Loups ſont plus gras qu'en tout l'an : car ils mangent ce qu'ils prennent, et ce que la Louue et les Louueteaux doiuent manger. Et portent les Louues neuf ſepmaines, et aucunesfois trois ou quatre iours plus : vne fois l'an vont en amours. Aucunes gens diſent que les Louues ne portent point de Louueteaux tant comme ſa mere eſt viuante : elles ont ainſi leurs Louueteaux comme vne liſſe, ore plus, ore moins : ils ont grand force ſpecialement deuant, et malle morſure et forte, car aucunesfois vn Loup tuëra vne vache ou vne iument. Il a ſi grand force, qu'il portera avec ſa gueule vne Chieure ou vn Mouton, vne Brebis ou vn Porcel, ſans toucher à terre, et courra ſi fort portant ſa beſte, que ſi les maſtins ou cheuaucheurs ne viennent au deuant, les paſteurs ou autres gens ne le pourroient attaindre : il vit de toutes chairs, de toutes charongnes, et toute vermine, et ſa vie n'eſt pas longue : car il ne vit plus de treize ou quatorze ans. Il a malle morſure et venimeuſe, par les ſerpens et vermine qu'il mange. Il va ſi toſt, mais qu'il ſoit vuide, que i'ay veu laiſſer quatre laiſſes de leuriers à doubles l'vn apres l'autre, qui ne pouvoient afficher vn Loup : car il va auſſi toſt comme beſte du monde, et dure trop longuement ſon aller quand on le chaſſe fort aux Chiens courans, il ne fuit gueres loing d'eux : et ſi les maſtins ou leuriers ne ſ'eſloignent, il fuit le couuert, comme vn Sanglier, ou comme vn Ours, et volontiers les voyes. Il va communement querir ſa proye de nuict, aucunesfois de iour quand il a grand faim. Et aucuns ſont qui chaſſent Cerfs, Sangliers et Cheureaux, et ſentent autant qu'un maſtin, et prennent des Chiens quand ils peuuent. Il y a aucuns Loups qui mangent des enfans, et aucunesfois les hommes, et ne mangent nulle autre chair depuis qu'ils y ſont encharnez, ainçois ſe laiſſent mourir, et ceux là on appelle Loups garoux, car d'eux on ſ'en doit garder. Et ſont ſi cauteleux que quand ils aſſaillent vn homme, ils le tiennent ſ'ils peuuent, ainçois qu'il les voye. Et ſ'il les voit premierement, ils l'aſſaillent ſi ſubtilement, qu'à peine eſchappe il qu'ils ne le prennent et tuent : car ils ſe ſçauent très-bien garder des armes que l'homme porte. Il y a deux raiſons pourquoy ils ſe prennent aux hommes : l'vne eſt quand ils ſont trop vieils et perdent leurs dents et leur force, et ne peuuent emporter leur prinſe, comme ils ſouloient faire, dont conuient qu'ils ſe prennent aux enfans, qui n'eſt pas forte prinſe pour eux, et ne leur conuient porter nulle part, fors ſeulement que manger, et ont plus tendre chair que n'eſt la peau ne la chair d'vne autre beſte. L'autre raiſon eſt, quand ils ſont encharnez en pays de guerre où il y a eu batailles à efforts, et lors ils mangent ou des pendus qui ſont attachez ou qui cheent du gibet : La chair de l'homme eſt ſi ſauoureuſe, et ſi plaiſante, que puis qu'ils en ſont encharnez ils ne mangent autres beſtes, ains ſe laiſſent mourir. I'ay veu qu'ils laiſſoient les brebis, et prenoient et tuoient le paſteur : le Loup eſt ſçauante beſte et fauſſe, plus que nulle autre à garder ſes advantages : car il ne fuira iamais trop fort, fors quand il en aura grand beſoing il veut eſtre touſiours en ſa force, et en ſon alaine, chacun iour luy en eſt beſoing : car communement tous ceux qui le voyent, l'eſcrient et le chaſſent. Quand on le chaſſe à force il fuira bien tout vn iour, ſi Leuriers ne luy ſont laiſſer. Il ſe fait volontiers prendre en aucun village ou ruiſſelet, il ſe fait peu abbayer, ſinon quand il ne peut aller, il deuient aucunesfois enragé. Quand Loups mordent vn homme, à peine en peut il guarir, comme i'ay dit : car leur morſure eſt venimeuſe : et d'autre part pour la maladie de la rage, quand ils ſont plains ou malades, ils paiſſent de l'herbe comme vn Chien pour leur vuider. Ils demeurent longuement ſans manger, et ſera vn Loup ſix iours ſans manger ou plus. Quand la Louue a ſes Louueteaux, à peine n'ira ia pres de là, de peur de les perdre. Si le Loup vient à vn porc ou à vn parc de brebis, et ſ'il a loiſir, il les tuera tous, ainçois qu'il en mange. On les prend à force, aux Chiens, aux Leuriers, aux las et aux cordes. Mais ſ'il eſt prins en vn las ou en autres cordes quelles quelles ſoient, il couppera ſubtilement auec ſes dents ſi on n'y eſt tantoſt pour le tuer, aux foſſez, aux aguilles, aux chauſſe-pieds, ou aux poudres venimeuſes qu'on leur donne en la chair, et auſſi en autres manieres. Quand le beſtail deſcend des montagnes, lors ils deſcendent pour auoir leur vie. Ils ſuiuent volontiers gens d'armes pour les charongnes du beſtial, ou des cheuaux morts, ou d'autres choſes. Ils velent comme Chiens, et ſ'ils ſont deux Loups ils feront ſi grand noiſe, que vous diriez proprement qu'il y en a plus de vingt. Et celà font ils quand il eſt clair temps et ſerain, ou quand ils ſont ieunes Loups, qu'ils n'ont pas paſſé encores leur an, quand on les appelle en hurlant pour les encharner. Et ſi vous dy pour toute verité que ſi on les a vne fois encharnez, à grand peine demoureroient ils, où ils auroient mangé, ſpecialement vieils Loups, au moins la premiere fois qu'ils mangeront. Mais quand ils ſont aſſeurez qu'ils ont mangé deux ou trois fois, il demourent : Aucuns ſont ſi malicieux qu'ils mangeront la nuict, et ſ'en iront le iour loing bien demie lieuë ou plus demourer, et ſpecialement ſ'ils ſentent qu'on leur a fait ennuy, ou qu'on leur a fait train de chair pour les chaſſer. Ils ne ſe plaignent point quand on les tuë, comme font Chiens : mais des autres natures les reſſemblent ils. On ne peut nourrir iamais un Loup enchainé, ou prins et tenu ſubiet, tant ſoit ieune ou vieil, ſi on le cuide chaſtier, battre et tenir en bonne diſcipline, que touſiours ne face mal ſ'il a le loiſir, et le peut faire : et iamais pourtant qu'il ſoit priué, ne ſera ſi on le meine hors qu'il ne regarde touſiours deça et dela, pour veoir ſ'il peut en nul lieu faire mal ou regarder : car il doute qu'on ne luy face mal, et ſçait bien en ſa cognoiſſance qu'il fait mal, et pource on les chaſſe et tuë, mais pourtant celà ne peut il laiſſer ſa mauuaiſe nature. On dit que le dextre pied de deuant porte medecine au mal des mammelles, et aux boſſes qui viennent aux pourceaux, prenez deſſous les masſelles et auſſi au foye de l'homme.

Du Renard, et de toute ſa nature.

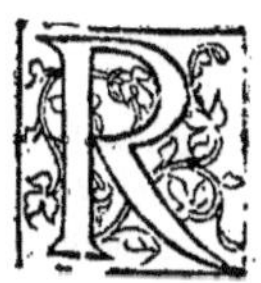ENARD eſt aſſez comune beſte, ſi ne me conuient ja dire de ſa façon, car peu de gens ſont qui n'en ayent veu. Il a beaucoup de conditions telles comme le Loup : car la Renarde porte autant comme la Louue faict ſes louueteaux vne fois plus et l'autre moins, ainſi comme la Louue : mais qu'elle les faict deſſous terre bien profond, plus que la Louue ne faict, et eſt chaude vne fois, laquelle à la morſure venimeuſe comme le Loup, et ſa vie n'eſt plus longue que d'vn Loup. A grand peine prend on Renarde prains : car quand elle ſe ſent prains et peſante, elle demeure touſiours enuiron ſes tanieres, et ſi elle oit rien tantoſt ſe boute dedans, deuant que Chiens la puiſſent prendre : elle eſt malicieuſe et fauſſe beſte comme le Loup. La chaſſe du Renard eſt moult belle, car les Chiens la chaſſent de pres, et volontiers touſiours en aſſentent, pour ce qu'elle ſuit les forts païs et prend la campagne, pource qu'elle ne ſe fie point à ſa courſe ne en ſa defence : car elle eſt trop foible : et ſi elle le faict, ce ſera par droicture, force, et touſiours tiendra le couuert, et ſi elle ne ſe pouuoit couurir que d'vne ronce, elle ſe couurira. Et quand elle veoit qu'elle n'y pourra durer, adonc ſe met elle dedans terre, et à ſes foſſes qui ſont les fortereſſes leſquelles elle ſçait bien : illec les peut on pien foüir et prendre, mais que ce ſoit en plain pays és roches. Si leuriers le courent, le dernier remede qu'il a ſ'il eſt en plein pays il conchie volontiers les leuriers, à fin qu'ils le laiſſent là pour la pueur et ordure : et auſſi pour la pueur qu'il a, vn petit Leurier qui prend tout ſeul vn Renard fait hardiment : car i'en ay veu de grands qui prenoient bien le Cerf et Sanglier, et Loup qui en laiſſoient bien aller vn Renard. Quand elle va en amour et elle quiert ſon compaignon, elle crie à voix enrouée, voix de Chien enragé, et auſſi quand elle n'a tous ſes Renardeaux elle les appelle en celle meſme guiſe. Elle ne ſe plaint point quand on les tue, mais touſiours ſe defent à ſon pouuoir. Elle vit de toutes manieres de vermines, de toutes charongnes et ordures, mais ſa mellieure viande qu'elle ayme plus ce ſont gelines, chappons, canes, et oyes, petits oiſons et oiſeaux ſauuages quand elle les trouue à point : elle mange papillons, giolens, laict, fromage, et beurre. Grand dommage font aux Garennes des Connils et des Lieures qu'ils prennent et mangent volontiers, pour leur grande ſubtilité et malice, et non pas pour courre. Aucuns ſont qui chantent comme Loups, aucuns qui ne vont fors aux villages querir leur proye, comme i'ay dit,

elles ſont ſi malicieuſes et ſi ſubtiles, que hommes ne Chiens n'y peuuent mettre remede. Elle demeure volontiers és foſſes pres de villes ou de villages pour touſiours faire mal aux gelines, et autres choſes comme i'ay dit. La peau du Renard eſt moult chaude pour faire moufles et pelices, mais ce n'eſt belle fourrure, et put touſiours, ſi elle n'eſt bien conrroyée. Le ſein du Renard et les moüelles ſont bonnes à adouciſſement de nerfs. De ſes autres manieres et malices, ie parleray plus à plain quand ie diray comme on le doit chaſſer. On le prent aux Chiens, aux leuriers, aux las, aux cordes : mais il couppe las et cordes comme fait le Loup.

Du Blereau, et de ſa nature.

BLEREAV eſt aſſez commune beſte, car elle ne fuit guieres longuement : car les Chiens la tiennent tantoſt, où il ſe fait abbayer, et puis on le tuë volontiers, et demeure dedans terre, ou ſ'il eſt hors il n'eſt gueres loing de taiſnieres. Il vit de toutes vermines et charongnes, et de tous fruits comme le Renard, mais il n'oſe tant ſ'aduenturer le iour comme il fait : car il ne ſçait ne peut fuir, il vit plus de dormir que d'autre choſe : ils ſont vne fois l'an cheaux comme Renards, et les ſont dedans les foſſez. Quand on les chaſſe ils ſe defendent fort, et ont leur morſure venimeuſe comme Renards, encores ſe defendent ils plus fort que le Renard. C'eſt la beſte du monde qui plus acueille de greſſe dedans : et pour long dormir qu'il fait, et ſon ſain porte medecine comme celuy du Renard. On dit qu'vn enfant qui onques n'auroit chauſſé ſoulliers ſi les premiers qu'il chaufferoit eſtoient de peau de Teſſon il guarira les cheuaux du farcin, ſ'il monte ſus : ſa chair ne vaut rien à manger, non plus que celle du Renard.

Comme on doit chaſſer et prendre le Loup.

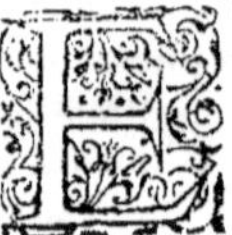

T quand le Veneur voudra chaſſer le Loup, il doit encharner les Loups par ceſte maniere : Premierement il doit regarder vn beau lieu à vne lieuë ou demie pres d'autres grands foreſts, où il y ait beau titre de Leuriers, et belle place à l'enuiron, et eau dedans, et là doit tuer vn Cheual ou vn Bœuf, ou autre beſte groſſe, et prendre les quatres membres, cuiſſes et eſpaules, et doit mener quatre compagnons és grands foreſts, là où chacun doit faire ſon train, et doiuent abattre leur chair, et haller à la queuë de leurs cheuaux, et trainner par les voyes, là où la beſte eſt morte, et laiſſer chacun ſon train. Et quand les Loups ſe releueront à la nuict, ils iront par les chemins de la foreſt, et ſentiront le train de la charongne : ils iront apres iuſques ils ſoient là où la beſte eſt morte, et mangeront tant qu'il leur plaira. Dont doit le Veneur quand il ſera cler iour, aller là où la charongne eſt, et lier ſon Cheual bien loing d'illecques au deſſous du vent, et doit venir tout bellement là où la charongne eſt, et regarder ſ'il pourra veoir les Loups, et ſ'il les veoit, il doit retraire ſans leur faire nul ennuy, et ſans regarder combien ils ont mangé : car ſ'ils ont mangé ou trop ou peu, ce n'y fait rien au faict ce mal non, puis qu'il les à veuz : car c'eſt trop merueilleuſe beſte et malicieuſe, comme i'ay dit. Mais ne ſ'eſlongne qu'vn peu loing de la charongne, monte ſur vn arbre pour veoir où les Loups iront, et où ils demourent : car de leur nature ils ne demeurent pas volontiers là où ils ont mangé, ainçois iront de haute prime. Ou pource qu'ils ſeront venuz trop tard manger, ou pource qu'ils veullent aller demeurer au Soleil plus qu'au bois, qui eſt en l'ombre et au froid, ou pour eux vuider et eſbatre, ou pour aucun ennuy qu'on leur aura faict : pour ce veux ie qu'ils demeurent iuſques à l'heure de prime ſ'il en ſçaura mieux la verité : et ſi ne les peut voir au matin, il doit aller veoir la charongne, et regarder ſ'ils ont mangé, et combien de Loups ſelon les mangeures qu'ils auront fait qu'ils doiuent auoir. Et puis ſ'en doit reuenir à l'hoſtel et faire ſon rapport à ſon Seigneur, et peut regarder par les voyes qui ſont autour du buiſſon, ſ'ils ſont hors du buiſſon, ou ſ'ils demeurent quand ils ont mangé, et ſi le Limier qui encontre volontiers Loups, il peut prendre autour du buiſſon ſans entrer dedans, ſi ſera plus ſeur ſ'ils y ſont demourez ou non : car ſon Limier en aſſentira en pluſieurs des lieux, et doit regarder ſi ſont tous les Loups qui ont mangé : car aucunesfois vn Loup ſ'en va, et les autres demeurent, et aucuneſſois vn demeure, et les autres ſ'en vont, comme leur vient à leur volonté, ou les cauſes y ſont, comme eſt quand ils ſont pleins, ils demeurent plus volontiers. Et quand ils n'ont mangé leur ſaoul deuant le iour, ils demeurent plus volontiers que ceux qui ont mangé au veſpre deuant, ou ieunes Loups ou autres cauſes ſemblables : car vn Loup eſt ſi malicieux qu'à grand peine demeure où il a mangé, et pource eſt bonne choſe de faire, de petit de chair ſon train et laiſſer au buiſſon où on voudra chaſſer vne mauuaiſe beſte viue encores liez les iambes qu'elle ne ſe defende. Et quand les Loups auront mangé le train qui ſera de petit de chair, et ne ſeront pas ſaons, ils tueront la beſte qui viue ſera ; et ſ'ils ne le font la premiere nuict, ils le feront la feconde ou la tierce. Et lors quand ils ont tué la befte et mangée, ils demeurent plus volontiers, car ils font gloutes beftes, et veulent garder leur charongne qu'ils cuident auoir prinfe, et f'ils trouuent qu'ils demeurent et ayent manger deux nuicts l'vne apres l'autre, il fe peut ordonner et mander de gens qu'il aura, et dequoy il aura befoing pour chaffer le tiers iour. Et fi les Loups n'ont mangé la premiere nuict, ainfi comme i'ay dit, deuant qu'il leur aura fait fon train, fi fe face le lendemain à la nuict, ainfi comme i'ay dit par tout le pays enuiron où il penfe que les Loups doiuent demeurer. Et ainfi face iufques à quatre nuicts et fans faute f'il y a Loups au pays ils y viendront, fe ce n'eft au mois de Feurier, là où ils vont en leurs amours : car lors ne comptent ils gueres de fuiuir nul lieu. Auffi il eft vray que aucunesfois les Loups viennent pourfuiuir le train iufques à la charongne, et ne mangent point. Adonc quand le Veneur verra qu'ils ne voudront manger pour quand que on leur fait trains, il doit remuer la chair de l'encharnement, comme eft de cheual ou de Bœuf, ou par le contraire, ou de Moutons, ou de Brebis, ou de Porceaux, ou Afnes qu'ils mangent volontiers. Et ainfi ne peut fçauoir f'il y a Loups ou non : car ils n'auront point mangé. Il les doit appeler et huer en telle maniere, et f'il y a Loups dedans le buiffon ils luy refpondront, ou les vns ou les autres. Et f'il aduenoit qu'ils mangeaffent et f'en allaffent hors du buiffon, et celà faifoit il par deux fois ou par trois nuicts, fans ce que nul y demouraft, il doit au vefpre deuant qu'il foit nuict pendre la charongne par les arbres, fi haut qu'on n'y puiffe aduenir, et laiffer des os f'il y en a en terre, à fin qu'ils les rongent et viennent au buiffon, ainfi comme vne heure deuant le iour : Et doit on auoir laiffé la robbe du pafteur qui garde les brebis, à fin qu'ils n'ayent nul vent de celuy qui les enuoye : et leur doit abatre : et puis il f'en doit aller. Et quand l'aube du iour fera, il doit mettre les Leuriers par où les Loups f'en font accouftumez d'aller les autres nuicts : et les Loups qui n'auront mangé de toute la nuict, quand on leur aura abatue la chair, ils mangeront tant que par leur gloutonnerie le iour les y prendra, et demoureront : et f'ils vont hors, ce fera depuis qu'il fera iour : car ils ont tant court terme de manger, tant que le iour leur eft furuenu, et les Leuriers feront ia affez comme i'ay dit, fi y aura riote. Mais pource que le Seigneur ne fe leue pas à l'aube du iour pour veoir le deduit, ie veux que quand il leur aura abatue de la chair vne piece, apres il face faire dix ou douze feux, ou tant comme bon luy femblera, entre la Foreft où ils f'en alloient les autres nuicts, et le buiffon à deux traicts d'arbalefte du buiffon, tant qu'il puiffe veoir et ouir ceux qui parleront, et à chacun feu ait un homme ou deux, et ait de l'vn iufques à l'autre, le ject d'vne petite pierre : et les vns parlent aux autres haut, fans affembler en demandant des nouuelles ou chantant ou riant, et fans huer. Et quand les Loups verront et oront celà, et par le iour qui leur fera furuenu ils deuront demourer, et entre deux fera venu le Seigneur, fi les pourra chaffer et prendre en cefte manière. Premièrement il doit regarder le plus beau titre, le plus long, et le plus plain, qui foit enuers le buiffon, et là doit il mettre les Leuriers, et f'il y a beau titre par où les Loups fouloient aller les autres nuicts, quand ils ont mangé, là les doit il mettre, fuppofé qu'il y euft mauuais vent et contraire pour les Leuriers : car à tout cela f'en viendront ils plus volontiers par illec que par autre part, et f'il y a bon vent tant vaut mieux, et finon il doit mettre les Leuriers comme i'ay dit au plus beau titre, et au plus long, et les doit tant coiement affeoir et mettre tout de rang ou cinq ou fix laiffes, ou plus ou moins, felon qu'il y aura de Leuriers, et auffi autant tout de ranc derrière celle l'vne de l'autre, enuiron le iect d'vne fleche l'vne laiffe l'autre. Ainfi doit faire de laiffer trois ou quatre doubles, et garder toufiours le vent que les Loups ne le puiffent auoir des gens ne des Leuriers, et doit auoir mandé toutes les gens en quoy à mandement vn ou deux iours deuant, et prier tous fes voifins qui feront pres de luy demourants qu'ils luy viennent aider à chaffer les Loups, et ils ce feront tres volontiers pour le grand danger que leur font lefdits Loups de leur beftial. Et quand il y aura affez de gens à fon aduis, et aura auffi les Leuriers, il doit mettre toute la gent autour du buiffon, fors que deuant les Leuriers au plus pres qu'il pourra l'vn de l'autre les gens qu'il aura, et cela appelle-on defences, l'autre deçà l'autre delà toutes affemblées, les vnes gens viennent les vns contre les autres, à fin qu'il foit plus fort, et afin que fi on les mettoit par vne part et ils oyent le bruit de toutes parts de la gent fi f'en iront par autre : mais quand ils feront tous mis l'vne d'vne part, l'autre de l'autre, en venant les vns contre les autres, ils n'oferont aller que parmi les Leuriers. Quand ils auront le bruit, lors doit aller le Veneur, fon Limier et fes Chiens à la charongne où auront mangé et les doit brifer du Limier hors de la charongne, iufques là où ils entrent au fort, et lors doit il abatre le tiers de fes meilleurs Chiens, et doit faire tenir bien longuement en fon buiffon aucunes fois auant qu'il iffe hors. Et doit le Veneur cheuaucher fes Chiens de pres, huer et corner fouuent, à fin que fes Chiens le chaffent mieux : car beaucoup de Chiens doutent à chaffer le Loup, pour ce eft bon qu'il les cheuauche de pres et les enchauffe et rebaudiffe. Et doiuent être mis les Leuriers bien couuerts de fueilles de bois, ainfi que i'ay dit ci deuant : et fi le premier les laiſſent paſſer, elles le doivent faire iuſques à tant qu'il voye par derriere, comme dit eſt. Et auſſi les ſeconds et la tierce les doiuent paſſer et venir au coſté de la quarte qui eſt la dernière, ſ'il a tant de Leuriers doit eſtre ietté emmy le viſage au deuant de lui, et ainſi les deuront ils prendre. On peut faire ſes Chiens tout pour le Loup à leur apprendre à chaſſer les ieunes qui n'ont mie paſſé encore vn an : car il les chaſſent plus volontiers et à moins de doute qu'ils ne font vn vieil Loup. Et auſſi on les prend plus toſt, car ils ne ſcauent mie ſi bien garder comme vn grand Loup. Et auſſi peut on prendre les Loups vifs à diuers engins, leſquels je diray cy apres quand temps en ſera : et ceux peut on mettre en aucune part, et les faire chaſſer à ſes Chiens, et le faire tuer deuant eux. Et quand le Loup eſt mort il doit faire le droit aux Chiens en telle manière. Premierement il doit faire le Loup bien fouller et bien tuer à ſes Chiens : apres le doit fendre tout au long, et le vuider de tout tant qui eſt dedans et bien lauer, puis doit mettre dedans le ventre du Loup de la chair cuitte ou fromage, et doit auoir vne ou deux brebis ou chieure, et faire deſcoupper et hacher dedans bien menu auec du pain, et doit illecques faire manger ſes Chiens. Auſſi y doit il encharner ſes Leuriers plus que nulle autre beſte, plus volontiers que ne feront vn Loup, pource faut il qu'ils ſoyent mieux encharnez. Et ſi par aduenture aucun Loup ſ'en va par les defences qui ne vienne aux Leuriers, ia ne laiſſe pour celà d'y retourner le lendemain, car il le trouuera au meſme buiſſon : car quand la nuict eſt venue, il penſe en l'effroy qu'il a eu le iour deuant, il veut aller veoir la nuict que ce a eſté : et que les autres Loups ſes compagnons ſont deuenus, ne ſ'il y a plus de charongne. Et auſſi eſt bien ſi malicieux, qu'il penſe que le lendemain on y reuiendra chaſſer. Mais quand il aura ſentu que les autres Loups ont eſté prins, et aura eu le vent des gens, il aura encore plus grand peur qu'il n'a eu le iour de deuant. Et lors à l'autre nuict vuidera il le buiſſon, et n'y retournera de grand eſpace de temps pour y demourer. Et ſi on luy encharnoit, il y pourroit bien manger. Mais il ſ'en ira demourer bien loing. On peut cognoiſtre vn Loup d'auec vne Louue par les traſſes : car le Loup a plus gros talon et plus gros doigt, plus gros ongles, et plus ronds pieds que n'a la Louue, laquelle a les traſſes plus eſparpillees et plus longues. La Louue ſouuentes fois iette ſes laiſſes parmy les voyes, et le Loup l'un des coſtez du chemin.

Comme on doit chaſſer et prendre le Renard.

QVAND le Veneur voudra chaſſer le Renard, il doit querir en fors buiſſons et en fort pays de ronces ou de bruyeres, et pres des villages ou hameaux, ou és grands foſſez qui ſont enuiron la bonne ville, qui ſont forts de hayes et de ronces : car ils demeurent volontiers pour le prochas qu'ils ont des gelines et des oyes, et des autres ordures qui ſont és villes : auſſi és vignes quand ſont couuertes de feuilles et les raiſins y ſont, ils y demeurent volontiers en tout fort pays et couuert. Et ſ'il ſçait où les terrieres ou taſniefres des Renards ſoient, il les doit eſtouper le iour deuant qu'il les voudra chaſſer, et vaut mieux les eſtouper de nuict mais qu'il face lune, que de iour. Qui ne ſçait le iour la maniere d'eſtouper, ſi prenne des fourchieures et menu bois, et les boute dedans les foſſes, et puis mettre de la terre deſſus et bien fort, à fin qu'il n'y puiſſe entrer en aucune maniere. Et ſi vous voulez qu'il n'approche ia les pertuis, prenez deux baſtons et les mettez en croix ſur chacun pertuis : et quand il viendra pour entrer au pertuis et il verra blanchir les baſtons, il cuidera que ce ſoit aucun engin contre luy, ſi n'y approchera iamais. Toutesfois pource que Chiens et Leuriers les chaſſent aucuneſſois de ſi pres qu'ils ne regardent celà, faut que les pertuis ſoient eſtoupez. Et ſi le Veneur ne ſait où les pertuis ſont, ſi les face querir deux ou trois iours deuant qu'il vueille chaſſer : et la nuict devant où le matin bien matin qu'il voudra chaſſer, ſi les face eſtouper comme i'ay dit. Et comme aucunes fois on ne peut pas trouuer tous les terriers et taſniefres de Renards, ſi Renard ſe venoit enterrer en aucun lieu, le Veneur le peut prendre ſ'il veut ou vif ou mort : car ſ'il y a autres pertuis fors que vn, il peut mettre au deſſous du vent bourſes ſ'il y en a, ou ſinon, y mette vn ſac, et les autres pertuis eſtouppe ſors qu'vn qui ſoit au deſſous du vent, et par là, boute le ſeu, ou en drap, ou en parchemin, et dedans la bource, du pimet, ou du ſouffre, et de miere, et ſerre bien derriere le pertuis que la ſumee n'en puiſſe iſſir, et le Renard ne demourera guieres à ſe mettre dedans le ſac ou bource, et ainſi ſe prendra vif. Si le Veneur le veut prendre mort, ſi eſtouppe tous les pertuis, et boute le feu comme i'ay dit dedans, ſi le trouuera le landemain mort à la bouche de l'vn des pertuis. Partout Ianuier, Feurier et Mars faict meilleur chaſſes les Renards qu'en autre temps, combien que touſiours les peut on chaſſer, pource que le bois eſt plus clair : car la feuille en eſt cheuë : et on le peut mieux voir chaſſer ſes Chiens, et auſſi trouue on pluſtoſt ſes terriers et taſnieres qu'on ne feroit quand le bois eſt couuert. Les peaux des Renards vallent beaucoup mieux lors que en autre temps : et auſſi les Chiens ſ'y affectent mieux et chaſſent plus de pres : et quand il aura eſtoupé toutes les taſnieres, il doit mettre ſes Leuriers au deſſous du vent, et defenſes enuiron le buiſſon, ſpecialement là où il y a fort pays : car il ſuit volontiers le couuert. Puis doit laiſſer courre le tiers de ſes Chiens pour trouuer le Renard, et les autres doit faire tenir par les voyes du buiſſon : et quand il verra que Chiens chaſſeront le Renard, il les pourra relaiſſer : car ſ'il laiſſoit aller tous ſes Chiens, ils pourroient accueillir autres beſtes qu'ils auront chaſſées : pource il eſt bon qu'on ne laiſſe aller tous ſes Chiens : car aſſez eſt du tiers ou du quart au commancement, mais quand il ſera trouué et il ſçaura bien que c'eſt Renard, il relaiſſe apres tous ſes Chiens, il aura bonne chaſſe : car il tourne longuement en ſon pays auant qu'il en iſſe hors. Et quand le Renard eſt prins, il doit faire le droit qui appartient aux Chiens, tout en la maniere que i'ay dit du Loup, et en doit faire curee, et donner et decouper du pain aux Chiens ſur le cuir du Renard, et ſera bien fait.

Comme on doit chaſſer et prendre le Blereau

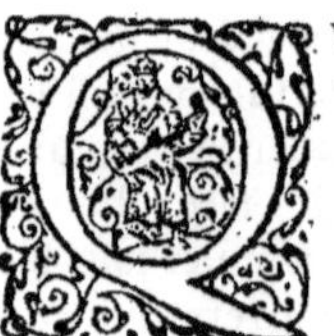

Vand le Veneur voudra chaſſer le Blereau, il doit querir les terriers et taſnieres où ils demeurent, et doit quand la Lune ſera claire, apres la minuict tendre aux bouches des taſnieres ſes poches : puis le matin doit venir à tout ſes Chiens querir les hayes et fort pays enuiron taſnieres : et dés qu'ils oirront l'effroy des Chiens, ils ſe cuideront bouter dedans les terriers, et ſeront prins és poches, et ſi Chiens les attaignent entre deux, on en aura bonne chaſſe et bon deduit : car ils ſe font abbayer comme vn Sanglier.

De l'Ours et de ſa nature.

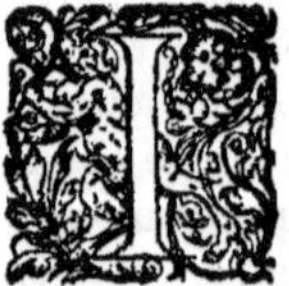

L y a Ours de deux conditions, les vns ſont grands de leur nature, et les autres petits, ores qu'ils ſoient vieils, toutes fois leurs manieres et conditions ſont toutes vnes : mais les plus grands ſont les plus forts, et ceux qui naurent aucuneſſois les beſtes priuees merueilleuſement, ſont forts par tout le corps, fors qu'en la teſte qu'ils ont ſi foible, que ſ'ils y ſont feruz ils ſont morts. Ils vont en leur amour en Decembre, les vns pluſtoſt que les autres, ſelon ce qu'ils ſont à requoy en bonnes paſtures, et durent en leur chaleur quinze iours. Et comme l'Ource a conceu ou ſe ſent groſſe, elle ſe met en vne caue de roche, et demeure dedans iuſques à tant qu'elle ait faonné : et pource prend on peu d'Ources qui ſoient praings. Auſſi les Ours maſles demourent dedans les caues quarante iours ſans manger ne ſans boire, fors qu'ils ſuccent leurs mains. Et au quarantieſme iour iſſent hors, et ſi celuy iour fait beau, il ſ'en retournent dedans leur caues, iuſques à autres quarante iours : car ils ſe penſent qu'encore ſera mal hyuer. Et dort iuſques à celuy iour qu'ils ſortent de leurs caues. Ils naiſſent en Mars, et le plus d'eux tous morts par l'eſpace d'vn iour : Leur mere les aleine ſi fort, et les eſchauffe ſi bien, et leſche de la langue, qu'elle les faict reuenir. Leur poil eſt plus pres du blanc que du noir, et aillaictent bien vn mois leurs petits et plus. La cauſe eſt, qu'ils n'ont mauuais ongles et malles dents, et ſont ſelonneſſes beſtes de leur nature. Quand ils ne trouuent le laict de leur mere à leur guiſe, ou que l'Ource ſe remuë ou ſe meut, ils mordent et eſgratignent les paupes de leur mere, et elle ſe courrouce et les bleſſe ou tuë aucunesfois. Et pource ſe garde elle quand ils ſont vn peu forts, que ne les laiſſe plus allaicter, mais elle va manger tout ce qu'elle peut trouuer, et puis leur iette par la gorge deuant eux ce qu'elle a mangé. Et ainſi les nourriſt iuſqu'à tant qu'ils ſe peuuent pourchaſſer. Quand l'Ours fait ſa beſongne auec l'Ource, ils ſont en guiſe d'homme et de femme, et tous eſtendus l'vn ſur l'autre. Ils viuent d'herbes, de fruicts, de miel, de chair creuë et cuitte, quand ils en peuuent auoir : de laict, de glan, de febues, de fromis, et de toutes autres vermines et charongnes, et montent ſur des arbres pour querir des fruicts. Et aucunesfois quand tout leur faut par grand hiuer et par grand famine, ils oſent bien prendre et tuer vne vache ou vn bœuf. Toutesſois peu ſont qui le facent, mais pource aux brebis, chieures, et tel menu beſtail mangent et prennent volontiers quand ils les tiennent à point, ſpecialement ceux qui ſont de la grand forme durent en leur force dix ans. L'Ours peut viure vingt ans : car il deuient volontiers aueugle, et puis ne peut querir ſa vie. Ils vont trop loing querir leur manger, eſtans ſi peſantes beſtes. Et c'est à fin qu'on ne les trouue : car ils ne demeurent ia pres leurs viandiers : quand on les chaſſe ils ſuiuent l'homme, et ne luy court pas ſus, iuſqu'à ce qu'il ſe ſente bleſſé : mais quand il eſt bleſſé il court ſus à tout tant qu'il voit deuant. Il a merueilleux et forts bras dequoy il eſtraint aucunesfois vn homme ou vn Chien ſi fort qu'ils l'affollent ou tuent : ſes ongles ne ſont pas mal, tel que beſte en puiſſe mourir, mais ils tirent aux mains, et meinent à leur bouche et dents, de celà font leurs merueilleufes armes : car ils font trop forte et trop malle morfure, tant que f'il tenoit vn homme par la tefte il luy romproit iufques à la ceruelle, et le tuëroit, et f'il tenoit les bras ou la iambe d'vn homme aux mains et aux dents, il les romproit tout outre : il n'eft fi forte hante d'efpee, que aux mains quand ils font ferus, ne la rompent. Il eft fi pefante befte que les Chiens qui le veulent chaffer, le voyent toufiours : car il ne court gueres plus fort qu'vn homme. Il ne fe fait point abbayer ou trouuer, comme faict le Sanglier, ainçois f'enfuit de loing, comme fait vn Lieure, iufques à tant que les gens approchent, et ainfi qu'il voit que les Chiens le tiennent, et luy commancent à faire grand mal, lors il fe met en defence moult vaillamment. Aucuns fe lieuent fus les pieds de derriere, auffi bien que fçauroit faire vn homme, et c'eft figne de couardife et d'effroy. Mais f'ils font fur les quatre pieds, ils tuent l'homme qui vient contr'eux. Adonc il femble qu'ils fe vueillent reuencher, et non pas fuir. Ils fentent de loing et ont bon vent, plus que nulle autre befte, fors que le Sanglier : car ils fentiront vne pafture de glan, f'ils font en vne foreft : et quand ils font las et defconfits ils fe font prendre en aucune petite riuiere ou ruiffeau. On les chaffe aux allans et Leuriers, et aux Chiens courants, à l'arc, à l'efpieu, aux lances et efpees, et aux foffez et autres engins. Si deux hommes à pied auoient bons efpieux et fe veulent bien tenir bonne compagnie, tuent bien vn Ours : car fa nature eft telle, que à chacun coup qu'on le fiert, il fe veut reuencher de chacun, et quand l'vn le fiert il luy court fus : et quand l'autre le fiert, il laiffe iceluy, et court à l'autre, et ainfi le peut on ferir chacun tant de fois comme il veut. Leur nature eft de demourer és grands montagnes, mais quand il neige fort, ils defcendent pour la neige, et pource qu'ils ne trouuent que manger és plaines forefts, ils iettent leurs laiffes aucunesfois en torches, aucunesfois en plateaux comme vne vache, selon ce qu'ils auront mangé, raifins, ou autres chofes femblables qui foient molles. Ils jettent leurs laiffes en plateaux, et f'ils ont mangé du glan, ou des febues, ou femblables chofes dures, ils ietteront en torches. Les Ours peuuent engendrer en vn an, et lors fe departent de leurs meres, ils vont ou le pas ou le cours, et puis trottent volontiers les voyes quand il va à fon aife. Mais quand on le chaffe, il fuit les forefts et les couuerts. La faifon de l'Ours commence en May, et dure iufques à tant qu'il va aux Ourfes : toutes fes faifons font gras au dedans ou dehors : et plus dure fa faifon que nulle autre befte qui foit. Et quand il eft blecé et peut efchapper aux chaffeurs, et eftre hors d'eux, il f'euure auec les mains fa playe, et attaint hors fes boyaux. Quand il reuient de fon manger il va volontiers les chemins, et il f'en va demourer : il ne fait point de ruzes, il fe baigne et fouille comme vn Sanglier, et mange en guife de Chien. Il a malle chair et mal fauoureufe, et malle faine à manger. Son fain porte medecine contre goute, et adouciffement de nerfs, meflé auecques autres oignemens, les pieds font merueilleux à manger, et meilleurs que rien qu'il porte. Et deuez fçauoir qu'on appelle de toutes beftes mordantes le fain et mangeües quand ils vont manger, et de Cerf et de toutes befte, rouffes qui ne font mordans, on l'appelle fuif, et quand il vont manger on appelle viander.

Comme on doit chaffer et prendre l'Ours.

VAND le Veneur voudra chaffer l'Ours, la plus feure chofe fera d'aller en quefte auec fon Limier : car autrement à l'œil il tres-pafferoit trop de fois routes, et le Chien affentira en trop de lieux qu'il ne pourroit ia voir. Et fi n'a Limier, il faut qu'il le quiere en taillant, comme i'ay dit du Dain, du Cheurueil, comme auffi de fa nature et de fes mangeures, il doit aller en quefte felon le temps que les bleds et herbes font. Et au temps des vignes, des glans, des feines, et d'autres mangeures que i'ay dit qu'il faict, fi aille en quefte à chacun felon fa faifon : et le doit deftourner et laiffer courre, tout ainfi comme vn Sanglier, et pour le chaffer et pluftoft prendre, doit auoir meflez maftins auecques les Chiens courans : car ils le pincent et le font courroucer tant qu'ils le mettent aux abbois, ou il luy feront vuider le pays : et f'il y a des allans, iecte aux abbois, et ils luy feront vuider le pays, dedans le bois, ils ne laiffent point partir d'vne place, iufques à tant qu'on l'ait tué, et ainfi fera plus toft prins : car il ne tue point les Chiens comme fait vn Sanglier, mais les mord et eftraint feulement.

Du Loutre, et de toute fa nature.

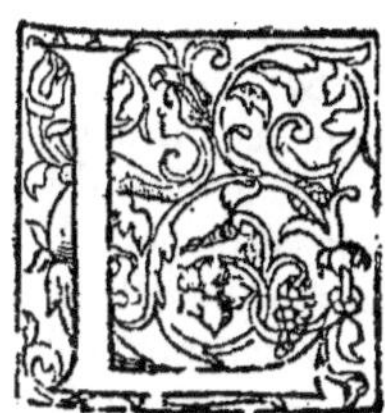

OVTRE eft affez commune befte, elle mange poiffons, et demeure enuiron les riuieres ou eftangs. Elle demeure deffous les racines des arbres pres des riuieres. Elle mange comme vne autre befte faict les herbes feulement au printemps, et va aux poiffons, comme dit eft. Elle noüe par deffus les riuieres, et par deffous quand il luy plaift, et pour ce ne luy peuuent efchapper nuls poiffons que ne prenne, f'ils ne font trop grands. Elle fait grand dommage és viuiers et eſtangs : car vne paire de Loutre ſans plus, deſtruiront bien de poiſſons vn grand viuier et eſtang, et pource les chaſſe on. Elles vont en leur amour au temps que font les Furons : chacun qui en tient en ſa maiſon ou en ſon hoſtel le ſait. Et portent leurs cheaux comme le furon, aucunesfois plus ou moins, et font leurs cheuaux es foſſes deſſous les racines des arbres pres des riuieres. On les chaſſe aux Chiens par grand maitriſe, ainſi que ie diray cy apres, et auſſi les prend-ton és-riuieres, à cordelettes, comme on fait des Lieures aux filets, aux chauſſepieds, et autres engins : elle a malle morſure et venimeuſe : elle ſe défend bien de la force des Chiens : et quand elle eſt prinſe és cordes ou és filets, ſe on n'y eſt tantoſt, elle les rompt aux dents, et ſe deliure. Il n'eſt beſoin de faire mention d'icelle ne de ſa nature : car ſa chaſſe eſt ce que plus vaut, fort tant ſeulement qu'elle a les pieds comme une oye : car elle a peau d'vn doigt à l'autre, et n'a nul talon, fors qu'elle a vne bocette deſſous le pied, et appelle on les marches du Loutre, ainſi comme on appelle le pied du Cerf, et les fumees, fiante ou eſpraintes, Loutre ne demeure guieres en vn lieu : car quand elle y eſt, eſpouuente ou mange le poiſſon qui y eſt. Lors va elle aucunes fois vne lieuë en amont ou en aual, querant les poiſſons ſi elle n'eſt en eſtang.

Comme on doit prendre et chaſſer le Loutre.

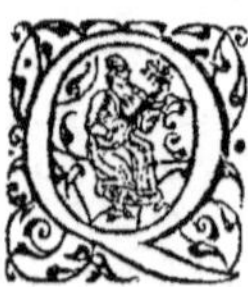

Vand le Veneur voudra chaſſer Loutre il doit auoir Limiers et doit faire aller quatre valets en queſte, deux à mont l'eau, et les autres deux à val l'eau, les vns d'vne part de l'eau, et les autres de l'autre : et ſ'il y a Loutre au pays, les vns ou les autres en rencontreront : car Loutre ne peut touſiours demeurer en l'eau qu'il ne faille dehors la nuict, pour ſoy vuyder et paiſtre de l'herbe, ce qu'il fait aucune fois : et ſi ſon Chien encontre il doit regarder ſ'il en pourra voir par le pied ou en ſablon, ou en autre mol terrin pres de l'eau, et doit regarder où tient la teſte, ou en allant à mont et aual. Et ſ'il ne peut veoir par le pied il en deuroit veoir par les fiantes ou eſpraintes, et le doit pourſuiuir de ſon Chien, ou le deſtourner ainſi qu'on faict vn Cerf ou vn Sanglier, et ſ'il n'en peut trouuer tantoſt ou encontrer, il peut aller à vne lieuë courant à mont ou à val l'eau : car vne Loutre va bien querir ſes mangeures demie lieuë; et volontiers et plus communement à mont l'eau, pour ce que l'eau qui vient à val porte le vent des poiſſons qui ſont au-deſſous ou le nez au vent, pource que le vent luy apporte au nez l'aſſentement des poiſſons qui ſont audeſſous du vent. Et ſi ſe dôit faire l'aſſemblée pour le Loutre, ainſi comme pour le Cerf : car de toutes choſes dequoy on va en quefte fe doit faire affemblee, et la doit faire chacun fon rapport de ce qu'il aura trouué en la quefte, et quand aura veu et diuifé et defieuné fes Chiens, celuy qui aura deftorné ou en aura encontré, il doit faire laiffer aller fes Chiens, ainfi comme deux traicts d'arc, auant qu'il foit là où il en aura encontré, afin que fes Chiens fe foient vuidez : et auffi quand les Chiens portent des couples ils courent çà et là, fi vaut mieux qu'ils ayent fait leurs follies auant qu'ils foient aux Loutres, et fe faifoient vuider, que f'ils defcouploient fus les routes et alloient folliant, et quand les Chiens en affentiront ils iront querant les riues de l'eau. Et le valet du limier et des autres doiuent toufiours querir par les riues et racines pres de l'eau, iufques à tant que l'vn des Chiens le trouuent. Et doiuent eftre deux ou trois valets à mont l'eau, où le valet en aura encontré, et autant à val l'eau fus les gens en lieu où il aura plus petite eau : et doit auoir chacun fon bafton fourché : et faire deuant à leur guife. Et quand il verra venir deuant la Loutre, qui viendra par deffous l'eau, il doit faire f'il peut, et finon quand il aura paffé ou en amont ou en à val, il doit courre par la riuiere iufques à vn autre lieu où il y ait baffe eau, et le doit attendre, pour voir autres-fois f'il pourra ferir. Et ainfi doit faire, tant de fois iufques à tant que la fiere : car fi les Chiens font bons pour la Loutre, viendront toufiours chaffant apres. Et pour ce qu'ils ne pourront affentir en l'eau, viendront toufiours chaffant et querant apres les riues deffous les racines, et ainfi ne pourra il eftre que les Chiens ne le prennent, ou que les gens ne le fierent. Et c'eft tres belle chaffe et bonne, et bon debut, quand les Chiens font bons, et les riuieres font petites. Et fi les riuieres font groffes, ou c'eft vn viuier ou vn eftang, on doit auoir des filetz qui attegnent d'vne riue à l'autre, emplombez deffous, et non pas deffus, afin que le filet aille au fons de l'eau. Et deux hommes doiuent tenir le bout à deux mains, vn de l'vne part de la riue, et l'autre de l'autre. Et quand la Loutre qui viendra deffus l'eau cuidera paffer, il f'en viendra bouter au filet, et ils fentiront branfler le bout de la corde qu'ils tendront f'ils doiuent tirer leur filet. Et ainfi fera la Loutre prinfe pluftoft. Les Chiens qui font bons pour la Loutre, et on les met au Cerf, mais qu'ils ne foient trop vieux font merueilleufement bons.

Fin de la chaffe du Roy Phebus.

Adionctions à la Venerie de Iacques du Fouilloux.

Contenans plusieurs traictez des Chasses du Loup, du Conil et du Lieure non encor par cy deuant imprimez.

Auec plusieurs remedes tres-vtiles et necessaires pour la maladie des Chiens.

De la chasse du Loup.

Quelle beſte eſt le Loup, et quelle eſt ſa nature.

Chapitre I.

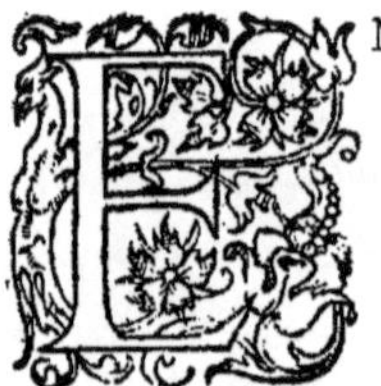

NTRE tous les animaux ſauuages viuans dans le bois, et ſubiets à la chaſſe des hommes et des Chiens, le Loup eſt le plus meſchant, qui plus fait de mal et de nuiſance, et qui plus merite d'eſtre queſté, couru, chaſſé, et halé des Chiens et des hommes : et neantmoins la nature, qui à l'endroit des autres beſtes qu'ordinairement on quiert et chaſſe, pour le plaiſir, ou pour le proufit : ſ'eſtant monſtrée mere, en a produit grand nombre, pour le paſſetemps, ou pour la nourriture de l'homme : ſemble ſ'eſtre voulu monſtrer comme maratre pour le regard des Loups, ayant remply les bois et autres lieux ſauuages et ſolitaires, d'vne ſi grande quantité de ces meſchans animaux, qu'on pourroit imaginer qu'elle euſt par ce moyen conſpiré la ſecrete ruine de tous les autres animaux, nommeement des domeſtiques, que l'homme nourrit pour ſon ſoulas ou ſoulagement. Car les Aſians, Africains, et Eutropeans, ſçauent aſſez combien mauuaiſe et cruelle beſte eſt le Loup, pour les grans torts et dommages qu'en reçoiuent, tant eux que leur famille, beſtail, et volaille. Ceux qui ont veu le nouueau monde, en dient autant de l'Amerique, et des Indes Orientales, de meſmes de Suede, de la Nouergue, de Dannemarc, de la Moſcouie, et autres pays Septentrionaux. Or combien que chacun cognoiſſe les Loups, les vns pour en auoir beaucoup veu, les autres pour en auoir ſouuent ouy parler (il eſt vray que la renommee commune tient pour verité, que onques n'en a eſté veu aucun és Iſles d'Angleterre et d'Eſcoſſe) neantmoins ayie bien voulu dire quelque choſe en paſſant de leurs formes, mœurs, et nature. Le Loup donc eſt vn animal de la ſtature d'vn moyen Chien, et approchant de ſa forme : qui a le poil gris, noirciſſant ſur le bout, blanchaftre fous le ventre, la tefte affez groffe, la gueule armee de groffes et longues dens, et a courtes et droites aureilles. Il a l'haleine et la veuë fi venimeufe, que f'il voit et haleine le premier vn homme, il le rend fi rauque pour vn temps, qu'il ne peut parler ne crier, et luy fait perdre l'vfage de la voix. Les Loups font plus petis és pays chaud, plus grans et plus cruels et mefchans és froides regions. Leur plus grande mef-chanceté et ferocité fe defcouure principalement au mois de Ianuier, lors qu'eftans en chaleur ils fuiuent la Louue. Mefmes durant les plus grandes froidures ils vont de compagnie et en grand nombre : et lors font fi courageux et hardis, que les habitans des regions froides, n'ofent aller par les champs que bien accompagnez et bien armez, pour euiter leur furie : laquelle fe manifefte fingulierement fur les femmes enceinctes, et fur les petis enfans, dont ils fe defirent paiftre et gorger. En la copulation les Loups f'attachent aux Louues comme les Chiens : et ont le membre genital, d'vne fubftance dure comme vn of, comme on dit qu'ont auffi le Cerf, le Renard, et la Belette. Les Louues portent, et font leurs petis, comme les Chiennes, et en mefme efpace de mois et de iours. En certains lieux les Loups couurent les Chiennes, et les Chiens les Louues : et eft le Loup entre toutes les autres beftes des plus malaifez à appriuoifer : et quoy que de ieuneffe il foit domeftiquement et priuement nourry : toufiours garde fa naturelle cruauté et ferité, auec fes trompeufes fineffes. Les Loups fe nouriffent de chair, tant qu'ils en peuuent trouuer : et fe peuuent eftre abufez ceux qui ont eu opinion, qu'affamez ils mangent la terre : car quand on leur void foüir en terre, et la defcouurir; c'eft pour manger du carnage qu'ils y ont enfouy et caché, apres qu'ils en ont efté faouls, non pas pour manger la terre. Et tant approchent les Loups en toutes chofes de la nature des Chiens, que mefmes (ainfi que les Chiens) fe trouuans defbiffez ils mangent de l'herbe, par forme de medicament, à fin de fe lafcher le ventre. Leur rufe eft, d'affaillir et fe ruer fur pauures gens ruraux et fans defenfe : mais ne fe prefentent iamais à hommes qu'ils voyent alaigres, gaillards, et armez pour leur nuire ou mal faire. Quand eftans en chaleur ils fuiuent la Louue; ils exercent cruellement leur ferité et cruauté les vns contre les autres, et f'entrebattans à toute outrance : fe mordent, bleffent, defchirent, et tuent comme fi toute leur vie ils auoient efté capitaux ennemis. Hors de là, ils f'entr'aiment, f'entr'entendent, et f'entrefuiuent, comme larrons en foire; et de compagnie et commun accord font par troupes la guerre aux autres animaux, qui font de leur proie. Le Loup eft naturellement ennemy à l'Afne, au Taureau, et au Renard : et fe font mefpris ceux qui ont voulu dire, que le Loup auoit le col tout d'vn os, et pource ne le pouuoit flefchir : car il l'a compofé de vertebres, tout ainfi que les autres animaux; et de fait voit on qu'il le fçait bien ploier de part et d'autre. Il eft vray qu'il a le col fort gros, et fort maffif, nerueux et charnu; et y a grand force : car prenant vn Mouton par le milieu du corps, il le porte en fa gueule tout auffi aifement, qu'vn Leurier emporte vn Connin : et f'il trouue vn Cheual ou vne Vache morte dedans vn foffé, il le tirera dehors pour le manger : ce qu'à peine pourroit faire vn Cheual bien attelé. Les Louues font ordinairement leurs petis en des fors taillis, halliers couuerts, ou buiffons fort efpais : ou en quelque colline ou ruiffeau plein d'herbes, qui regarde le midy; à fin de fentir la chaleur du Soleil : et fouuent les font pres quelque grande tafniere de Blereaux, pour fe fauuer là dedans, fi on leur veut faire quelque tort ou ennuy. Si la Louue fe fent preffee de gens ou de Chiens, elle prent vn de fes petis Louueteaux en fa gueule, et l'emporte : et n'eftant point deftrouffee de fes petis, elle les allaicte iufqu'à ce qu'ils puiffent manger : et font toufiours le Loup ou la Louue pres de leurs petis. Et quand ils peuuent manger, l'vn d'eux (ie dy du Loup ou de la Louue) va au pourchas : et aiant trouué ou pris quelque befte, la mange : puis venu deuant fes petis la reuomit, pour leur apprendre à goufter la proie, et pour les nourrir. Et quand ils font grandelets, le pere ou la mere leur apportent quelque agneau vif, ou quelque oye, ou quelque petit Chien tout vif, pour les leur faire tuer, et en ce faifant apprendre leur meftier. Les Loups ne mangent iamais la tefte ne la peau des animaux qu'ils prennent : et n'y a boucher ny efcorcheur, qui plus proprement les efcorche, qu'ils font. Eftans les Louueteaux deuenus plus grans, enuiron le mois de Septembre, le Loup et la Louue commencent à les mener aux champs, hors le buiffon auquel ils auront efté nourris : et là attendent que leur pere et mere leur apportent quelque proye, viue ou morte, fans gueres f'efloigner dudit buiffon. Sur la fin de l'annee, les ieunes Loups eftans chaffez entreprennent de fortir au cours : et lors auec les leuriers, ou rets on les peut aifement prendre. Les vieux Loups gardent foigneufement leur quartier, et chaffent les ieunes : lefquels neantmoins f'entretiennent au païs le mieux qu'ils peuuent; tellement que toufiours il f'y en trouue quantité. De fait le Gentilhomme, apres auoir prins 6 ou 7 Loups aux enuirons de fa maifon, cuidant en auoir purgé fes bois, au bout d'vn mois en retrouue autant d'autres. Auffi les tient-on pour beftes de paffage, et qui viennent de bien loin comme des Ardannes et autres grandes forefts. Ce qui attire auffi quantité de Loups en vn païs, ce font les guerres : car les Loups fuyuent toufiours vn camp, à caufe des carnages des hommes, cheuaux, et autres animaux qu'on y trouue morts. Et quand ils ſont accouſtumez à manger chair d'hommes, à peine en veulent-ils manger d'autre, et en ſont fort frians : et ſ'ils n'en trouuent de mors, courent ſus aux viuans : comme à quelques ieunes laquais, fillettes, ou petits enfans, et pauures ſimples gens, quand ils les trouuent à l'eſcart, et les tuent et mangent. On dit qu'és roignons d'vn vieil Loup, ſ'engendrent et nourriſſent des ſerpens : qui quelques fois ſont mourir le Loup; et le ſuruiuans deuiennent beſtes fort venimeuſes. Auſſi voit-on que la morſure du Loup, ne ſe guérit qu'à bien grande peine : à cauſe du maling et pernicieux venin, qui eſt caché dans ſon corps. A cauſe de quoy, les hommes, les chiens, et les autres animaux qui ont eſté mords des Loups (comme vous teſmoigneront ceux qui les chaſſent) ou meurent de la morſure, ou perdent les membres attains d'icelle, tous pourris tombans par pieces, quelque remede qu'on y puiſſe appliquer. Au ſurplus, grande eſt l'aſtuce et fineſſe des Loups : car ils ont vne couſtume de hurler au ſoir, qui eſt vn ſigne qu'ils donnent l'vn à l'autre, pour ſ'aſſembler tous enſemble. Aſſemblez ils vont aſſaillir quelques haras de cheuaux : et (ſ'ils peuuent) les ſont eſquarter, à fin de ſe ſaiſir de quelqu'vn de Poullains, pour l'eſtrangler et manger. Autant en font-ils aux paſturages des Bœufs et Vaches : Et ſ'ils ſe trouuent en païs, où n'y ait ni haras, ni paſturages, ils vont aux villages de maiſon en maiſon, à fin de trouuer quelque beſte eſgaree, que le mauuais meſnager ait oublié d'enfermer le ſoir en l'eſtable, pour la prendre, tuer et manger. Et ſ'ils ne trouuent rien hors cloſture et à deſcouuert; ils cherchent les retraictes des porcs, oyes, et volailles; rompent tout, et les rauiſſent. Et ſ'il y a Moutons et Brebis ſerrez en quelque eſtable vn peu eſquartee; ils y font ouuerture par deuant ou par derriere : et ſ'ils y peuuent entrer, en tuent vingt, trente, ou quarante : et de la plupart ne font que boire et ſuccer le ſang : ſinon à leur partement que chacun emporte la ſienne. Et ſ'ils n'y peuvent entrer font un trou à la muraille : et par iceluy ſi les moutons viennent à monſtrer la teſte, les Loups eſtans au guet les ſaiſiſſent; et tirent de telle ſorte, que bien ſouuent ils font paſſer tout le corps par le trou; ſinon, pour le moins ils en emportent la teſte. Aux lieux où les troupeaux de moutons ſont enfermez aux champs dans des parcs : les Loups ſ'aſſemblent, et vont aſſaillir les Chiens des bergers, qui gardent les parcs, de telle ruſe que l'vn deux faiſant ſemblant de fuir, court laſchement, et ſe laiſſe approcher et atteindre des Chiens; ſe retirant touſiours tout doucement, afin de les eſquarter loin du parc, et les amuſer, ce pendant que les autres Loups ſe iettans de roideur contre les clayes, les font tomber : puis entrans dans le parc, prennent aiſément nombre des moutons esgarez et esperdus de fraieur, et les tuent; ou pour le moins en tirent quelques vns par dessous la claye. Ils ont encore vne autre industrieuse ruse pour attrapper les Chiens, qui les abboyent et descouurent, et leur font tant de nuisance. Ils se mettent vn ou deux au guet aux enuirons de la maison, où ils oyent le Chien abbayer; et vn autre s'approche du Chien qui abbaye, et l'attire en reculans le plus loin qu'il peut de la maison, puis tout en vn instant luy monstre les dents, et luy court sus : lors le Chien se cuidant sauuer par la porte, ou par dessoubz l'huis de la maison, est rencontré et surprins par celuy ou ceux qui estoient au guet, et tout soudain tué et mangé. Encores sont-ils par nature si fins et accorts, qu'aux forests ils chassent et courent les ieunes Cerfs et faons de Biche à relais comme feroient Chiens courans : voire se dresser eux mesmes, et mettre comme vn cours de Leuriers guettans, et attendans à l'oree de la forest; ce pendant que les vns d'eux vont chasser hors le bois, et accueillir les bestes estans aux gaignages. Quelques Philosophes ont laissé par escrit que les Loups et les Louues ne demeurent en leur chaleur que par l'espace de douze iours : durans lesquelz ils iusnent, et soustiennent la faim sans manger : mais puis apres fait bien dangereux se rencontrer deuant eux : car ainsi affamez ils deuorent tout ce qu'ils trouvent de prinse et de proie. On dit aussi que le Loup en ses bonnes aime à iouer et à plaisanter : et desrobbant par fois quelque petit enfant, qu'il rencontre mal gardé; qu'il s'en iouë et s'en donne du passetemps assez long temps : neanmoins, en faisans comme le Chat de la souris, en fin apres s'en estre iouë longuement, il le tue et mange. Dauantage, que si on fait vn acoustrement de la laine d'vn Mouton, que le Loup ait tué, ou que la laine d'vne beste tuée par le Loup, soit meslée parmy autre laine dont soit faict draps, et de ce drap robe, que cest acoustrement sera resentant ie ne sçay quoy de ce venimeux accident du Loup, et subjet à la vermine. Aussi, que quand le Loup se sent auoir les dents agassees de manger chair cruë, ou rebouchees de rompre les os des bestes qu'il deuore : il sort de sa cauerne; et masche de l'origan, à fin d'aguiser ses dents : Et que le Loup quand il commence à auoir faim; mange si aspremant, qu'il est soudain rassasié : mais se trouue mal puis apres; et se tient long temps en sa cauerne à dormir et se reposer. Tant est la nature des Loups, et toute sa substance, contraire à la substance et nature des brebis et moutons (ce dit vn grand Philosophe) que si vne corde faite des boyaux d'vn Loup estoit mise et appliquee en vn luth ou autre instrument, meslee parmy des autres cordes faites de boyaux de brebis ou mouton : peu à peu celles du mouton ou brebis se trouueroient rongees et comme mangees, par celle faite des boyaux du Loup. Le Loup (ce dit Homere) eſt merueilleuſement vigilant, et ne craint rien tant que le feu. Quand on jette des pierres contre le Loup, il a bien ceſte aſtuce d'obſeruer et regarder d'vn œil furieux, celuy qui luy aura jetté la pierre : et ſ'il en a eſté offenſé, il tuëra celuy qui l'aura jettee, ſ'il peut par luy eſtre attrapé : mais ſ'il n'en a point eſté bleſſé, ou peu attaint, auſſi n'offenſera il que bien peu le ietteur de la pierre, luy donnant ſeulement quelque bourrade, par forme de correction. Plus les Loups ſont vieux, plus en eſt aux hommes la rencontre dangereuſe : pource que leur défaillant la vertu et la force, ils ne peuuent plus aller à la queſte et chaſſe de leur proye accouſtumee : partant dreſſent embuſches aux hommes, et les rauiſſent, tuent, et mangent, ſ'ils les peuuent rencontrer à leur auantage. Auſſi quand les Loups ſont fort vieux, la pointe de leurs dents et de leurs ongles eſt comme vſee, et ſe racourcit de ſorte, que debilitez ils n'ont plus ne force ne vertu. Ceux des Loups, qui ont le poil plus droit et heriſſonné, ſont de plus hardy courage : ont la peau et les oſ durs, et endurent grand nombre de coups. Les yeux du Loup eſclairent la nuict comme vne chandelle : c'eſt pourquoi les Chiens la nuit venue, font difficulté de ſ'en approcher. La dent plus grande du Loup a pluſieurs ſingulieres vertus : et ſa teſte attachee aux portes des maiſons, ſert pour reſiſter à tous charmes et empoiſonnemens. Voilà en ſomme ce que i'ay peu recueillir de pluſieurs bons auteurs, et meſmes de l'experience, des mœurs, nature, qualitez, vices, et vertus du Loup. Vray eſt que des medecins et Philoſophes i'ay encores appris, que ceux qui ont mal aux yeux, ſentent ſouuerain allegement, ſ'ils les oignent des excremens du Loup : et que la cendre faite deſdits excremens meſlee auec du miel, eſt bonne pour ſiſter la defluxion des yeux cheſſieux ou pleurans : et que la graiſſe du meſme Loup eſt pareillement fort propre pour les en froter. Que le foye du Loup deſſeché et puluerisé, puis veu detrempé en mouſt ou autre vin tiede, eſt bon pour les vieilles toux, et pour le foye de l'homme vieil que la poudre de la teſte d'vn Loup deſſechee guerit la douleur des dents : et que les os trouuez parmy les excremens des Loups ont pareille vertu. Que le fiel du Loup meſlé auec la graine du concombre ſauuage, ou avec le ius d'icelle, communement appelé Elaterium, et lié ſur le nombril de la perſonne, luy laſche le ventre. Que l'huyle dedans lequel vn Loup aura eſté mis tout vif : et bouilly ſi longuement que la chair ſe puiſſe ſeparer des os, eſt vn ſingulier remede pour la goutte, et que l'œil droit du Loup ſalé et lié au bras gauche de l'homme, luy eſt vn prompt remede contre les fiebures. Que le ſain et graiſſe du Loup amollit la dureté du foye des hommes, et de l'amarry des femmes, et en appaiſe les douleurs. Que ſi vne femme eſtant en trauail d'enfant, mange de la chair du Loup, ou quelqu'vn qui en aura mangé ſ'approche d'elle, quand elle commencera à ſentir le mal : celà luy donnera vn bien grand allegement. Que les dents du Loup liees ſur l'enfant en maillot, les aydent à faire pluſtoſt venir leurs dents, et auec moindre douleur. De faict à Paris, les meres pendent au col de leurs enfans nouueaux nez des hochetz d'argent; au bout deſquels est emmanchee vne grande dent de Loup : à fin que les petits enfans ſe ioüans de ce hochet, et portans la dent de Loup en leur bouche, ſ'en frotent les genciues : et que par ce moyen leurs dens plus aiſeement en ſortent, et auec moindre douleur. Que la peau du Loup eſt propre à faire manteaux et fourrures, à fin d'eſtre preſerué de poux, punaiſes, et autres vermines qui fuyent la peau du Loup comme le feu. Que ſi on met quelque morſeau du carnage, ou de la peau du Loup nouuellement prins et tué, dans l'eſtable des moutons ou brebis, iamais les moutons et brebis ne mangeront, tant que ceſte chair ou peau de Loup y demeurera; ains pluſtoſt ſe laiſſeront mourir de faim. Que les grandes dens des Loups attachées aux iambes des cheuaux, les gardent de ſi toſt ſe laſſer en chemin. Et par eux ſont pluſieurs autres choſes remarquées des ſecrets, remedes et proprietez de toutes parties du Loup que i'ay omiſes en ceſt endroit, de crainte d'ennuyer le lecteur de ſuperfluité et prolixité.

Comment on doit dreſſer le Limier pour la chaſſe du Loup.

Chapitre II.

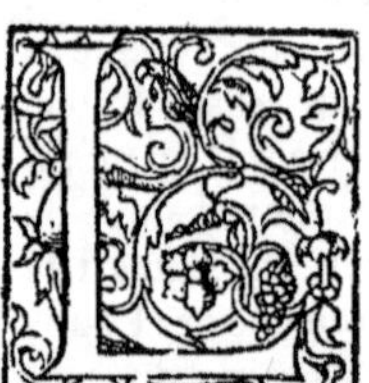

E Veneur doit choiſir de ſa meute vn Chien le plus beau, hardi, ardant, gaillard, et haut, c'eſt à dire ſecret, qui n'ayt encore chaſſé, ſi faire ſe peut, à fin que d'vne gayeté et ardeur, il porte mieux le traict auquel il le mettra, le mignardera, le flatera, et donnera à manger pluſieurs petites friandiſes, à fin qu'il prenne le traict plus volontairement, ſans le rudoyer ne haraſſer en façon quelconque, de crainte qu'il ne le fuye et abhorre du tout. Et ſi d'auenture il a veu rembuſcher ou entrer quelque Loup dans vn bois ou taillis, ne faudra à mener le Chien ſur les erres et voyes du Loup, ſans l'exciter ou parler à luy aucunement : mais prendra garde quelle mine et contenance le Chien tiendra : comme ſ'il a peur, ſ'il ſe hériſſe, ſ'il va bien aux branches, ronces et herbes, ſ'il porte le nez haut, ſi bas. Car les vns le portent haut, les autres le mettent bas : et eſt meilleur qu'il porte le nez haut que bas, parce qu'il y a plus de iugement pour le Loup. Lors qu'il porte bien ſon traict et tire deſſus, le Veneur luy en doit laſcher d'auantage, l'excitant et parlant à luy de cette façon en voix baſſe : Vail-là, Vail-là, dy, Vail-là Pillaut (outre ſon nom de Chien). Et ſ'il ſ'en rabat et en veut, et que le veneur apperçoyue par le pas, leſſes, piſſat, traces ou autres ſignes, que le Loup y ayt eſté, il doit approcher ſon Limier, l'applaudiſſant de la main, et luy donnant quelque friandiſe : puis l'exciter, et parler à luy en voix baſſe, diſant Ha, ha, tu dis vray Campagni. Voile-cy aller : et ſuyure ſon Limier iuſques à ce qu'il le lance, et trouue la couche du Loup : ſur laquelle il doit fort flatter ſon Limier, et dans icelle eſpandre quelques reſtes de table, comme oſſelets, fromage, pain et autre choſe, à fin qu'il en mange (toutefois i'ay des Chiens qui ne veülent manger, d'ardeur qu'ils ont de chaſſer) et l'ayant fort careſſé, doit parler au plus haut et frapper en route (ayant ſur la couche ſonné le greſle de ſa trompette) criant : Harlou, harlou, harlou, Campagni (ou le nom de ſon Chien). Apres, apres, à route, à route, à route.

Et ſi on n'auoit veu rembuſcher ou entrer le Loup dedans le bois (car il eſt aucunefois rare) le Veneur pour bien dreſſer Limiers et ieunes Chiens pour Loup, doit attendre le temps des Louueteaux enuiron le commencement de Iuillet, qu'ils commencent à courir par les bois, et aller en quelque bois ou buiſſon où il y en ayt, et là mener le Chien qu'il auoit choiſi pour Limier, le broſſer, percer et trauerſer, tant qu'il trouue les couches, et le lieu où hantent leſdits Louueteaux : lors façonner ſon Limier, comme i'ay dit cy deſſus, et chaſſer en route leſdits Louueteaux. Et ſi le Veneur auoit quelque gentil Leurier qui fuſt ieune, le faiſant bien fouler au Limier, il pourroit être facilement dreſſé : après celà, retirer le Limier tout doucement en le careſſant et flattant.

Autrement on pourra dreſſer le Limier. Quand il y a des neiges, le Veneur ſoit diligent aller au matin à l'entour de quelque buiſſon auec ſon Limier, pour ſe donner garde ſi quelque Loup rembuſchera : et ſ'il en rencontre, doit ſuiure le trac, et mettre ſon chien deſſus, en le flattant et careſſant touſiours, iuſques à ce qu'il le lance, et trouue la couche, et apres le courre en route, faiſant ce que i'ay dit. Ce qui ſera facile au veneur, car il gardera bien que ſon Limier ne change les voyes, eſtant balancé de coſté et d'autre, ou ainſi on pourra bien dreſſer le Limier. Et eſt à noter, que les Loups ont ce naturel et aſtuce durant les neiges, ſ'ils ſont deux ou trois, de mettre tous leurs pas dedans le trac et pas du premier, tellement qu'il femble qu'il n'y en ait qu'vn, ainfi que l'experience monftre de iour. Touteffois on peut dire qu'ils marchent fi pres à queuë de l'vn de l'autre, qu'ils entremeflent leurs pas l'vn dedans l'autre, ou qu'il mettent le pied au pas de l'autre dedans les neiges, comme trouuant ledit pas froiffé.

Comme l'on doit dreffer les Chiens courans pour la chaffe du Loup.

Chapitre III.

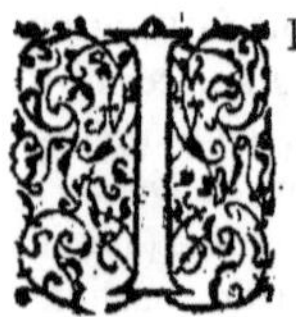

L y a en France cent mille Chiens courans, qui tous ne fçauraient auoir mis vn Loup hors du bois, là où auec vn feul des miens ie le feray vuider. Il y a bien plus, c'eft que les chiens qui ne font point dreffez pour le Loup, f'ils entrent dedans le bois ou buiffon, fe retirent incontinent hors du bois, ayans le poil heriffé et le plus fouuent le Loup en rauit deux ou trois. Les Gentilshommes, mes voifins, fçauent bien qu'il eft vray, et que le plus fouuent perdent de leurs Chiens : ce qui ne m'eft iamais aduenu depuis cinquante ans que ie me fuis meflé de faire la guerre aux Loups. Il eft doncques requis que les Princes et grands Seigneurs ayent des Chiens, f'il eft poffible, qui foient de la race de ceux qui ayment à chaffer le Loup, et les faire bien nourrir enfemble, à fin qu'ils foient grands, forts et hardis. Et fi d'auenture n'y a Chiens pour les dreffer, qui foient defia faicts, et entendent la Chaffe, fera bon faire abbattre et amener un carnage pres quelque Moulin à eau, de l'autre cofté de la petite riuiere ou ruiffeau : et là dedans ce moulin faire cacher vn bon arbaleftrier, garny de fon arbalefte, et d'vn cifeau pour tirer au Loup dés qu'il viendra manger au carnage : puis l'ayant bleffé, amener les ieunes Chiens, non plus aagez que d'un an, ou bien pres, et les mettre fus le fang par où le Loup paffera, en les excitant et donnant courage, mefme les conduire auec bonne compagnie de gens : par ce moyen ils ne faudront à fuyure le train et fang efpandu, et iront trouuer le Loup bleffé, qui ne fe pourra à grand'peine releuer, lequel ils abbayeront : et f'il eft mort, le pietonneront et foulleront auec leurs pates. Celà faict, fera bon d'efcorcher le Loup, et en mettre la chair cuite, puis, quand elle fera fort cuite, la defcouper par morceaux, et auec pain de bon froment, laict et fromage, fe tout meflé enfemble, l'enuelopper dedans la peau du Loup efcorché, pour en attirer et receuoir l'odeur et le flair : puis en fonnant le forhu et les trompes, ouurir ladite peau, fur laquelle fera la tefte du Loup, ayant la gueule ouuerte, et laiſſer les Chiens venir manger tout ce qui eſt ainſi mis ſur la peau. Autant en doit on faire des premiers Loups qu'ils chaſſeront, apres les auoir pris.

La maniere de faire trainée et buiſſon pour le Loup.

Chapitre IIII.

PRES auoir ſuccinctement diſcouru la nature du Loup, et la maniere de façonner les Chiens, tant Limiers, que courans, pour la chaſſe d'iceluy, reſte à parler maintenant comment il le faut chaſſer et prendre, en quelque ſorte que ce ſoit. En premier lieu le ſoir deuant que l'on voudra chaſſer, faut auoir faict prouiſion d'vn carnage de quelque cheual mort, ou bien ſi le Seigneur de la chaſſe a le moyen de porter les frais, tuer vn cheval et le mettre à deux ou trois iects d'arc loin du bois, en quelque terre labouree et herſee, ſ'il eſt poſſible, ou bien ſus le ſable, en pays de ſable : et de la tripaille faire au ſoir la trainee par vn homme à cheual, qui ſera lier auec de bonnes et fortes harts ou petites harſelles (car ſur toute choſe ne faut qu'il y ait cordage) et ira à l'entour du buiſſon, ſi d'auanture il n'eſt trop grand et trop ſpacieux : à tout le moins ſe pourmenera par les orees et bords dudit buiſſon, puis reuiendra iuſques au lieu où le cheual aura eſté abbatu, et ſe pourmenera à cheual aſſez loing dudit carnage iuſqu'à minuict, ou bien le plus tard qu'il pourra, à fin que les Loups ne l'ayent ſi toſt mangé : parce que ſ'ils commençoient à manger dés le ſoir, principalement au temps auquel les nuicts ſont fort longues, comme en hyuer, ils auroyent bien toſt fait, et incontinent apres ſe retireroyent bien loing de là : mais ſ'ils commencent à manger aſſez prez du iour, ils demeureront au prochain bois ou buiſſon. Parquoy ſ'il y a pluſieurs buiſſons, ſera bon de faire plus d'vne trainée : et ſur tout que l'on n'y mette point de cordage, comme auons ia dit : autrement le Loup n'en approcheroit aucunement. Eſt bon auſſi que celuy qui fera la trainée, ne ſoit de ceux qui hantent parmy les Leuriers ou Chiens courans, et qu'il ayt auec ſoy quelque petit maſtin qui mange carnage : car celà aſſeure bien mieux le Loup pour y manger. Sera bon auſſi en eſté que le carnage ne ſoit loing de riuière, ou ruiſſeau, ou mare, à fin que les Loups puiſſent boire, et eux retirer en leur buiſſon, ſans en aller cercher ailleurs. Faut auſſi que l'homme qui tuëra le cheual, ou qui l'aura apporté mort, leue les quatre quartiers, et les pende haut à quelque branche d'arbre pres de là, pour la nuict ſuyuante les abbatre et faire tomber vne ou deux heures deuant le iour. Meſme ſ'il y auoit commodité de quelque arbre pres de là, feroit bon qu'il y euſt vn homme, ſ'il fait clair de Lune, ou qu'il ne face beaucoup trouble, qui montaſt en l'vn deſdits arbres pour voir manger leſdits Loups, et dire le nombre qu'il en aura veu, et de quel coſté ils auront tiré pour leur aller rembuſcher apres auoir mangé : car c'eſt grande aduenture ſi les vieux Loups y viennent manger la premiere nuict, mais bien les ieunes. Et ſi le vieil Loup arrive, les ieunes luy quittent bien toſt le carnage, et ſe reculent, attendans que le vieil Loup ayt mangé à ſon plaiſir : meſme auant qu'il mange au carnage, il tournoyera à l'entour, regardant et eſcoutant ſ'il y a rien qui luy nuiſe. Puis ſ'il veut manger, arriuera en courant, et en prendra trois ou quatre goulées, puis ſe retirera arriere, et reuiendra pluſieurs fois en ceſte maniere : et ay autrefois prins grand plaiſir à les voir ainſi faire. L'un de mes gens en conta vne nuict ſeize ſur le carnage, au mois de Ianuier. On dit en commun prouerbe, que iamais Loup ne mangea l'autre : mais i'ay expérimenté le contraire : car pour vne nuict en ont mangé deux que i'auois prins le iour deuant, dont ie leur fis faire la trainee. Auſſi ſi les Loups ont mangé d'un cheual, chien ou pourceau chaud, ils ne peuuent deſcharger ne vomir celà : ce qu'ils font quand il les ont mangé froids, à fin qu'ils puiſſent durer et courir plus long-temps : cuidans par celà amuſer les chiens à manger ce qu'ils reiettent et vomiſſent en courant.

Comme le Veneur doit aller en queſte, et faire le buiſſon pour la chaſſe du Loup.

Chapitre V.

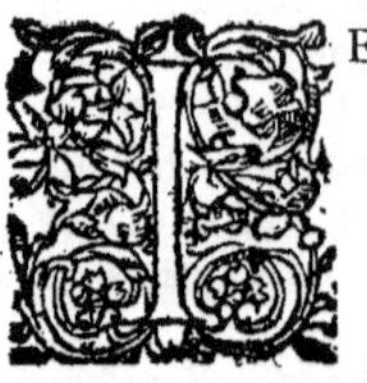

IE me ſuis pluſieurs ſois trouué en la Court et és maiſons de Princes et grands Seigneurs, là où on me demandait de la chaſſe du Loup. Et quand ie venois à diſcourir ce que ie faiſois, moy et mes gens, auſſi le moyen de cognoiſtre le buiſſon, auec la couche du Loup, auec nos Limiers, ils ſ'en rioyent, diſant qu'il n'eſtoit point de Limier, pour le Loup : mais l'experience monſtre le contraire : car i'en ay touſiours deux ou trois bons, et bien dreſſez, encores que durant les troubles on m'ait pillé et deſrobbé quatorze Chiens courans, des meilleurs de France, et huict grands Leuriers, tous faicts à la chaſſe du Loup.

Le Veneur donc qui veut aller pour le Loup, ſe leuera auant le poinct du iour, et partira du logis pour eſtre incontinent apres le poinct du iour au carnage. Arriué là tiendra ſon Limier de court, et ſ'approchera du carnage. S'il voit que la charongne ait eſté trainee hors du lieu où elle eſtoit, il ſe peut aſſeurer que le Loup ou Loups y ont mangé, celà en eſt la vraye cognoiſſance : car les maſtins et autres chiens ne trainent point le carnage, mais le mangent en la place où ils le trouuent. Le Veneur donc pourra iuger le nombre des Loups à peu pres, parce qu'ils auront beaucoup ou peu mangé. Puis, ſ'il y a terres labourees à l'entour, connoiſtra le quartier où les Loups ſe retirent apres auoir mangé : par ce moyen on pourra en aſſurance laſcher ſon Limier ſus les voyes, ſans le trop rebaudir.

Quand il ſera arriué aupres du bois, ſi ſon Limier n'eſt ſecret, le tiendra plus court, et ſera toutes les ſentes, chemins, et aduenues de la liſiere dudit bois ou buiſſon : et là où ſon Limier trouuera le rembuſchement, et qu'il ſe voudra preſenter aux branches, ronces ou herbes, n'entrera plus auant, et feſtoyera ſon Limier en le retirant de là ſans le permettre entrer plus auant : car i'ay veu beaucoup de Loups qui n'eſtoyent la longueur du traict loing du bord du bois : de fait que ſi c'eſt vn viel Loup, il ſera quelque temps à eſcouter au bord du bois, et ſ'il a eſté autreſſois chaſſé, et il ayt le vent du Limier, ou bien qu'il l'ait ouy, ſ'enfuira de grand effroy à plus d'vne lieuë ou deux de là. Ayant donc le Veneur trouué le rembuſchement des Loups, il mettra à l'entree du bois vne briſee par terre et plus auant vne autre briſee pendante, puis ira faire ſon enceincte, et prendra les deuants en quelque grand chemin, ou petit vallon, ſ'il y en a. S'il trouue que les Loups ſoyent paſſez, ne fera bruit ny pourſuite grande, mais briſera comme deuant, pour aller encore par autre endroit plus auant faire les deuants. Auſſi ſ'il ne trouue point qu'ils ſoient paſſez, doit regarder ſ'il y a des forts ou quelque beau coſteau, qui ſoit vers le midy ou Soleil leuant, plein d'herbes et mouſſes, ou bruieres, principalement en temps d'hyuer, alors il ſe pourra bien aſſeurer que le Loup fait là ſa demeure. Autrement en eſt il en eſté, car durant les chaleurs, il ſe retire és bois taillis aſſez clairs, à l'ombre de quelque hallier, ou és bois de haute fuſtaye, et alors le Veneur pour le prendre vſera des meſmes moyens que deſſus, en conduiſant ſon Limier comme auons dit. Et ſi d'auanture les Loups n'auoyent eſté au carnage, ou qu'on ne leur en euſt point baillé, ceux qui menent les limiers doiuent dès le ſoir departir leurs queſtes, et auant le iour ſe leuer, et ſ'en aller chacun à ſon quartier, et n'approcher du bois qu'il ne ſoit grand iour : parce que bien ſouuent m'eſtant arreſté aſſez loing du bois à vne haie, ou au bout d'vn village, ie les ay veu aller à leur buiſſon et rembuſchement. Eſtant donc ainſi arriué auant le iour, faut eſcouter les abbais des maſtins et Chiens des villages : car ſi le Loup a paſſé pres de là, ils ſe tourmenteront d'abbayer auec grand effroy, d'autre façon qu'ils ne font aux gents : et alors chacun pourra bien eſtimer qu'il y a des Loups en ces quartiers là. Le iour venu, faut ſ'acheminer vers le bois, touſiours ayant l'œil en terre, pour recognoiſtre les traces et pas de quelque Loup qui aura paſſé par là, comme ſ'il a pleu vne heure ou deux auant le iour, on pourra facilement iuger que le Loup n'eſt allé loing, et ſi lon void ſus quelque terre, chemin ou taupiere, que ſes pas ou voyes ſont pour aller droit au bois, alors faut ſemettre en queſte le long dudit bois ou buiſſon, et ne ſaudra lon à voir par le moyen du Limier bien dreſſé, le rembuſchement d'vn ou de pluſieurs Loups. Cependant on fera toute diligence de briſer, faire ſes enceintes et prendre les deuans, comme auons cy deſſus déclaré.

Comme lon doit chaſſer les Loups auec les Chiens courans et prendre à force. Chap. VI.

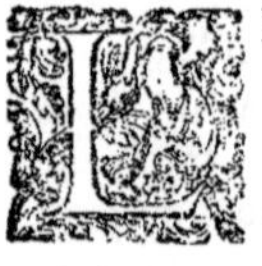

E buiſſon fait, ſe retirera le Veneur au lieu où l'aſſemblée aura eſté termee, et chacun de ceux qui auront eſté en queſte auec les Limiers fera ſon rapport : puis ayant tous prins leur refection du matin, le plus ſouuent le long d'vne haye ou buiſſon, lon doit enuoyer les varlets auec leuriers aux buttes, qui leur auront eſté monſtrees et marquees par le Seigneur, ou homme à ce cognoiſſant. Les Chiens courans ſeront departis par bandes, les vns ſeruiront pour la meute apres que le Limier les aura lancez. Et là faut bien auoir le ſoing que ceſte bande ſoit des meilleurs, mieux dreſſez, et plus viſtes Chiens : leſquels, ſelon le nombre des Chiens, ſera bon de changer à vne heure de là, ainſi que l'on pourra aduiſer. Sur tout, faut que touſiours le valet des Chiens ſoit à pied, pour les accompagner de pres, et les enhardir quand il ſera beſoing. Pour ce regard ſera bon d'heure à autre luy bailler Chiens frais et de relais, et qu'il les relaye de pres : par ce moyen les premiers baillez reprendront leur haleine tout à leur aiſe. Vray eſt que pour les rendre plus hardis, faudra qu'il parle ſouuent à eux, et donne courage auec le ſon de ſa trompe. Car il y a beaucoup de Chiens, ſ'ils ne ſont de race, qui n'oſent entreprendre à courir les Loups, principalement les vieils Loups, d'autant que ſont beſtes plus furieuſes que les ieunes. Si le bois eſt grand, et que lon n'y puiſſe aller à cheual, ie trouuerois bon qu'il y euſt un varlet pour accompagner les Chiens et les tenir en queuë le plus pres qu'il pourroit. Auſſi voudrois bien qu'il ſonnaſt ſouvent de ſa trompe, et qu'auec ſon forhu il ne ceſſaſt d'enhardir ſes Chiens. Vray eſt que les autres qui ne ſont à la queuë des Chiens, ne doiuent ſonner mot, parce que tant de ſonneurs de trompes ſouuenteſſois eſtourdiſſent les Chiens, et leur font perdre tout credit et moyen de bien chaſſer, quand l'vne ſonne deça, l'autre delà. Si c'eſt un vieil Loup, et qui ne voye aucune choſe qui luy nuiſe, ne faudra d'entreprendre le cours, ains ſi on le veut prendre à force, et que le temps de iour soit aſſez long, faut le rebouter, et rembarrer dedans le bois quand il ſ'offrira. Incontinent le Loup apres auoir cerché tous moyens de ſortir, et trouuant touſiours gens tant à pied qu'à cheual, et tabourins qui luy feront teſte, ſe ſentira tant preſſé, qu'il ne ſçaura auoir autre recours, ſinon de courir ça et là. Alors on doit continuer à luy bailler Chiens frais et de relais, qui le courent à pleine vuë. Qui eſt une des plus belles chaſſes qu'il eſt poſſible de voir. Cependant il ſe faut donner garde de ſes ruzes : car apres qu'il n'en peut plus, ou il gaigne dans une grande taniere de Blereau, là où il entre la queuë deuant, et alors le faut enuironner de Chiens pour le tenir aux abbais : ou bien il ſe ſauue dans quelque fort hallier d'eſpines ou ronces : alors chacun y doit accourir pour là le prendre et ſaccager. I'en ay prins beaucoup à force, dont aucuns ont duré pres de huict heures, les autres ſe ſont en celà tellement entretenus, gardans leur force et haleine, que la nuict venoit, et nous les perdions par faute de iour. I'en ay chaſſé tel qui a duré dix heures, à raiſon qu'il alloit ſouuent boire et ſe rafraichir en vne mare dedans le bois. C'eſt pourquoy on dit, que l'homme de guerre doit auoir trois choſes en luy, aſſaut de Leurier, fuite de Loup, et defenſe de Sanglier. Car l'homme de guerre doit aſſaillir auſſi hardiment, que fait vn bon Leurier, qui prend et aſſaut tout ce qu'on luy monſtre : ſ'il luy eſt beſoin ſe retirer, faut qu'il garde l'haleine de luy ou de ſon cheual : et ſ'il est tellement preſſé de combattre qu'il n'en puiſſe eſchapper, faut ſ'acculer contre maiſon, haye, ou foſſé, ou buiſſon, et là ſouſtenir l'aſſaut, et cependant aduiſer de grande hardieſſe à tuer quelqu'vn de ceux qui l'aſſaillent, et paſſer à trauers d'eux, par ce moyen pluſieurs combattans ſe ſont ſauuez. Au ſurplus, ſi on chaſſe en vn buiſſon, et qu'on ait failly, les Loups le landemain y reuiendront, et rembuſcheront au meſme buiſſon ſ'entrecerchans, mais le iour d'apres ne les y faut plus cercher. Auſſi ſi quelque Prince ou grand Seigneur vouloit courre à force de Chiens courans, faudroit enuironner le buiſſon de Leuriers, et ſe tenir à trente ou quarante pas loing du bois, à fin qu'incontinent que le Loup mettra la teſte hors, ils le rembarrent dedans. Car ſ'il a eſté couru des Leuriers, et qu'il en trouue quelqu'vn en teſte en tous endroits où il ſ'offrira à ſortir, il n'oſera plus entreprendre la campagne. Et ſ'il aduient que le buiſſon ſoit ſi grand que on ne le puiſſe enceindre et enuironner de Leuriers, faut l'enuironner de toile ou quelques grands halliers à maille carree de bonne groſſe ficelle haut d'vne braſſee, pour ſeruir de defenſe ſeulement. Et ainſi le Prince auroit bien ſon plaiſir de voir chaſſer ſes Chiens.

Comme on doit chaſſer les Loups ſans Limier.

Chapitre VII.

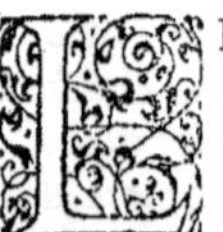

E Seigneur ou Gentil-homme qui veut auoir plaiſir de chaſſer les Loups, et n'a aucun Limier qui ſoit bien dreſſé : bien a il des Chiens qui aiment à chaſſer Loups, les pourra dreſſer de ceſte maniere. Doit auoir gens, tant à pied qu'à cheual, pour aller de grand matin à l'entour des bois et buiſſons, eſquels les Loups ont accouſtumé ſe retirer : où faut penſer qu'ils demeureront toute l'annee, ſans ſ'eſcarter aucunement, moyennant qu'on ne leur face pas trop de torment, ſ'ils ont eſté nais et nourris auſdits buiſſons, et bois. Ceux qui iront pour les guetter et reuoir, auront touſiours l'œil ſoigneux ſur les terres labourees, chemins, ſentes et petites aduenues : à ſçauoir en eſté ſur la poudre, et en hyuer ſur les bouës et fanges : et ſ'il a pleu la nuict, fera beau en reuoir, pourueu que la pluye ait ceſſé vne ou deux heures auant le iour. Eux donc voyans par les traſſes delaiſſees és terres, que les Loups ſont allez droit au bois pour ſe rembuſcher moyennant que les pas et voyes ne ſoient par pluyes ou poudre recouuertes, iugeront pour certain le Loup ou Loups eſtre rembuſchez audit bois : duquel ils ne bougeront aucunement, pourueu qu'ils n'ayent eſté forhuez de quelqu'vn, ny ſuyuis de maſtins ou autres Chiens courans. Car ſi on les a veus, et qu'aucuns ayent hué et crié apres eux, et mis leurs Chiens et maſtins apres, et ſoyent Loups qui ayent eſté chaſſez ne ſe faut attendre à les trouuer audit bois ou buiſſon, ains ſ'en iront à plus d'vne lieuë de là : parce que le Loup a bien ceſte ruſe et malice de nature, de ſçauoir qu'il eſt rauiſſant, et pour ce regard hay d'vn chacun. Si donc les Loups ne ſont huez ny ſuyuis de maſtins, on departira les Leuriers pour aller aux cours, et ſeront aſſis, comme nous dirons cy apres. Puis on enuoyera les Chiens courans, chacun aux lieux ordonnez pour les relais : et le Veneur, auec quatre des meilleurs Chiens qu'il ayt, viendra au rembuſchement. Et là fera aſſentir à ſes Chiens les branches par où le Loup ſera rembuſché. Et voyant qu'ils ne demandent qu'à courir, on laſchera et decouplera deux des plus ſeurs, qui ayment plus à courir le Loup : et dés qu'il orra l'vn deſdits Chiens abbayer, decouplera incontinent les deux autres ſur les voyes, broſſant à trauers du bois pour les enhardir et rebaudir, ſonnant ſouuent et criant Harlou, harlou, harlou. Puis les ayant lancez, luy feront baillez les relais ainſi qu'on les aura ordonnez, et de pres : car ſi on relaye Chiens de loing et non de pres, pourront aller au change et rompre la chaſſe. Et auant que finir ce propos et paſſer plus outre, ne m'a ſemblé hors de raiſon de deſcrire en cette part la forme et maniere comme lon pourra cognoiſtre les voyes du Loup et de la Louue, et les diſcerner d'auec celles du Chien. Si l'on void en terre labouree, ſable, ou fange, ou poudre, des pas ou voyes de Loups, et on eſt en doute ſi elles ſont d'vn maſtin : faut conſiderer la façon de l'empraınte du pied, car le Loup a le talon large et gros, faiſant trois foſſettes en terre ſous le talon. Il a les ongles gros et courts, et les deux doigts des pieds de deuant touſiours ſerrés, ce qu'vn Chien n'a pas. La Louue les a de meſme façon, oſté qu'elle a le pied plus long et plus eſtroit que le Loup.

Il y a auſſi autre cognoiſſance, par les laiſſes qu'ils font à l'entree ou iſſuë des bois et buiſſons : car le Loup fait ſes laiſſes dures à coſté d'vn chemin ou ſente, en quelque carrefour, et ſus quelques ronces ou buiſſons, la Louue au contraire, rend ſes laiſſes au milieu du chemin, fort molles et en plateau. On peut auſſi iuger des Loups à les ouïr le ſoir hurler : car la Louue hurle plus clair que le Loup, auſſi font les ieunes Loups de l'annee : mais le vieil Loup hurle fort gros et menu. Outre celà, le Veneur pourra facilement iuger qu'vn Leurier ou grand maſtin n'auroit pas eſté la nuict ou le matin aux bois.

Au ſurplus pour dreſſer Chiens courans à courir Loups, faut auiſer, comme i'ai dit cy deuant, où pourra eſtre la retraitte des ieunes Loups au mois de Iuillet ou d'Aouſt; pour leur en faire courir vn ou deux que lon aura pris tout expres, à fin qu'ils le puiſſent fouler et en iouir à leur aiſe. Meſme pour leur donner hardieſſe et exciter d'auantage à la chaſſe, ſera bon les mignarder et feſtoyer de pluſieurs petites friandiſes que le varlet aura portees en ſa grande gibeciere tout à propos, et apres que lon aura congnu leſquels d'entre eux auront le meilleur vouloir, et feront les plus adextres et prompts à chaſſer, on les dreſſera pour ſeruir de Limier, ains bien ſouuent on lancera deuant eux quelques Loups, et les fera lon chaſſer en route, n'oubliant pas cependant à les touſiours mignarder et feſtoyer de pluſieurs petites friandiſes, meſme à fin de les enhardir et ayder à prendre la proye, ſouuentes fois ſe retirer des voyes, pour aller prendre les deuants : et ſ'il ſ'en rabat quelqu'vn, le bien feſtoyer et frapper à route : puis apres le retirer, et bien careſſer. Vray eſt que ſurtout faut prendre ſoing que lon ait des Chiens de race qui courent le Loup, d'autant qu'il y a Chiens de toutes ſortes. Les vns ſont Chiens de garde pour abbayer aux larrons, quels ſont les maſtins : les autres ſont allans, comme en Eſpagne pour deſtourner et pourſuyure la beſte qui ſe preſente quelquefois par les champs : autres à gros poil, pour aller à l'eau, appellez Barbes, qui portent le traict et chaſſent au gibier des fleuues et eſtangs. Autres ſont eſpagneux pour leuer et trouuer les Perdrix, et Cailles, appellez Chiens couchans. Autres Chiens pour aller dans terre combattre les Renards et Blereaux. Autres ſont appellez Dogues, pour aſſaillir, mordre et retenir Sangliers, Ours ou Loups. Autres ſont nommez Leuriers, qui ſont viſtes et hardis à prendre ce qu'on leur monſtre, quelque beſte que ce ſoit : et portent grand amour à leurs maiſtres, combatans quelquefois pour eux, et ſe laiſſans mourir pour l'abſence de leursdits maiſtres morts, ou bien eſtans allez en quelque voyage. Et doit lon bien faire cas de Leuriers qui prennent vn grand Sanglier, fier et orgueilleux, ou bien vn grand Loup, qui eſt vne beſte fort cruelle, encor que les Leuriers ſoient beaucoup moindres que Limiers. Chacun ſçait et à veu que mes Leuriers ne ſont de ces grands que lon void à la cour, en Bretagne : touteſſois ils prennent bien les Loups, qui ſont le plus ſouuent trop plus grands qu'eux : mais la race et accouſtumance y ſeruent beaucoup. De quelque beau grand Leurier de Bretagne et d'vne belle Leuriere à Lieure, on pourra tirer de beaux Leuriers pour Loups.

Comment on doit prendre Loups auec Leuriers.

Chapitre VIII.

Pres avoir ſuffiſamment monſtré la maniere de faire le buiſſon pour les Loups auec Limiers, et ſans Limiers, reſte à deduire comme on doit aſſeoir le cours pour leſdits Leuriers. Il faut donc en ceſt endroit auoir eſgard par où les Loups ont le plus ſouueut accouſtumé ſe rembuſcher et ſortir de leur gré au ſoir pour aller au carnage et cercher leur proye : car ordinairement ils viendront et ſortiront par là. Et ſaut auſſi auoir le ſoing que lon ſace le cours en bon vent : c'eſt à dire, que le vent vienne du bois droit au cours : car le Loup n'ira contre le vent, ſ'il ſent que les Leuriers y ſoient, et à val le vent n'en peut auoir aucun aſſentiment : toutesfois le vieil Loup ira plus ſouuent contre le vent qu'à val le vent : et ſouuent les y ay prins, mettant mes Leuriers aſſez loing, qui les alloient aſſaillir de grand courage à la partie du bois. Le cours donc ſera aſſis à l'vne des ſaillies du bois, en bon vent, et ſ'il eſt poſſible, que ce ſoit en quelque plaine ou en pied montant : et que les huttes ſe voyent l'vne de l'autre faictes en façon de fer à Cheual, comme il eſt figuré cy-deuant. Outre celà, ſera beſoin d'auoir pour le moins ſept laiſſes de grands Leuriers, et deux laiſſes de legers Leuriers, pour les laſcher en queuë : et faut qu'ils ſoient aſſis à la partie du bois, accompagnez chacun d'vn homme à cheual, pour les dreſſer au cours. Donc apres celà y aura trois laiſſes de chacun coſté du cours, qui ſeront nommees coſtereſſes, dont les deux premieres, qui ſeront vis à vis l'vne de l'autre, l'aſcheront à l'eſpaule, ſi le Loup eſt entre les deux, autrement il ne faut qu'ils laſchent plus tard. Et ſi leſdites premieres laiſſes coſtereſſes ſont bien laſchees, le Loup ne faillira d'entrer dedans le cours : auſſi, ſi les autres laiſſes ſont bien laſchees, et qu'elles attendent que le Loup approche de leurs huttes, le loup ne leur eſchappera iamais, et pour cela, celuy qui tient la laiſſe du fond du cours, doit ſaillir de ſa hutte ſes Leuriers au poing, et venir au deuant de luy, et luy bailler ſes Leuriers en teſte, qui doiuent eſtre des plus hardis et courageux.

Sur tout, ſera beſoing que chacune laiſſe ayt bonne hutte de toile, branches et fueilles pour couurir l'homme et les Leuriers, et ceux qui le tiennent doiuent eſtre bas, à genoil. Quant à moy i'ay fait faire des huttes de toile tannee, qui ſe tendent auec trois baſtons, qui eſt pour le mieux : ſous leſquelles l'homme et le Leurier ſont à l'abry du vent et de la pluye, et ont ſous eux de la feugere, ou de la paille, pour eſtre plus à leur aiſe, et ſ'il aduient que le Loup ſoit attaché de Leuriers, faut y courir diligemment, pour luy mettre vn eſpieu ou gros baſton dedans la gueule, iuſques à la gorge, à fin qu'il ne bleſſe les Leuriers aux iambes ny au muſeau. Par ce moyen les Chiens en ioüiſſent bien à leur aiſe, et ſont rendus plus hardis à les prendre, ſ'ils les ont pris ſans auoir eſté bleſſez. Au contraire, ſi on ne leur donne ſecours incontinent, les Loups ne failliront de bleſſer beaucoup de Leuriers, comme emporter aux vns la iambe, aux autres percer la teſte, et faire autres outrages, dont ils ſont puis apres fort malades, et bien ſouuent en meurent : d'autant, comme nous auons dit cy deuant, que la morſure des Loups eſt tres dangereuſe. Ayans donc les Leuriers iouy à leur ayſe de leur proye, ne faut longuement les y laiſſer : mais chacun doit reprendre les ſiens, et ſ'en retourner diligemment à ſes huttes, ſ'il y a encore Loups au bois : et là attendre, et laſcher les Leuriers, comme a eſté dict. Et faut bien aduiſer à ne les laſcher trop tard : vaudroit beaucoup mieux les laſcher pluſtoſt, et que le Loup retournaſt au bois, que de le laiſſer paſſer hors du cours : car ſ'il en eſt hors, et les Leuriers ſont en queuë apres, à grande peine ſ'en prend il pas vn : touteſſois i'en ay prins pluſieurs, voire encore depuis quelques iours, eſcriuant ce preſent traicté. Auſſi, ſ'ils ſont faillis et eſchappez aux Leuriers, ne ſe faut amuſer à les pourſuyure : car ils ne ſ'arreſtent point, mais vont touſiours : vray eſt qu'ils ſe pourront arreſter au prochain buiſſon ou bois, ſ'il eſt aſſez fort, et qu'ils ayent eſté griefuement foulez des Chiens : mais cependant ils gagnent les deuans, et n'oſent plus entreprendre la compagnie, penſans y trouuer encor des Leuriers : et lors on les prendra à force, qui eſt vne belle chaſſe ſur toutes les autres, d'autant que les Chiens les voyans et ſentans deſia mal menez, les chaſſent et pourſuyuent auec plus grand courage et hardieſſe. Au ſurplus faut noter qu'ay veu quelquefois que les Leuriers ſont difficulté de prendre vne Louue chaude, ains la veulent ſaillir et couurir comme vne Chienne : mais ſ'ils y a aux cours quelque bonne Leuriere, elle la prendra par enuie et ialouſie.

Comme on doit chaſſer et prendre les Loups ſans Limiers, Chiens courans et Leuriers, auec les rets et filets.

Chapitre IX.

CY deuant nous auons deſcrit comme on doit prendre les Loups auec Chiens courans et Leuriers. Or par ce que chacun n'a pas le moyen d'auoir Chiens, ny la dexterité de les bien dreſſer, n'ay voulu obmettre à declarer la façon de chaſſer les Loups, ſans ayde aucune des Chiens. Faut donc de longue main faire appreſt de rets de menu cordage et raiſeaux pour tendre aux grands chemins, meſmes de laſſieres : puis à quelque iour de petite feſte, non pas au Dimanche, qu'il faut garder ſelon le commandement de Dieu, faire aſſembler tout le peuple voiſin et proche d'alentour du bois ou buiſſon, où hantent et ſe retirent les Loups : et ordonner à ceux de chacune paroiſſe certains lieux et places pour ſe camper. Apres que les compagnies ſeront arrangées et ſeparées l'vne de l'autre, la longueur d'vne pique, faudra entrer dedans le bois, menant grand bruit de trompes, cornets, tabourins, huant touſiours, tirant droit où ſont les filets et rets tendus, n'ayant crainte de paſſer ronces ny eſpines : car c'eſt où le Loup ſe cache, et laiſſe paſſer, ſans ſonner mot, ceux qui courent apres luy : dont eſt venu le prouerbe, il fait le Loup à la carriere. Les paroiſſes donc chemineront en bonne ordonnance, conduite chacune par vn des principaux de la bande, à fin de leur faire garder bon ordre : et trauerſer tout le bois iuſqu'à l'endroit des rets et filets, et ſ'il y a des Loups, ils ne failliront à ſortir : meſme on les pourra haſter par des petits Leuriers ou maſtins mis en l'eſtrique à la partie du bois. Et ſ'il aduient que le Loup ayt paſſé les huttes de ceux qui ſeront à la garde des filets, on iettera incontinent apres ſes feſſes vn court baſton, pour l'eſbrouër et haſter dauantage, à qu'il n'ait la cognoiſſance du filet : par ce moyen il ne faillira de ſe ietter dans l'vne des rets, ou bien dans la laſſiere ou raiſeau : alors ſera facile aux gardes des filets de le tuer. Dés qu'il ſera tué, faudra incontinent tendre les rets ou laſſieres, et ſe retirer chacun en ſa hutte pour attendre les autres. Et ſurtout faut que les huttes ſoient bien eſpaiſſes, ou de toile teinte, comme i'ay dit cy deuant. Au ſurplus, à fin que tout le peuple aſſemblé, eſtant chacun en ſa place, ſçache au certain le temps qu'il deura entrer dedans le bois, on tirera vn coup de boitte d'artillerie, ou bien d'une groſſe harquebuſe, qui ſera pour ſignal d'entrer auec grand bruit dedans le bois. Et eſt bien requis auoir ſur les filets, gens qui entendent à faire la haye, pour laſſieres et raiſeau, meſme à les tendre, et principalement les rets, que i'ay fait tendre ſouuentes fois ſur fourche, auec vn margouillet ou billebauquet qui eſt mis par deſſous le maiſtre de la rets, et à chacun des fourcherons des fourches, miſes l'vne auant l'autre arriere, comme appert en la figure cy deuant qui eſtoit la meilleure et plus ſoudaine façon de tendre les rets, et trop meilleure que ſus les pieux.

Faut donner ordre auſſi, que les maiſtres des rets ſoient bien attachez à arbre, ou à gros pieux fichez en terre, ſelon la longueur des rets. Il y a auſſi bien à regarder, pour bien faire vne haye pour les laſſieres : car le plus ſouuent, ceux qui les font ne l'entendent pas bien, car ils les font toutes droites : et ſont trop meilleures, ainſi que l'auons figuré cy deuant, car à chacun angle on met vne laniere, et peut ladite haye ſeruir pour deux coſtez. Il y a d'auantage, que iamais Loup, Sanglier, ou Cheureuil, ne ſe tournera pour paſſer à coſté voyant l'ouuerture deuant luy, ayant la haye des deux coſtez, qui l'y conduiſent en allier de tonnelet. Au reſte, ſur tout faut, ſ'il eſt poſſible, tendre les pans de rets et laſſieres à bon vent.

De la forme de prendre les Loups par pieges, et autres inſtruments.
Chapitre X.

C'Est vne profonde et admirable prouidence de Dieu, que l'homme premier, Adam, auant qu'il fuſt decheu de la perfection que Dieu luy auoit donnee lors de ſa premiere creation, auoit impoſé les noms aux beſtes, comme il eſt dit en Geneſe, chapitre deuxieſme, verſet vingt, et luy auoit donné puiſſance ſur toutes beſtes : comme il eſt auſſi recité au premier chapitre dudit liure, verſet vingt ſix, et au Pſal. 8. Toutesfois par le peché de noſtre premier pere, ceſte puiſſance a eſté oſtee à l'homme, par l'horrible vengeance du Seigneur tout-puiſſant, de ſorte que les beſtes portent auiourd'hui dommages infinis à l'homme, le guettent, luy courent ſus : rauiſſent ſon bien, le naurent, le tuent : qui eſt vn certain teſmoignage de l'ire de Dieu, qui a puni l'homme iuſtement. Donc ne ſe faut eſmerueiller, ny murmurer aucunement, ſi l'homme ayant deſobey à ſon Createur eſt auſſi deſobey par les beſtes, qui lui eſtoyent ſubiectes et du tout emancipees : ſi l'homme ayant offenſé ſon Dieu, eſt offenſé par les beſtes inferieures à ſoy. Vray eſt que ce bon Dieu ne l'a laiſſé ſans moyens pour pouruoir et ſe garder de la cruauté des beſtes ſauuages, inſidieuſes et malfaiſantes : car l'homme, par l'inſtinc de Dieu, a inuenté pluſieurs manieres de prendre et aſſubiectir à ſoy leſdictes beſtes, comme Loups et autres beſtes cruelles. Nous auons cy deſſus parlé des moyens de les prendre à force de Chiens et Leuriers : maintenant nous traicterons de la maniere de les prendre au piege, et autres inſtruments propres, comme verrez en la figure ſuyuante : laquelle monſtre comme il faut faire vne grande foſſe, qui ſoit couuerte d'vne claye ſuſpendue, pour facilement tourner. De l'autre coſté de la claye faut mettre vn oiſon, aigneau, ou autre tel beſtail. Si le Loup entreprend et ſ'efforce de paſſer par deſſus, la claye tourne, et le Loup tombe dedans la foſſe. Laquelle doit être bien couuerte de la claye, àfin que le Loup, qui eſt l'vne des fines et cauteleuſes beſtes qui ſoit, ne la puiſſe apperceuoir : et ceſte façon eſt commune et facile.

MANIERE DE TENDRE LE PIEGE.

EST auſſi à conſiderer, que ſi le Loup approchant du piege tendu, vient vne fois à ſentir la corde miſe en laſſet par deſſus et autour du trebuchet (ce qu'il fera ſans doute) il eſt certain que ſoudain il ſ'en ira, et iamais n'en approchera, tant que le chaſſeur, qui aura tendu le piege, ait fait perdre la ſenteur de ladite corde, ce qu'il fera prenant des crottes de la fiante de Loup, et engreſſant la corde du piege entierement, en la maniere que l'on poiſſe de poix vn chégros pour coudre ſouliers : et ce quand tu auras tendu au Loup, de fiante de Loup : quand au Renard, de fiante de Renard, et ainſi de toutes autres beſtes qui ſe prennent au piege : mais la difficulté, eſt de trouuer moyen de recouurer de la fiante de la beſte à quoy on veut tendre le piege, comme ſont le Loup, le Renard, le Blereau, la Foine, et le Putois. Et pource, quand le chaſſeur voudra tendre ſon piege, il faut que le iour precedent il ſ'en aille au bois auquel il veut tendre, d'autant que c'eſt aux bois taillis, foreſts, buiſſons et bruyeres, où lon tend à tels animaux couſtumierement, et le long des chemins où lon ſoupçonne la beſte deuoir paſſer, labourer auec le hoyau ſelon la largeur du chemin, quatre pieds en quarré, et la terre qu'auras labouree mettre en poudre, et l'egaller doucement, àfin que la nuict ſuyuante, la beſte qui paſſera par ceſt endroit, inſculpe la forme de ſon pied dans ladite terre, et que le lendemain, quand tu viendras recongnoiſtre le lieu que tu auras labouré, tu congnoiſſes la beſte qui aura paſſé : et faut ainſi que dit eſt labourer en pluſieurs et diuers lieux, et par diuers chemins, àfin que ſi la beſte eſt au bois, tu la puiſſes aſſeurer, et par ce moyen ne tendre en vain. Quand tu auras faict ton labourage, il faut pour le Loup, trouuer quelque cuiſſe de Cheual ou d'Aſne, ou de Mulet, ou quelque autre charongne, et en faire trainee par le bois le long des chemins et ſentiers d'iceluy, et en faiſant la trainee, quand tu arriueras aux lieux où eſt labouré, faut y iecter ſix au ſept lopins de ladite charongne de la groſſeur d'vn œuf, ou enuiron. Si c'eſt pour le Renard, Blereau, Foine, ou Putois, ſuffira d'appaſter autour deſdits lieux labourez des rongets de poulaille, ce qui reſte ſur l'aſſiette du maiſtre de maiſon ruſtique apres ſon repas, ou appaſter des roſties de pain bis fricaſſees auec graiſſe telle que tu voudras, et le lendemain, quand iras recongnoiſtre les chemins où tu auras appaſté, infailliblement la beſte qui y aura paſſé la nuict aura fienté à l'endroit de l'appaſt, et laiſſé de ſes crottes, deſquelles tu poiſſeras la corde du piege, pour le tendre : ainſi en vſe le Seigneur de Mouſſac Gentil-homme Limoſin pres Belac, vn des plus rares tendeurs de piege, et plus heureux chaſſeur qui ſe trouue.

FIN DE LA CHASSE

DV LOVP.

Addicion de la chasse

DV CONNIN.

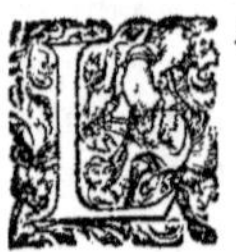

A chaſſe du Connin, eſt plus proufitable que plaiſante, non ſeulement pour la viande, qui en eſt delicate et bonne, mais auſſi pour le dommage que ce petit animal apporte aux grains ſemez en terre, aux ieunes arbres et aux herbes : dommage, di-ie, qui n'eſt pas de peu d'importance ne de petite nuiſance : De faict Strabon a ſait mention au troiſièſme liure de ſa geographie, que les habitants des Iſles Gymneſies, furent contrains d'enuoyer aux Romains leurs Ambaſſades : pour requérir, qu'ils leur baillaſſent terres où ils peuſſent ailleurs habiter; chaſſez de la grand abondance des Connins; qui mangeoient tout ce qu'ils pouuoient planter et ſemer en leurs terres Gymneſiennes. Le meſme dit Pline, au huictieſme liure de ſon hiſtoire naturelle, quand il recite, que du temps de l'Empereur Ceſar Auguſte, les habitans des Iſles Baleaires (ce ſont les deux que les Grecs appeloient Gymneſies : auiourd'huy les Eſpagnols nomment Maiorque, et Minorque) enuoierent à Romme demander ſecours d'armes, pour combattre les Connins leur ſaiſant mortelle guerre. Comme auſſi (à la verité) ce petit beſtail, eſt d'incroiable fecondité, où il ſ'adonne : Auſſi a ton opinion, que tous ſont des petis, tant les maſles que les femelles : comme ſi nature benigne enuers ce genre d'animal, fuiard, et friand au manger, luy auoit voulu donner telle plantureuſe fertilité : Or y a il deux eſpeees de Connins, les vns de clapier, les autres de garenne. De ceux de clapier, la prinſe eſt bien aiſee : pource qu'eſtans comme priuez et domeſtiques, ils ſe laiſſent prendre à la main, et n'ont beſoin de queſte, ne de chaſſe. Ceux de garenne, ſont plus mal-aiſez à prendre, pource qu'ils ſont nourris en leur champeſtre liberté, et d'autant ſont d'vn plus ſauuage naturel. La façon de les chaſſer eſt principalement de deux ſortes, toutes deux aſſez vſitees et congnues : l'vne auecques les fillez, et l'autre auec le Furet. Quand au Furet, on le fait entrer dedans la tanniere, ou garennier clapier des Connins, pour leur y faire la guerre : des pourſuites et morſures duquel eſtonnez et intimidez, ils fuyent ſoudainnement hors de leur creux, et aux iſſues ſont arreſtez et enueloppez aux bourſes et filez, qui y ſont tendus à ceſte fin. De ſorte que le gentilhomme ne retire pas grand paſſetemps de ceſte chaſſe, laquelle auſſi fait-il le plus ſouuent par ſes gens et feruiteurs, que par luy-meme : plus contens de la prinfe garnir fon croc, et couurir fa table, que d'autre exercice ou recreation, qui luy en puiffe reuenir.

AVTRES REMEDES POUR GVARIR LES CHIENS malades de diuerfes maladies, qui iournellement leur peuuent furuenir.

Extraits du liure d'vn Comte Italien, fort expert en l'art de la Venerie.

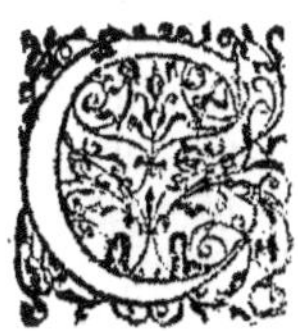

Hacvn fçait, combien le Chien eft requis et neceffaire pour la chaffe de tous animaux à quatre pieds, dont les Veneurs font quefte et pourfuitte : tant pour les leuer et faire trouuer, que pour les courre et prendre à force ou de vifteffe : à cefte caufe, i'ay penfé eftre bon et vtile, de traiter des cures et remedes propres pour les préferuer et guarir de plufieurs maux et maladifs accidens, aufquels ils font ordinairement fubiets. Entre lefquels le plus frequent eft la galle, ou la rongne que toutes perfonnes iournellement voyent et cognoiffent. On la pourra ofter et faire perdre au Chien galleux ou rongneux, en l'oignant de deux iours l'vn, par trois fois, au feu ou au Soleil de l'onguent compofé comme il enfuit : Prenez vne liure de fein de porc, trois onces d'huile commune, quatre onces de foufre puluerifé et bien faffé, deux onces de fel bien pilé et bien faffé, deux onces de cendre bien faffee, et mettez tout bouillir en vn pot neuf de terre, toufiours remuant iufques à ce que le fein foit bien fondu et bien meflé, et le tout bien incorporé : De ceft ouguent doncques oignant tout le Chien, fingulierement les endroits de la rongne, en la maniere fufdicte, et luy changeant fouuent de lict, et finalement le lauant par deux fois de lexiue, vous le guarirez de la galle. Et au cas que le poil du Chien tombaft, combien que tel accident ne luy aduint à caufe de l'onction deffufdicte, feroit bon de le lauer d'eau de lupin, et l'oindre de vieil fein de porc. Ce medicament, outre ce qu'il guarit la galle, encores rend le poil du Chien beau, et le garentift des puces. Mais aduenant que par le moyen des onctions deffufdictes, la galle du Chien ne fuft point guerie, il faudra luy en faire vne plus forte compofee de cefte façon : Prenez vne pinte de fort vinaigre, ſix onces d'huile commune, trois onces de ſoulfre, demie eſcuelle de fuye, ſix onces de grauellee, deux poignees de ſel bien pilé et ſaſſé : et faictes tout bouillir enſemble auec le vinaigre, et en oignez le Chien de la façon et en la maniere deſſuſdite. En temps d'eſté ſi la galle ne veut tomber et ſe guarir par aucun des onguens et moyens cy deſſus declarez, on pourra y appliquer un autre medicament encores plus fort. Mais il ſe faudra bien garder de ſ'en ayder en hyuer ou autre temps : pource qu'il pourroit donner au Chien pluſtoſt la mort que la ſanté. Prenez doncques deux onces de vif-argent, dix onces de vieil ſein de porc, et les battez et meſlez enſemble, tant qu'ils ſoient bien incorporez : et auec ceſt onguent frottez fort le Chien galleux au ſoleil ardent, où vous le laiſſerez lié l'eſpace d'vne bonne heure, à fin que l'onction mieux opere, et l'oignement mieux paſſe et penetre : ceſte onction ſe deura faire de deux iours l'vn par deux ou trois fois, et apres icelle lauer le Chien par deux fois auec du ſauon noir : et par ce moyen vous le pourrez voir deliuré et guary, de quelque rongne et galle qu'il puiſſe auoir. Mais pource que les onctions deſſuſdictes par fois ſont tomber le poil du Chien, ſera bon puis apres l'oindre de trois en trois ou de quatre en quatre iours, de vieil ſein de porc, qui eſt la meilleure et plus aiſee medecine pour toſt luy reſtaurer ou embellir le poil : mais ſi les Chiens n'eſtoient gueres chargez de galle, et au commencement de leur rongne, on les pourroit bien ſeurement guarir ſans les oindre ne frotter : en leur faiſant manger du pain fait de farine de froment peſtry auec la racine, fueille, fruict et tige de l'herde vulgairement appellee Agrimoine, bien battue et pillee en vn mortier, et incorporee audit pain qu'on fera cuire au four : et pourra on en bailler à manger aux Chiens grateleux tout leur ſaoul : pourueu qu'ils n'en mangent point d'autre. Auec quatre ou cinq tels pains que ceux-là, i'ay maintefois fait perdre la galle à mes Chiens et aux Chiens de mes amis. L'Agrimoine eſt vne herbe qui croiſt aux prez pres des arbres, et aux bords des rempars et foſſez, et au long des hayes : elle à les fueilles couchees et eſtendües par terre, longues d'vn pain, ſemblables à celles de la chanure, diuiſees par nerfs en cinq ou ſix parties, dentellees à l'entour : et monte ſur vne ou deux tiges dures et noiraſtres, au long deſquelles ſont les fueilles diſtinguées par interualles, et au haut d'icelles ſe monſtrent des fleurs iaunes, dont ſe forment en maturité des petites graines, groſſes comme pois chiques, ou enuiron, qui eſtans meures et ſeiches tiennent aux veſtemens.

D'autres diuers accidens et maux qui furuiennent fouuent aux Chiens, et premierement de la formie.

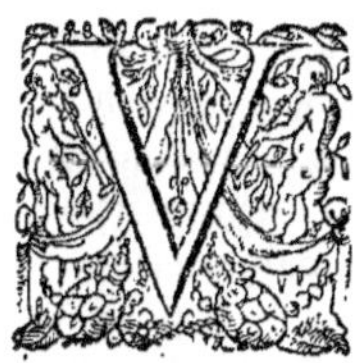

N mal nommé la formie, comme peuuent fçauoir ceux qui nourriffent des Chiens, fouuent aduient aux aureilles des Chiens et en efté à caufe des moufches qui les y piquent, et du grattement qu'ils y font auecques les pieds, leur fait merueilleufement grande peine. Cefte maladie fe guarit, en pulueri-fant fur le mal de l'aureille offenfee, d'vne poudre compofee de la façon qui f'enfuit : prenez quatre onces de gomme de dragant, et la mettez tremper huict iours dedans fort vinaigre, puis la broyez fur vn marbre, comme vous voyez les peintres broyer leurs couleurs : puis y adiouftez deux onces d'Alun de roche, et deux onces de noix de galle puluerifées, de tout cela meflé et incorporé enfemble, et bien deffeiché, fe fera vne poudre de merueilleufe efficace, comme vous l'apprendra l'experience, en l'appliquant fur le mal.

Encores patiffent les Chiens quelquefois au moyen de certaines diftillations qui leur fluent du cerveau, vne efpece de catharre qui leur enfle la gorge : qu'on peut guarir en leur lauant la gorge par dedans auec du vinaigre commun et du fel, et leur oignant la gorge par dehors à l'endroit du mal et de l'enflure, de bon huyle de Camomille : aucuneffois aux playes des Chiens (comme il leur aduient fouuent d'eftre bleffez) les verins f'engendrent, qui leur empefchent la guarifon de leurs vlceres, pour les en deliurer, il faut tuer et ofter ces verins qu'on y trouuera concreez, puis emplaftrer la playe de gomme de lierre, et y laiffer l'emplaftre vn iour ou d'eux : la lauer puis apres auec du vin, et puis l'oindre de fein doux et d'huile de vernis auec de la ruë : à ce mefme mal eft encores bon le fuc exprimé de l'efcorce des noix vertes : et la poudre faicte des lupins cuits et feichez au four, et encores la poudre faicte de concombres fauuages pareillement defechez : laquelle ne fait pas feulement mourir les verins, ains mange et ronge auffi la chair pourrie et morte eftant à l'entour de l'vlcere, et fait reuenir la bonne. Mais quant les Chiens font malades à caufe des verins qu'ils ont dans le corps, on les pourra faire mourir en faifant aualler aux Chiens, foit par amour, foit par force, à ieun, le iaune d'vn œuf, incorporé et battu auec enuiron deux fcrupules de poudre de faffran : et le gardant de manger tout le iour aucune autre chofe iufques au foir.

Remedes pour guarir vn Chien qui aura eſté mors et bleſſé des dens d'vn Renard ou d'vn Chien enragé.

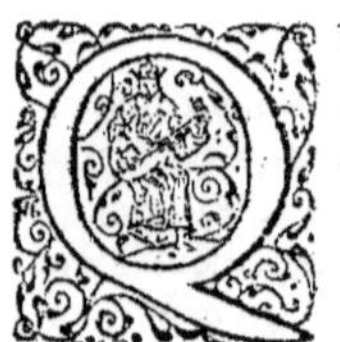

Vand vn Chien a eſté bleſſé à ſang ou à playe, ſi c'eſt en endroit auquel il puiſſe porter la langue, et leſcher la playe, il n'eſt point beſoin de vous donner peine de luy appliquer autre remede ou medicament, mais ſi l'vlcere eſt en lieu que le Chien ne puiſſe leſcher, pourueu qu'il ne ſoit point venimeux, il ſe pourra guarir en y appliquant de la poudre des fueilles de cheureſœil, ſeichées au four, ou au Soleil : mais ſ'il a eſté mors ou bleſſé de la dent du Renard, ſuffira d'oindre la playe d'huile, auquel ait cuit de la rüe auecques des verins : mais ſi le Chien a eſté mors d'vn autre Chien enragé, ſera bon au pluſtoſt luy percer la peau de la teſte, entre les deux aureilles, de part en part, auec un poinçon ou autre fer pointu, tout rouge tiré du feu : ſemblablement en leuant auec la main la peau du dos à l'endroit des eſpaules, et tout au long de l'eſchine, pareillement la luy percer par endroits auec ledit poinçon ou fer chaud. Encores eſt ceſt autre remede pour le meſme mal bien approuué, c'eſt à ſçauoir, en faiſant boire au Chien ainſi mors, le bouillon ou brouët auec l'herbe cuite, qu'on appelle Germandree. C'eſt vne herbe qui croiſt és lieux aſpres et pierreux, longue d'vn eſpan ou peu plus, a les feuilles petites, de la forme et entailleure des feuilles de cheſne, et la fleur pareillement petite et rougeatre. Ceſte herbe donques, ou cuitte et aſſaiſonnée auec de l'huile et du ſel, ou pilée et peſtrie auecques du pain, doit eſtre baillée à manger au Chien et il ſ'en trouuera fort bien.

Remede pour rendre au Chien le ſentiment perdu.

Vcunesfois les Chiens, pour ſ'eſtre apoltronnez et rendus trop gras, ou par quelque autre accident ſuruenu, perdent le ſentiment : tellement qu'ils ne flairent et ne ſentent plus le gibier ou la venaiſon, quand ils ſont aux champs. Pour leur faire recouurer l'odorement ou flair accouſtumé, il ſera beſoin les purger, auec le medicament qui enſuit. Prenez deux dragmes d'Agaric, et vn ſcrupule de ſel de gemme, et les pulueriſez enſemble, et les incorporez auec de l'oximel : puis en formez vne pillule, de la grosseur d'vne noix; et l'ayant enueloppee de beurre, par amour, ou à force, faites la aualler au Chien : et par ce moyen, le verrez tost apres auoir bon nez : comme ie l'ay par plusieurs-fois bien esprouué.

Pour cognoistre si les Chiens encores petits, deuiendront mouschetez : et aduertissemens pour d'ailleurs les accommoder et soulager.

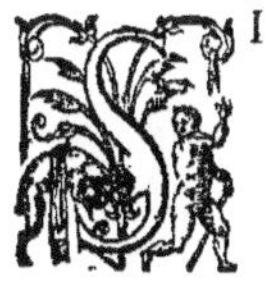

I quelqu'vn desire auoir des Braques de poil mouscheté, et congnoistre d'heure s'ils deuiendront tels : il doit obseruer ceste maxime, que iamais ne faut. Quand les Braquets, si tost qu'ils sont nez, ou dix, quinze, vingt, ou vingt-cinq iours apres leur naissance, se verront auoir les plantes des pieds noires : ne faut point douter, qu'ils ne deuiennent mouschetez : et que tant plus elles seront noires, plus aura leur poil de mouschetures. A tels petis Chiens sera bon de couper, ou autrement oster, quelque peu du bout de la queuë : Car ce faisant les Braques seront deliurez du danger, de s'esgratigner et gaster le bout de la queuë, en brossant par buisson, espines, halliers, et autres lieux aspres et rudes : comme on void souuent auenir aux Chiens, qu'on ne s'est pas aduisé de conseruer et garentir par ce remede : Combien que telles esgratignures et escorchures apportent grans maux et offenses aux Braques, brossans par les forts et halliers.

Encores sera-il bon, quand les caignots auront vn mois ou plus, leur faire arracher vn petit nerf, qu'ils ont soubs la langue, qui resemble à vn petit verin.

A quoy il faut proceder en ceste maniere. Quand le petit Chien aura vn mois ou enuiron, de l'vne des mains vous luy ouurirez la bouche (mais s'il estoit plus aagé, luy faudroit mettre vn baillon) puis de l'autre luy haulserez la langue et d'un caniuet, ou petit cousteau bien tranchant, luy fendrez la peau tout au long du verin, autant d'vn costé que d'autre : puis dextrement et gentiment auec la pointe du cousteau luy osterez le verin, de sorte que bien aisement il se voit arraché : en se donnant bien garde qu'en coupant la peau, ou arrachant le verin, on ne le coupe ou rompe, car il le faut tirer tout entier. Aucuns pour tirer ce verin vsent d'une aiguille enfilee d'vne petite aiguillee de fil double, qu'ils font passer par dessoubs le milieu du verin, tirant l'aiguille tant que le fil soit à sa moitié : puis prenant le fil par les deux bouts, arrachent le verin : mais si tirans le fil ils n'y procedent auec grande dexterité, souuent aduient que le ver, ou rompt, ou eſchappe : et lors il eſt bien malaiſé d'en tirer ou arracher ce qui reſte. A ceſte cauſe, m'a touſiours ſemblé le plus ſeur, de le tirer en l'autre ſorte deſſuſdite. Tant eſt, qu'apres que le verin ſera oſté, les Chiens deuiendront plus beaux, et en meilleur point. Car pour le plus, les Chiens auſquels on laiſſe le verin, ſe tiennent maigres et elancez, et ſont de mauuaiſe habitude. Encores dient, et ont laiſſé par eſcrits les anciens naturaliſtes, que ce verin ainſi oſté aux Chiens, les garentit de la rage.

Or à tant ſuffira ce peu que i'ay icy dit du ſoin qu'on doit auoir des Chiens de chaſſe : me referuant à quelque autre plus commode oportunité, d'en traiter plus au long, et auec plus ample diſcours.

Fin de la Venerie.

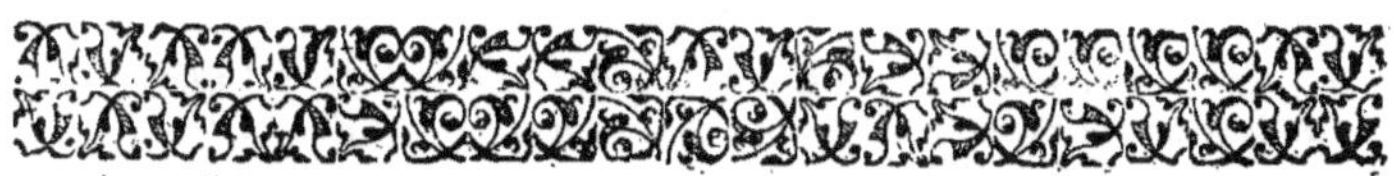

TABLE DES SOMMAIRES DES CHAPITRES, ET CHOSES PLVS REMARQVABLES

de la Venerie de Iacques Du Fouilloux.

Fin de la chaſſe du cerf.

Table des ſommaires des chapitres de la chaſſe du Sanglier.

Table des ſommaires des chapitres de la chaſſe du Lieure.

Table des fommaires des chapitres de la chaffe des Renars et Teffons, ou Blereaux

Receptes pour guerir les chiens de plufieurs maladies

Table des chapitre de la Chaffe du Roy Phebus.

Table du contenu des autres additions, de nouuel faites à la Venerie du Sieur du Fouilloux.

De la chaffe du Loup.

FIN

RECVEIL DES MOTS,
DICTIONS ET MANIERES DE
PARLER EN L'ART DE VENERIE,

auec vne briefue interpretation d'iceux extraicte des autheurs anciens et modernes qui en ont escrit.

A

ALligner la Louue : elle se faict alligner au Loup. *Proceder et engendrer.*

Abbatures de Cerf. *C'est quand le Cerf, ayant la teste haute et large passe par vn bois branché.*

Arantelles au pied du Cerf. *Filandres tombantes du Ciel, et non point filees d'araignees.*

Accoüer le Cerf. *Le suivre de pres, et l'acculer.*

Abbois de Cerf, et rendre les Abbois. *Quand le Cerf n'en peut plus, et se repose.*

Armes et limes de Sanglier. *Ce sont les deux dents en la barre de dessoubs, dont ils font le mal.*

Assentement de Lieure. *Sa senteur comme la Rose ayant sa flaireur.*

Auoir le vent de la gland. *Sentir le gland de bien loing.*

Attours de montagnes. *C'est quand la beste est en croppe de montagne, le Veneur dresse les laqs à l'entour où il met garde, de peur qu'elle n'eschappe.*

Alleures. *Les endroits par où le Cerf passe.*

Auoir encontré le grand Cerf. *Rencontrer un grand Cerf.*

B

Beste ruzant. *Tournoyant.*

Branler aux Connils. *Quand les Chiens passans par les garannes s'arrestent au giste d'iceux.*

Commençant son Faon.
Biche faisant son Faon.
Porte son Faon huit et neuf mois.
Peut auoir deux Faons, etc. *Ce sont diuerses manieres de parler touchant la Biche.*

Brandes, bruyeres. *Lieux où les Cerfs vont viander, au mois de Nouembre, et là mangent les fleurs et pointes, par ce qu'elles sont chaude et de grande substance, et les met en chaleur.*

Balancer apres la meute.

Brosses de blé.

Besche. *Instrument à leuer la terre.*

Baquette de Veneur. *Vne verge longuette de deux poulces ou trois par la poignée, et longue de six à sept pieds.*

Battre les ruisseaux. *Quand les bestes se vont nager.*

Boſſe d'vn Cerf d'vn an. *Quand il luy ſort vne boſſe de la teſte auant que la corne luy ſorte.*

Bourſes.
Pochettes, filez, rets, ou cordelettes menues.

Bramer apres les Chiens.

Bruny d'vn Cerf. *Quand apres qu'il a laiſſé la peau de ſa corne, elle demeure toute nette, comme brunie.*

Briſſons. *Rameaux qu'on couppe et briſe, et qu'on iette de coſté et d'autre par où le Cerf paſſe.*

Bauge de Sanglier. *Son giſte.*

C

Chiens.

Maſtins. *Gardes de maiſon.*

Cerfs Chiens.

Barbets. *Qui ont les iambes droittes et poil gris.*

Baſſets. *Qui ont les iambes courtes.*

Compiſſans les buiſſons. *Qui piſſent ſouuent.*

S'affinans le nez. *Qui ſ'accouſtument aux champs et campagnes.*

Allans le contre ongle.

Ardans, Legers. *Ceux qui naiſſent d'vne Lice couuerte d'vn ieune Chien.*

Allans. *Qui ſont comme Leuriers, fors qu'ils ont groſſe teſte et courte.*

De terre. *Clapiers.*

Courans.

Leuriers.

Blancs muts.

Reſtifs. *Qui ſ'arreſtent voyant le Cerf venu, et attendent leur maistre tout quoy.*

Parlant et rutant en leur langage.

D'oiſeaux.
Eſpagnols.

Chiens.
Chiens d'Eſpagne, ayant la teſte groſſe, corps grands, et ſont blancs.

Noirs. *De ſainct Hubert, ainſi dits, par ce que les Abbez de ſainct Hubert ont touſiours gardé de leur race, en l'honneur et memoire de ſainct Hubert : et ſainct Euſtache qui eſtoient Veneurs, Tels Chiens ſont puiſſans de corſage : ont les iambes baſſes et courtes. Ils ne ſont viſtes, et aiment beſtes puantes.*

Baux ou Greffiers.
Par ce qu'ils ſont hardis et deliberez.

Fauues.
Sont de grand cœur et de haut nez, viſtes, et ont le poil tirant ſur le rouge.

Gris autrement dits Chiens courans.
Parce qu'ils ſçauent faire pluſieurs meſtiers. Les meilleurs ſont ceux qui ſont gros ſur l'eſchine, et ſont quatroillez de rouges, et les iambes de meſme poil que la couleur de celle du Lieure. Ils en ſort aucuneſſois qui ont le poil au deſſus de l'eſchine d'vn gris tirant ſur le noir : et ont les iambes cailles et ondoyees de rouge et de noir, et ceux là ſont bons par excellence.

Requerans.
Quand ils ſont marquetez de noir et gris ſale, tirant ſur le bureau, ils ſont de peu de valeur.

Forcenants.
Ceux qui ſont tous noirs ſont bons, et ſont ſubiets à beſtail priué.

Naiſſans ſous l'eſtoile dicte Arcture.
Ceux qui ſont ſubiets à la rage. Ceux qui ſont trop argentez, et ont les iambes fauues, tirant ſur le blanc, ne ſont pas ſi viſtes ne ſi vigoureux que les autres.

Cerf.

Blond, brun, fauue.

Efchif. *Ardant à manger.*

De dix cors.

Fiche et cache fa tefte en terre.

Releue en vne ieune taille de haut. *Quand il prend veüe pour fentir f'il y a perfonne qui luy nuife.*

Fait fon viandy.

Ne releue point. *Quand quelqu'vn piffe ou crache fur quelque petite branche ou rameau et où le Cerf ne retourne plus.*

Allans au rut.

Raizant et faifant la muze. *Quand ils regardent en haut et remercient nature de leur auoir donné tel plaifir.*

Donne des endoillers en terre. *Quand il rue des iambes contre quelqve chofe.*

Cerf Ruze.

Bee et met la gueulle contre terre.

Prend fon buiffon,

Iette fa tefte,

Bleffé au rut.

Se recelle et decelle,

Fait tomber fes lambeaux,

Fraye,

Brunit fes cornes.

Teftes de Cerf font marquees et femees au feptiefme an de tout ce qu'elle portent iamais.

Tefte et fa venaifon.

Pouffe les boffes.

Cors de Cerf. *Sont petites cornes fortant de marrain.*

Fait fon runge. *Il digere fon viandy.*

Fait fes hardouers aux arbres. *Frayent aux arbres.*

Se debuche de fa demeure. *Sa part de fon gifte.*

Donne le change aux Chiens. *Quand il va chercher les autres beftes, et fe met en leur compagnie, à fin d'euiter fa prise ou chaffe.*

Tient fes abbois en terre. *Quand il aguette les Chiens pres d'vne fuftaye, ou autre lieu.*

Change et garder le change. *Prendre garde que le Cerf ne prenne la compagnie des autres beftes.*

Croifer. *Prendre garde que la befte f'en retourne fur fon piqueur.*

Chaffer de forlonge. *Chaffer par mauuais temps, ou par trop grande chaleur.*

Chaftrer et fenner le Cerf.

Courir par les forts.

Coupler les Chiens. *Les attacher enfemble deux à deux.*

Cheuilleures de Cerf de dix cors. *Que fes cors multiplient tous les ans depuis fa première tefte iufques à ce qu'il ait fept ans, apres lefquels ils ne multiplient plus, finon en groffeur : et ce, felon l'ennuy qu'il porte.*

Curee. *Viandy pour les Chiens.*

Cornette de Cerf. *Petites cornes qui luy viennent fix à fix en fon tiers an, et ainfi fubfequemment.*

Couronneure. *Quand le Cerf au haut de fa corne porte plufieurs cors, rengez en forme de couronne.*

Comblette. *Vne fente qui eft au milieu du pied de Cerf.*

Champayer les Chiens. *Les mener aux champs.*

Cafe-mates. *Le fort des baffets Chiens.*

Colier des Chiens.

Couuert du Cerf et d'autres beftes. *Bois efpois et hayes touffues, où les beftes fe cachent.*

Charrette : et prendre les beftes à la charrette. *Quand le charretier ayant cou-*

uert ſa charrette de feiulles, et l'archer eſtant dedans auec ſon arbaleſte voyant les beſtes arreſtees au ſon des roües du chariot, on l'approche pres à fin de mieux prendre viſee à ſon aiſe.

Cheuilleures. *Tout le reſte des cors qui ſont apres le deuxieſme, eſtant pres de marrain de la teſte de Cerf.*

Cors. *Branches et rameaux de Cornes.*

Cheaux d'vn Loup ou Louue. *Leurs Loueteaux comme ſemblablement des autres beſtes.*

Corner en graillant 2. ou 3. bons mots. *Sonner de la trompe aſſez lentement.*

Corner requesté de fois à d'autre.

Crouler la queuë. *Cela ſe dit du Cerf quand il fuit.*

Croupie et prendre à la croupie. *Quand au matin on aguette le Lieure, eſtant à croupeton, et on iette ſes Leuriers deſſus.*

Corner la prinſe. *Quand le Veneur ayant prins la beſte, ſonne ſa trompe pour aſſembler la compagnie.*

Café.

D.

Daintiers. *Couillons de Cerf.*

Dagues. *La premiere teſte du Cerf qui luy vient au deuxieſme an.*

Deſtortoire. *C'est vne verge de deux pieds et demy de long, pour deſtourner les branches quand on pique par les bois apres la beſte.*

Dreſſer. *Trouuer le lieu par où la beſte eſt paſſee.*

Double equipage.

Droit de Limier. *Luy donner à manger de la chair de la beſte qui aura eſté prinſe.*

Deſcoupler. *Deſlier les Chiens l'vn d'auec l'autre.*

E.

Endoillers ou entoilliers. *C'eſt le premier cors qui eſt pres de la meute du Cerf.*

Sur endoiller. *C'eſt le ſecond cors qui ſuit.*

Eſchapper et auier les petits Chiens. *C'eſt à dire que ſ'ils naiſſent en autre ſaiſon que és mois d'Auril et May que le temps eſt temperé, il eſt fort difficile de les pouuoir eſleuer. Voyer le chapitre 8. fol. 8. de ce preſent liure.*

Eſuerer. *Quand les petits Chiens attaignent les quinze iours.*

Eſpouſette. *Iuſtrument ſeruant à bouchonner et nettoyer les Chiens quand ils ſont aux champs.*

Erucir, le Cerf erucit. *Qu'il prend vn baſton rond en ſa gueulle et le ſucce pour en auoir la liqueur plus douce et tendre.*

Erres du Cerf. *Le chemin par où il paſſe.*

Haſter ſon erre. *Qui fuit roidement.*

Eſcuyer du Cerf. *Vn ieune Cerf qui accompagne le vieil.*

Eſpaue. *Effreinte des Chiens.*

Eſpraintе de Loutre. *Sa fiante.*

Eſpois. *Les cors qui ſont à la ſommité des cornes de Cerf.*

Ergots de Cerf. *Ses os.*

F.

Faire race ſe dit de.

Fort-paiſtre par les campagnes.

Forhuir. *Sonner la trompe, et corner de fort loing.*

Fumees du Cerf. *La fiante du Dain et Cheureul. Leurs crottes.*

Fouleures. *La marque du pied par où le Cerf a paſſé.*

Frayouers.

Frapper à routte. *Faire retourner les Chiens, pour les faire relancer le Cerf.*

Fouge de Sanglier. *Quand auec le nez il leue la terre pour auoir les racines.*

Faire enclorre vn Connil. *Le faire rentrer en terre.*

Faire couples de Chiens. *Les mener en leſſe.*

Fondre en terre. *Celà ſe dit de la perdrix, quand elle tombe en terre.*

Se forpaſſer d'vn pas.

Fouaille d'vn Sanglier. *Manger du Cerf, à cauſe qu'il ſe faict ſur le feu.*

Foulces du Cerf. *Quand on ne peut remarquer le lieu par où il a paſſé, par ce qu'il eſtoit trop herbu.*

Foyes du Cerf. *Trace et marque de pied de toutes beſtes rouſſes.*

Frayé du Cerf. *Quand ſa teſte luy demange, et la peau ſ'en veut aller.*

Faire vn train à vne beſte. *Coucher quelques rameaux d'vn coſté et d'autre du chemin par où elle paſſe.*

Faire les enceintes. *Circuir le lieu où la beſte ſ'est retiree.*

Teſte Faux marquee. *Quand vn Cerf porte cinq cors d'vn coſté, et ſix de l'autre.*

G.

Goutiere grande et petite. *Sont petites fiantes qui ſont le long de la perche de la corne du Cerf.*

Goupil. *Renard giſant és taſnieres.*

Grecs de Sanglier. *Sont les deux dents de deſſus du Cerf, qui ne ſeruent qu'à aiguiſer celles de deſſous, nommees armes, limes et defenſes.*

Gargute. *La gueulle du Dain.*

Giſte. *Le lieu où ſe couche le Cerf.*

Gaignages. *Champs et iardins où le Cerf giſte.*

H.

Houruariz.

Herbeiller. *Quand le Sanglier va aux prez et auſtres lieux paiſtre l'herbe.*

Hampe de Cerf. *Sa poitrine.*

Harde et Harpail. *Trouppe de beſtes ſauuages.*

Harde Chien. *Sa griffe.*

Hauſe-pied. *Inſtrument à prendre Loups, Renards, etc.*

Hue apres le Cerf. *Criee et exclamation.*

Ietter ſa teſte. *Quand le Cerf iette ſes cornes, et les renouuelle.*

L.

Laictee.

Lyces. *Chiennes courantes.*

Leſſes. *Fiante de Sanglier.*

Lieures rouges. *Eſpece de Connils.*

Laiſſer courre les Chiens. *Les laſcher.*

Lads de Limier.

Limes ou armes de Sanglier.

Ceruiers. *Sont chats ſauuages, grands comme Leopars.*

Loups. Ceruiers.
Garoux. *Sont ceux qui mangent les hommes, ſi toſt qu'ils ſ'y ſont acharnez.*

Loutre. *Beſte nageant en l'eau, et viuant de poiſſon.*

Leſſes de Lours. *Espraintes.*
Lancer le Cerf.
Liurer le Cerf aux Chiens.
Limiers. *Chiens qui ne parlent point.*
Longe. *Leſſe de collier.*
Rayes. *Fiante de Sanglier.*

M.

Marches du Loutre. *Son pied ou foye.*
Meute de Chiens.
Meule. *La racine de la corne du Cerf.*
Mettre les Relaiz. *Repoſer en certain lieu.*
Mence. *Le lieu où le Cerf ſaict ſa Ruze.*
et
Se mettre à la mence. *Se mettre auec les Chiens à corner.*
Manger la Curee. *Se dict des Chiens auſquels apres que le Cerf eſt prins on donne du pain trempé en ſon ſang ou l'on le met ſur la peau du Cerf, pour leur faire là manger.*
Muette du Lieure. *Le lieu où il faict ſes petits.*
Muloter. *Quand le Sanglier va cherchant les cachettes des mulots, où ils ont caché le bled.*
Meules de Cerf. *Entour de ſa teſte d'où ſort ſa corne.*
Muſſes ou paſſes des Lieures. *Quand les Lieures entrent dedans les tailles.*
Mantes. *Pour eſcouter la voix des Baſſets Chiens.*
Maniues. *Viande pour les porceaux.*

N.

Nez du Sanglier. *Bouttouer.*
Nombles de Sanglier.

O.

Orbe chambre. *Chambre où l'on ne veoit goutte.*
Ourſe-pain. *Beſte groſſe et pleine.*

P.

Prendre grand cerne au deffaut.
Perches de Cerf, autrement marrain. *C'eſt quand en ſa corne il y a pluſieurs rameaux.*
Perlure. *C'eſt ce qui eſt ſur la couſte de la perche.*
Paumure. *Quand en la perche du Cerf, il y a pluſieurs cors rengez en forme de main d'homme.*
Perrure. *C'eſt ce qui eſt entour de la meule, en forme de petites pierres.*
Portees de Bois larges et hautes. *Quand le Cerf ayant la teſte haute et large, a paſſé par vn bois branchu.*
Pinces ou trenchans du Cerf. *Les coſtez du pied du Cerf.*
Prendre les deuans. *Quand le Veneur plante ſes bornes iuſques au lieu où ſon œil ſe peut eſtendre.*
Parement du Cerf. *Vne ſorte de chair rouge qui vient par deſſus la venaiſon du Cerf, et des deux coſtez du corps.*
Ploqu.
Paraſpectz.
Paſſee.
Le lieu par où paſſent les Cerfs.
Le pis de Chien. *Nombril de Chien.*
Porcher és hauts arbres. *Monter ſur les hauts arbres pour deſcouurir la beſte..*
Poupes d'Ourſe. *Ses mammelles.*
Prendre beſtes au ſueil. *Les prendre aux mares, et lieux fangeux.*
Prendre beſtes au tour. *Quand en*

les cheualant ſans les effrayer on les range en certain lieu.

Prendre le vent. *C'eſt ſoy ranger du coſté que vient le vent.*

Prendre le vent de toutes parts. *Celà ſe dit du Sanglier quand il flaire et ſent ſ'il ne vient rien qui lui puiſſe nuire en ſortant du bois.*

Perches du Bouc ſauuage. *Ses cornes.*

Q.

Queſter le Cerf. *Chercher le lieu où il eſt.*

R.

Rangier ou Ranglier. *C'eſt vne beſte approchant du Cerf, fors qu'il a la teſte plus eſleuee, et plus de cors, et cheuilles, voire en peut auoir iuſques à quatre vingts.*

Routes et Voyes de Cerf. *C'eſt le chemin par où il paſſe.*

Retz de gros filletz. *Leſſe à maille.*

Rompre et effiler. *C'eſt quand les petits chiens ont ſouffrette d'eaux.*

Rameures des Cerfs.

R'embuſcher le Cerf. *Le rendre à couuert.*

Requeſter le Cerf. *Retourner pour la ſeconde fois au lieu où il dort.*

Releuer les deffaulx.

Reer. *Celà ſe dit des Cerfs et Dains quand ils crient à pleine gueulle, pour appeler la Biche, lors qu'ils ſont en rut.*

Repoſes du Cerf. *Quand retournant le matin de ſon viandy, il ſe va coucher.*

Rebaudir le Chien. *Luy faire feſte.*

Reſſentir de fort loing. *Celà ſe dit du Chien qui tient le nez en terre.*

Rut du Cerf. *Qu'il eſt en amour.*

Royer de Dain. *Quand il eſt en amour.*

Où elles ſe ſouillent.

Interpretation
des cinq eſpeces de rage
qui aduiennent aux Chiens.

Rage chaude et deſeſperee. *C'eſt quand le ſang des Chiens eſt meſlé, et il pourrit incontinent.*

Rage courante. *Quand vn Chien mord au commencement du iour, il rend les perſonnes enragez, ſi le reste du iour, non.*

Cinq autres Rages de Chiens.

Rage muë. *Qui tient dedans le ſang et ſe cognoiſt quand vn chien voulant manger a touſiours la gueulle ouuerte.*

Rage tombante. *Quand les Chiens en ſont ſaiſis et cuident marcher, ils tombent par terre, et ceſte rage les tient en la teſte.*

Reſſuy. *Quand le Cerf ſe ſent mouillé de l'eſgail du matin, il ſe ſeche au ſoleil auant que giſter.*

Rage flaſtree. *Quand le mal eſt dans les boyaux et les fait retirer de telle ſorte qu'on les perceroit avec vne aiguille.*

Racle. *Inſtrument pour ouurir la terre et goulots.*

Rage endormie. *Qui vient d'vne eſpece de petits vers qu'ils ont dedans l'orifice de l'eſtomach, et ſont engendrez d'vne coruption d'humeurs, dont les humeurs leur montent au cerueau, qui les ſaict mourir.*

Rage Rheumatique. *Quand les Chiens ont la teſte enflee groſſe, et ont les yeux iaunes, de la couleur d'vn pied de milan.*

Rompre les Chiens.

Rebaudir les Chiens.

S.

Sonner le greſle. *C'eſt quand vn valet de Chiens les appelle de ſa trompe pour les faire venir à ſoy.*

Sue de la tefte du Cerf.

Sole du pied du Cerf.

Suyure les Chiens par les veneurs. *Quand les veneurs fuiuent les chiens fans en efcarter ou croifer.*

Souil.

Sole de porc de Sanglier. *Les fanges où le Sanglier va fouiller et veautrer.*

Sangliers affourchez. *Traces de talon.*

S'embufcher. *Quand ils font grandes foffes et vont querir la racine des fougieres et d'efperges dedans terre.*

Se fort-paffer d'vn pas. *Entrer dedans le bois.*

Süel de Sanglier. *Le lieu où il fe veautre.*

Sain et mengeures. *Celà fe dit de toutes beftes mordantes, quand elles vont manger.*

T.

Tirer potee.

Teftes roüees.

Teftes portans trocheures. *Qui ne portent que trois et quatre efpois plantez en la fommité, et font en forme de fourches ou noizilles.*

Teftes en fourche. *Qui porte deux efpois en haut, ou qui portent en fommité en forme de fourches.*

Toutes teftes qui doublent meules ou qui ont és Endouillurs cheuillleres renuerfes au contraire des autres, font fimplement appelees Teftes.

Tarieres acerees. *Inftrument feruans à coupper les racines.*

Tenailles. *Inftrument pour arracher et tirer les Teffons des pertuis.*

Teffons.

Tefte de Cerf bien nee. *Quand elle eft bien groffe, cheuillee haute et ouuerte.*

Tefte rouge. *Quand les cornes font toutes d'vne hauteur.*

Tefte de Cerf. *Toutes fes cornes en general.*

Tefte bien nee.

Trompe de Veneur. *Dont il fonne quand il eft en voye de chaffer et appeler fes chiens.*

Toilles.

Troncheure. *Quand il a trois ou quatre cors.*

V.

Viandiz du Cerf. *Son manger.*

Veneur doit ietter fes brisees.

Veoir le Cerf à veüe. *Monter fur vn haut lieu pour defcouurir la befte ou Cerf en fon taillis.*

Vermeiller. *Quand le Sanglier leue petit à petit la terre auec le bout du Bouttouer.*

Venaifon de Cerf. *Sa graiffe.*

FIN.

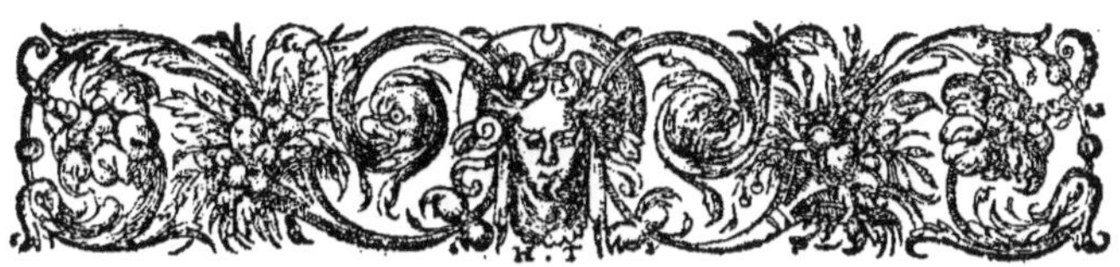

TABLE DES MATIÈRES

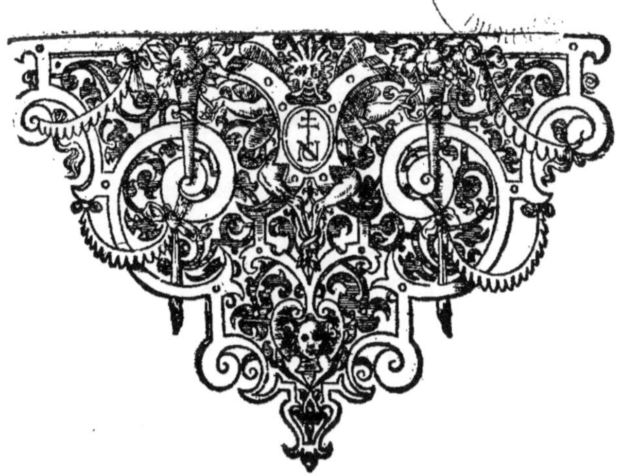

Le 30 juin 1928
Daupeley-Gouverneur a achevé
d'imprimer a Nogent-le-Rotrou
cette nouvelle édition de la
Vénerie de Jacques Du Fouilloux
a mille cinq cent cinquante
exemplaires numérotés
dont cinquante sur vélin Lafuma
numérotés de 1 a 50
et mille cinq cents sur alfa satiné
numérotés de 51 a 1550

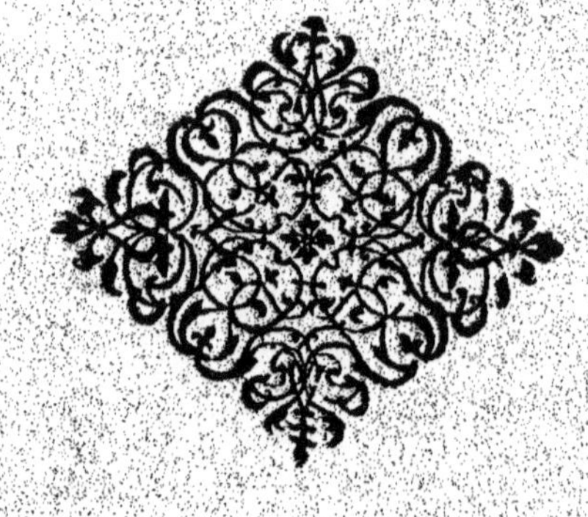

www.ingramcontent.com/pod-product-compliance
Lightning Source LLC
LaVergne TN
LVHW020540230826
846091LV00002B/333

* 9 7 8 2 3 2 9 0 4 0 3 4 9 *